日本近世の金融と地域社会

東 野 将 伸 著

塙 書 房 刊

目次

目次

【図表目次】

第三章

【凡例】

一、史料引用にあたっては原文に適宜読点を付した。

一、引用史料における①、（2）等の数字や傍線は、筆者が付したものである。

一、史料翻刻に際しては、次の記号を用いた。

（a）文字の磨滅・虫損等のため判読困難な場合、その字数を■で示し、推定困難な場合は［　　］で示した。

（b）判読が困難と判断した文字については□で示した。

（c）判読に疑問が残る場合は（カ）を付した。

（d）文意の通じない文字は（ママ）を付した。

（e）朱筆箇所については該当箇所を「　」で括り、（朱筆）の傍注を付した。

一、今日からみて不適切な表現について、学術的観点から史料上の表記をそのまま掲示した箇所がある。

日本近世の金融と地域社会

序章　近世中後期地域社会研究の課題と地域金融論

第一節　地域金融論の研究史と課題——地域社会論との関係に着目して——

（1）本書の問題関心と分析視角

現代社会において、巨大な金融資本や国家による各種の金融活動・金融政策は、世界レベルでの経済を左右し、各地域で生活する人々に対しても何らかの影響を及ぼしている。一方で、地域や個人レベルでの金融活動—資金の貸付だけでなく、預金・決済・為替・保険などの多様な様態と機能—は、必要不可欠なものとして人々の生活に溶け込んでおり[1]、さらに社会的危機や生活の困難に対して効力を発揮するグループ金融や救済的性格を持つ金融の存在も知られている[2]。現代を生きる人々は、広義の金融と関わりを持たずに生活することがほぼできないといってよい。このような社会状況および各金融の是非や先行きを問うことは本書の課題から外れるものであるが、金融が国・地域・個人など様々なレベルにおいて発揮した機能やその態様、それらの歴史的推移を知ることは、金融が不可欠な要素となっている現代社会を理解するうえでも無意義なことではないだろう。

本書では、現代と異なる社会論理（身分制・領主制等）のもとに成り立っていた前近代社会（日本の場合は江戸時代まで）と、それらの社会論理が内実は措くとしても少なくとも公的な制度としてはほぼ解消され、現代社会に通じる社会論理（代議制・民主制等）のもとに社会がある程度再編された近代社会との間での、地域社会における金融の意義や性質の違いを意識しつつ考察を進める。このことは、日本の近世とはどのような特質を有する社会で、それがどのように近代に向けて変化ないしは継承され、ひいては現代を規定しているのか（あるいは規定していないのか）を考えるうえでも有用であると考える。その際に注意しなければならないことは、前近代社会における様々な論理のうち、近代社会になり公的には解消されたもの（①支配構造の論理―領主制・身分制等）、前近代から継続しつつ変容・希薄化していったもの（②共同体的・人格的論理）、前近代から継続しつつ変容・増強していったもの（③経済・市場の論理[3]）が存在することであろう。金融と地域社会の内実・変容過程について、これらの論理の規定性を意識的に描き出すことが、近世・近代日本社会の特徴を描くうえで重要であると考える。

上記の分析視角を筆者が採用する研究史的な背景として、松沢裕作氏の研究[4]、一九八〇年代以降の村落共同体論[5]・地域社会論（特にいわゆる「地域運営論[6]」）の知見がある。松沢氏は、明治期において政府が諸個人の再生産を徐々に市場に委ね、政治権力自体を市場の円滑な機能を保障する主体として位置づけ直していくこと、これに伴う市場機能の増大の様相が村や地域にとって有した意義を明らかにした[7]。本書の分析視角は、先述した③「市場の論理」への着目という近年の提起[8]や、松沢氏の知見（市場と政府との関係性への着目、明治期における前者の機能の増大等）を一定程度参照している。それとともに、制度に収斂されきらない地域社会内部・村内部、住民同士における相互関係やその機能という、一九八〇年代以降の共同体論が重視した側面（詳細は本章第一節第二・三項）や、広域的・自律的なネットワークと地域社会における様々な意味での力量の伸長という、「地域運営論」が重視した側面（詳細は本章第一節第二項）も地域社会や地域金融を理解するうえで不可欠な視角であると考えている。

このような認識のもと、前述した①～③の論理をふまえて、近世中後期～明治前中期における日本の地域社会・

地域金融の特徴を把握していく。

本書は上記の問題関心と分析視角のもと、近世中後期～明治前中期の地域における金融（地域金融）とその変容過程について、地域内の主体（小前・豪農等）・地域外の主体（領主〈支配構造〉・都市商人等）の各々による金融・立替の実態と、それらの相関関係（「地域金融構造」と総称する）を解明することを目的とする。

次に、本書で用いる各概念について説明する。

まず、「地域」「地域社会」は渡辺尚志氏の定義である「人々が日々の生産・生活を営むうえで、密接な政治的・経済的・社会的・文化的結合関係を持つ地理的空間」、主に「数カ村から数十カ村」[9]にわたる領域を指す。具体的には後述する備中国南西部（主に後月郡・小田郡）を念頭においている。なお、個別の村は形状や面積の違いがあるため、「地域社会」の領域については、倉地克直氏が述べる「日常的な生活圏」（「日常的生活圏」とする）―一二km以内程度の徒歩で日帰りができる距離を基準にするほうが厳密であろう。[10]後述するような国訴や組合村といったより広い領域でのまとまりを一種の「地域」と捉えることも可能であると考えるが、前述した三つの論理（①支配構造の論理、②共同体的・人格的論理、③経済・市場の論理）の混在する日常的な諸現象が、人々の営みの中で有した意義を考える際には、「日常的生活圏」等の日常的・実態的な領域を「地域社会」と定義することが一定の有効性を持つと考える。

次に、「豪農」は数十石以上の持高を有するとともに、地主経営、商品販売、金融、醸造業等の多様な生業によって、近世中後期以降に経営を拡大ないし転換した有力農民と定義する。「豪農」は経済的側面にのみ注目した概念とし、「豪農」＝村役人という理解はとらない。佐々木潤之介氏の豪農論に対して、久留島浩氏が「経済的（資本）範疇として設定した豪農論からただちにその政治的行動（政治主体の問題）までをも説明しようとすることに無理がある[11]」と評した通り、「豪農」は経済的範疇に限定した用語としてのみ使用することが穏当であると考える。なお、「小前」は「豪農」と経済力を比較した場合、中下層に位置する農民という意味で用いる。

最後に、「地域金融構造」という視角については、研究史や本書の分析方法と密接に関わる概念であるため、本章第二節第二項においてその含意を詳述する。ただし、筆者が最も意識している点は、地域における多様な金融活動やそれを行う主体の相関関係とその変容過程であり、一時点における全体的・静態的なモデルの提示のみを目的としているわけではない点をあらかじめ断っておく。

上述した研究目的・課題設定は、以下で述べる通り、近年の日本近世を題材とした村落史・地域社会論の批判的継承に有効である点に加えて、日本近世の地域における金融活動について、包括的な議論が十分に行われていないという研究史上の欠落を受けてなされるものである。そのため、以下では地域金融を取り上げることで、より広い研究史―特に村落史、地域社会論、日本近世経済史―をどのような視点から見直すことができるのかという点、ならびに地域金融論自体における課題とその解決方法を提示する。

（2）近世中後期地域社会研究の課題

一九八〇年代以降の日本近世史研究においては、佐々木潤之介氏の「世直し状況論[12]」への批判を通じて、地域社会論と総称される研究潮流が隆盛した。地域社会論の研究史については、学術誌上の特集や「地域」・「地域社会」・「豪農」等を冠した近年の著作において盛んに整理がなされている[13]。重要な著作とこれらの研究史整理も参照しつつ、以下では筆者が現在の地域社会論の課題と考えている点をごく簡単に確認する。

地域社会論とよばれる研究動向は、主に非領国地域における国訴・組合村等の広域的な結合における地域運営・支配実務面の力量を高く評価する「地域運営論[14]」と、社会的権力による地域社会の統合を重視する「社会的権力論[15]」の二つの潮流のもとに研究が進んでおり、近年では豪農の類型化[16]、地域における政治と経済の総合化[17]、領主支配の問題を議論に組み込む必要性[18]などが述べられている。これらの議論は、特に近世中後期の地域社会像を豊富化するとともに、村請制村や所領といった制度・領主制的枠組みとは異なる次元である地域社会の内実や、より広域的なまとまりに着目する視点から近世社会や時代像を捉える方法論を提示した点において、重要な研究動向であったと考える。そのうえで、多くの議論に共通して欠けている視角や実証を指摘するならば、「地域運営論」は広域での地域運営・支配実務面の連帯に注目したため、同範囲の経済的関係の展開と変容過程の分析は不十分であり[19]、「社会的権力論」においては、「「閉じた体系」としての地域[20]」と端的にいわれる通り、支配構造の規定性や地域外の現象が地域内部にもたらす影響を十分に組み込めていない点が課題としてあげられよう。

そして、上記の二つの議論は、ともに村や地域を超える経済のあり方―資金の動きとその地域社会への規定性について十分に追究してこなかったという点で共通の課題を残しており、現在の研究状況においてもこの点についての分析の深化はいまだ重要な課題として残されている[21]。そのため、地域における経済・金融のありようを明らかにしつつ、資金の動きといった広域的な範囲における現象が、地域にもたらした影響を追究する必要がある。その際、地域運営・支配実務の側面における分析が深化した非領国地域―本書の対象地域でもある―を対象として上記のような分析を行っていくことは、従来の研究における地域像を再考するうえでも有効であろう。この点に、非領国地域で行われる金融と「地域金融構造」を追究することの意義を見出すことができると考える。

筆者の研究視角について、もう少し補足しておく。一九七〇～八〇年代以降の社会状況・社会問題―地域社会の動揺や地域内での共同性の希薄化などの事象を眼前として、このような状況に立ち向かう論点の抽出が、地域社会論や後述する共同体論の盛行の根底にある問題関心であったと筆者は捉えている。例えば、次項で詳細に述べる大塚英二氏の所論[22]は、そのような問題関心を濃厚に持ちつつ、同時代の社会状況の中でどのような共同体論を構築すべきかという問題に正面から向きあう中で、日本近世の農村金融について実証を重ねた研究であると考える。現在にも上述した社会状況は変わらず引き継がれている部分があり、共同体や地域社会の維持・発展と関連する学術面での実証や問題提起は、いまなお重要な意義を有している。これに加えて、地域内にとどまらない範囲で地域社会のあり方を左右する事象や、巨大資本や政治権力との関係性の内実といった論点をより組み込んだうえで、今後のあるべき地域像を再検討する必要性を強く感じる。

以上のような問題関心を歴史研究の視角に落とし込むならば、地域外も含めた多様な事象を検討したうえで、それらをふまえて地域を基軸とした視点から社会を描き出すことこそが現在必要とされているという認識に筆者は行き着く。あくまでも本章で説明する研究史上の課題に基づいて本書の研究はなされるものであるが、その際の研究視角は上述した現状認識にも起因している。

地域外の事象との関係も含み込み地域金融を考察することの意義を上記のように捉えたうえで、以下では日本近世における地域金融論の研究史と課題をみていく。なお、現在の村落史、地域社会論、日本近世経済史を金融の観点から具体的にどのように見直していくかについては、行論中で適宜述べる。

（3）地域金融論の研究史と現在の動向

一　戦前～一九五〇年代―地域金融への関心の薄さ

戦前期、講座派の学問的系譜にあった飯淵敬太郎氏は、都市商人資本による統合の側面を主体にしつつも、農村金融に一定の分析・位置づけを与えたうえで、近世日本における信用構造の発展過程を明らかにした[23]。ここでは、農村部での金融については仙台藩農村を主な題材として、高利貸資本による収奪・土地集積の様相、富農による利子収奪とこの地方都市商人への集約（さらにこの三都商人への集約）、高利貸資本と産業資本との差異等が強調されていた。ただし、農村金融については、当時の史料状況に規定され、理論的な整理や法令・触の分析にほぼ終始し、村方文書や金融関係帳簿の分析を十分ふまえたものではなかった。飯淵氏の研究は、産業資本の形成過程における「中産的生産者層」の役割の評価という大塚久雄氏の見解[24]への批判として出されたものであり、産業資本形成過程における三都の商業資本・高利貸付資本の役割・関与の解明に重点がおかれていた。

飯淵氏の農村金融への評価のうち、高利貸資本の収奪的側面の強調については戦後にも受け継がれ、土屋喬雄氏においても、「半商的高利貸の地主」・「富農」・「町人」等の高利貸資本による土地集積、大多数の農民の土地喪失と階層分化という見解が継承されている[25]。ここで留意しておきたいのが、講座派の飯淵氏と労農派の土屋氏とが、明治維新論や幕末期の経済発展段階において意見を異にしつつも、農村金融についてはともに共通する見解を有していたという点である[26]。この背景には、戦前〜一九五〇年代において経済史分野では産業資本と資本主義発達史への関心が主流を占めており、幕末期農村における近代的な産業・生産様式の発達の如何や、これを担う地主の存在形態について重点的に議論が交わされた点があったとみられる[27]。また、明治維新の性格を考える際にも、服部之総氏が「生産過程から遊離した商業＝及び高利貸資本の分析」のみを対象とする限界性を指摘していたように[28]、高利貸資本（および金融活動）そのもの、および金融と商品生産との連結構造を分析することの意義は評価されておらず、ましてや農村金融における高利貸以外の側面についてはほぼ留意されることがなかった。

上記の研究動向の背景としては、敗戦を契機に農地改革が行われ、農村部における戦前以来の地主―小作関係や土地所有の体系が大きく変化し、新しい地域秩序のもとで地域を再編していくことになったという社会状況も重要であったと考えられる。いずれにしろ戦前〜一九五〇年代においては、農村や地域における金融への関心は総じて弱く、戦前期以来の定式化した理解が概ねそのまま受け入れられてきたといえる。ただし、飯淵氏にみられるように、信用体系を農村部から地方都市、三都までを視野に入れて総合的に描き出そうとした試み自体は、後の時期に農村金融・地域金融と都市金融とがそれぞれ別個に分析され、両者の連関性の追究という問題関心があまり育たなかった点からすると、現在においても立ち返るべき視点であると考える。(29)

二　一九六〇〜一九七〇年代―「世直し状況論」と福山昭氏の農村金融論

一九六〇〜一九七〇年代にも、農村金融については戦前期以来の高利貸資本への視角が基本的には継承されており、佐々木潤之介氏の「世直し状況論」においても、高利貸資本としての豪農による小百姓への貸付・収奪と豪農の土地集積、小百姓の貧窮化と半プロ層の形成、豪農と半プロとの対立という図式が描かれている。(30)

ただ、この時期には、農村金融についてのまとまった著作として、福山昭氏による摂津国・河内国農村の金融についての分析、(31)三浦俊明氏による寺社名目金研究が出されている。(32)これらは、農村金融における高利貸資本としての側面の分析を深めたもので、基本的には戦前期以来の農村金融への視角を継承したものではあるが、福山氏においては「上昇契機としての高利貸資本導入」という視角を具体的に示した点が重要な成果である。畿内のような農業の先進地域においては、高利貸資本を適宜導入することで、経営上昇を図ることも可能であった点を論証したことにより、戦前以来の農村金融―小百姓の貧窮化という視角とは異なる農村金融像が示されたことは重要である。この前提には、畿内地域における商品作物生産に関わる中農層・小作層の上昇可能性について述べた畿内村落史研究の蓄積[33]があったものとみられるが、個別経営の成長ひいては経済発展における農村金融の機能という論点が示されたことは、農村金融論における一つの転換と評価できる。福山氏においても基本的には戦前期以来の視角が継承され、本来小百姓への収奪に繋がる高利貸資本の導入が、畿内地域の経済的な先進性によって、例外的に経営発展へと結果する場合もあったという論旨にとどまるものであったが、研究史上重要な意義を有していると考える。

また、この時期には、農村金融を「高利貸資本」と捉える視角以外に、農村金融における融通的側面や土地の循環構造への着目が、森嘉兵衛氏による頼母子研究[34]や隣接分野（民俗学・農学）[35]においてなされており、一九八〇年代以降の議論の前提ともなっている。しかし、戦前期以来の農村金融への視角を継承した「世直し状況論」の席捲もあって、この時期においては融通的側面への注目は、日本史学における主流の見解とはならなかったのである。

三　一九八〇〜一九九〇年代中期―大塚英二氏の「融通＝循環」論（村融通制論）

一九八〇年代には、「世直し状況論」への批判を目的の一つとして、村落と都市における共同体についての議論が盛行する[36]。その中でも大塚英二氏は著書『日本近世農村金融史の研究―村融通制の分析』（一九九六年）とその前提となった諸論文において、関東・東海農村を主な対象地域として、村における土地や資金の「融通＝循環」構造を指摘し、村役人が村において融通機能を担っていた側面を高く評価する議論―「融通＝循環」論を提起した[37]。これは大塚氏自身も述べる通り、一九六〇〜一九七〇年代の森嘉兵衛氏、守田志郎氏の議論をふまえて立論されたものであり[38]、地域における金融活動への評価を一新した点で非常に重要な成果である。

同氏の研究の中で特に重要な主張や成果として、以下のような諸点があると筆者は捉えている。

①地主小作関係や小作料が村共同体の大きな関与のもとに形成・決定される点を指摘し、この具体例として全国の散田と遠州地方の郷地賄の実態を解明した点。

②融通構造の中での村役人家の役割の重要性を指摘するとともに、村役人家が経営危機に陥った際、村を越える範囲の連携により相続が模索されることなど、地域レベルでの金融秩序維持の動向を解明した点。

③族団・村役人・地域組織（村備金融）という形で、村・地域における融通機能の領域が拡大し、その延長線上に日本近代の信用組合組織が形成されていくとする理論的見通しを提示した点。

④報徳金融の小農再建における救済論理の特質として、中層農の重視と最下層の切り捨てをはじめとする限界があった点を解明し、一方で報徳仕法における村共同体の再編が近代資本主義の定着過程におけるダメージを軽減させる機能を担ったとの理論的見通しを提示した点。

⑤農村金融における融通論理と高利貸論理を整理し、後者の侵入による融通的世界の動揺・崩壊過程として幕末期を描く。さらに領主仕法の中で主張される「御国恩」イデオロギーの虚偽性の露呈とともに、村共同体と国家との対立構造が形成されていくとして、幕末期の民衆運動と領主―領民関係を理解する視点を提示した点。

大塚氏の議論は村内の融通構造の分析を中心としつつも、より広域的な地域レベルにおけるネットワークの果たした機能を指摘し、さらに幕末期における民衆運動論・領主―領民関係論との接合や、農村金融を二つの論理に整理して示した点など、近世後期〜幕末期の社会を動態的・論理的に捉えたスケールの大きな研究である。近年の村落史、地域社会論においても、村役人や豪農の小経営保持・地域経済振興に果たした役割が注目されており、大塚氏を含めた村落共同体論は、現在の研究状況においても大きな影響力を保持しているといえる。

ただし、大塚氏の「融通＝循環」論においては、大塚氏自身も自覚する通り、個別経営の成長―上昇契機や、金融と経済発展との関係はふまえられておらず、金融における「守り」の側面―階層分解の抑止作用が強調されていた点には留意する必要がある。[39] このことは、大塚氏が農村荒廃状況がみられる地域（関東・東海）を主な対象としたことにも規定されているとみられる。しかし、経営拡大にとって好条件での資金調達＝金融が重要な意義を持っており、近世中後期において有力農民の成長が全国的にみられた点を勘案すると、金融活動の評価において、個別経営の発展および地域経済にとってのプラスの作用や、地域における金融ネットワークの形成・発達と領主財政との関係といった、領主―領民関係論の中でも村落共同体の機能からはやや距離のある論点については、十分に組み込まれなかったと指摘できよう。後者が十分に組み込まれなかった点については、主に共同体の機能に着目した議論であり、この解明が特に重要な研究史上の課題であった学術状況においては至極当然の事柄である。一方で、前者の視点の弱さについては、前述した福山昭氏の農村金融論を、基本的には「佐々木豪農論のバラエティーの一つ」（大塚氏著書一九一頁）と評価していることに端的に表れていると考える。

四　一九九〇年代後期～現在―研究視角の広がりと総合化に向けての進展

一九九〇年代～現在に至る農村金融論・地域金融論においても、大塚英二氏の示した農村金融への肯定的評価―特に「守り」の側面の重視という論点は、一定程度受け継がれていると考える。これに加えて、以下に述べるような四つの潮流が、農村金融論・地域金融論やこれと密接に関わる新たな研究動向として重要なものである。

第一に、近世農村金融市場と経済発展との関連に着目する議論である。一九七〇～八〇年代にかけて、近世後期～幕末期における日本列島の経済発展の様相が指摘されるに及び[40]、経済発展を後押しした資金循環の構造を、特に金融の観点から見直そうとするのがこの立場であると考える。加藤慶一郎氏の農村金融市場論[41]や、加藤氏・下向井紀彦氏の頼母子における資金調達機能を高く評価する議論[42]などがこれにあてはまる。これは、金融と経済発展や商業との連結構造を具体的に提示することを企図したものであり、前述した近世後期の日本経済の成長趨勢という見解に合致する金融像といえる。また、福澤徹三氏は、経済発展との連結構造の解明という視点は強調しないものの、近世後期の信濃国農村がどのような金融市場の中におかれていたのかについての分析を通じて、「分厚い民間の金融市場の成熟が幕末期の社会経済上の達成である」と述べている[43]。

第二に、大塚英二氏の議論においては十分に深められていなかった広域的な豪農金融についての専論として、福澤徹三氏による分析があげられる[44]。福澤氏は畿内と信濃国における豪農金融の分析を行い、畿内における中核的豪農（持高一〇〇石以上）を中心とした「地域金融圏」のあり方を明らかにした。先にあげた第一の研究潮流が、農村部における金融活動についてのまとまった理論提起ではないのに対し、福澤氏は豪農という一主体における金融活動の全体像の把握を企図しており、近年の農村金融論・地域金融論の成果として重要なものである。

第三に、領主―有力農民間の金融関係についての分析の深化がなされている点がある。本章第一節第一・二項で述べた通り、「地域運営論」、「社会的権力論」への批判として、領主的契機を議論に組み込む必要性が述べられ、当初は主に地域運営や支配実務の側面における支配構造や領主政策の規定性が明らかにされた[45]。その後、同様の視点に基づき、経済的側面における領主―領民関係や、領主財政と地域経済の相互関係の追究がなされた。具体的には、楠本美智子氏、山本太郎氏による幕領掛屋の分析[46]、伊藤昭弘氏による藩財政―所領経済の「互恵」的関係および貸付政策と個別経営の連関についての分析[47]、酒井一輔氏による旗本財政における地域財政的性格についての分析[48]、熊谷光子氏、野尻泰弘氏、萬代悠氏などによる領主の資金調達における中間層・豪農層の機能についての分析[49]、筆者による御三卿一橋家財政・所領経済・大坂商人との関係の分析[50]などが著されている。

第四に、畿内・近国や西国を主な対象として、地域の有力者だけでなく大坂および在郷町の有力町人・商人の動向や役割を組み込んだ形での地域金融論・領主財政論が積み重ねられている点は、直近の動向として重要であると考える[51]。これは、伊藤昭弘氏・今村直樹氏による藩財政・領国・領外銀主の相関関係の分析[52]や酒井一輔氏による在方町研究[53]を濃淡はあれど意識して行われた研究であると筆者は捉えており、地域経済・地域金融を考えるうえで、中央都市・地方都市の町人・商人の動向や機能も十分に組み込むべきことが示されつつある。また、金融や領主財政よりも物資（特に米穀）流通からの分析という性格が強いが、西国における倉庫金融や地方米穀流通と地域経済との関係についての山本一夫氏の研究[54]は、流通政策や米切手の機能に着目する中で領主・商人・地域経済を描き出しており近年の重要な成果である。

以上の研究動向により、農村や地域における金融の具体像の解明に加えて、遠隔地域や領主財政、都市商人も含み込んだ形での地域経済論・地域金融論が提示されつつある。日本近世史研究における各分野の相互交流や研究の総合化のためにも、このような研究動向は重要であり、地域金融をテーマとした研究の意義・可能性の大きさも相当程度示されていると筆者は考えている。

第二節　研究史上の課題と分析視角

（1）研究史上の課題

一　地域金融論の少なさとその要因

戦前期以来の地域金融論の研究動向は概ね前節で述べた通りであると筆者は理解しているが、次に現在に残されている研究史上の課題を確認していく。加藤慶一郎氏は、二〇〇一年の時点で、金融史研究、特に地方金融市場論の不足に加えて、地主の利貸経営の分析においても蓄積が十分でないことを指摘している(55)。このことは、本章第一節第三項で述べた通り、戦前期以来の日本経済史研究が産業資本との関わりを強く意識し、金融についてば産業資本とは関係しない高利貸資本としての側面が一定程度分析されるのみであり、このような高利貸資本としての農村金融像が、基本的には一九七〇年代まで継続していたことに起因している部分が大きいと考える。周知の通り、戦後から一九七〇年代にかけて、現在も参照されるべき日本近世経済史研究の成果が蓄積されたものの、上記のような認識のために金融が主な研究対象として扱われる場面は少なかったのである。現在における地域金融論の前提として、他の経済分野に比べて、研究蓄積が圧倒的に少ない点は留意されるべきであろう。

このような認識を前提として、次に一九八〇年代以降の地域金融論におけるまとまった著書である、大塚英二氏と福澤徹三氏の研究に特に注目して、現在における地域金融論の課題を四点述べていく。

二　上層農民（豪農・村役人）による金融活動への評価

まず第一の課題として、上層農民（豪農・村役人）の行う金融における融通的側面と自己利益追求（上昇契機）の側面の双方を整合的に把握し、さらに上層農民の個別経営における金融活動を、より広い金融ネットワークの中に位置づけることがある。

大塚英二氏の「融通＝循環」論においては、村の共同体機能を強調するとともに、村役人が負担を被る側面が重視された点に特徴がある。[56]一方、福澤徹三氏は、中核的豪農を中心とした「地域金融圏」の析出という手法により、精緻な豪農金融論を展開している。[57]この両者は、ともに共同体における個別経営の維持機能に留意しつつも、豪農や村役人といった上層農民の行う金融活動および上層農民と小前との金融関係について、これを高利貸的なものとみる視角から、村内での融通、さらには地域における多数の経営の維持機能といったように、その評価を反転させた点で共通しているといえる。

一方で、特に福澤氏の場合には顕著であるが、上層農民という一主体の金融活動に注目が集まったために、地域の全体的な金融・信用構造とその変容過程を描くという点では限界性を有しており、さらに上層農民の評価においても、融通機能の担い手と自己利益追求・上昇契機という両面の統合的な把握について課題を残している。[58]大塚氏の議論において、上層農民の上昇契機を組み込めていない点については前述したが、福澤氏の研究についても「いわば外から収奪した利子収入によって、岡田家周辺の地域経済が潤っていると読み取ることが出来るように思われる」[59]と評されている通り、豪農の金融活動によって地域経済の円滑な循環がなされていたとしても、豪農から地域・村に投下される資金がどこから／どのような手段で入手されたものかを意識した場合、豪農金融についての評価を再考する必要があるといえよう。[60]この点については、岩田浩太郎氏による出羽国村山郡堀米家の分析において、同家の金融活動における地域区分や貸付方法の違い、対象とする地域や相手との関係性によって異なる経営内容がみられた点がすでに指摘されている。(61) 筆者も同様の観点から、摂津国島下郡高島家の金融活動について、相手の居住村による金融活動の相違（居村：恩恵的貸付、遠隔地：収益目的の傾向がそれぞれみられる）を指摘したことがある。(62) 豪農による地域区分や、どの地域に恩恵的な態度をとり、どの地域から収益を得ようとしていたのかに留意し、豪農経営における両側面の関係性を明らかにしていく必要があろう。

さらに、豪農の金融面での機能を捉える際、個別豪農の経営における金融活動のみではなく、豪農間の金融ネットワークの分析や、豪農が貸付以外の形で地域において果たした金融・信用面での機能についても追究していく必要があろう。前述した通り、従来の研究では上層農民（豪農・村役人）と小前の縦の関係に注目が集まっていたが、上層農民の経営・金融活動を支える横の金融ネットワークについても、その範囲や形成契機を含めて、より分析を深めていく必要がある。(63) 以上の観点をふまえることで、個別経営分析にとどまらない豪農金融論、ひいては金融の観点からみた広域的なネットワークや地域像を描いていくことが可能になると考える。

ただし、上層農民や豪農による金融活動の分析は、一九七〇年代までの村落史研究において上層農民の経営分析の一環として行われた部分があり、(64) 農村金融論の中では比較的研究蓄積のある分野である。むしろ現段階では、上層農民や豪農以外の視点からも、地域における多様な金融活動の分析を行っていく必要性が指摘できよう。

三　豪農の上下階層における金融活動と領主権力・支配構造の規定性

上述した点もふまえて、第二・第三の課題としては、豪農・上層農民の上下階層である小前・領主における金融活動のあり方、特に領主権力・支配構造によって地域金融が規定される側面の析出がある。

まず小前の金融活動について、前述した大塚氏の「融通＝循環」論、福澤氏の「地域金融圏」論においては、小前は豪農・村役人に救済される／貸付を受ける存在として描かれる傾向にある点が指摘できよう。両者の議論においては、小前は村落共同体の存立基盤とは理解されているが、小前相互における日常的な金融活動や資金調達についての実態的な分析が十分になされているわけではないと考える。小前層における金融活動は、農村金融における分厚い基礎部分を形成するものと考えられるが[65]、従来の議論ではこの点についての実態分析が不足していると思われる。この分厚い基礎部分の分析については、史料的制約もあって困難な点が多いものの、この分析をふまえなければ、村や地域における豪農金融についての正しい評価もできないと考える[66]。

さらに領主の金融活動について、地域金融における領主権力の動向への視点の弱さ—具体的には領主の貸付政策の分析や、支配構造に規定された金融・立替のあり方についての分析の少なさが指摘できよう。例えば、村役人による融通は、①村共同体の長、②村請制村の長、という二側面に起因してなされていたと考えるが、「村落共同体論」という研究潮流からもうかがえる通り、共同体規制に基づく①に比べて、支配機構としての性格やこれに求められた救済義務に基づいた立替や融通—②の側面はやや軽視されてきたと考える[67]。近世の村においては、村内に対して融通的な活動をとりたがらない富裕者も存在したのであり[68]、このことは①の側面だけではなく、②の側面にも規定されたうえで、村役人による融通がなされていたことを示すと考える。また、従来の農村金融論では、村における融通のうちで大きな比重を占めるものとして、村役人による小前への年貢立替が想定されてきた[69]。しかし、村役人の上部に位置する中間支配機構やこれと連携している都市商人も、地域に対する金融・立替機能を担っていた側面があるが[70]、これらの者が立替機能を担うのは、共同性に基づくものというよりは領主から与えられた職責による部分が大きいと考えられるであろう。村より広い地域という枠において金融・立替が行われる論理を考える場合、支配機構としての性格に基づく部分はより大きくなると考える。

さらに、領主権力の規定性については、単純に領主の貸付金が村・地域内にどの程度入っているかの追究だけでは捉えきれない側面を有している。例えば、天保一三年（一八四二）には年利を一二％以下とする幕府の利息制限令が出されているが、これ以降、法定利息の枠内に民間での金融活動の利子率が収められる傾向が強くなっている事例も報告されている。[71]仮に公定利率以上での貸付を行った場合、領主への訴訟となった際には、被告側にとって不都合な事態が生じることも想定できる。このような法制度や裁判方法の規定性については、近年萬代悠氏による研究がみられる。[72]ただし、①日本近世の法制度や裁判の方法と、②地域における規則や慣行・共同体における規制、のそれぞれがどの程度まで地域における経済や金融を規定していたのかは慎重に判断される必要があり、常に①が優越的な位置にあったと考えることは適切ではないだろう。第一節で先述した村落共同体論の成果や民俗学・文化人類学・開発経済学など歴史学の隣接分野をみても、地域社会において慣行、村内での規則、人間関係が重視される側面も大きい点は、近世日本に限らず、広い時代・地域においてみられた事象である（特に前近代に顕著であろう）。[73]豪農や地域有力者の経済・金融活動もこれに規定されており、より経済力の低い層においては、この規定性はさらに大きいものであったとみたほうがより実態に近いと筆者は考えている。

支配身分としての権限に基づき、領主は経済・金融・資本の活動や方向性の一部をコントロールし、[74]あるいは役職の付与によって地域有力者の活動や義務をある程度定めることもできた。このような身分制に基づく支配構造（この中に法・裁判制度も含まれよう）や経済外強制の構造の規定性と地域経済・地域金融との関わりを捉えていく必要があると考える。また、貸付額が相対的に少なくとも、地域からの資金を集め、それを領内のインフラ整備などに集中的に投資するような資金循環を領主が主導した場合、領主があまり関与しない地域とは大きく異なる資金の流れが領内に実現されることになる。伊藤昭弘氏や荒木仁朗氏による藩の財政運営や貸付金と地域経済との関係の分析は、このような領主権力の機能を示唆しているとみられ[75]、地域金融論においても十分に留意すべき論点であると考える。

四　中央都市・地方都市の商人と地域金融との関係

第四の課題として、地域における金融と都市商人や都市における金融との連関性を把握する必要があると考える。第一節第三項一で述べた通り、都市における金融と農村部における金融とは、別個の研究分野として、研究者自体もどちらかのみを専門とする場合が多い。しかし、例えば大坂を例にとると、日本列島の各地域からの物資が蔵物・納屋物として大坂に流入し、その代金決済のために借用金や為替手形が地方と大坂との間でやりとりされていた点が西向宏介氏、森本幾子氏によって指摘されており[76]、このような流通・決済の媒介として廻船業者・廻船問屋が存在していた。西向氏、森本氏の研究はこのような決済の側面における地方と都市との関係性に着目する必要性を強く示唆しており、少なくとも地域社会が関わる金融や流通を考える際には、都市と地方・地域とを連関させた検討を行う必要があると考えられよう。

特に近年の森本幾子氏による廻船経営および江戸・大坂と阿波国との間での金融・決済構造の解明[77]は、支配構造や市場の特質が流通やこれと関わる金融を規定していた側面を明示した成果として、重要な意義がある。前述した「三」での論点（領主権力・支配構造によって地域金融が規定される側面）についても、地域における金融と都市商人や都市における金融との連関性を把握することで、より具体的に明らかになると考える。

さらに、近年の主に熊本藩を題材とした「領国地域社会論[78]」や、同藩を主体として検討される大坂商人論[79]をみても、都市商人の動向もふまえた地域や藩領研究の必要性が示されていよう。中央都市・地方都市の商人と地域金融の関係性を追究することは、地域金融論や地域社会論の新たな展開のためにも有用な方法であると考える。

五　「農村金融市場」という視角の射程と限界

ここまでは、地域における多様な金融形態の中で、①豪農金融、②小前間の金融、③領主権力・支配構造の規定性、④中央都市・地方都市の商人と地域金融との関係、という四つの要素を検討してきた。最後に、近年の日本近世史や日本近世経済史においてみられる「農村金融市場」[80]という研究視角について筆者の考えを述べる。

「農村金融市場」という研究視角は、村や地域で行われる金融全体における原資の出所を分析することで、金融機能を果たした主体やその比重を明らかにすることを主目的とするものであると筆者は捉えている。地域の金融全体における資金の出所や各金融主体の位置を包括的に捉える手段として、「農村金融市場」の観点からの分析は重要な意義を有している。しかし、この観点からの分析に際しては、共同体的・人格的関係や支配構造といった前近代社会に特徴的な論理に基づく金融・立替と、経済・市場の論理に基づく金融とを峻別することなく、金額の多寡で「農村金融市場」における重要性を判断する傾向に陥りやすいと考える。しかし、貸付金額の背景にある貸借契約の内容、形成契機、金融慣行等をふまえ、近世社会固有の要因に基づく金融・立替の構造という点を常に意識しなければ、農村や地域における金融の性格を過度に合理的・近現代的な「金融市場」と評価してしまうか、あるいは経済・市場の論理の貫徹の有無にのみ関心が集まり、近世社会における金融の特質を見失う危険があると考える。金融を行う多様な主体の相関関係を考える際にも、前近代的な金融の形成契機―共同体的な関係や領主支配・支配構造との関係といった点を、十分に意識する必要があろう。

この点について、大塚英二氏は金融講（頼母子）についての研究に触れる中で、「古くは森嘉兵衛氏、最近では加藤慶一郎氏の研究があり、いずれも多くの示唆を与えられるが、不満なのはその結論が、金融市場論として位置づけられる傾向がある点である。報告者の関心に即すれば、村社会論や近世地域研究の脈絡でとらえる必要があろう」と述べている。[81]筆者も大塚氏の指摘に同意するものであり、金融講以外の金融手段や「地域金融構造」の分析に際しても、村落史、地域社会論、領主―領民関係論等の分野との関連を意識しながら分析することで、地域金融の観点から日本史学における視点の欠落（本章第一節第一・二項）を補完し、市場論にとどまらない近世中後期社会像を描き出すことができると考えている。

このような筆者の問題関心からすると、信用や債権債務関係自体の特質に着目する「債務史」の研究視角には学ぶべき点が多いと考えている。[82]また、先述した「口入」や「館入」、時には幕府の代官や役人など、金融や資金調達を媒介する存在への注目が近年なされており、[83]金融関係の形成の具体的な現場や人的関係に注目することで、「市場」という観点よりもより立体的に地域金融および地域社会を捉えることができよう。金融関係の特質自体に注目しつつ、二～五で述べてきたような金融に関わる四つの要素の実態分析を行い、それらを包括した議論を構築していくことが現在の地域金融論の重要な課題であり、地域社会論の観点からも課題とされるべき点の一つであると考える。

以上の通り、地域金融論は戦後の経済史研究の盛行からやや取り残された分野であり、個別の研究題材においても課題を多く残している。上記の課題をまとめるならば、①豪農金融論の見直し、②小前間の金融関係の実態分析、③領主の金融活動や支配構造に基づく金融・立替、④中央都市・地方都市の商人が担う金融機能という四つの主体における分析と、金融におけるA共同体的・人格的論理、B経済・市場の論理、C支配構造の論理の三つの論理の分析をふまえたうえで、それらの相関関係を問う必要があるといえよう。その際、一主体からの視点だけではなく、各層の史料（村方史料、豪農家の経営史料、領主の支配関係史料、大坂商人の史料）を用いたうえで、各々の金融主体についての実態分析を行う必要がある。さらに、近世の地域金融の背景にあるA・B・Cの論理を整理し、日本近世の地域金融の内実とその変化についての図式を提示する必要があると考える。

（2）分析視角と概念設定

前項での課題の整理をふまえて、まず本書の研究目的と分析にあたっての概念設定の含意について述べていく。近年の金融史研究（本章第一節第三項三・四）と近世後期における経済発展についての議論（本章第一節第三項四）を参照すると、地域経済や民衆生活から乖離した搾取的な金融活動という、戦前以来の農村金融への一面的な見方（本章第一節第三項一・二）は払拭されつつあると考える。当然ではあるが、近世中後期の地域における金融活動（「地域金融」）については、住民・村・地域の生活維持や社会全体の経済発展にとって重要な役割を担う側面と、収奪・吸着の側面の双方を兼ね備えたものとして捉える必要がある。このような認識のもと、「地域金融」の個別の実態と相関関係（「地域金融構造」）、およびその変容過程を解明することが本書の目的である。

なお、「地域金融構造」という概念を採用することで、地域における経済・金融現象をやや構造的・静態的に俯瞰する傾向に陥りがちであるという短所も予想される。しかし、地域内における全体的な位置づけにあまり留意しないまま主体への一面的な評価がなされる傾向（本章第二節第一項二）にある現状においては、主体の分析をふまえたうえで全体的な相関関係に着目することが、各主体の性格を捉えるうえでも重要であると考える。そして、金融による資金循環や、これに関わる各主体の関係性を追究していくことは、村や地域の内部構造と外的要素との相関の中で変容していく近世中後期の地域像を捉えていくうえでも有効な方法であるといえよう。

また、農村金融を定義する際には、前述の通り大塚英二氏の「村融通制」、福澤徹三氏の「地域金融圏」といった定義が従来はなされてきている。このうち前者については、基本的には村の枠内にとどまるものか、あるいは報徳金融という関東・東海地域に特有の地域金融のあり方を示すものであり、後者については、基本的には豪農の貸付の性格を定義するものである。そのため、両氏の定義の範疇からは外れるものの、「地域金融構造」という概念に基づく分析により、地域の資金循環に一定の影響を与える金融活動やその主体―具体的には領主の貸付政策や金融・立替の側面における支配構造の規定性（地域レベルでの中間支配機構や都市商人による年貢銀立替など〈第三部〉）の問題についても議論に組み込むことができる。このことは、領主的契機の組み込みの必要性という近年の地域社会論における課題（本章第一節第一・二項）とも合致するものである。

第三節　本書の分析対象と構成

（1）本書の分析対象

上記のような問題関心をふまえたうえで、本書では地域における金融活動の実態分析を行っていくが、それに先立って分析対象地域の概要を述べる。

本書では、山陽道に位置する備中国南西部【図1】（主に後月郡《しつき》【図2】）を主な分析対象地域としている。同地

図1　備中国図
拙稿「豪農経営と親族ネットワーク」(『ヒストリア』249、2015年)の図1を転載のうえ一部加筆・修正を行った。原図は総務省統計局(http://*www.stat.go.jp*)の町丁・字等境界データを使用して作成した。網掛箇所は備中国である。

域は、①瀬戸内農村における高い農業生産力[84]、②非領国地域―領主関係の錯綜[85]、③多様な貨幣・紙幣流通[86]といった特徴を有しており、これらの点は金融・立替や貨幣の両替といった経済的・金融的事象の広範な展開をもたらす条件でもある。一方で、備中国南西部は畿内や関東のような全国レベルでの巨大都市の周縁に位置する地域ではなく、さらに大規模な都市・城下町が所在しないという特徴があるが、基本的には近世日本における農業生産や商品流通の盛んな地域における金融の一事例として、本書では分析していく。

なお、以下の行論に先立って、対象地域の基礎的な情報を提示しておく。

備中国南西部について、同地域には後月郡・小田郡・川上郡等が含まれるが、本書の主な分析対象は後月郡・小田郡であり、特に前者は簗瀬・木之子・西江原の各村、後者は笠岡村の事例を多く取り上げる。なお、両郡の明治元年の所領配置を【表1】・【表2】にまとめた。後月郡は領主支配が錯綜していたが[87]、一八世紀前期には同郡の大半は幕領となり、文化一〇～文政九年（一八一三～二六）の間、幕領村々は龍野藩脇坂氏の預所となる。龍野藩預かりの村々は、文政一〇年以降御三卿一橋家領となっている。小田郡においても同年の備中一橋領成立以前は幕領が最も多くみられたが[88]、これ以降は一橋領が最も多くなっている。ただし、笠岡村は幕領であり、近世後期には倉敷代官役所管下の出張陣屋がおかれ、備中国南西部に位置する幕領の拠点の一つであった。

備中一橋領について、一橋藩は立藩した翌年の明治二年（一八六九）一二月に版籍を奉還、そのまま廃藩となり、同領域は倉敷県（備中国の大部分、備後・美作・讃岐の一部）の管轄となる。同四年一一月には備中国全域と備後国東部をあわせて深津県が設置される[89]。同五年六月に深津県は小田県と改称し、同八年一二月に小田県が岡山県に合併され、以降は岡山県が後月郡・小田郡を管轄した。

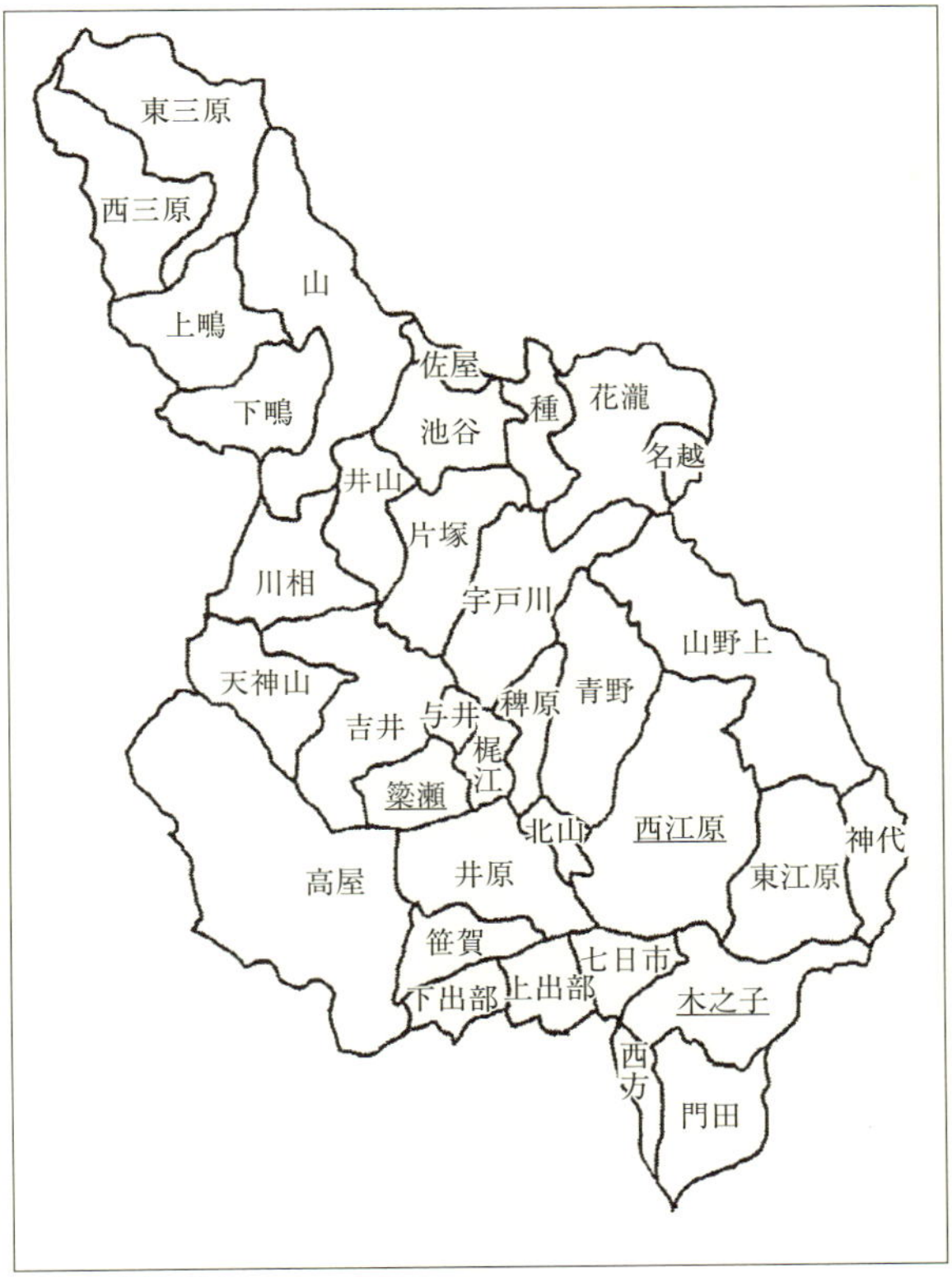

図2　後月郡図

典拠：井原市史編纂委員会編『井原市芳井町史通史編』（井原市、2008年）199頁の図4－1をもとに一部加筆・修正して作成。

このうち、文政一〇～明治二年に備中国南西部の後月郡・小田郡、同国中部の上房郡の三郡のうちで六五ヶ村（三万三五一七石余、備中国の約八・九％）[90]を支配した備中一橋領についてみていく。[91]備中一橋領は、後月郡の奥組（同郡北西部）、後月組（同郡北東部）、木之子組（同郡南部）、小田郡の小田組（同郡中北部）、濱手組（同郡西部）、中組（同郡中部）、上房郡の七組に分けられ、代官役所

表1　明治元年（1868）の備中国後月郡における所領配置

	領主	類型	石高	割合
1	一橋家	御三卿領	12,672.63550	68.751%
2	大森支配処	幕領（石見国大森代官役所）	1,529.72500	8.299%
3	麻田藩	畿内藩領飛び地（外様）	1,216.50530	6.600%
4	池田福次郎	旗本領	848.25780	4.602%
5	小堀大学	旗本領	545.76000	2.961%
6	水谷主水	旗本領	520.95350	2.826%
7	高山安左衛門	旗本領	452.89100	2.457%
8	池田図書	旗本領	434.41970	2.357%
9	倉敷支配処	幕領（備中国倉敷代官役所）	87.57900	0.475%
10	永祥寺	寺院領	35.00000	0.190%
11	法泉寺	寺院領	20.00000	0.109%
12	金鋪寺	寺院領	15.00000	0.081%
13	長川寺	寺院領	13.97500	0.076%
14	明王院	寺院領	10.00000	0.054%
15	明星寺	寺院領	10.00000	0.054%
16	善福寺	寺院領	10.00000	0.054%
17	重玄寺	寺院領	10.00000	0.054%
	合計		18,432.70180	100.000%

典拠：木村礎校訂『旧高旧領取調帳　中国四国編』（近藤出版社、1978年）145～146頁。

表2　明治元年（1868）の備中国小田郡における所領配置

	領主	類型	石高	割合
1	一橋家	御三卿領	14,738.65195	39.107%
2	庭瀬藩	藩領（譜代）	13,425.36365	35.623%
3	倉敷支配処	幕領（備中国倉敷代官役所）	6,385.13200	16.942%
4	麻田藩	畿内藩領飛び地（外様）	914.95600	2.428%
5	新見藩	藩領（外様）	721.21070	1.914%
6	池田信濃守	藩領（岡山藩支藩：鴨方藩）	603.74300	1.602%
7	戸川主馬助	旗本領	447.47300	1.187%
8	毛利兵橘	旗本領	359.64800	0.954%
9	洞松寺	寺院領	35.04900	0.093%
10	遍照寺	寺院領	30.00000	0.080%
11	棒沢寺	寺院領	15.12900	0.040%
12	威徳寺	寺院領	5.00000	0.013%
13	玄忠寺	寺院領	5.00000	0.013%
14	蓮華寺	寺院領	1.20000	0.003%
	合計		37,687.55630	100.000%

典拠：木村礎校訂『旧高旧領取調帳　中国四国編』（近藤出版社、1978年）141～143頁。

（江原役所、後月郡西江原村）―七組―各村の支配機構が構築されていた。領内には山陽道が通り、本陣七日市、間宿今市（西江原村）があった。以上の宿場と西江原村新町が領内の町場であった。後月郡内の中南部には小田川が西から東に流れ、高瀬舟が通行していた。領内の掛屋は、文政一一～元治元年（一八六四）は平木家（後月郡木

表3　備中一橋領の産物（明治3年〈1870〉、小田郡・後月郡）

	産物名	産出量	代金(両)	冥加(匁)	比率(代金)	比率(冥加)
1	繰綿	9000俵	65,250	4,500	25.0%	7.8%
2	煙草大のし	800駄	3,600	400	1.4	0.7
3	煙草小のし	3600駄	16,200	1,800	6.2	3.1
4	古手	1000丸	40,000	3,000	15.4	5.2
5	白木綿	1100丸	20,625	1,650	7.9	2.9
6	畳表	4000丸	11,363	5,000	4.4	8.7
7	蒟蒻玉	3000駄	7,500	2,700	2.9	4.7
8	竹皮	200駄	270	100	0.1	0.2
9	同ばら皮	30駄	270	90	0.1	0.2
10	木附子	200駄	600	600	0.2	1.0
11	紫根	50駄	319	100	0.1	0.2
12	炭	2000駄	2,045	1,200	0.8	2.1
13	諸雑穀類	9000石	28,125	9,000	10.8	15.6
14	油	720石	13,500	4,320	5.2	7.5
15	酒造	5000石	31,250	15,000	12.0	26.0
16	醤油	1500石	4,688	2,250	1.8	3.9
17	質屋		5,000	1,500	1.9	2.6
18	材木売		3,000	1,200	1.2	2.1
19	薪売		500	200	0.2	0.3
20	紙類問屋		500	250	0.2	0.4
21	桐木問屋		600	300	0.2	0.5
22	塩問屋	1320石	1,500	660	0.6	1.1
23	八百屋物売		700	350	0.3	0.6
24	瀬戸物類売		200	100	0.1	0.2
25	下駄問屋		500	250	0.2	0.4
26	鬢附油蝋燭問屋		200	100	0.1	0.2
27	糀味噌問屋		150	75	0.1	0.1
28	石灰問屋		100	50	0.0	0.1
29	肥類問屋		2,000	1,000	0.8	1.7
	合計		260,555	57,745		

典拠：明治3年「御領知備中国小田後月両郡村々御国産類凡調書」（茨城県立歴史館所蔵一橋徳川家文書Ｅ1-161）。

註：比率は100分の1の位を四捨五入した。古賀康士「近世的殖産政策の生成と展開」（岡山地方史研究会・広島近世近代史研究会合同研究会報告、2010年6月2日）、同「近世的殖産政策の生成と展開」（『九州文化史研究所紀要』62、2019年）、拙稿「豪農経営と親族ネットワーク」（『ヒストリア』249、2015年）も同史料に基づき表を作成している。

表4　御用金上納者（文久3年〈1863〉）　*50両以上上納者のみ。

	御用金	永上納金	合計	名前	村	組	
1	500	100	600	山成直蔵	簗瀬村	奥組	本
2	450	50	500	儀右衛門	大戸村　東組	濱手組	
3	450	50	500	五郎四郎	下稲木村	濱手組	
4	300	200	500	太吉	内田村	小田組	
5	300	200	500	名越徳三郎	走出村	中組	
6	450	50	500	要太郎	簗瀬村	奥組	西
7	350	50	400	元吉	梶江村	奥組	
8	350	50	400	顕蔵	梶江村	奥組	
9	100	200	300	池田丹次郎	大江村	濱手組	
10	200	100	300	佐藤仙吉	門田村	木之子組	
11		300	300	慎吾	舞地村	上房郡	
12	230	20	250	儀兵衛	西江原村	後月組	簗
13	230	20	250	兼右衛門	有田村	濱手組	
14		250	250	小出俊三	矢野村	上房郡	
15	200	50	250	鉄次郎	浅海村	小田組	
16	230	20	250	久作	大戸村　東組	濱手組	
17	225	25	250	保太郎	木之子村	木之子組	
18	100	100	200	重郎右衛門	星田村	小田組	
19	180	20	200	三郎平	山村	奥組	
20	100	100	200	三郎兵衛	走出村	中組	
21	100	100	200	実太	新賀村	中組	
22	180	20	200	大助	上出部村	木之子組	中
23	100	100	200	平木晋太郎	木之子村	木之子組	平木
24	180	20	200	杢郎	西江原村	後月組	
25	120	30	150	伊右衛門	甲怒村	中組	
26	140	10	150	善次郎	西江原村	後月組	
27	130	20	150	太助	東江原村	後月組	
28		120	120	沼本廣右衛門	西吉川村	上房郡	
29	90	10	100	勘四郎	大江村	濱手組	
30	80	20	100	吉郎次	西方村	木之子組	
31		100	100	三村紀四郎	山野上村	後月組	
32	75	5	80	吉郎次	笹賀村	木之子組	
33	65	15	80	三次郎	木之子村	木之子組	
34	50	30	80	太左衛門	浅海村	小田組	
35			50	嘉平	吉井村	奥組	

36	40	10	50	河合源三郎	川相村	奥組	
37			50	京助	東三原村	奥組	
38			50	賢治	与井村	奥組	外
39			50	仙右衛門	吉井村	奥組	
40			50	忠七	大江村	濱手組	
41			50	直右衛門	与井村	奥組	
42			50	彦三郎	下稲木村	濱手組	
43			50	平六	甲怒村	中組	
44	40	10	50	益一郎	甲怒村	中組	
45			50	峯右衛門	有田村	濱手組	
46			50	與吉	甲怒村	中組	
47			50	理惣次	池谷村	奥組	
48			50	栄助	青野村	後月組	
49			50	仙右衛門	青野村	後月組	
50	40	10	50	四郎左衛門	今立村	中組	

典拠：文久３年10月「備中国村々永上納金御用金名前帳」（井原市教育委員会所蔵平木家文書近世４-236）。

註：網掛けは本書で経営分析を行った本山成家・山成家（簗瀬屋）と山成一族（詳細は第二部第一章）、および平木家である。「本」：本山成家、「西」：西山成家、「簗」：山成家（簗瀬屋）、「中」：中屋家、「外」：外山家、「平木」：平木家を示す。

之子村）が単独で務めていたが、元治元年以降は西江原村の産物会所において、平木家を含む六名が務めた。大坂では蔵元兼掛屋を本両替の木原忠兵衛、友金義兵衛が務め、年貢銀や金銀を取り扱っていた。安政期には西江原村に銀札の発行と貸付を行う産物会所、産物の集荷を行う交易会所が設置され、領内の金融・流通構造が改編されていた。

次に、明治三年の小田郡・後月郡の一橋領における産物を【表3】にあげた。【表3】1、5木綿の栽培や加工が盛んに行われ、2、3煙草や6藺草（畳表）等の商品作物も栽培されていた。農村工業としては15酒造が最も大きいものであった。木綿、煙草、藺草の栽培は瀬戸内では一般的であり[92]、後月郡・小田郡の一橋領では特徴的な商品作物や農村工業はみられない。

次に、備中一橋領における豪農の分布をみていく。【表4】は文久三年（一八六三）に備中一橋領全域へ御用金が課された際に、個人で五〇両以上を出金した人物、【表5】は嘉永二年（一八四九）に備中一橋領内か

表5　救民仕法金出金者・出金額内訳（嘉永2年〈1849〉）

組名	奥組(11村)	後月組（9村）	木之子組（7村）	中組(6村)	濱手組（9村）	小田組（14村）	合計
村数（出金者居住）	5	5	6	5	8	6	35
25両以上	簗瀬1	—	—	—	大江1	—	2
20～24両	梶江1	—	—	走出1	—	内田1	3
15～19両	簗瀬1	山野上1	木之子1 門田1	—	下稲木2 大戸1 大江1	—	8
10～14両	—	西江原1	—	甲怒1 吉田1	—	浅海1 星田1	5
5～9両	簗瀬1 吉井1 梶江1	西江原3 青野2 東江原1 神代1	西方2 笹賀1 木之子2	甲怒1	大江4 大戸1 篠坂1 有田1	麦草1	24
4両以下	与井1 下鴫1 吉井1 梶江1	西江原3 東江原1 青野1	門田5 上出部4 木之子4 下出部1 西方1	甲怒4 新賀2 走出2 今立1 吉田1	大戸4 下稲木2 大河2 篠坂2 有田2 入田1 上稲木1 大江1	浅海4 内田1 大倉1 奥山田1	56
出金者数（人）	10	14	22	14	27	11	98
合計出金額（両）	97	81	107	81	177	67	610

典拠：安政6年12月「両郡村々救民仕法金下ケ戻請証文写」（平木家文書近世10–70）。
註：「救民仕法金」は、備中一橋領内の小田郡、後月郡の「身元相応」の98人から、「御国恩冥加之為救民御仕法金ニ被成下度旨」をもって10ヶ年無利息で出金されたものである。

ら集められた「救民仕法金」が、安政六年（一八五九）に下げ渡された際、資金を返済された上納者を組・村ごとにまとめたもの、【表6】は文久三年の御用金における一〇両以上の上納者を組・村ごとにまとめたものである。

このうち文久三年の御用金については、同年九月六日に賦課が命じられたようであり、同年九月二〇日に江原役所から後月郡西江原村他七ヶ村の村役人等へ出された以下のような廻状の写し(93)が残存している。

> 御用金之儀被　仰出候ニ付、其段申渡置候処、取調方不行届哉、今以何等之儀も不申出、右様延引相成候而者取調方一時に差添（カ）ひ、不都合ニ候条、御用金・上ヶ金又者永上納金等夫々取調、明後廿三日迄ニ可申立候、尤此度之儀者兼而申渡候通り、是迄之御用金差出方与者格別事変り、莫太（大）之御用途筋ニ付、可成丈ヶ致出情（精）、銘々規模相顕候様丹情（精）可致候、此書附名下令請印、早々順達留り之者ゟ可相返もの也

御用金賦課が命じられて一四日が経つが村々からの申出がなく、領主は二三日までに出金額やその内容を申し立てるよう命じている。そして、今回の御用金は格別のことであるのでなるべく出精するように命じている。領主側が何らかの基準によって一律に出金を命じたというより、領民側からの申し立てによって出金されていたことをうかがわせる。ただし、所領内でも特に有力な者については、「亥十月三日身元之者三拾三人御用金被仰付、無拠請印左之通り」（「記録帳」）とあるように個別に命じられたとみられ、右の記述の後に「一、六百両　山成直蔵」以下、五〇両以上を上納した者のうち三三名の名前と金額が記されている。少なくとも特に有力な者に対しては、領主側が各人の経済力などを考慮した金額を求めたものとみられる。全体として一律の出金基準があったとはみられず、各自の出金額の決定方法も詳細は不明である。ただし、村高一〇八石余の簗瀬村に上納額一位（本山成家）と二位（西山成家、五〇〇両）がいること（詳細は第一部第三章を参照）から、村高等ではなく個人の経

濱手組（9村）	小田組（14村）	上房郡（9村）	合計（65村）
5,182.8450	3,550.5940	6,106.0290	33,212.3395
3（大戸村東組1　大江1　下稲木1）	1（内田1）	1（舞地1）	11
3（大戸村東組1　大江1　有田1）	2（浅海1　星田1）	2（矢野1　西吉川1）	20
3（有田1　大江1　下稲木1）	1（浅海1）	—	18
20（大江8　大戸村東組4　有田3　下稲木2　篠坂1　岩倉1　大河1）	7（浅海3　奥山田2　内田1　川面1）	2（岩1　黒山1）	53
53（有田13　大戸村東組8　岩倉8　大江6　入田5　篠坂4　上稲木3　大戸村西組3　下稲木2　大河1）	26（浅海7　大倉6　奥山田3　星田3　本堀3　川面2　麦草1　宇角1）	45（西吉川9　矢野7　下湯山6　岩6　黒山5　舞地5　田土4　西吉川3）	233
82	37	50	335
3,665両	1,660両	2,088両	15,756両
386両2分1朱	450両2分1朱	99両1分2朱	2,564両1分
4,051両2分1朱	2,110両2分1朱	2,187両1分2朱	18,320両1分註③

註：①合計出金額（①）は10両以上上納者の合計金額。②「小前者共」出金額（②）は、組内各村の「小前者共」出金額の合計金額。③典拠史料に記載されている総合計出金額は18,320両であるが、本表では実際の計算上の合計金額を記載した。

表6　御用金出金者・出金額内訳（文久3年〈1863〉）

出金額／組名	奥組（11村）	後月組（9村）	木之子組（7村）	中組（6村）
（組高：石）	3,742.1845	4,813.8450	4,038.0570	5,778.7850
300～600両	4（簗瀬2　梶江2）	—	1（門田1）	1（走出1）
100～299両	1（山1）	5（西江原3　東江原1　山野上1）	4（木之子2　上出部1　西方1）	3（新賀1　甲怒1　走出1）
50～99両	6（吉井2　池谷1　川相1　東三原1　与井1）	2（青野2）	2（木之子1　笹賀1）	4（甲怒3　今立1）
30～49両	10（吉井5　池谷2　東三原2　山1）	6（東江原3　山野上3）	3（上出部3）	5（走出3　甲怒1　吉田1）
10～29両	23（山5　下鴫4　川相3　梶江2　天神山2　西三原2　簗瀬2　与井2　池谷1）	30（東江原7　花瀧6　山野上5　神代5　青野3　西江原2　北山1　名越1）	16（木之子7　笹賀4　西方4　上出部1）	40（吉田17　小平井12　甲怒4　新賀3　今立2　走出2）
10両以上出金者数	44	43	26	53
合計出金額（①）註①	3,185両	1,719両	1,547両	1,892両
「小前者共」出金額（②）註②	398両1分2朱	439両1分2朱	460両1分1朱	329両2分3朱
総合計出金額（①＋②）	3,583両1分2朱	2,158両1分2朱	2,007両1分1朱	2,221両2分3朱

典拠：文久3年10月「備中国村々永上納金御用金名前帳」（平木家文書近世4-236）、天保2年「備中国上房郡小田郡後月郡村々様子大概書」（一橋徳川家文書E1-24）。

済力に応じた賦課が行われたことはわかる。

【表4】に現れる人物は幕末期の備中一橋領における経済面での有力者であり、特に23の平木家は第一部第一章・第二章、第三部第一章、1の本山成家は第一部第三章、第二部第一章、12の山成家（簗瀬屋、本山成家の孫分家）は第二部第二章でそれぞれその経営についてある程度詳細に取り上げる。【表5】、【表6】の数値からは、備中一橋領における豪農の分布状況が判明する。特に重要な点としては、①組の中でも濱手組（小田郡西部）に高額上納者が多い点、②奥組（後月郡北西部）の有力者の数はそれほど多くはないものの、備中一橋領でも最上層の経済力を持つ者（【表4】1本山成家、6要太郎（西山成家、本山成家分家）、7元吉、8顕蔵）が集中していること、③陣屋元村（西江原村）や宿駅（七日市）に豪農が集中しているわけではなく、村落部に多く分布していること、④最上層の豪農である本山成家の経営規模（持高二〇〇石程度、第二部第一章）と【表4】、【表6】における出金状況を考慮すると、備中一橋領においては経済的に突出した規模（持高四〇〇～五〇〇石程度）の者はおらず、これより一段階経済力の小さい豪農が多くみられたことなどが指摘できる。【表3】、【表4】、【表5】、【表6】におけるデータは、以下の行論中でも適宜参照していく。[94]

（2）本書の構成

本書では、近世中後期における地域金融について、第一部で少額金融・グループ金融、第二部で豪農・地方都市商人の金融活動、第三部で支配構造に基づく金融・立替と中央都市商人との関わりについてそれぞれ分析を加えていく。なお、第一部・第二部は地域の内部に存在する主体についての分析であるのに対して、第三部では地域の資金循環に外部から関与する主体（領主・都市商人）やこれと関わる中間支配機構の金融・立替機能についての分析を主に行う。以上の三つの視角から近世中後期の地域金融とその変容過程について、内部構造の分析と外的要素による規定性の双方の視点を組み合わせたうえで論じていく。以下、各章の狙いについて簡単に述べる。

序章「近世中後期地域社会研究の課題と地域金融論」では、近世の地域社会論および地域金融論についての研究史と課題を確認し、本書の目的を明らかにする。

第一部「少額金融・グループ金融の存立構造」では、地域における少額金融・グループ金融の分析を通じて、小前層における金融活動の実態と、これらの金融に豪農がどのように関わっていたのかを明らかにする。

第一章「頼母子運営と村・豪農―「引請人」の機能と担い手―」では、備中国南西部における頼母子の運営構造と金融機能の分析を通じて、頼母子運営における参加者と各役職の機能、および豪農の「信用」とグループ金融との関係を明らかにする。

第二章「寺院頼母子と檀家―地域金融と宗教的契機―」では、備中国後月郡木之子村における地方寺院の経営と、寺院頼母子（寺院が発起人となる頼母子）の運営構造の解明を通じて、寺院の経営という世俗的側面と宗教的・制度的側面との関係、および寺院を取り巻く経済・金融関係の特質について考察する。

第三章「質地売買と村・同族―備中国南西部を題材に―」では、地域における重要な資金調達―金融手段として機能していた質地売買について、備中国後月郡簗瀬村の全階層における質地売買の様相（特に小前間の売買）と、村・同族団が質地売買の際に果たした機能を明らかにする。

第二部「豪農・地方都市商人の経営・金融と社会的ネットワーク」では、豪農と地方都市商人の経営・金融活動の推移を小前・領主との関係に留意しつつ解明するとともに、どのような社会的ネットワークに基づいて経営・金融活動がなされていたのかを明らかにする。

第一章「豪農経営と親族ネットワーク―備中国後月郡簗瀬村本山成家を題材に―」では、本山成家（備中国後月郡簗瀬村）の日常時・非常時における経営動向と親族ネットワークとの関連について、特に豪農の資金調達の側面に着目して明らかにする。

第二章「近世後期から明治期における質屋業と高額貸付―備中国後月郡西江原村山成家（簗瀬屋）を事例に―」では、山成家（簗瀬屋、備中国後月郡西江原村）が有担保での少額貸付を行いつつも、時期が下るごとに高額貸付を行う金融業者としての性格を強め、明治後期には地主・金融業者（高額貸付）・投資家へと転換していった様相を明らかにする。

第三部「領主財政・中央都市商人と地域金融―年貢収納・利殖政策・為替決済―」では、領主の貸付政策や年貢銀収納の際に生じる金融・立替関係、地域―都市間の為替決済の分析を通じて、支配構造と身分制の論理に規定された地域金融のあり方を明らかにするとともに、幕末期における領主―領民関係の内実と変容過程について考察する。

第一章「掛屋・大坂蔵元の立替機能と年貢銀収納―備中一橋領を事例に―」では、備中一橋領掛屋平木家の経営と家政改革における地域・領主・大坂蔵元の対応の分析を通じて、年貢銀の収納・立替構造における掛屋と中央都市商人の機能を明らかにする。

第二章「一橋徳川家の財政運営と幕府・所領―貸付・利殖政策を中心に―」では、近世中後期における御三卿一橋徳川家の財政運営と幕府・所領との関係の分析を通じて、個別領主の財政運営における貸付・利殖政策の位置づけと、近世後期における個別領主と所領・幕府との金融関係の変化を明らかにする。

第三章「近世後期の地域経済と商人―備中国南西部と大坂との関係を中心に―」では、近世後期～幕末期の地域（備中国）と大坂との間での物資流通とそこでの金融・決済の分析を通じて、都市商人による決済と物資流通との関係、幕末期の殖産政策を通じた地域状況の変化の様相を明らかにする。
終章「近世中後期の金融と地域社会」では、本書の分析結果をまとめたうえで、近世中後期の地域金融とその変容過程を描き、さらに幕末社会における領主—領民関係の特質を提示する。

註

（1）福田慎一『金融論　市場と経済政策の有効性』（有斐閣、二〇一三年）。
（2）泉田洋一『農村開発金融論　アジアの経験と経済発展』（東京大学出版会、二〇〇三年）。
（3）近世史部会運営委員会（文責：三ツ松誠）「問題提起」（『歴史学研究』八九八、二〇一二年）は、「市場の論理」を組み込んだうえで、中央都市から地域までを含み込んだ広域的な経済・金融構造を明らかにすることや、「貨幣／資本が世界を変えていく力に迫る手掛かり」（六八頁）を探ることの意義を述べている。二〇〇〇年代までの地域社会論の継承・発展のためにも上記は重要な指摘であったと筆者は考えており、特に本書第三部の研究はこの提起に影響を受けて行われた部分が大きい。
（4）松沢裕作『明治地方自治体制の起源』（東京大学出版会、二〇〇九年）。
（5）水本邦彦「初期「村方騒動」と近世村落」（同『近世の村社会と国家』東京大学出版会、一九八七年、初出一九七四年）、落合延孝「世直しと村落共同体」（『歴史学研究』別冊、一九八二年）、大塚英二「村共同体における融通機能の組織化について」（同『日本近世農村金融史の研究』校倉書房、一九九六年、初出一九八六年）、白川部達夫「近世質地請戻し慣行と百姓高所持」（同『日本近世の村と百姓的世界』校倉書房、一九九四年、初出一九八六年）、渡辺尚志「近世村落共同体に関する一考察」（同『近世の豪農と村落共同体』東京大学出版会、一九九四年、初出一九八七年）、神谷智「近世土地所有論に関する一試論」（同『近世における百姓の土地所有』校倉書房、二〇〇〇年、初出一九八七年）等。

同時期の都市共同体研究には、朝尾直弘「近世の身分制と賤民」（『部落問題研究』六八、一九八一年）、今井修平「近世都市における株仲間と町共同体」（『歴史学研究』五六〇、一九八六年）等がある。

（6）藪田貫『国訴と百姓一揆の研究』（校倉書房、一九九二年）、谷山正道『近世民衆運動の展開』（高科書店、一九九四年）、同『民衆運動からみる幕末維新』（清文堂出版、二〇一七年）、平川新『紛争と世論』（東京大学出版会、一九九六年）、同「地域的公共圏の形成」（同『世論政治としての江戸時代』東京大学出版会、二〇二二年、初出二〇〇五年）、久留島浩『近世幕領の行政と組合村』（東京大学出版会、二〇〇二年）。「地域運営論」との呼称については、平川新「なにがかわったのか／90年代の近世史」（『歴史評論』六一八、二〇〇一年、加筆・修正のうえ上記平川氏二〇二二年著書序章の一部として収録）を参照した。

（7）前掲註(4)松沢氏著書第五章・第六章・終章（特に四一七頁）による。

（8）前掲註(3)「問題提起」。

（9）渡辺尚志「日本近世における地域」（同前掲註(5)渡辺氏著書、初出一九九一年）一八頁。

（10）倉地克直「近世後期の農民家族」（『岡山地方史研究』七六、一九九四年）、特に同論文五頁。なお、筆者の用いる「地域社会」概念については、拙稿「宝暦～文政期の豪農金融と地域社会」（『歴史科学』二二〇・二二一合併号、二〇一五年）註(9)でも述べたことがある。本書および本章ではこの時の概念規定をふまえつつ、前掲註(9)の渡辺尚志氏の定義や倉地克直氏の「日常的な生活圏」概念も参照し、改めて定義を行っている。

（11）久留島浩「「世直し」をめぐって―書評・佐々木潤之介『世直し』（岩波新書、一九七九年）」（前掲註(6)久留島氏著書、初出一九八一年）三四九頁。

（12）佐々木潤之介『幕末社会論』（塙書房、一九六九年）、同『世直し』（岩波書店、一九七九年）等。

（13）近年の重要な特集や研究史整理としては、『歴史評論』七三一号（二〇一一年）の「特集／近世村落史研究の現在」での渡辺尚志「近世村落史研究の課題を考える」、野尻泰弘「近世地域史研究の潮流」、松沢裕作「近世・近代移行期村落史研究の諸課題」の各論文、『日本史研究』五六四号（二〇〇九年）の「特集　近世地域社会論の新展開を目指して」

における大島真理夫「近世地域社会論の成果と課題」、山﨑善弘「国訴と大坂町奉行所・支配国」、谷山正道「近世後期における広域訴願の展開と地域社会」、志村洋「近世後期の大庄屋組行政と地域的入用」の各論文、渡辺尚志『村からみた近世』（校倉書房、二〇一一年）第一編第一章・第二章・第二編等がある。

(14) 前掲註(6)の諸研究。なお、上記の議論は民衆運動論、権力論、明治維新論、幕領論等を各々主な課題とするものであり、地域内部の構造分析の不足についての指摘などは、本来各著書の問題関心を十分にふまえた上での批判ではない（藪田貫『近世大坂地域の史的研究』清文堂出版、二〇〇五年、第六章・二）。しかし、広域における地域運営・支配実務面の力量の高さという論点や、「世直し状況論」への批判として、有力農民の政治的機能を追究すべきとする方法論といった各著書に共通する主張点が、後の研究史の展開を規定したことも事実であるため、ここでは地域社会論の一方の潮流を形成する研究として一括した。

(15) 吉田伸之「社会的権力論ノート」（久留島浩・吉田伸之編『近世の社会的権力』山川出版社、一九九六年）、町田哲『近世和泉の地域社会構造』（山川出版社、二〇〇四年）等。社会的権力論は、地域社会を社会的権力・小農共同体・「日用」的要素の三者によって構造化された単位社会であると捉え、その単位社会内部の社会構造分析を重視するものである（上記吉田氏論文〈特に一六頁〉、町田氏著書）。なお、志村洋「近世後期の地域社会と大庄屋制支配」（『歴史学研究』七二九、一九九九年）は、地域構造分析の重要性や、地域における経済的へゲモニーと政治的へゲモニーを腑分けして分析する方法論を提起している。志村氏の研究視角は「社会的権力論」と一定程度近似的な関係にあるものの、同氏は各地の大庄屋制機構の内実、大庄屋の格式や権威を背景とした地域との関係等についても議論を展開しており、「地域運営論」、「社会的権力論」双方の批判的継承を目指したものでもある（同「大庄屋研究からみた近世畿内近国研究」『歴史科学』一九二、二〇〇八年、前掲註(13)志村氏論文、同「大庄屋の身分格式」白川部達夫・山本英二編『〈江戸〉の人と身分2　村の身分と由緒』吉川弘文館、二〇一〇年等）。

(16) 渡辺尚志『近世村落の特質と展開』（校倉書房、一九九八年）第六章（初出一九八九年）。

(17) 志村洋「地域社会論における政治と経済の問題」（『歴史学研究』七四八、二〇〇一年、小野将・志村洋・舟橋明宏・

多和田雅保「近世地域社会論の現在」の一部）等。

(18) 山﨑善弘『近世後期の領主支配と地域社会』（清文堂出版、二〇〇七年）、同『日本近世の国家・領主支配と地域社会』（塙書房、二〇二三年）、前掲註(13)『日本史研究』五六四号の各論文。

(19) 前掲註(17)志村氏論文等。

(20) 前掲註(14)藪田氏著書第六章（特に一二五頁）。

(21) 歴史学研究会大会では継続的に地域社会の問題が取り上げられてきたが、特に二〇一一年大会近世史部会の「問題提起」と報告論文（テーマ「近世社会の再生産構造―藩・地域・金融資本―」、伊藤昭弘「近世後期の藩領国における資本循環構造と藩財政」・今村直樹「近世後期藩領国の行財政システムと地域社会の「成立」」『歴史学研究』八八五、二〇一一年）、二〇一二年大会近世史部会の「問題提起」と報告論文（テーマ「幕藩制的貨幣・金融構造の変容」、高槻泰郎「幕藩領主と大坂金融市場」・小林延人「幕末維新期の貨幣経済」『歴史学研究』八九八、二〇一二年）は、近世社会における金融や資本循環、「地域を超えて動く「資本」が及ぼす影響」（『歴史学研究』八九八、近世史部会「問題提起」、六七頁）を中心課題として取り上げている。筆者は如上の問題関心を一定程度ふまえつつ、地域内および地域外との関係における経済・金融的側面での分析が相対的に不十分であった非領国地域を題材として、地域における各種の金融活動の特質とその相関関係の追究を課題としている。

(22) 前掲註(5)大塚氏著書、特に同書第五章第一節。

(23) 飯淵敬太郎『日本信用体系前史』（御茶の水書房、一九七七年、一九四八年の学生書房版の再版）。同書は一九三五～三六年に発表した論考を収録したものである。なお、福山昭氏は飯淵氏著書を「農村金融に部分的位置が与えられた体系的な金融史研究の先駆をなすもの」と評価している（福山昭『近世農村金融の構造』雄山閣出版、一九七五年、九頁）。戦前・戦後期の議論の整理にあたっては、筆者も福山氏の議論を一定程度参照している。

(24) 大塚久雄『近代資本主義の系譜』（学生書房、一九四七年）。

(25) 土屋喬雄『近世日本封建社会の史的分析』（御茶の水書房、一九四九年）第三編・一。

(26) この点に関連して、加藤俊彦氏は日本資本主義論争においては金融の問題がそれほど取り上げられなかったことを指摘している（加藤俊彦編『日本金融論の史的研究』東京大学出版会、一九八三年、第一章）。

(27) 講座派・労農派間での日本資本主義論争やマニュファクチュア論争については、永原慶二『20世紀日本の歴史学』（吉川弘文館、二〇〇三年）I—7、木村茂光監修・歴史科学協議会編『戦後歴史学用語辞典』（東京堂出版、二〇一二年）等が簡潔にまとめており、筆者も参照した。

(28) 服部之総「明治維新の革命及び反革命」（『日本資本主義発達史講座　第2巻』岩波書店、一九三三年）三頁。なお、大塚英二氏は服部氏の同一箇所の文章を引用し、服部氏は「ブルジョア的発展のありかたの考察こそ当該時期分析の絶対的な視角であると宣言してい」たとする（前掲註(5)大塚氏著書一〇頁）。戦前・戦後期以来の農村金融論の相対的な研究の少なさを鑑みたとき、この時期の論者に共通する農村部の高利貸資本および金融活動の軽視という点にも注意する必要があると考える。

(29) 前掲註(23)飯淵氏著書は、「従って産業資本は、もっぱら明治維新の後に新政権の哺育によって商業資本・高利貸付資本の貨幣財産から転化せしめられた」（二七〜二八頁）と述べ、近代の信用体系の中枢に位置することとなる銀行資本—巨大財閥と、産業資本の淵源にある近世の都市の巨大商人の動向に特に注目している。戦後、両替商などの都市商人の金融機能についての研究は、森泰博『大名金融史論』（新生社、一九七〇年）等、農村金融と比較して大きく進展している。無論、都市商人による金融活動への注目は、近世における全国的な金融・商品流通の結節点としての実態の解明を課題としてなされたものであるが、近代日本の産業資本や全国的な信用体系の淵源を探るという戦前以来の問題関心が一定程度引き継がれたことにも起因すると考える。

(30) 前掲註(12)佐々木氏一九六九年著書。

(31) 前掲註(23)福山氏著書、一九六八年以降の論考を収録。

(32) 三浦俊明『近世寺社名目金の史的研究』（吉川弘文館、一九八三年、一九七二年以降の論考を収録）。

(33) 古島敏雄・永原慶二『商品生産と寄生地主制』（東京大学出版会、一九五四年）、特に同書第二章、第三章。竹安繁治

『近世小作料の構造』（御茶の水書房、一九六八年）、特に同書第七章、等多くの成果がある。
（34）森嘉兵衛『無尽金融史論』（法政大学出版局、一九八二年、付録を除く大部分（『無尽金融史論』）の初出は一九六二年）。
（35）宮本常一『忘れられた日本人』（岩波書店、一九八四年、初出一九六〇年〈未来社版〉）九一～九二頁、守田志郎『日本の村』（朝日新聞社、一九七八年）六四頁。
（36）前掲註（5）の各研究。
（37）前掲註（5）大塚氏著書。同書所収論文の約半分は一九八〇年代が初出であり、「融通＝循環」論自体は、大塚英二「近世農村史研究の前進のために」（『歴史の理論と教育』六二、一九八四年、同上著書序章）で提起されている。
（38）前掲註（5）大塚氏著書序章。なお、同書の「あとがき」では、大塚氏の研究の展開において、山口啓二氏の存在が大きかったことが記されている。大塚氏も関説する通り、山口氏については、東松山市史編さん課編『東松山市の歴史中巻』（東松山市、一九八五年）の同氏執筆箇所第二章第二節4「融通と小作」において、村における融通についての重要な論点を複数提示しており、同氏の研究視角が近世農村金融論において重要な意義を有するものである点を改めて付言しておく。
（39）本段落の大塚氏の議論や発言については、前掲註（5）大塚氏著書序章（特に二〇頁）。
（40）新保博『近世の物価と経済発展』（東洋経済新報社、一九七八年）、宮本又郎「物価とマクロ経済の変動」（新保博・斎藤修編『日本経済史2　近代成長の胎動』岩波書店、一九八九年）。なお、後者には近世後期の経済発展をめぐる議論の沿革が整理されており、筆者も参照した。
（41）加藤慶一郎「農村金融市場の構造」（同『近世後期経済発展の構造』清文堂出版、二〇〇一年、初出一九九九年）。
（42）加藤慶一郎「頼母子講と商品流通」（前掲註（41）加藤氏著書、初出一九九五年）、同「頼母子講の展開状況」（同上著書、初出二〇〇〇年）、下向井紀彦「近世後期萩藩上関地域の頼母子に関する基礎的考察」（『史学研究』二七三、二〇一一年）。

(43) 福澤徹三「近世後期の金融市場の中の村」（福澤徹三・渡辺尚志編『藩地域の農政と学問・金融』岩田書院、二〇一四年）一九五頁。

(44) 福澤徹三『一九世紀の豪農・名望家と地域社会』（思文閣出版、二〇一二年）。

(45) 前掲註(15)志村氏一九九九年論文、東谷智「近世中後期における武家奉公人の賦課・負担システムの転換」（『日本史研究』四六七、二〇〇一年）、同「近世中後期における地方支配の変容」（『日本史研究』四七五、二〇〇二年）、山﨑善弘「近世後期における領主支配の実現と中間支配機構」（前掲註(18)二〇〇七年著書、初出二〇〇二年）、日比佳代子「近世後期の在地秩序と藩政」（『日本史研究』五三五、二〇〇七年）、籠橋俊光『近世藩領の地域社会と行政』（清文堂出版、二〇一二年）、野尻泰弘『近世日本の支配構造と藩地域』（吉川弘文館、二〇一四年）等。

(46) 楠本美智子『近世の地方金融と社会構造』（九州大学出版会、一九九九年）第一編、山本太郎『近世幕府領支配と地域社会構造　備中国倉敷代官役所管下幕府領の研究』（清文堂出版、二〇一〇年）第二章、第四章、同「幕府領陣屋元村の掛屋と陣屋・地域社会」（『ヒストリア』二四七、二〇一四年）。楠本氏著書は一九八〇年以降の論考を収めたやや早い時期の成果であり、主に九州の「日田金」の実態解明という問題関心からの研究である点を付言しておく。

(47) 伊藤昭弘『藩財政再考』（清文堂出版、二〇一四年）。

(48) 酒井一輔「幕末期旗本財政の変容と地域経営」（『社会経済史学』八〇―二、二〇一四年）。

(49) 熊谷光子『畿内・近国の旗本知行と在地代官』（清文堂出版、二〇一四年）、前掲註(45)野尻氏著書第六章、萬代悠「岸和田藩政と豪農の資金調達」（同『近世畿内の豪農経営と藩政』塙書房、二〇一九年、初出二〇一五年）、同『近世畿内の豪農経営と藩政』（塙書房、二〇一九年）。

(50) 拙稿「近世後期の一橋徳川家における財政運営」（『ヒストリア』二五九、二〇一六年、本書第三部第二章）、同「近世後期の地域経済と商人」（『日本史研究』六七九、二〇一九年、本書第三部第三章）。

(51) 松本充弘「近世中後期における陣屋元在郷町と譜代藩政の動向」（『ヒストリア』二八九、二〇二一年）、加藤明恵「近世中後期在郷町運営における金融と領主財政」（『ヒストリア』二九五、二〇二二年）、萬代悠「和泉清水領の利殖と救荒」（『日本史研究』七二七、二〇二三年）、平田良行「近世後期代官役所の金融仲介と貸付」（『ヒストリア』三〇一、二〇二三年）。

(52) 前掲註(21)伊藤氏論文、今村氏論文、前掲註(47)伊藤氏著書、今村直樹『近世の地域行財政と明治維新』（吉川弘文館、二〇二〇年）。

(53) 酒井一輔「近世後期関東在方町における町規約と構成員」（『史学雑誌』一二三―三、二〇一四年）、同「近世後期関東在方町における町組織の運営と機能」（『千葉史学』六四、二〇一四年）。

(54) 山本一夫「萩藩の越荷方と地域経済」（『ヒストリア』二九三、二〇二二年）、同「近世瀬戸内の米穀投機取引と城下町―美作国津山を中心に―」（『社会経済史学』八八（二）、二〇二二年）等。

(55) 前掲註(41)加藤氏著書序章、第六章（特に三～四頁、一七一頁）。

(56) 前掲註(5)大塚氏著書。特に第五章を参照。

(57) 前掲註(44)福澤氏著書。

(58) 前掲註(44)福澤氏著書は、豪農・名望家と地域社会との関係を主に金融面から検討することに主眼があり、地域金融の分析が一義的な課題ではない点に留意する必要がある。しかし、同書では農村金融の中で取り上げる題材が豪農金融のみであり、さらに農村金融論の研究史上の課題はあまり明示されていないが（序章では農村金融論として基本的には大塚英二氏の議論を引用するのみ）、終章では農村金融への包括的な提起（高利貸・「近世的貸付」・融通の三者の分類等）を行っており、方法論として適切ではないと考える。また、同書が終章で提起する「地域経済圏」―豪農を中心にした経済圏やその内部構造の分析については、植村正治『近世農村における市場経済の展開』（同文舘出版、一九八六年）等、経済史分野で類似する成果がすでにある。

(59) 大口勇次郎「書評　渡辺尚志編『畿内の豪農経営と地域社会』」（『社会経済史学』七四―六、二〇〇九年）八二頁。

(60) 福澤氏の研究対象地域の一つである畿内については、前掲註(40)宮本氏論文八四頁が梅村又次「幕末の経済発展」（『幕末維新の日本』年報近代日本研究3、山川出版社、一九八一年）の成果にもよりつつ述べる通り、文政期以降に関東と並んで人口が停滞ないし減少した地域であり、「産業投資の増大は主として地方におこり、「幕末期には大勢として中央の衰退と地方の発展が結論される」」。畿内地域において豪農金融全体を見渡したとき、収奪的な部分がなければ、衰退基調の中で自家の経営や福澤氏が述べる「地域金融圏」内部を潤わせることはできないと考えるほうが整合的である。

(61) 岩田浩太郎「豪農経営と地域編成」(『歴史学研究』七五五、二〇〇一年)、同「豪農経営と地域編成」(一)〜(四)(『山形大学紀要　社会科学』三二(二)、三三(一)・(二)、三四(一)、二〇〇二〜二〇〇三年)。

(62) 前掲註(10)拙稿。

(63) 大塚英二「豪農経営と地域金融秩序」(同『日本近世地域研究序説』清文堂出版、二〇〇八年、初出二〇〇二年)は豪農間の金融ネットワークに基づく経営救済についての重要な成果であるが、日常的な資金調達におけるネットワークの機能・範囲・形成契機等については分析を深める余地がある。

(64) 各地の豪農経営研究には多くの事例があり、近年では前掲註(49)萬代氏著書、鈴木淳世『近世豪商・豪農の〈家〉経営と書物受容』(勉誠出版、二〇二〇年)等、豪農研究の中で金融活動に触れた成果もある。その中でも豪農金融論において研究史上重要な論点を提起していると筆者が考えた研究のみ、本章第二節第一項二本文で取り上げた(領主財政と関わる豪農金融に関しては、第二節第一項三にて後述)。なお、本書では直接の検討対象にはならないが、近世前期の土豪金融の成果としては、牧原成征「寛永期の金融と地域社会」(同『近世の土地制度と在地社会』東京大学出版会、二〇〇四年、初出二〇〇一年)、福澤徹三「近世前期における土豪金融の特徴」(中村只吾・渡辺尚志編『生きるための地域史』勉誠出版、二〇二〇年所収)等があり、この時期の金融についての実証分析も重要な課題である。また、渡辺尚志「豪農論の現在」(村上直他編『日本近世史研究事典』東京堂出版、一九八九年所収)には、一九八〇年代までの各地の豪農研究が紹介されており、参考となる。

(65) 小前の経済活動については、むしろ一九七〇年代までの村落史・経済史研究において一定の蓄積があり、例えば前掲註(23)福山氏著書は、小前における金融・資金調達の分析をふまえたうえでの農村金融論である。

(66) 前掲註(44)福澤氏著書は中核的豪農を中心とした「地域金融圏」の析出を方法論としており、このような方法は一定の意義を有するものの、豪農の統合の側面の強調に陥りやすく、結果として平川新「新しい江戸時代像をめざして」(前掲註(6)平川氏著書所収、初出一九九九・二〇〇一年)が指摘する、「社会的権力論」と同様の問題を抱える恐れがあると考える。如上の枠組みにおいては、小前は豪農によって金融面で統合される存在か、豪農に対して反抗する存在と描かれることとなり、小前の日常的な金融活動への視線が後退する恐れがあると考える。

(67) 村役人における二側面については多くの研究があるが、小松賢司『近世後期社会の構造と村請制』(校倉書房、二〇一四年)は村請制に裏付けられる村役人の独自の立場性という観点(序章、特に三三頁)から近世後期社会やそこでの有力者の動向、「地域社会の成熟」と「矛盾の深化」を理解する方法論を提起しており(終章、特に三六三頁)、近年の重要な研究成果である。

(68) 渡辺尚志「幕末・維新期における農民と村落共同体」(前掲註(16)渡辺氏著書、初出一九八九年)は、村落共同体と豪農との関係に着目した「豪農類型論」を提起した論文であるが、ここでは、村落共同体の問題に関心をはらわず、自己の経営拡大を志向する「在村型豪農Ⅱ」についても述べている。無論、村役人である富裕者が全て村において融通機能を積極的に担うわけではないが、①村共同体による規制、②支配機構に基づく役割の両者が重なる場合において、富裕者が融通機能を担う傾向が最も強くなるとはいえよう。

(69) 前掲註(5)大塚氏著書。特に第五章。

(70) この点については、村役人の金融・立替と比べて研究が蓄積されておらず、特に都市商人の機能についての研究は極めて少ない。これらの点についての研究史の整理と具体的な事例研究は本書第三部で行っている。

(71) 播磨国農村の事例は前掲註(58)植村氏著書二五四〜二五五頁、長崎の両替商については水原正亨「近世の利子率に関する一考察」(『彦根論叢』一三八、一九六九年)を参照。

(72) 萬代悠「三井大坂両替店の延為替貸付」(『三井文庫論叢』五五、二〇二一年)、前掲註(51)萬代氏論文。

(73) 前掲註(35)守田氏著書、野元美佐『アフリカ都市の民族誌　カメルーンの「商人」バミレケのカネと故郷』(明石書店、二〇〇五年）、前掲註(2)泉田氏著書等のインフォーマル金融や回転型貯蓄信用講〈ROSCAs〈Roating Savings and Credit Associations〉についての議論を念頭においている。なお、前掲註(51)萬代氏論文六二頁は「幕府法や藩法が有名無実で、ときには村・地域の規則よりも無力であったとするような見解」（同頁）に対して批判的であると筆者には読み取れた。本文でも述べた通り、地域に生きる人々の意識や行動の中で、幕府法や藩法が常に村・地域の規則や慣習等より上位にあるという理解（筆者の感覚では現代的な法秩序の投映とみえる）は、近世の村・地域を対象とした研究ではとらないほうがよいと考える。さらに萬代氏が対象とする畿内とは異なり、西日本ならば中国地域などの大坂から離れた地域（特に非領国地域）では、大坂や江戸での訴訟にかかる費用や手間をふまえて支配違いの争論の際に地域内での解決を目指す傾向が強くなるとも考えられる。地域金融において領主の法に従う側面と法を前提としない側面の双方があったことについては、拙稿「高利貸しか融通か」（牧原成征・多和田雅保編『日本近世史を見通す5　身分社会の生き方』吉川弘文館、二〇二三年）でも言及している。

(74) この点では、尾﨑真理「近世後期における幕府備荒貯蓄政策の特質」（『ヒストリア』二四四、二〇一四年）が畿内幕領の備荒貯蓄政策の維持に果たした幕領代官の監督機能の重要性を指摘し、さらに同「近世中後期における幕領配置方針と私領渡差障有無調」（『日本史研究』七三七、二〇二四年）は幕領の配置において幕府側が地域状況を精査し、明確な政策意図のもとに配置転換を行っていたことを明らかにしており、いずれも地域の経済・金融に影響を与え得る領主側の動向である。以上のように領主が直接出金しない場合や、法・裁判を媒介としない場合であっても、監督・指示などによって地域の経済・金融がある程度方向性を規定される場面は多くみられると考える。

(75) 前掲註(47)伊藤氏著書第Ⅲ部、荒木仁朗「近世後期小田原藩領の金融構造」（『関東近世史研究』七六、二〇一四年）。後者は幕府公金貸付政策とこれを含み込んだ小田原藩の貸付政策が所領に与えた影響と、同時期における村での各階層における金銭貸借の状況を明らかにしたものであり、幕閣譜代藩という性質の規定性にも言及している。各金融の内実（例えば頼母子運営の実態や豪農金融の経年的な変化）や具体的な連関状況の把握には深化の余地があると考えるが、地域における金融主体を広く把握しようとする視角は重要であると考える。

(76) 西向宏介「幕末期姫路木綿の流通と大坂問屋資本」(『ヒストリア』一三三、一九九一年)、同「幕末期藩専売制の変容過程と市場的条件」(『日本史研究』三九七、一九九五年)、同「近世後期西播地方における商品流通の連関構造」(『地方史研究』五〇―二、二〇〇〇年)、同「近世後期の手形流通と両替商」(石井寛治・中西聡編『産業化と商家経営』名古屋大学出版会、二〇〇六年)、同「近世後期における地域的市場の展開」(『日本史研究』五五九、二〇〇九年)、森本幾子『幕末・明治期の廻船経営と地域市場』(清文堂出版、二〇二一年)。

(77) 前掲註(76)森本氏著書。

(78) 稲葉継陽・今村直樹編『日本近世の領国地域社会』(吉川弘文館、二〇一五年)。

(79) 高槻泰郎「近世期市場経済の中の熊本藩」(前掲註(78)稲葉氏・今村氏編書所収)、同「大坂金融商人の成長と領国経済」(今村直樹・小関悠一郎編『熊本藩からみた日本近世』吉川弘文館、二〇二一年所収)。

(80) 前掲註(43)福澤氏論文、前掲註(41)加藤氏著書第四章～第六章。

(81) 大塚英二「近世地域社会の金融構造」(『静岡県地域史研究』四、二〇一四年)五八頁。

(82) 「債務史」という視角については井原今朝男「総論―債務史研究の課題と展望」(『歴史評論』七七三、二〇一四年)、近世史においては荒木仁朗氏が同様の視角から、金融関係における借り手への注目の必要性や、質地証文にみえる債務処理方法等についての論考を発表し、同『江戸の借金』(八木書店、二〇二三年)としてまとめている。

(83) 豪農金融の「口入」については前掲註(61)岩田氏論文(一)、在地有力者から領主への金融における「口入」については萬代悠「近世畿内の金融仲立人」(『日本歴史』八六三、二〇二〇年)、大坂商人の「館入」については高槻泰郎「近世中後期大坂金融市場における「館入」商人の機能」(『日本史研究』六一九、二〇一四年)、幕府の代官・役人による金融仲介については、前掲註(51)平田氏論文がある。

(84) 瀬戸内の農業生産力については、有元正雄編『近世瀬戸内農村の研究』(溪水社、一九八八年)等を参照されたい。

(85) 備中国の非領国地域としての特徴については、前掲註(6)久留島氏著書等を参照されたい。

(86) 作道洋太郎『日本貨幣金融史の研究』(未来社、一九六一年)、古賀康士「安政四年の紙幣目録」(『岡山地方史研究』

一一六、二〇〇九年）。なお、古賀康士「備中地域における銭流通」（『岡山地方史研究』九九、二〇〇二年）によると、備中国南西部では史料上に「銭～匁」という記述がみられる通り、銭匁《せんめ》勘定が行われており、同国窪屋郡倉敷村では七五（銭七五文＝銀一匁）と通用（変動相場）の双方の事例がみられた。

(87) 以下、領主、管轄県の変遷、備中一橋領の明治初期の状況については、井原市史編纂委員会編『井原市芳井町史通史編』（井原市、二〇〇八年）二八五～二九四頁、同編『井原市史Ⅱ』（同、二〇〇五年）二～二三頁。

(88) 笠岡市史編さん室編『笠岡市史』第二巻（笠岡市、一九八九年）近世編第四章2・3参照。

(89) 明治初期の県域の変化や岡山県の成立過程については、岡山県史編纂委員会編『岡山県史』第十巻近代Ⅰ（岡山県、一九八六年）第一章、柴田一・太田健一『岡山県の百年』（山川出版社、一九八六年）・一を参照。

(90) 木村礎校訂『旧高旧領取調帳　中国四国編』（近藤出版社、一九七八年）。以下、各村の村高は同書による。天保二年「備中国上房郡小田郡後月郡村々様子大概書」（茨城県立歴史館所蔵一橋徳川家文書Ｅ一－二四、井原市史編纂委員会編『井原市史Ⅲ』井原市、二〇〇三年、二三二～三二五頁に後月郡・小田郡の一橋領村々分の上記史料が翻刻）では、後月郡七日市村は「上出部村之内　七日市駅」として、村数の集計には含まれておらず、備中一橋領は六四ヶ村とされている。しかし、七日市は上記史料の記載内容からみても実質的には個別の村であり、前掲木村校訂著書でも「七日市村」と扱われている。そのため、本書では原則として合計六五ヶ村として論を進める。また、上記史料の作成年代については、山下聡一「村明細帳と領主支配」（『和泉市史紀要第20集　和泉の村の明細帳Ⅰ』和泉市教育委員会、二〇一四年）に従い、天保二年とした。

(91) 備中一橋領の概要は、井原市史編纂委員会編『井原市史Ⅰ』（井原市、二〇〇五年）近世編第一章第四節を参照。

(92) 地方史研究協議会編『日本産業史大系7　中国四国地方篇』（東京大学出版会、一九六〇年）、前掲註(84)有元氏編書。

(93) 亥《文久三》年九月二〇日「（廻状写し）」（文久三～明治二年「記録帳」山成聰家文書近世XIV－一〇）。なお、文久三年の御用金賦課の過程に関する以下の記述は、「記録帳」によっている。同家文書は個人蔵の文書であるが、井原市教育委員会がマイクロフィルムを所蔵している。同家の分析は第二部第二章で行い、その際に筆者は主にマイクロフィルムを閲覧・

利用したが、一部は原文書も参照した。

(94) 御用金額の分析から地域における有力者の分布や内実を検討する方法については、志村洋「中間支配機構と商業高利貸資本」（渡辺尚志編『近世地域社会論』岩田書院、一九九九年）第一節「基礎構造」より学んだものである。ある程度の広さの領域における全ての有力者家について、詳細な経営分析を行うことは史料的にも研究の労力の面からもほぼ不可能である。そのため、経済指標になり得るデータ（御用金賦課額、有力者間のネットワーク、格式や役職、個々の有力者への領主・地域の認識、番付史料の記載、持高〈可能な限り有畝〉等）を複数ふまえて議論していくことが、個別経営論にとどまらない地域経済論あるいは地域社会論の構築に際して重要かつ現実的な方法であると考える。

なお、木下光生『貧困と自己責任の近世日本史』（人文書院、二〇一七年）は、近世日本の地域における「貧困」イメージを再検討し、持高のみでは各人の経済力を測りきれないことや、一村の各世帯の全収支を示す史料を分析する中で地域における生活水準や収支の実態などを明らかにしており、極めて重要な研究成果である。このような良質な史料を用いた確たる実証研究を進めるとともに、先述した通りある程度広い領域において敷衍可能な経済指標やその組み合わせを検討していくことも、近世の地域経済や生活水準を考える際には重要な別方向の方策であると考えている。そして、筆者が自身の研究対象地域において、木下氏が分析した類いの史料を発見できなかったこともあって、本書では後者の方法と複数の家の経営分析を組み合わせた検討を行っている。

第一部　少額金融・グループ金融の存立構造

第一章　頼母子運営と村・豪農――「引請人」の機能と担い手――

はじめに

近世後期の農村金融について、大塚英二氏は、村役人が行う貸付や、有力農民を含む多くの村民が加入・結成する村備金等の金融組織が、村や地域における融通機能を果たしていたことを論証している。(1)その後、福澤徹三氏は、大塚氏においては分析の弱かった豪農の広域的な金融活動の分析を通じて、中核的豪農（持高一〇〇石以上）を中心とする「地域金融圏」の存在と、中核的豪農が一般豪農（持高二〇～五〇石程度）への貸付を通じて、間接的に村々の小前・小作人層の経営維持に貢献していた点を解明しており、(2)近年の重要な成果である。

一方で、豪農の金融面での役割や活動には、貸付以外にも預かり金の利殖、金融組織への関与等多様なものがあり、これらは豪農の経済力に加えて、その有する信用に依拠して行われるものである。しかし、福澤氏の研究では、豪農の貸付以外の場面に関する関心はやや後退しているようにみえる。豪農の経済力や信用が、貸付以外の形で地域金融において果たした役割については、前述した大塚氏の村備金制度の研究や、報徳金融への豪農の関与についての分析がある。(3)しかし、村備金制度は全ての村にあるものではなく、近世の報徳金融は、報徳仕法が開始された文政～天保期以降に、関東・東海農村でのみ行われたものである。

一方、近世を通じて全国的に行われた金融手段である頼母子(4)に、豪農がどのように関与したのかという点は、豪農が地域金融において果たした役割を解明する際に重要な課題である。大塚氏や福澤氏は頼母子を本格的に分析していないが、前者の場合、対象地域の東日本では籤取形式の頼母子が多く[5]、頼母子の金融手段としての有効性が意識されにくい点や、報徳金融が存在した点が背景にあるとみられる。後者の場合、畿内の河内国も対象地域の一つではあるものの、経営帳簿に現れる豪農の貸付を主な分析対象としたため、頼母子にそれほど関心が向かなかったと思われる。しかし、特に入札形式の頼母子が多い西日本においては、地域における金融・融通を考える際に、頼母子の分析は不可欠である。

頼母子研究は、主にその庶民金融機関としての運営構造の解明という観点から進展しており[6]、近年では、頼母子が商業・産業資金の調達手段として機能し、商品流通において一定の重要性を有していた点や[7]、町・村政費用や領主への貸付金の調達のために頼母子が利用されていた事例などが明らかにされている[8]。また、通説的には、頼母子は発起人である講親（取立主）の募集によって結成されるとされている[9]。しかし、講親は多くの場合、経営悪化を理由に頼母子を開始するため、講親だけで頼母子の全実務をこなすことができるのか、また講親の力量のみで頼母子が周囲から資金調達手段として信用され、加入者を得ることができるのかは疑問である。そのため、安定的な頼母子運営を支えたであろう加入者の経済的・実務的力量や、頼母子の役職の実態を追究する必要があるが、この観点からの研究は少ない。

頼母子の役員の存在については、戦前において由井健之助氏が言及しており、「親受人」、「講脇」、「世話人」などが講発起人の身元保証人としての機能を担っていたこと、業務執行員にあたる講員が選出される場合の多かったことを指摘している[10]。しかし、由井氏の言及はあくまで概説的なものにとどまり、役員の具体的な職務や、地域におけるどのような存在が、如何なる資質を見込まれて役員に就任したのかなど、具体的な分析はいまだ不十分な点が多い。そして、同氏の研究以降、頼母子の役員・役職についての関心は概ね後退しているといってよい。近年では、加藤慶一郎氏は、個別の加入者が近世の頼母子運営に果たした役割について、近江商人中井家が財力・信用を頼られて「名望家的加入」を求められた点を解明している。[11]しかし、加藤氏の研究は中井家の頼母子への出金状況をまとめた帳簿を用いた数量分析を主とするため、日常の頼母子運営に際して、加入者や豪農が果たした役割は不明確である。

以上の研究状況をふまえて、本章では近世後期の備中国南西部における頼母子を対象として、加入者の経済力・信用や頼母子の役職が、発足時と日常的運営の両場面において、頼母子の資金調達手段としての信用を保証するために果たした役割を検討する。具体的な分析対象は、頼母子の運営構造、資金調達機能、頼母子の役職である「引請人」の職掌である。分析の際には、頼母子規則書の文言分析と運営帳簿の数量分析の併用、頼母子の役職とその職掌への着目の二つの手法を採用する。なお、序章でも述べた通り、本章における「豪農」は数十石以上の高を有し、地主経営、商品販売、金融、醸造業等の多様な生業によって、近世中後期以降に経営を拡大ないし転換した有力農民と定義する。

第一節　分析対象の概要と対象地域における頼母子

(1) 後月郡木之子村と庄屋平木家

本章の対象地域は、備中国南西部の後月郡と小田郡北部の内陸部であり、特に後月郡木之子村と同村庄屋平木

表1　木之子村一橋領分階層構成（慶応2年〈1866〉）

	持高（石）	家数	役職等
A	50～	1	庄屋1（平木晋太郎、掛屋）
B	30～50	1	百姓代1（保太郎）
C	20～30	1	百姓代1（幸之助）
D	10～20	7	百姓代3　年番百姓代1　庄屋1（酒造業）　年寄1
E	5～10	27	庄屋1　百姓代1　医師1
F	3～5	24	百姓代1　住持1
G	1～3	64	年番百姓代1
H	0～1	145	修験1
I	無高	24	
	高記載なし	1	
	合計	295	

典拠：慶応2年3月「〔日蓮宗門・禅宗門・浄土真宗門・真言宗門・浄見寺宗門御改帳惣寄書上帳〕」（平世6－3）。

家の動向を多く取り扱う。なお、木之子村は近世前期から文政一〇年（一八二七）までは幕領（文化九年〈一八一二〉以降は龍野藩脇坂氏預所）と旗本高山家領の相給であり、同年以降、幕領分が一橋家領となり、以降はこの二領主によって治められていた(12)（備中一橋領の領主支配や経済状況の概要については序章を参照されたい）。

まず、木之子村の総村高は、天保二年（一八三一）には一三八八・四八九石であり、このうち一橋領が九三五・六一四石、旗本高山家領が四五二・八七五石の相給村であった。高山家領分の詳細は不明であるが、一橋領分は田六八三・八〇七石、畑二五一・八〇七石と田勝ちであった。同じく、一橋領分の家数は二八四軒であり、人別は一二七六人、牛馬は牛七二疋、馬二疋であった。

同村一橋領分の慶応二年（一八六六）の持高構成を【表1】にあげた。庄屋平木家が突出した持高（五五・四七二石）を有している反面、持高一石以下の家が一六九軒（約五七・三%）であり、著しい持高の階層分解の様相がみられる。無論、居村内の持高のみで各人の経済力を測りきることはできないが、個人の経済的地位を考える際の一つの大まかな指標とは成り得るであろう(13)。

次に、木之子村一橋領分の安政五年（一八五八）の生業を【表2】に示した。農業以外の何らかの生業を有する者の合計は七二人であるが、このうち製造業・職人は二三人であり、油稼、石工、桶屋、傘張、木挽、紺屋、左

表2　木之子村の諸生業（安政5年〈1858〉）

製造業・職人

項目	人数
油稼	3
石工職	1
桶屋職	2
傘張	1
木挽職	1
紺屋職	2
左官職	3
大工職	4
畳刺	1
屋根葺	1
綿打職	4
合計	23

商売・仲買

大項目	項目	人数
金物	金物類売買	1
菜種・綿実	菜種・綿実仲買	10
	菜種油粕売買	1
	菜種綿実売買	1
	綿実売買	4
牛馬	農牛馬売買人	3
古手	古手・綿実売買	1
	古手買・綿仲買	1
	古手仲買	2
合計		24

世話人

大項目	項目	人数
林業関係	桐ノ木植附方取締世話人	2
	茶之木・楽之木・猪之木・こり柳植附方取締世話人	3
	松・杦・槙・漆之木植附方取締世話方	2
	櫨之木植附・魚類畜立取締世話方	3
織物業関係	真田・小倉・江原結城高機仕附方取締世話方	2
	綿莚織立方取締世話人	3
	篠巻仕附・足袋仕習取締世話方	2
畜産業関係	鶏家鴨畜立方取締世話人	2
	農牛馬売買取締方	1
	煙草刻職有附・農牛貸附方取締世話方	3
その他	肥類買入方・温飽（饂飩ヵ）職仕附取締世話人	2
合計		25

安政5年3月「当村諸商人御鑑札請印帳」（平世17-1）。

官、大工、畳刺、屋根葺、綿打がみられる。商売・仲買は二四人であり、金物、菜種・綿実、牛馬、古手等の売買が行われていた。その他詳細は不明だが、林業、織物業、畜産業等の世話人が二五人みられた。この世話人については、自身でも当該の生業を行っていたために、世話人に任命されていたと考えてよいであろう。

【表2】からは木之子村には多様な生業を行う者が居住しつつも、織物業・衣類関係（綿打、古手売買、世話人）、菜種・綿実売買、畜産業（牛馬売買、世話人）等が主な生業であったということができよう。そして【表2】にみられる生業を行う者が一軒に一人ずつみられたと仮定すると、全体の約二四％（七二人／二九五軒

〈慶応二年、【表1】〉の家が、農業以外の生業に従事する者を抱えていたことになる。木之子村が本陣七日市に隣接する村である点、陣屋元の西江原村からもそう離れていない点を考慮すると、木之子村は日雇や【表2】で示した諸生業のような、農業以外の多様な収入の機会を有する村であったと考えられよう。

次に、平木家は近世中期以降に木之子村一橋領分の庄屋、文政一〇～明治初年には備中一橋領における年貢銀の大坂送付や公金の管理を職務とする掛屋を務めた豪農である（序章、第三部第一章）。平木家の持高は天保六年（一八三五）に一五一石余、文久二年（一八六二）には一五四石余であるが、このうち一三四石余を大坂蔵元へ質入していた[14]。金融業は、文久二年一〇～一二月の新規貸付が金五二九七両余、銀五貫四四九匁余であり、貸付範囲は備後国深津郡、備中国後月郡・小田郡の二一村に及んでいた[15]。醤油醸造業は、天保一三～元治元年（一八四二～六四）には、一年平均一二六石余を仕込んでいた[16]。文久三年に備中一橋領全域に合計一万八三二〇両の御用金が課された際には、平木家は領内一八位の二〇〇両（うち永上納金一〇〇両）を納めている（序章【表4】、【表6】）。以上の通り、平木家は多角的な経営を行い、領内上位の経済力を持つ豪農であった。しかし、平木家は幕末期に銀札の兌換不全の問題と関わって経営を悪化させ、安政六年（一八五九）以降、家政改革を行う[17]。その後、明治初頭に掛屋を退役している（平木家の経営と家政改革の詳細は第三部第一章で後述）。

（2）頼母子の形態

【表3】は、平木家文書のうちで文化七～明治五年（一八一〇～七二）に開始された頼母子の関連史料を抽出して作成したものである。一定程度運営内容が判明する頼母子は三三件であり、このうち頼母子「規定書」が残存し、運営内容が詳細に判明するものは、【表3】1、3、4、11～18、20、22、30の一四件である。

表3　平木家文書で詳細が確認できる頼母子（文化7年〈1810〉～明治5年〈1872〉、33件）

	名称	講親居村	引請人	開始年、期間	掛金総額	口数	落札法	開催理由	典拠
1	理右衛門頼母子	木之子	(平木)昌平他2名	文化7年(1810)、10年	400匁	10	入札	銀子用要	世16-1030-1、3
2	難波隆助頼母子	—	平木昌平他2名	文化7年、10年	3000匁	—	—	—	世16-1030-2
3	寿安頼母子	東江原	(平木)昌平	文化10年、10年	1000匁	—	入札	—	世16-1030-4、5
4	小玉屋要助頼母子	木之子	(平木)昌平他1名	文化11年、10年	1000匁	10	入札	不如意	世16-1031
5	二井や頼母子	—	(平木)昌平他1名	文化11年、不明(休講)	—	—	入札	—	世16-1032
6	定次郎頼母子	東江原	(平木)昌平他1名	(～文化8年)、不明	—	—	入札	—	世16-1033、47
7	良八頼母子	西江原	西江原村慶蔵	文化14年、不明	—	—	—	—	世16-1050
8	市十郎頼母子	木之子	(平木)京助	文政4年(1821)、10年	—	—	入札	—	世16-1053、56
9	濱治郎頼母子	—	(平木)京助他1名	(～文政6年)、不明	—	—	—	—	世16-1054
10	作治郎頼母子	井原	久助	文政8年、10年	500匁	10	—	—	世16-1055
11	佐兵衛頼母子	木之子	(平木)京介	文政8年、10年	300匁	10	入札	不仕合	世16-1034、57
12	利右衛門頼母子	木之子	(平木)京介	文政13年、10年	2000匁	10	入札	不如意	世16-1035
13	顕蔵頼母子	—	(平木)京介他1名	文政13年、10年	2000匁	10	入札	不仕合	世16-1036
14	九郎兵衛頼母子	木之子	喜平治・多兵衛	天保2年(1831)、10年	1500匁	—	入札	不仕合	世16-1037
15	柳本淳太頼母子	西江原	平木京助他1名	天保6年、11年(休講)	3000匁	10	入札	不如意	世16-1038
16	浄見寺百人講	木之子	引請世話方3名、当山世話方7名、引請銀預り平木京助	天保13年、10年	3250匁	130	籤(取退)	作事、先住不快	世20-12、22-1

17	住之一百人助情講	木之子	平木京助他１名	天保14年、10年	2200匁	110	籤（取退）	修行費用	世10-105
18	三光寺頼母子	木之子	平木京助他２名	弘化２年（1845）、10年	3000匁	10	入札（取退）	作事、請返し	世20-100
19	林兵衛頼母子	木之子	幸之助	嘉永４年（1851）、不明	—	—	—	—	世16-1060
20	芳平頼母子	木之子	平木京助	嘉永５年、10年	1500匁	10	入札	不如意	世16-1039、40
21	仁井屋頼母子	—	—	安政３年（1856）、不明	100両	10	入札	—	世16-1041
22	宇平治六拾人仕法講	下稲木	銀預人山成直蔵・平木晋太郎他２名、講引受人２名	安政５年、13年	210匁から漸増	60	鬮、入札を交互(取退)	—	世16-1042
23	朴助頼母子	梶江	—	安政６年、11年（休講）	60両	11	入札	—	世16-1045
24	勇蔵頼母子	—	—	安政６年、10年	30両	10	入札	—	世16-1045
25	明王院趣法頼母子	走出	三郎兵衛他２名	安政５年、10年	100両	10	入札	—	世16-1045
26	伊助頼母子	木之子	隆助・佐太郎	文久２年（1862）、10年	400匁	—	—	—	世16-1043
27	佐吉郎頼母子	—	清太郎他２名	（～文久３年）、不明	—	—	—	—	世16-1063
28	仕法繁栄頼母子	—	—	元治元年（1864）、不明	—	24	—	—	世16-1045
29	文平頼母子	木之子	保太郎・三次郎	（～慶応３年（1867））、不明	—	—	—	—	世16-1065
30	勝次頼母子	門田	平木晋太郎他１名	明治元年（1868）、11年	110両	11	入札	不如意	世16-1064-1
31	厳島講	—	—	明治２年、４年以上	—	21	—	参詣	代11-1
32	趣法講	—	—	明治３年、３年以上	—	11	講外貸	—	代11-5

33	那須清意頼母子	—	金預山成源四郎他１名	(～明治５年)、不明	—	—	—	—	世16-1048-3

＊世は平木家文書近世、代は同近代。22下稲木村、25走出村は小田郡であり、その他は後月郡である。【典拠】平世（10）：105・天保13年「百人助情講帳」、平世（16）：1030-１・文化６年「頼母子講取立帳」、同２・同６年「講銀請取質入証文」、同３・同６年「頼母子講銀請取質地証文之事」、同４・同９年「拾年切相渡申証文之事」、同５・同９年「頼母子講目録」、1031・同10年「頼母子講帳」、1032・同11年「二井や取立講利銀懸銀差引帳」、1033・同12年「所々頼母子講質地相渡田畑証文控」、1034・文政７年「頼母子講帳」、1035・同12年「頼母子講帳」、1036・同12年「頼母子講帳」、1037・同13年「頼母子講帳」、1038・天保５年「頼母子講帳」、1039・嘉永４年「頼母子講帳」、1040・同５年「入札掛銀利銀差引帳」、1041・安政３年「仁井屋講入札并ニ利金掛ヶ金指引帳」、1042・同５年「仕法講規定連印帳写シ」、1043・同５年「壹ヶ年切本銀返頼母子講質地証文留」、1045・「金銀渡引■帳」、1046-２・文化７年「十ヶ年切相渡申町屋敷証文之事」、同３・同７年「小作預り証文之事」、1047・同10年「七ヶ年切相渡申田地証文之事」、1048-３・明治５年「覚」、1050・文化13年「頼母子講利銀引請差入申手形之事」、1051・卯（文政２年）「覚」、1052・同４年「拾ヶ年切質物相渡申証文之事」、1053・同５年「八ヶ年切相渡申田地証文之事」、1054・同６年「講銀請取証文之事」、1055・同７年「拾ヶ年切相渡申証文之事」、1056・同８年「五ヶ年内相渡申地所証文之事」、1057・同10年「借用申銀子手形之事」、1060・嘉永４年「覚」、1063・文久３年「講銀請取通」、1064-１・慶応３年「頼母子講取立帳」、1065・同３年「覚」、平世（20）：12・天保13年「浄見寺借財方取調」、22-１・同13年「百人講」、100・弘化２年「三光寺取立講帳」、平代（11）：１・明治２年「厳島講積金仕法加入覚帳」、５・同３年「趣法講銀勘定帳」。

【表3】の頼母子の特徴を確認していく。頼母子の発起人（取立主）については、寺院は16、18、25の三件である。その他、4小玉屋、5二井や等、屋号を有する商人が開始したものがみられる。取立主の身分が判明しないものもあるが、取立主の大半は個人の農民や商人とみられる。対象地域において最も多くみられるものは、「不仕合」、「不如意」等を理由に、個人が自身の経営救済や資金調達のために取り立てる（開始する）頼母子（以下「取立頼母子」）である。

その他の特徴的な頼母子として、17住之一百人助情講は、視覚障がい者である住之一が上京して琴・三味線修行をする資金の調達のために結成されている。また、32趣法講は、講会ごとに約五両を加入者一名が出金し、この積立金を加入者以外に利貸しており、実質的には金銭貸付会社に近いといえる。

頼母子の実施期間は一〇年程度が多く、口数も一〇口程度が多いが、落札者が落札以後の掛金を払わない取退形式や籤取形式の射幸性の高い大規模な頼母子もみられた。掛銀総額は銀数百匁から金一一〇両と幅広いが、銀一貫匁～三貫匁程度が最も多い。また、対象地域の頼母子の落札方法は、大半が入札方式だが、籤取形式が三件（16、17、22）、取退が四件（16～18、22）みられた。

以上のような取退形式の頼母子や寺院主催のもの（第一部第二章で詳述）、加入者以外への利貸を行う頼母子の運営構造は興味深い点であるが、その中でも本章では対象地域において最も一般的な取立頼母子の運営構造とその役職を分析していく。

第二節　頼母子の運営構造と資金調達機能

（1）頼母子の運営構造

本項では、【表3】20芳平頼母子を題材に、取立頼母子の運営構造を分析していく。芳平頼母子は、掛金総額、加入口数、継続年数等の点において、【表3】の中でも平均的な規模の取立頼母子である。まず、芳平頼母子の運営規定や頼母子に至る経緯等が書かれた「頼母子講帳」の記述をあげる。

【史料1】[18]

近来私儀不如意ニ付、今般頼母子講相企、各〻様方江御無心申入候処、御一同厚御慈篤を以御加入被成下、則銀壱貫五百目御貸渡被下候段、忝次第ニ奉存候、然ル上者来ル子年（嘉永五年）ゟ向酉年（文久元年）迄拾ヶ年之間、毎年壱割三歩之積を以、壱ヶ年銀百九拾五匁宛、会席江差出シ可申候、尤講会席諸入用として、銀百拾五匁御立用被下、残銀八拾目前条之通急度出銀可申候、且又慥丈夫ニ質地証文引請方江差入置候上者、若萬一取立人不束之儀有之節者、引請人并世話人申談、休講不仕候様御取斗可被成下候、為後日之仍而如件

嘉永四亥年

十一月

右講取立人
木之子村
芳平（印）
右世話人
幸之助（印）
同
隆　助（印）
右引請人
平木京助（印）

講御連衆中

（中略）

連中申定之事

右者木之子村芳平取立申候頼母子講、連中相談之上、会席之儀者芳平定当番ニ相極、講席賄料九拾五匁相定、来ル子年（嘉永五年）ヨリ向酉年（文久元年）迠毎歳十一月上旬、講会席相調可申事

一利銀之儀者壱割三歩ニ相定、且利銀・懸銀共会席江持寄講引請へ相渡、連中心次第致入札可申、若同札有之候ハ、鬮取いたし落札相極、取銀價之地所丈夫ニ書入、右証文銀子引替、引請人ゟ取主江相渡可申候、尤取主ゟ相渡候取銀價田畑之儀者、引請世話方立入篤与坪入いたし、随分價地所丈夫ニ取置可申事

一講入札之儀、銀高ゟ下札者格別取立、銀高ゟ上之入札致間敷候事

一講銀取引之儀者引請人之手を越し、相対にて継合算用決而致間鋪、猶又銀歩之義者、湊（小田郡笠岡湊）銀取引並合之事

一講銀取主ゟ差入候証文之儀者、引請人之任差図ニ、望次第之証文差入可申事（後略）

【史料1】によりつつ芳平頼母子の概要をみていく。芳平頼母子では、芳平が経営悪化を理由に周囲の者に願

い出て頼母子を組んでもらい、初回に銀一五〇〇匁を取得する。その後、芳平は一〇年間、取得金の一三%の一九五匁を講会で支払うことで取得金を返済する。ただし、一九五匁のうち一一五匁は「講会席諸入用」にあてられるため、毎年の講会へ出される芳平の返済金は八〇匁である（後述【表4】）。なお、後半の「連中申定之事」では「講席賄料」（「講会席諸入用」）は九五匁だが、実際の運営では一一五匁である。講会は毎年一度、一一月上旬に行われ、芳平が毎年講会を準備する「定当番」である。対象地域の頼母子では、取立主の「定当番」が多い。なお、講会の開催はその数日前に「講触」が廻ることで連絡される[19]。

そして、芳平は取得金一五〇〇匁の担保として、対応する価値の土地を「引請方」（引請人）に質入して質地証文を受け取る。以上の経過を経て頼母子が開始されるが、取立主芳平が金を得た初回以降は講会において入札が行われ、最低の落札金額を入札した者が落札する。なお、入札できる最高金額は掛金総額と同額までが一般的である。芳平以外の加入者が頼母子を落札した際にも、土地を担保として「講引請」（引請人）へ差し出し、質地証文を受け取る。この際、頼母子落札者を小作人、引請人を地主とした「小作手形」が交わされ、形式的な地主小作関係が結ばれる[20]。そして、頼母子落札者も頼母子の運営年数の間、取立主芳平と同じく、掛銀総額一五〇〇匁の一三%である利銀一九五匁を毎年納めていく。頼母子が終了する際には、取立主、落札主ともに担保の質地は返還される[21]。

次に、芳平頼母子の運営実態をみていく（【表4】）。第一回の講会では文平・兼助がA「落札金」一一〇一・三五匁を入札し、これが全入札の中の最低額であったため、落札してい

取金	出金	取金・出金差引
1,101.35	1,905.00	−803.65
1,045.00	1,823.48	−778.48
1,186.25	1,724.73	−538.48
1,229.90	1,632.05	−402.15
1,300.00	1,531.20	−231.20
1,368.00	1,424.20	−56.20
1,450.00	1,307.45	142.55
1,549.20	1,179.12	370.08
1,640.00	1,036.22	603.78
1,835.00	841.22	993.78

表4　木之子村芳平取立頼母子、落札状況（嘉永5年〜文久元年〈1852〜1861〉）

会数	年	落札者	落札金額(A)	講元出銀(B)	先取分利銀（C）	落札残額(A−B−C)	割当金	割方
1	嘉永5年	文平・兼助	1,101.35	80	—	1,021.35	113.48	9口割
2	嘉永6年	栄太郎・儀助	1,045.00	80	195	770.00	96.25	8口割
3	安政元年	三治郎・要吉	1,186.25	80	390	716.25	102.32	7口割
4	安政2年	元泉・定助	1,229.90	80	585	564.90	94.15	6口割
5	安政3年	熊太郎・太市	1,300.00	80	780	440.00	88.00	5口割
6	安政4年	平木晋太郎	1,368.00	80	975	313.00	78.25	4口割
7	安政5年	平木晋太郎	1,450.00	80	1170	200.00	66.67	3口割
8	安政6年	千代吉・勇助	1,549.20	80	1365	104.20	52.10	2口割
9	万延元年	隆助・幸之助	1,640.00	80	1560	0.00	—	—
10	文久元年	佐之助・亀右衛門	1,835.00	80	1755	0.00	—	—

典拠：嘉永4年11月「頼母子講帳」（平世16-1039）。
註：「講元出銀」は講親芳平の毎年の返済額。「先取分利銀」は既落札者が毎年195匁を出銀するもの。「割当金」は「落札残額」を未落札者で割り当てた金額。「取金」、「出金」は各年の落札者が講全体を通じて取得・出金する金額。なお、平木晋太郎は2度落札しているが、この合計収支は＋86.35匁（−56.2（6会）＋142.55（7会））となる。

る。この時、講会には取立主芳平の毎年の返済金のB「講元出銀」八〇匁がある。A「落札金」一一〇一・三五匁からBを引くと「落札残額」一〇二一・三五匁となり、この金額を未落札者が分割して納め、「講元出銀」八〇匁と合計して文平・兼助へ渡す「落札金」とする。【表4】「割当金」が一名で一口に加入した際の納入金額であり、複数人で一口に加入している場合は「割当金」が一口の中で分割される。文平・兼助はB八〇匁と「落札残額」一〇二一・三五匁の合計「落札金」一一〇一・三五匁を取得し、第一回の講会は終了する。

第二回の講会では、栄太郎・儀助がA一〇四五匁を落札している。この時、講会にはB八〇匁と前年に落札した文平・兼助の返済銀であるC先取分利銀一九五匁（掛金総額一五〇〇匁の一三％）との合計二七五匁がある。なお、既落札者の返済金の利率は、対象地域では一〇〜一三％であり、天保一三年（一八四二）以降の幕府公定利率上限（年利一二％、序章参照）と同等である。栄太郎・儀助の落札金一〇四五匁からBとCを引くと七七〇匁となり、この金額を未落札者が分割して納める。そして、栄太郎・儀助は合計一〇四五匁を受け取り、第二回の講会は終了する。以上の講会を一〇年行い、一〇年目に「満講」となり、全加入者が落札した上で頼母子が終了する。

芳平頼母子では、芳平の取得額は一五〇〇匁、合計返済額は一九五〇匁となる。通常の貸借関係では、一〇年賦で資金を借用した際には、利金分に加えて元金分を支払うことになる。しかし、芳平頼母子の返済の場合にみられるように、取立頼母子では取立主は取得金の元金分を支払わず、利金分のみを支払う。そのため、通常の年賦借用と比べて、取立主が取立頼母子によって得る取金は、同人にとって非常に有利な性格のものとなる。

なお、掛金総額が銀三〇〇匁の佐兵衛頼母子（【表3】11）、金一一〇両の勝次頼母子（同30）についても、運営構造は芳平頼母子とほぼ同じである。近世後期の対象地域における取立頼母子では、掛金総額の大小や時期にかかわらず、芳平頼母子のような運営構造が一般的であった。

（2）頼母子の資金調達機能

【表5】に芳平頼母子の加入者をあげた。加入者一八名のうち、慶応二年の「〔日蓮宗門・禅宗門・浄土真宗門・真言宗門・浄見寺宗門御改帳惣寄書上帳〕」[22]で確認できるのは一〇名である。一〇名のうち八名は村役人であり、一名は医師である。持高は同村内ではいずれも上層であり、経営内に一定の余剰を有する上層農民や、農業に加えて商業や醸造業を行う中小豪農とみられる。例えば、庄屋三次郎は、嘉永元年（一八四八）以降一五〇石の造高の酒造を行っている[23]。さらに、一一名は屋号を有しており、矢掛屋隆助のように商業を行っていた者も含まれていた[24]。

【表3】の取立頼母子の掛金総額には、芳平頼母子と同等（銀数貫匁）以上のものと、銀数百匁の小口のものの

表5　芳平頼母子参加者

	金額（匁）	名
1	150	庄屋表かもや三次郎（18.103石、5位）　中西亀右衛門
2	150	百姓代上佐古屋兼助（文五郎、4.471石、40位）　沼ノ渕徳三郎
3	150	西原平左衛門分（百姓代池平幸之助（22.787石、3位）年寄矢掛屋隆助（18.127石、4位））
4	150	医師馬越元泉（6.249石、24位）　門田屋定助
5	150	木之子村庄屋平木晋太郎（55.471石、1位）
6	150	庄屋平木晋太郎引請
7	150	庄屋小玉屋栄太郎（6分7厘、7.617石、17位）　下原屋儀助（3ツ割1分）
8	150	吉田屋熊太郎　今屋勇助
9	150	百姓代布屋太市（10.457石、9位）　中要吉（12.784石、6位）
10	150	百姓代かしや文平（7.096石、21位）　中や千代吉
	1500	のべ19人

典拠：嘉永4年11月「頼母子講帳」（平世16-1039）。
註：括弧内は慶応2年「〔日蓮宗門・禅宗門・浄土真宗門・真言宗門・浄見寺宗門御改帳惣寄書上帳〕」（平世6-3、表1）での木之子村一橋領分の持高とその村内順位を示す。合計金額の1,500匁は講開始時の芳平への出金。なお、表4の参加者と顔ぶれが異なる部分があるが、表5は頼母子規定時の加入者を示したものであり、その後加入者の入れ替わりや加入者内での一口の割り方が変化したとみられる。表4、5はともに史料上の表記のままを記した。

双方がある。両者は取立主への救済措置という点では共通するが、前者は芳平頼母子の加入者のように上層農民や商人の経営資金調達、後者は中下層民の相互扶助や生活資金調達としての性格が強いとみられる。後者の例として、【表3】26伊助頼母子（掛銀総額四〇〇匁）の取立主伊助は、慶応二年に村内一橋領分において一一九位の持高一・一八七石を有し、大工と小規模な農業をともに行う中下層民であった[25]。ただし、一口分の出金額を複数人で分割することで、経営規模が小さい者も掛金総額の大きい頼母子に加入することが可能であった。

次に、芳平頼母子加入者が頼母子全体を通じて得る金額（【表4】「取金・出金差引」）をみていく。第一回目の嘉永五年には、文平・兼助は一一〇一・三五匁を落札している。彼らは頼母子開始時に一五〇匁を支払い、その後九年間一九五匁ずつ、合計一七五五匁を支払う。彼らの支払合計金額は一九〇五匁となり、落札金額と差引するとマイナス八〇三・六五匁となる。ただし、この場合の支払合計金額は、通常の貸借関係においてみられる年賦

表6　試算（銀1100匁を9年賦、年利14%で借用）

年	元銀	利銀	返済額
1	1,100	154	0
2	978	136	276
3	856	119	258
4	734	102	241
5	612	85	224
6	490	68	207
7	368	51	190
8	246	34	173
9	124	17	156
10	0	0	141
支払額	1,100	766	1,866

註：単位は全て匁。1,100匁を9年賦で返済する場合、1年あたりの元銀分の返済銀は約122匁。年利は14%。小数点以下は切り捨て。9年目は124匁を返済したと想定。

借用と比べて、大きく条件の悪いものではない。通常の貸借関係において、九ヶ年賦・年利一四%で一一〇〇匁を借用した場合の返済合計金額を試算すると一八六六匁となり（【表6】）、文平・兼助が芳平頼母子で落札、支払う条件とほぼ同じである。天保一三年以降、幕府公定利率上限は年利一二%であり、文平・兼助の返済条件は、これと比較してもそう高利ではない。(26)

一方、最終回の一〇回目に一八三五匁を落札した佐之助・亀右衛門の場合、頼母子開始時に一五〇匁を出金し、その後の八回の割当金合計は六九一・二二匁である。これらを合計した出金額は八四一・二二匁であり、落札額一八三五匁から差引すると、プラス九九三・七八匁となる。

掛金滞納等により頼母子が継続不能となる「破講」の危険はあるが、落札順が後になるほど頼母子を通じての収益は大きくなる。芳平頼母子の落札状況で注目したいのは、平木晋太郎、幸之助、隆助の持高上位三名（【表5】）が、いずれも落札金と出金の差引額（【表4】「取金・出金差引」）がプラスとなる七会目以降に落札している点である。資金を必要としつつも差し迫った状況ではない富裕者の場合、落札順を後にすることで収益獲得を狙うこともできたのである。ただし、富裕者でも資金を早期に獲得したい場合には早期の講会で落札するとみられる（【表7】）。

以上でみてきた通り、取立頼母子は取立主に対しての救済措置であるとともに、他の加入者も決して不利ではない一定条件での資金取得が可能となっていた。また、後半の講会で落札することで利益を得ることも可能であ

表７　平木家落札金額（文化８～文化15年〈1811～1818〉）

	年	名称	講親の居所	落札口	口数	落札銀
1	文化８年11月	定次郎頼母子	後月郡東江原村	二番口	半口	500
2	文化９年11月	児西屋重郎治頼母子	（後月郡木之子村）	二番口	半口	1,000
3	文化11年11月	民蔵頼母子	小田郡走出村	二番口	三分一	2,000
4	文化12年11月	民蔵頼母子	小田郡走出村	三番口	三分二	4,000
5	文化12年11月	治郎兵衛頼母子	小田郡走出村	八番口	一口	800
6	文化12年11月	―	―	―	―	450
7	文化13年12月	増次頼母子	小田郡大下（宜）村	―	一口	2,500
8	文化13年12月	幸兵衛頼母子	後月郡東江原村	二番口	半口	250
9	文化13年12月	忠八頼母子	（後月郡木之子村）	三番口	一口	300
10	文化13年12月	永祥寺御取立銀壱貫目講	後月郡西江原村	一番口	一口	688
11	文化14年12月	義右衛門頼母子	小田郡神島外浦	二番口	半口	2,925
12	文化14年12月	久兵衛頼母子	（後月郡木之子村）	三番口	一口	600
13	文化14年12月	文賢（ヵ）頼母子	（後月郡木之子村）	五番口	一口	300
14	文化15年４月	直蔵頼母子	小田郡小田村	四番口	一口	1,000

典拠：文化12年11月「所々頼母子講質地相渡田畑証文控」（平世16-1033）。
註：落札銀の単位は匁。６は名称等の記述がみられない。講親の居所が木之子村以外である場合は証文の差出人の平木家に「木之子村」の肩書がついており、宛名の人物も村が記されている。２・９・12・13は差出人に村名の記載がないため、講親は木之子村の人物であると判断した。

り、富裕な加入者にとっては収益獲得の点からも魅力があったとみられる。相対での借用金と比べ、資金調達の速効性という点では劣るものの、以上の点からは入札方式の頼母子の有する資金調達手段としての有効性を指摘できよう。

次に、個別の加入者の頼母子落札状況をみていく。「所々頼母子講質地相渡田畑証文控」(27)には、平木家が頼母子落札の引当として質地を差し出した際の証文写が収録されている。平木家は文化八～同一五年に一四件の頼母子を落札しており（【表７】）、平均では毎年二回近く落札している。落札金額は一貫以上が六回、八〇〇匁が一回あり、資金調達手段として計算可能な規模の金額とみられる。以上のように平木家は一定以上の掛金総額を有する複数の頼母子へ同時に加入しており、さらに毎年いずれかの頼母子を落札できるよう、調整していた可能性が推定される。

頼母子の落札調整については、芳平頼母子（【史料１】）では白札を入札する事例や、講会自体に不参の場合があり[28]、他の頼母子でも「入用無御座候[29]」として入札に参加しない事例がみられた。このように頼母子の落札時期を遅くに調整することは可能であり、周囲からも認められていた。

一方、頼母子の運営規則をみると、【表3】4小玉屋要助頼母子では「如斯入札講ニ申定候上者、縦令何程之頼を請候共、貰抔与申儀決而取用申間鋪事[30]」とあり、詳細は不明だが、落札金の取引とみられる「貰」を禁止し、個人の入札による落札という形式を維持するための規定がある。芳平頼母子（【史料1】）では「講銀取引之儀者引請人之手を越し、相対にて継合算用決而致間鋪」とあり、「講銀」（落札金）の取引を相対で行うことが禁止されている。ただし、落札金の取引禁止条項の存在は、反面では落札金の譲渡が頻繁に行われていた状況を示すものでもある。加えて、落札金の取引禁止条項が存在する芳平頼母子でも、前述の通り落札調整が行われている以上、入札形式の頼母子において、狙った時期に落札ないし落札金の譲渡によって資金を取得することは、かなりの程度可能であったとみられる。

以上の通り、入札方式の頼母子は複数の頼母子への同時加入、落札調整、講金の取引により、柔軟な資金調達手段として機能させることが可能であった。多数の頼母子が結成され【表3】【表7】、平木家のような豪農が同時に複数の頼母子に加入した背景には、頼母子の資金調達手段としての柔軟性・有効性[31]があったのである。

ただし、取立頼母子の取立主や加入者には、多くの場合困窮者が含まれる。そのため、頼母子の資金調達手段としての信用を維持するためには、頼母子運営の持続を保障する何らかの装置が必要となる。本章の対象地域では、後述する引請人が、この装置として機能していた。

第三節　「引請人」の機能

（1）「引請人」の職掌

本項では頼母子の引請人【表3】の職掌をみていく。引請人は頼母子規則書の末尾に取立主や世話人と連署しており、概ね自身も加入者である。引請人となる際には、頼母子加入者中へ以下のような手形を差し出している。

【史料2】[32]

頼母子講利銀引請差入申手形之事

一西江原村艮八頼母子講之儀、今般私引請ニ而各様江御加入御頼申入候分、早々御承知被成下相調候段、忝仕合奉存候、依而右講利銀之儀者私ゟ毎年於講席銀五拾目宛無滞差出、御取番之御方江御立用可申、右ニ付而者質地之儀者私方江取置、私ゟ手形差入申候処毛頭相違無御座候、勿論年限中、艮八ニ而如何様之儀御座候共不拘、講元艮八ニ拙者ゟ利銀之儀者、無滞御取番之方へ相渡可申、先者右講利銀引請手形差入申候所、依而如件（差出・宛名・年月日後略）

【史料2】は文化一三年一二月に、【表3】7西江原村艮八頼母子の引請人西江原村慶蔵が、頼母子加入者たち宛てに出した手形の本文である。慶蔵の詳細は不明であるが、本史料からは引請人の職掌の概要がわかる。まず、傍線部のように慶蔵が引請人となることを明示し、彼の信用を利用して加入者を募ることで、頼母子が開始されていた。つまり、引請人を選定した後で加入者を募っていたのである。そして、頼母子の利銀は慶蔵が毎年五〇匁を講席へ差し出し、逆に落札者が質物として差し出した質地を、慶蔵が預かることとされる。慶蔵が講会で取立主の分の利銀五〇匁を出銀することができるのは、引請人として取立主から取得金と同じ価値の土地を預かり、取立主から利銀を小作料という形で毎年受け取っているからである（第二節第一項）。

以下、【史料1】、【史料2】とその他の史料の記述を照合しながら、引請人の職掌について述べていく。引請人の職掌としては、以下の五点があげられる。

一点目が頼母子に関わる金銭の管理である。【史料1】で「且利銀・懸銀共会席江持寄講引請《（引請人）》へ相渡、連中心次第致入札可申（中略）取銀價之地所丈夫ニ書入、右証文銀子引替、引請人ゟ取主江相渡可申候」とあるように、引請人は取立主から払われる利銀や加入者からの掛銀の預かり、「割当金」（【表4】）の徴収・出納・管理を行っている。また、【表3】17住之一百人助情講（第一節第二項）では、加入者から出金された銀二貫匁（頼母子開始時の規定）のうち、一貫匁は住之一の上京稽古費用に使われ、残る一貫匁は「引請人ゟ壱ヶ年利足壱割ニ貸廻し、毎歳十一月限書面之割合通、講会席へ差出可申候」とある。[33] 引請人が出金額の半分を預かり、これを利貸して利殖した資金が講会へ持ち込まれ、出金者の籤取という形式での返金がなされていたのであり、ここにみられる引請人の利殖機能は重視すべきであろう。

二点目が担保の質入地の管理である。【史料1】に「尤取主ゟ相渡候取銀價田畑之儀者、引請世話方立入篤与坪入いたし、随分價地所丈夫ニ取置可申事」とあるように、頼母子の落札の際に担保として出される田地は、引請人が責任を持って管理するとともに質地の「坪入」を行い、質物に適切な物件であることを確認している。

三点目が不足金の立替や加入口の代行である。【表3】3寿安頼母子では「若掛銀持参無之分ハ、勿論其席限り懸捨ニ致させ、跡口引請人相続可致事[34]」とあり、講会で掛金を払えない者が出た場合、引請人がその口を引き継いでいる。【表3】4小玉屋要助頼母子では「少ニ而茂利銀・掛銀日限延引ニ相成候ハヽ、引請人ゟ銀子致借替、取番之御方江銀子相渡[35]」すとされており、加入者や落札者が利金、掛金を払えない場合には、引請人が一時的に立替を行うことが規定されていた。各頼母子により引請人が債務や頼母子加入権を代行する程度は異なるが、総じて引請人は不足金の出金により、安定的な頼母子運営を維持していたといえる。

そして、四点目が証文案文と証文の作成（【史料1】）、講会開催の連絡[36]、落札額や規則を記した「頼母子講帳」の管理[37]等の運営上の庶務であり、五点目が自身の信用を活用した上での、加入者の募集である（【史料2】）。

以上のように、引請人は頼母子開始時には自身の信用によって頼母子の発足を助け、開始後には頼母子の安定的な運営を保障する役割を担っていたのである。

なお、引請人と並んで規定書に連印する役職として、世話人がある。「質地証文之儀ハ、引請人又ハ世話人致坪入、案文之通相認、小作手形等迠引請人望次第相調、銀子与引替可申事[38]」とあるように、頼母子落札金の担保として出された質地の坪入は、引請人や世話人が行う事例がみられた。ただし、この場合も小作手形は引請人の主導で作成されている。また、頼母子運営に支障が生じた際には、引請人と世話人の相談のうえで以降の運営方針が決定されることが、多くの頼母子で規定されていた。しかし、【表3】の頼母子史料では世話人の独自の職務を記した規定は全くみられない。さらに世話人が取立主と並んで引請人や加入者全体に「規定書」を提出した事例も確認できる[39]。以上の点から、世話人は取立主と引請人や加入者とを仲介する役割を担いつつ、引請人の職務を補佐する立場にあったといえよう。

(2) 平木家の「引請人」就任状況と就任の背景

【表3】の頼母子三三件のうち、引請人の設置が明確に確認できるのは二七件であるが、このうち一八件において、平木家が引請人等の役職を務めている。この一八件の頼母子のうち、居村木之子村のものが最多の九件であり、その他の頼母子も、木之子村から二〜三km以内の非常に近い距離に全ておさまっていた。平木家は近世中期以降継続して木之子村庄屋を務めていたため、居村内の頼母子への引請人就任においては、庄屋として、居村民の生活を保障する義務を有していたことが重要であったとみられる[40]。

一方、備中一橋領には後月郡簗瀬村本山成家（元治元年以降掛屋、文久三年に領内最多の六〇〇両上納[41]、天保一四年に持高一七〇石、地子九〇貫、酒造四〇〇石余[42]、第二部第一章で詳述）、本山成家孫分家の山成家（簗瀬屋、同郡西江原村、文久三年に二五〇両上納、第二部第二章で詳述）等、平木家以上の経済力を有した家も存在した。しかし、両家の文書には頼母子関係の帳面はほとんど残存せず[43]、【表3】の頼母子において引請人を務めた事例は本山成家が22、33の二件、山成家（簗瀬屋）は皆無である。

無論、【表3】は平木家以外の者が引請人を務めた事例を網羅してはいないが、引請人を複数で務める事例が多く、さらに平木家居村と隣接する西江原村の者であるにもかかわらず、山成家（簗瀬屋）が引請人を務めた事例がない点は重視すべきであろう。本山成家、山成家（簗瀬屋）が引請人を務めた事例がほとんど確認できないことは、平木家の場合と同じく、庄屋職に基づく居村民への融通・救済義務の有無という点に多く起因するであろう。本山成家は庄屋に就任したのが嘉永四年であり（第二部第一章）、山成家（簗瀬屋）は幕末期に居村年寄には就任するものの、一度も庄屋には就任していないのである（第二部第二章）。

平木家は居村庄屋に加えて備中一橋領掛屋を務め、経済力も領内上層に位置していたため、金融・経済面の信用についても領内有数の存在であったとみられる。引請人等の役職へは、取立主等から豪農などの地域の有力者が依頼されて就任する。[44] 引請人を選ぶ側は、村や地域において経済力や社会的信用を有する者を選択し、その人物に引請人へ就任してもらえるよう、働きかけたとみてよいだろう。平木家は庄屋であり、居村民への融通義務を有していたため、居村民からの引請人就任の要請を断ることは困難であったとみられる。

一方、平木家は居村外の頼母子の引請人にも就任しているため、庄屋職に基づく融通・救済義務以外の就任理由についても留意する必要がある。平木家と取立主との関係については、【表3】で平木家が引請人を務めた一八件の頼母子の取立主のうち、平木家から金銀や物品を借用していた者は、4小玉屋、5二井や、6定次郎、11佐兵衛、15柳本淳太（柳本家）の五名である。[45] 次に、文化元年に平木家の土地を小作していた者は、1理右衛門、8市十郎、11佐兵衛の三名である。[46]

以上のような貸付相手・小作人と頼母子取立人の重複からは、豪農自身の経営と関係する者の経営を改善させるため、頼母子の引請人に就任していた可能性が示唆される。以下、二点の事例から考察をさらに深めていく。

第一は、寺院が行う頼母子（寺院頼母子）の事例である（ここで取り上げる寺院頼母子の具体的な分析は第一部第二章で詳述）。【表3】16浄見寺百人講と18三光寺頼母子については、百人講の加入者や役職就任者と浄見寺に対して債権を有していた者とが、かなりの程度重複していた。平木家の場合、一二二一匁余の債権を有し、百人講に一〇口加入するとともに「引請銀預り」（引請人）を務めていた。寺院頼母子であるため留保が必要だが、上記の点からは通常の貸借関係やその滞りの延長上に、頼母子が成立するという道筋が示唆されよう。また、16・18の両事例では、加入者の大半がその寺の檀家であったことから、檀家が自身の属する檀那寺を存続させるため、頼母子に加入していた点がわかる。

平木家は浄見寺の檀家であり、三光寺とは寺檀関係にはない。しかし、議論や雨乞い等の場であるといった寺院の機能が、村運営に不可欠であった点[47]を考慮すると、三光寺頼母子への引請人就任も、庄屋として居村民の生活条件を維持する義務を負っていたことによるとみられる。

第二は前述した佐兵衛と平木家の関係についての事例である。平木家の引請人就任の経緯は、多くが史料には現れないものの、【表3】11佐兵衛頼母子ではこれが確認できる。ここでは、佐兵衛および悴の喜与助が「難儀」に陥ったため、平木家が二口加入し、頼母子開始の際に不足していた二五匁も平木家が出金したうえで引請人を務め、運営実務を担っている[48]。以上の措置をとった理由は「佐兵衛幷喜与助儀《佐兵衛悴》、当家普《譜》代之もの故厚勘弁之上如斯」とされている。「普《譜》代之もの」とあり、佐兵衛は平木家の下で代々働く奉公人のような者であったとみられる。「厚勘弁之上如斯」とある通り、平木家は恩恵措置として、やや消極的ながらも不足金の出金や引請人への就任を行っている点は注目される。

さらに、平木家は、【表3】1、10、11等、掛金総額が数百匁の小規模な頼母子にも加入者や「引請人」として関与している。10の事例に関しては、取立主作次郎の弟文五郎が頼母子の引請人である久助へ差し出した「拾ヶ年切相渡申証文之事」が残存する（【表3】10典拠史料）。文五郎が自身の所持地を年季付きで渡しており、兄作次郎の取立頼母子の引当としたものとみられる。ここでは、「当村より京介殿・友次殿御両人ニ而壱口加入被下、忝初掛銀五拾目慥ニ請取申候」との記述がある。京介（平木家）、友次（不明）の二名のみ個人名をあげて謝礼が述べられていることから、近隣村の小規模な頼母子に、平木家のような有力者が依頼に応えて恩恵的に加入したという状況があったとみられる。特に中下層民が取り立てる掛金総額が数百匁程度の頼母子は、豪農の資金調達においてほぼ無視できる程度の金額であり、資金調達のみを目的として、豪農がこのような頼母子に加入するとは考えられない。すなわち、経済力と地域での信用を有していた平木家は、様々な規模の頼母子への加入を要請され、平木家もこれにある程度応えていたとみられる。

以上の通り、平木家は居村での頼母子や自身の檀那寺ではないが居村の寺院である三光寺の行う頼母子には、庄屋としての融通・救済義務に基づき加入し、引請人を務めたとみられる。一方、浄見寺の場合、平木家が檀家であることに加え、浄見寺に対して債権を有していたことが引請人就任の理由であったとみられる。また、佐兵衛頼母子のように、自身の経営と関係する者を救済するために引請人に就任していた事例も確認できた。平木家は、村役人、檀家であるという公的・制度的要因と、自身の経営に関わるという私的・経済的要因の双方に基づいて、頼母子取立主への恩恵措置（引請人や世話人は無給で行う）として引請人に就任していたのである。以上のような恩恵措置は、地域において平木家が経営・政治活動を行ううえでの、基盤固めの意味を持ったとみられる(49)。

おわりに

備中国南西部においては、個人の経営救済を目的とする入札方式の取立頼母子が一般的であったが、講金の取得法が籤取や取退のものなど、多様な頼母子がみられた。平木家の周囲では、頼母子の期間は一〇年程度、口数は一〇口程度であり、掛金総額は銀一貫～三貫匁程度が最も多かった。

頼母子の資金調達機能について、取立頼母子は取立主への経営救済として機能する一方、既落札者の返済金の利率が公定利率上限と同等以下であるため、全加入者に一定程度有利な条件での資金取得を保証するものであった。また、資金を切実に欲していない加入者の場合、入札調整によって後半の講会で落札することで、利益を得ることも可能であった。以上のように、取立頼母子は取立主の経営救済（救済）、加入者の一定条件での資金取得（金融）、富裕な加入者の利益取得（功利）という三機能に加え、取立主や落札者の返済状況を加入者全員で監視することで、返済を促す効果が期待できるという構造上の長所を有していた。(50) さらに、落札調整や落札金の取引、複数の頼母子への同時加入により、取立頼母子は計算可能な資金調達手段として機能させることが可能であった。ただし、取立頼母子の取立主や加入者には多くの場合困窮者が含まれるため、資金調達手段としての信用を維持するためには、頼母子運営の持続を保証する何らかの装置―対象地域では引請人―が必要となる。

引請人は頼母子の運営実務の大半を担うとともに、掛金・返済金の立替や、掛金・返済金の納入が不可能となった者の加入口を引き継ぐことにより、頼母子の安定的な運営を維持する機能を担っていた。平木家のように引請人等の頼母子の役職を多く務めた者は、上層の豪農であると同時に、所領単位での役職（掛屋等）を務めることなどにより、地域での信用を得ていた者が多かったとみられる。豪農が引請人に就任する理由は、①庄屋職に基づく居村民への融通義務や、寺院の檀家であるという公的・制度的側面、②自身と深い関係にある者の経営救済という私的・経済的側面の双方がみられた。豪農は地域経済・金融面での信用の結節点として、自らの有する信用をいわば分与することで、地域における頼母子運営を支えていたといえるのである。頼母子運営への豪農の関与の実態からは、豪農の貸手としての活動やその貸付範囲への着目に加え、豪農を地域経済・金融面での信用の結節点としても捉えていく必要性が指摘できよう。それとともに、平木家のような信用できる引請人を選定していく、小前層を含む加入者の金融・信用についての一定の見識・力量も、引請人の分析からは読み取るべきであると考える（この点については、第一部第三章も参照されたい）。

本章と同じ瀬戸内の事例として、周防国東部の頼母子では、掛金が払えない者の加入口を他加入者が引き継ぐことは行われているが、引請人のように金子を立て替え、頼母子の運営維持機能を担った役職はみられない[51]。また、全国の頼母子を分析した森嘉兵衛氏の著書や[52]、畿内農村、近江国、安芸国東部といった西日本を対象とした研究[53]においても、そのような役職は指摘されていない。備中国南西部に引請人がみられ、安芸国東部にみられないことから、少なくとも現在筆者が把握している事例からは、瀬戸内では備後国を挟んだ両地域の間に引請人が存在した境界線があった可能性も想定できる。備中国南西部のように、大半の頼母子に運営維持機能を担う役職が設定される地域は限定的なものであった可能性もあるが、先行研究が頼母子の役職にあまり関心を向けてこなかったこともあり、このような役職の広がりや地域差については今後の検討を俟つ必要がある。

以上の通り、備中国後月郡・小田郡では引請人の設置とその職務規定の制定によって、頼母子運営維持のための制度が整備されていた点が特徴であった。両郡は、全国的にみると農業生産力の高い地域であった瀬戸内に位置しながらも、大規模な都市や城下町がなく、五〇〇石以上の持高を有するような巨大豪農がいない地域であった（本書序章第三節第一項）。そのため、頼母子が占めた金融手段としての役割は、都市商人や巨大豪農による巨額の貸付がみられる地域と比べて相対的に大きかったとみられる。今後の研究が必要であるが、このような地域において、頼母子の信用を保証する制度（「引請人」等）の整備が求められ、特に進展していたと見通しておきたい[54]。

註

（1）大塚英二『日本近世農村金融史の研究』（校倉書房、一九九六年）、特に第五章。
（2）福澤徹三『一九世紀の豪農・名望家と地域社会』（思文閣出版、二〇一二年）、特に第一～第三章。

（3）報徳仕法の概要については、大藤修『近世の村と生活文化』（吉川弘文館、二〇〇一年）第一〜第四章、前掲註（1）大塚氏著書第六章、第六章補論、終章を参照した。
（4）頼母子とは、一定の期日ごとに講（グループ）の成員が規定の額の掛金を出し、所定の金額の取得者を籤や入札で決め、全員が取得するまで続けるものであるが、その運営方法には様々な形態があった（森嘉兵衛『森嘉兵衛著作集第二巻　無尽金融史論』法政大学出版局、一九八二年、付録を除く大部分〈『無尽金融史論』〉の初出は一九六二年、日本国語大辞典第二版編集委員会・小学館国語辞典編集部編『日本国語大辞典 第二版』第八巻、小学館、二〇〇一年、一〇六三頁）。
（5）頼母子の取金方法について、喜多川守貞『類聚近世風俗志』（文潮社書院、一九二八年版）二三一頁、前掲註（4）森氏著書一四二頁では①籤取法で当籤者以外の掛金を会ごとに減少させるもの、②籤取法で掛金は一定のもの、③最低金額を入札した者が落札するものの三種が一般的なものであり、京阪では入札、江戸では籤取が多い点を述べている。
（6）前掲註（4）森氏著書、福山昭『近世農村金融の構造』（雄山閣出版、一九七五年）第三章など。なお、森氏著書では頼母子における融通機能が強調され、時代が下るごとに頼母子における資金調達の側面が強まっていく点が述べられるが、福山氏著書では頼母子における高利貸的側面が強調されており、頼母子の融通機能・資金調達機能への評価は論者によって見解に相違がみられる。
（7）加藤慶一郎「頼母子講と商品流通」（同『近世後期経済発展の構造』清文堂出版、二〇〇一年、初出一九九五年）、下向井紀彦「近世後期萩藩上関地域の頼母子に関する基礎的考察」（『史学研究』二七三、二〇一一年）。
（8）髙垣真利子「近世豊田郡における頼母子講の検討」（『芸備地方史研究』二九一、二〇一四年）。本論文では、個人ではなく豊田郡の七組によって結成された「郡頼母子講」が主な分析対象とされており、興味深い事例である。
（9）加藤隆・秋谷紀男編『日本史小百科近代　金融』（東京堂出版、二〇〇〇年）三八〜四二頁。
（10）由井健之助『頼母子講と其の法律関係』（岩波書店、一九三五年）四〇〜四五頁。
（11）加藤慶一郎「頼母子講の展開状況」（前掲註（7）加藤氏著書、初出二〇〇〇年）。
（12）井原市史編纂委員会編『井原市史Ｉ』（井原市、二〇〇五年）五四〇〜五四一頁、天保二年「備中国上房郡小田郡後月

郡村々様子大概書」（茨城県立歴史館所蔵一橋徳川家文書E一―二四、井原市史編纂委員会編『井原市史Ⅲ』井原市、二〇〇三年、二三二～三二五頁）による。本項で述べる木之子村の概要（村高、人別等）については、註記がない限り上記「備中国上房郡小田郡後月郡村々様子大概書」によった。なお、本史料の作成年代は山下聡一「「村明細帳」と領主支配」（『和泉市史紀要第20集　和泉の村の明細帳Ⅰ』、二〇一四年）より天保二年とした。

（13）なお、木之子村一橋家領分の者で、文久三年に備中一橋領に課された御用金を個人で一〇両以上納めた者は、上納額が多い順に、①上納額二五〇両…百姓代保太郎（慶応二年木之子村一橋領分持高〈【表1】典拠史料〉：三五・二六六石〈村内二位〉）、②同二〇〇両…庄屋平木晋太郎（同五五・四七一石〈同一位〉）、③八〇両…庄屋三次郎（同一八・一〇三石〈同五位〉）、④同一五両…百姓代幸之助（同二二・七八七石〈同三位〉）、年寄隆助（柳助、同一八・一二七石〈同四位〉）、百姓代太市（同一〇・四五七石〈同九位〉）、寿作（同六・〇七四石〈同二六位〉）、⑤同一〇両…要吉（同一二・七八四石〈同六位〉）、百姓代文平（同七・〇九六石〈同二一位〉）、武助（同五・五四二石〈同三一位〉）の以上一〇名である（文久三年一〇月「備中国村々永上納金御用金名前帳」井原市教育委員会所蔵平木家文書近世四―二三六）。

以下、平木家文書近世は平世、同近代は平代とする。この御用金の賦課基準は不明だが、各人の経済力に応じて課されており、序章の【表4】、【表6】で上納者データを表にまとめている。上記の数値からは、木之子村一橋領分での持高の多い者、および村役人となっている者の中に高額上納者が多い傾向は確かであるといえよう。一方で、寿作・武助などの一橋領分の持高は決して最上層にない者も、一〇～一五両の御用金を上納できている点は注目される。彼らは、村外の所持地や農業以外からの収入を有していたとみられるが、個人の家の世帯収入や生業の全体像を示す史料は現存しておらず、この点は不明である。村役人職・御用金・持高のような複数の指標を組み合わせて検討することで、地域の中で比較的高い経済力を有する者については概ね汲み取ることができると考えるが、「宗門人別改帳」などにみられる村内の持高のみでは判定の精度がやや落ちることがうかがえよう。ただし、本書で経営分析を行った平木家、本山成家、簗瀬屋家（山成家）の事例からは、村に居住する豪農や大規模な町場商人が、居住する村や町の高をほとんど有していないことはあまりないとみられるため、ある程度の手がかりにはなり得ると考える。

(14)「御用向心得秘書」(平世一—一三)。
(15)文久二年〜同三年「二番金貸附」(平世一六—一五)。
(16)「醤油仕込帳」(平世一二—一)。
(17)安政六年一二月「江原御役所御声懸を以平木晋太郎家名相続仕法一件御書下ヶ写」(平世一九—二四一)。
(18)平世一六—一〇三九。以下、史料名のない場合は【表3】を参照。
(19)平世一六—一〇三〇—五。なお、多くの頼母子において講会は一〇〜一二月に行われており、年末の掛買代金支払いや借財の返済として落札金が使用された場面が想定されよう。
(20)平世一六—一〇三三。
(21)平世一六—一〇三三・一六—一〇三〇—三。
(22)平世六—三。史料的制約から芳平の階層は不明だが、他の加入者と同じく村内中層以上の者とみられる。
(23)明治二年「備中国村〻酒造鑑札書替之儀ニ付伺書」(同年「廻村御用留」一橋徳川家文書C六—三)。
(24)弘化二年三月四日「三光寺客殿作事仕法帳」(平世二〇—九六—六)、第一部第二章の【表4】を参照。
(25)【表1】、【表2】典拠史料による。
(26)天保一三年に幕府公定利率上限は年一五%から一二%に下げられるが、領主が介在しない地方の金融関係においても、貸付利率は公定利率に従属していた事例が確認できる(植村正治『近世農村における市場経済の展開』同文舘出版、一九八六年、第一部第三章)。そのため貸付利率の性格を考える際、公定利率との比較は一定の目安となる。
(27)平世一六—一〇三三。なお、本帳面は文政期以降には頼母子落札によるものではないとみられる質地証文が混在するため、ここでは文化期の事例のみあげた。
(28)平世一六—一〇四〇。
(29)平世一六—一〇四一。
(30)平世一六—一〇三一。

(31)この点は、前掲註(7)、(11)の諸論考も参照されたい。
(32)平世一六—一〇五〇。
(33)平世一〇—一〇五。
(34)平世一六—一〇三〇—五。
(35)平世一六—一〇三一。
(36)平世一六—一〇六四—六。
(37)平世一六—一〇六四—二では、取立主の門田村勝次が引請人平木家へ「講帳」(規定書・掛銀帳)の借用を願っており、「講帳」は引請人が管理していたことがわかる。
(38)平世一六—一〇三四。
(39)平世一六—一〇三四・一〇三五。
(40)前掲註(1)大塚氏著書(特に第五章)を参照。
(41)文久三年の本山成家と簗瀬屋の御用金上納額については序章【表4】による。
(42)井原市史編纂委員会編『井原市芳井町史通史編』(井原市、二〇〇八年)四〇六、四〇八頁、第二部第一章。
(43)井原市教育委員会所蔵の山成家文書目録、山成聰家文書目録による。近世の頼母子規則書や掛銀帳は、前者は番号一一、一二、二〇〇、後者は近世Ⅷ—一一九、Ⅻ—三のみである。引請人の職掌に頼母子講帳の管理があるため、頼母子関係帳簿の残存状況から、その家が地域の頼母子運営に占めた位置を推測できる。
(44)後月郡簗瀬村の豪農本山成家については、文平(居村等不明)から、同郡吉井村南林寺が行う頼母子の「世話懸り」への就任を依頼されている(年未詳一一月一六日「口上」井原市教育委員会寄託山成家文書二九—七—五一五)。
(45)享和四~嘉永二年二月「永貸附帳」(平世一六—一)。同史料の記述に「年々滞」、「不足元利」、「小作滞」、「利留メ」等が散見される点、収録されている貸付の開始時期が安永~嘉永期の広い時期にわたっている点、大半の記述が抹消されていない点から、貸付金の返済が滞っている金額を主に書き上げた帳簿であるとみられる。平木家が「引請人」を務めている頼母子の講親に「永貸附帳」に名前のみられる者が複数含まれている点は、頼母子が開始される契機として、借用金の累積・返済不能があった場合の多いことを示すと考えてよいであろう。

(46) 文化元年三月「田畑預米銀定」(平世一三―一三)。

(47) 菅野洋介『日本近世の宗教と社会』(思文閣出版、二〇一一年) 二七七〜二七八頁、本書第一部第二章おわりに。

(48) 文政七年正月「家例帳」(平世一九―二)。

(49) 平木家は幕末期に経営が悪化し、安政六年以降に家政改革を行う(第三部第一章)。明治九年には地主経営を名代人に任せて岡山市へ転出し、当主の平木深造は岡山県属に任官している。明治二五年には、平木家の所持地は六町四反余であり、平木家は、不在地主となった明治中期にも経営基盤を後月郡においていた(以上、首藤ゆきえ「明治期の岡山県土木事業と平木深造」『倉敷の歴史』一七、二〇〇七年、井原市史編纂委員会編『井原市史Ⅱ』井原市、二〇〇五年、第二章第二節一)。平木深造の官僚活動を支える基盤の確保のためにも、木之子村の地主経営や同村・周辺農民への恩恵措置は、重要な位置を有し続けたとみられる。

(50) 頼母子の一般的な構造上の長所については、泉田洋一『農村開発金融論』(東京大学出版会、二〇〇三年) 第一部第四章も参照されたい。

(51) 前掲註(7)下向井氏論文。

(52) 前掲註(4)森氏著書。

(53) 前掲註(6)福山氏論文、前掲註(7)加藤氏論文・下向井氏論文、前掲註(8)髙垣氏論文、前掲(11)加藤氏論文。

(54) 頼母子は日本の中世から現代に至るまで普遍的にみられ(前掲註(4)森氏著書)、さらに現在のアジア、アフリカ諸国でも類似する金融形態が確認できる(野元美佐『アフリカ都市の民俗誌　カメルーンの「商人」バミレケのカネと故郷』明石書店、二〇〇五年、前掲註(50)泉田氏論文等)。これらは「回転型貯蓄信用講」(ROSCAs) と総称されており、現代の経済学・金融論の分野でも注目されている。そのため、頼母子は比較史的手法も含めて多様な分野から検討されるべき題材であり、日本史学においても積極的に研究対象とされるべきものであることを付言しておきたい。

第二章　寺院頼母子と檀家——地域金融と宗教的契機——

はじめに

農村部の地方寺院が行う頼母子に関する研究は、一般的な頼母子と比べて非常に蓄積が少ないものの、第一にあげられるものとしては森嘉兵衛氏の業績がある(1)。森氏は、中世から近代の頼母子について、全国から事例を集めた包括的な研究を行う中で、一般的な頼母子と比べて寺院主催の頼母子は「取退」(「取除」、講金の落札後、掛金を納める義務がないもの)、「富籤」形式などの特異な運営構造を有していたことを明らかにしている。ただし、森氏の研究では、主な対象とされている寺院が都市部の大寺院や城下町の寺院であり、農村部の地方寺院の行う頼母子についての分析は少ない。さらに、森氏の議論は檀家が具体的に頼母子運営にどのように関わっていたのかという視点が弱く、檀家と頼母子との関係性という観点から寺院頼母子の運営の内実に迫る必要がある。

近年の寺院頼母子の研究としては、加藤慶一郎氏が近江商人中井家の加入した頼母子の分析を行う中で、寺院頼母子に言及している(2)。ただし、加藤氏の研究では、寺院頼母子についての分析は数量的分析にほぼ終始している点が課題である。そのため、頼母子の運営規定を記した「規定書」などの文書の分析と、資金の移動を記した「頼母子講帳」などの帳簿の分析を併用しつつ、運営構造の実態に迫る必要がある。

また、吉田伸之氏が浅草寺（江戸）を対象に行った都市における寺院社会の分析と、これをふまえて塚田孝氏が行った地方の一山寺院（松尾寺）の分析によって、都市と地域における寺院社会像が示されたことは、近年の寺院研究の重要な成果である[3]。しかし、これらの研究に対しては、寺院と社会との関係性について、支配―被支配論や経営論といった「世俗的側面」にやや重点を置きすぎているという批判がある[4]。地域における寺院の存立基盤や役割を考えるうえでも、寺院の経営の側面は重視されるべきであるが、これ以外にも例えば寺檀関係のような「宗教的・制度的側面」と、これが「世俗的側面」である寺院の経営にどのような意味を有したのかなどの点を解明する必要があると思われる。本章では頼母子という限られた場面においてではあるが、寺院の「世俗的側面」と「宗教的・制度的側面」双方に留意しつつ、寺院を取り巻く経済・金融関係の特質を明らかにする。

以上の課題をふまえ、本章ではまず史料的に可能な限り、頼母子実施時点の寺院の経営状況を明らかにしていく。地方寺院の具体的な経営の内実については、近年田中洋平氏によるまとまった成果が著されたものの[5]、現在においてもいまだ研究蓄積は少ない[6]。頼母子の発足の背景にある状況を理解するためにも、寺院の経営状況の概要を明らかにする作業は必要であろう。この分析結果をふまえたうえで、寺院頼母子の運営構造と檀家との関係を追究していく。特に寺院頼母子に関しては、いまだ事例研究の蓄積が必要な段階にあるとの認識から、詳細な運営構造の解明を最大の課題として、分析を進めていく。なお、本章で主な対象とする寺院は、備中国後月郡木之子村（村高一三八八石余）の海雲山三光寺と超世山浄見寺である。本章が題材とする時期において、木之子村は一橋領（九三五石余）と旗本高山家領（四五二石余）との相給であるが、同村の概要については第一部第一章第一節を参照されたい[7]。

第一節　三光寺の経営と頼母子

（1）三光寺の概要と経営状況

本節では、天保～嘉永期における後月郡木之子村の海雲山三光寺の経営状況の一端と、経営悪化に際して行われた頼母子（以下、「三光寺頼母子」）の運営構造について明らかにしていく。

まず、三光寺の概要について、明治三年（一八七〇）五月の木之子村の「明細帳」の記述から述べていく。[8]三光寺は、長谷山法泉寺（後月郡西江原村）の末寺の曹洞宗寺院である。三光寺の所持地のうち、寺屋敷一反四畝一〇歩と境内山林（反別不明）が除地とされている。寺敷地内には閣殿、庫裏、鐘楼門、土蔵、長屋、向山社、観音堂が一ヶ所ずつ所在する。そして、境内山林の内には三光寺鎮守秋葉宮、字東郷氏神東荒神、木之子村惣氏神天神宮が所在する。また、慶応二年（一八六六）には木之子村一橋領分の二九五軒のうち、三光寺の檀家は八軒のみであった。[9]

村外の檀家数の詳細は不明だが、三光寺の経営改善のために弘化二年（一八四五）四月に定められた「規定書」では、三光寺住職の覃龍《たんりゅう》と並んで「旦中」が署名している。[10]ここでは「旦中」として後月郡木之子村の一二名、同郡西江原村二名、同郡神代村一名、同郡東江原村一名、小田郡甲怒村六名、同郡走出村四名、同郡園井村一名の合計二七名がみえる。以上の「旦中」が三光寺の全檀家のうちのどの程度を占めるのかは不明だが、少なくとも三光寺が木之子村外にも多くの檀家を有する寺院であったことはうかがえる。

表1　三光寺における地主経営の収益（天保14年〈1843〉）

田方	
項目	石高（石）
定米（小作料、①）	15.601
御領知年貢（②）	凡1
御私領年貢（③）	3.661
合計A（①－（②＋③））	10.9余
引方（④）	凡2.3
加地子（合計A－④）	8.6

畑方	
項目	銀高（匁）
定銀（小作料、①）	435.9
御領知年貢（②）	120
御私領年貢（③）	100
合計A（①－（②＋③））	220
凡引方	60
加地子	160

典拠：天保14年9月19日「三光寺田畑反別改帳」（平世20-96-2）。
註：計算が合わない箇所があるが、史料上の表記に従った。「御領知」は一橋領分、「御私領」は旗本高山家領分のことである。

次に、三光寺の地主経営について、同寺の天保一四年（一八四三）の所持反別は二町二反二畝一歩（他に一筆反別不明地あり）であり、[11] この所持地は小字名からみてその大半が木之子村の土地であるとみられる。三光寺の地主経営の収益について、【表1】にまとめた。三光寺の所持地のうち、田方は反別一町一反六畝一五歩、定米（小作料、年貢含む）一五・六〇一石、加地子（小作料マイナス年貢マイナス引高）は八・六石である。畑方は反別一町三畝一五歩、定銀（小作料、年貢含む）四三五・九匁、加地子（小作料マイナス年貢マイナス引高、屋敷地分を含む）は一六〇匁であった。また、三光寺の所持する屋敷地は反別二畝一歩であった。

正確な所持高は不明だが、田方の反別を木之子村中田の石盛である一反あたり一・三石、畑方と屋敷地の反別を同村中畑の石盛である一反あたり〇・七石で計算すると、合計は約二二・五三二石余となる。[12] この数値に有畝は含まれていないが、有畝をふまえると三光寺の実際の所持高はより多くなる。三光寺は、少なくとも二〇～三〇石以上の持高を木之子村において有していたのであり、木之子村一橋家領分の階層構成（第一部第一章【表1】）とも照合すれば、三光寺は同村内でも有数の地主であったことがわかる。なお、天保一四年時には三光寺は小作人二五名に全ての所持地を預けており、手作は行っていなかった。

次に、三光寺の土地集積の過程についてであるが、詳細な経過は不明である。ただし、三光寺が土地の寄進を受けている証文が二点確認できる。[13]明和三年（一七六六）九月には、施主忠治から「先祖祠堂料」として田畑一反一畝一五歩（高一・四八五石）と半鐘一口が、安永九年（一七八〇）二月には、寄附主林助から下松山一五歩がそれぞれ寄進されている。以上のことから、三光寺は質地の取得や土地の購入といった通常の地主としての土地集積に加え、寄進などの寺院特有の土地集積過程を辿った部分もあったことがわかる。

表２　布施・祝儀など入方（弘化元年12月〜同２年２月〈1844〜1845〉）

	月日	項目	銀額（匁）
1	12月18日	定残り良蔵より受取	5.8
2	12月18日	同断長八より入	15.2
3	12月20日	右同断重門より入	33
4	１月15日まで	年玉	45.8
5	１月28日	晋山祝義	185
6	２月９日	甲奴為右衛門布施	2
7	２月９日	走出久五郎右同断	9
8	（２月９日〜14日）	善福寺より年玉	2
9	（２月９日〜14日）	威徳寺より同	2
10	２月15日	品之助より布施	8
11	２月16日	徳治郎布施	1
12	２月17日	千代吉布施	1
13	２月17日	八代吉布施	4
14	（２月18日〜）	用木五本代小吉より入	19.5
		小計	333.3
15	（正月12日）	天神社北枕山壱ヶ所・松之木壱本	400
		合計	733.3

典拠：弘化元年12月〜同２年２月「金銀把放覚帳」（平世20-96-４）。

地方寺院の収益は、地主経営だけでなく、散銭や寄附も多かったと思われる。三光寺の弘化元年一二月〜同二年二月（一八四四〜四五）の布施・祝儀等の「入方」は合計七三三・三匁である（【表2】）。14「用木五本代小吉より入」の後に会計が締められており、15「天神社北枕山壱ヶ所・松之木壱本」（四〇〇匁）の売却は臨時のものであったとみられる。

以上の分析から、地主経営での収益に加え、布施・祝儀が三光寺の重要な収入源であったことがわかる。年貢銀を除いても、弘化期の三光寺には年間銀一貫匁以上の収入があったとみられる。

表3　三光寺借財（天保14年〈1843〉8月）

	金額	借用相手	居住地
1	銀270匁	太市	山手（後月郡木之子村）
2	銀150匁	太市	山手（後月郡木之子村）
3	銀164.5匁	（御年貢未進）	—
4	通用1400匁	六兵衛	小田郡走出村
5	金２両	品之助	福当（後月郡木之子村）
6	銀100匁	彦右衛門	当所（後月郡木之子村）
7	通用350匁	彦右衛門	当所（後月郡木之子村）
8	銀215.52匁	大黒屋増蔵	—
9	銀17.5匁	竹屋逸治	—
10	銀14.44匁	池田屋忠蔵	小田郡笠岡村
11	銀119.7匁	竹之内	—
12	銀114.57匁	田中屋重五郎	今市（後月郡西江原村）
13	金２両	弥次兵衛	—

典拠：天保14年８月「三光寺田畑并借財書上帳」（平世20-96-1）。
註：「通用」とあるものは銭匁勘定によるもの。

（2）弘化期の普請と借財

三光寺頼母子は弘化二年（一八四五）から開始されるが、天保一四年（一八四三）の時点で同寺は多額の借財を抱えていた（【表3】）。この借財の内訳としては、年貢未進は一六四・五匁であり、個人や屋号を有する商人からの借入金や品物代金が大部分を占めていた。借用相手のうち、木之子村民からの合計借入金額は銀八七〇匁と金二両である。このうち金一両を銀八八匁で換算すると銀一七六匁となり[14]、先の借入銀額と合わせると、木之子村民からの借入金の合計は一〇四六匁となる。また、4小田郡走出村六兵衛からの借財は一四〇〇匁と多く、他に小田郡笠岡村、後月郡西江原村の者からの借財もみられる。借財の合計額は三二六八・二三匁であり、史料上では「凡元三貫目」とされている。[15]

弘化元～同二年にかけて、三光寺は敷地内の施設の作事を行っている。【表4】にこの時行われた作事の際の収支細目を示した。なお、【表5】は【表4】の内容を簡略化したものである。

作事に先立って、「木代」として木材が売却され、四七二九・七匁の収入が計上されている。その後、支出として、「借財口々」（【表4】2～13）一一五七・二匁、収入として「取替方」（14）一〇六・八匁が計上されている。「木代」（収入）から「借財口々」（支出）を引き、「取替方」（収入）を足した金額が、三六七九・三匁（合計α）と

表４　借財・客殿作事収支細目（弘化２年３月）

	項目	村	相手	銀額（匁）
1	木代（①）…収入（木材売却）			4,729.70
	借財口々　…支出			
2	辰十二月迄残り	西江原村今市	田中屋	134.08
3	辰十二月迄残り	木之子村	大黒屋	81.52
4	辰十二月迄残り	木之子村	矢掛屋	60.70
5	辰十二月借入		永福寺御隠居	142.40
6	辰十二月借入		儀兵衛・品之助・彦右衛門・馬五郎・領蔵	150.00
7	辰十二月元私物質入銀			120.00
8	辰年分御領知御年貢　但正銀			111.84
9	辰年分私領所御年貢残り　但正銀			93.89
10	巳春割引当私領所分　但正銀			凡50
11	■大晦日	星田村	中興寺	50.00
12	■物買入代		戸倉嘉助	110.00
13	金三分	黒忠　註④	平等寺	53.40
	合計（②、２～13）　註①			1,157.2
	取替方　…収入			
14	金壱両弐歩（③）		彦右衛門	106.80
	①－②＋③（合計α）			3,679.30
	作事方　…支出			
15	客殿屋根裏造作　木瓦釘人足　右一式 牛場作料共　但後ロ側			855.00
16	右同断前側			295.00
17	居間之裏手水場取建入用一式			287.00
18	玄関之後ロ伝ひ縁并ひさし入用共一式			56.00
19	湯殿附替入用			85.00
20	客寮天井入用一式			75.00
21	壁入用			60.00

22	棟築地東西弐ヶ所ニ而十六間分并小門入用共			300.00
23	玄関入用式台共			300.00
24	庫裏藁ふきかへ屋根替入用			200.00
25	納屋同断（藁ふきかへ屋根替入用）			150.00
26	客殿八畳三間分新床畳弐拾四畳入用			240.00
27	客殿分庫裏込畳表替廿五畳分入用			125.00
28	是ハ辰之春本銀地ニ売渡候地所代銀		茂吉・与八・江尻講	1,927.00
29	此歩（利息）			77.80
30	辰七月借入　此分私領地質物ニ入有之		市之助	300.00
31	此歩（利息）			12.00
32	晋山入用米四斗弐升		松三郎	35.28
33	晋山入用米四斗		金助	33.60
34	巳三月四日迄買物代	木之子村	大黒屋	121.89
35	巳三月四日迄買物代	木之子村	矢掛屋	18.20
36	買物代残り		竹之内	凡25
	合計④（15〜36）　註②			5,578.05
	又　…支出　註③			
37	巳三月三日迄之通〆	西江原村今市	田中屋重五郎	126.35
38	辰三月証文入		六兵衛	360.00
39	去〻卯五月無利足		彦右衛門	70.00
40	鈴木様石牌直し			50.00
41	観音堂地鎮			20.00
	合計⑤（37〜41）			626.35
	合計 α－④－⑤（合計 β）			−2,525.10

典拠：弘化２年３月４日「三光寺客殿作事仕法帳」（平世20-96-６）。
註：①実際の数値は1,157.83匁だが、史料上の数値に従った。②実際の合計額は5,578.77匁だが、史料上の数値に従った。③又（追加支出）の項に「大工寅蔵」、「障子張替壁張紙入用紙代」があるが、金額の記載がないため除外した。④備中国川上郡の上黒忠村ないし下黒忠村と思われる。

表5　借財・客殿作事収支（弘化2年3月）

項目	銀額（匁）
木代（①）	4,729.70
借財口々（②）	−1,157.20
取替方（③）	106.80
合計α（①−②+③）	3,679.30
作事方（④）	−5,578.05
又（⑤）	−626.35
合計α−④−⑤（合計β）	−2,525.10

典拠：表4と同じ。

なる。また、支出として「作事方」（15~36）五五七八・〇五匁と「又」（37~41、作事の際の追加支出と思われる）六二六・三五匁が計上されている。そして、三六七九・三匁（合計α）から「作事方」と「又」を引くと、マイナス二五二五・一匁（合計β）となる。

以上のように、弘化元~同二年にかけての作事によって、弘化二年三月時点では、二五二五・一匁の借財が存在していた。弘化二年三月時点の借財（【表4】・【表5】）と天保一四年八月の借財【表3】との関係は不明であるが、「田中屋」（【表3】12、【表4】2）等の名前が重複するため、一部は継続していたものとみられる。

【表4】「作事方」の項目にみられるように、弘化元年~同二年の作事では、客殿、水場、玄関、湯殿、築地、庫裏、納屋など、寺院内の多くの建物が作事の対象となっていた。【表4】の「作事方」の32、33の項目には、「晋山入用」がみられる。「晋山」とは、寺院に新たな住職が就任する際の儀式のことである。このことから、弘化二年時の住職である覃龍の住職就任に伴い、寺内の普請を一斉に行う必要があったことがうかがえる。

以上のように、弘化元~同二年の作事に伴い、三光寺は多額の借財を背負うこととなった。この借財の解消のため、弘化二年四月には以下の「規定書」が制定されている。

【史料1】[16]

規定書

一橋様御領知後月郡木之子村海雲山三光禅寺之儀者従

公儀境内山林御除地御座候、然ル処近来度〻転住ニ付入費出来借財相嵩、剰客殿寺佛并諸伽藍及大破ニ忽難捨置、就右ニ院主覃龍并旦中一統ゟ其御元江御頼申入候処、御承知之上御仕法左之通

一①諸作事入用并諸借財一式巨細ニ御改之上、御出銀可被下候事

一②御除地山林之内目立候木并端木除置、其外之立木一円不残売拂、右代銀請取次第其元江持参可仕事

一③旦中より銭三貫目之頼母子講取立、銘〻加入之口銀講帳面之通出銀可仕事

一④三光寺所持之田畑定米銀当巳(弘化二年)年ゟ来ル寅(安政元年)迠拾ヶ年之間、毎年小作人より米銀御取立之上御年貢御納所被下候而、残銀之内頼母子講利銀三百目宛、当巳ゟ来ル寅迠拾ヶ年之間毎年御引取可被下候

一⑤院主年中暮方之儀者、右年限中壱ヶ月銭弐拾目宛右加地子之内を以御渡可被下、此外檀施を以諸勤向万端相凌可申事

附り諸買物現銀拂ニいたし可申、通取決而致間鋪事

一⑥小作定米銀不納人有之節、其外寺用向ニ付御用事有之節者、旦中之内ゟ御目鑑を以御呼寄可被成候、不限昼夜ニ何時ニ而茂罷出相勤可申、其節決而違背申間敷事

一⑦諸品取引帳壱冊御渡之上年〻過不足勘定詰可被成候、然ル上者右帳面持参之上金・銀・米・銭・其外何品ニよらす請取渡可致候、此帳面ニ相洩候分双方取用申間敷事

右之通規定書差入候上者、自然院主代替り其外如何様之新規出来候共違犯無御座候、万一少しニ而も相違之儀出来候ハ、、御本寺表江申立、聊其御元江御苦難相懸申間敷候、為後年之御本寺奥書相頼、寺旦納得之上差入申規定書連印依而如件

木之子村
三光寺（印）

弘化二巳年四月　　　　　　　　　　　　　　覃龍（花押）

（村内（木之子村）旦中一二名、走出村旦中四名、甲怒村旦中六名、西江原村旦中二名、神代村旦中一名、東江原村旦中一名、園井村旦中一名省略）

立入世話方
馬越元壽（印）
布屋太市（印）

平木京助殿
平木晋太郎殿

右之通承り置候

本寺
法泉寺（印）

【史料1】「規定書」によると、借財の原因は度々の転住のための入費であり、これに加えて寺佛・伽藍などの修繕費用が必要であることが述べられる。ここでいう「転住」が指すものはやや不明確であるが、覃龍の住職就任や、それに伴う様々な状況を指すと考えられよう。史料的制約のため確認はできないものの、例えば前住職の隠居・転住などがあったのではないだろうか。

箇条ごとの内容をみていくと、①三光寺が作事入用・借財を書き上げ、平木京助・晋太郎に出銀を願い出る。②三光寺が所持地山林の立木を売却し、代銀を平木京助・晋太郎のもとに持参する。③旦中が銭三貫目（銭匁勘定）の頼母子を取り立てる。④三光寺所持の田畑は、一〇年間毎年平木京助・晋太郎が小作人より小作米銀を取り立て、そこから年貢を上納する。年貢を上納した残銀のうちから、頼母子の利銀（毎年の返済金）三〇〇匁を、一〇年間毎年平木家が引き取る（頼母子の具体的な運営状況については、本節第三項で後述）。⑤院主の一ヶ月の生活費は、加地子のうちから銭二〇匁とし、檀家からの布施を勤向にあて、さらに物品の掛買を禁止する。⑥小作定米銀の不納の場合や、寺に用向きがある場合は旦中の者を呼び寄せて欲しい。⑦三光寺が諸品取引帳を渡したうえで勘定をお願いし、この帳面を持参したうえで金銭や物品を受け取る。以上の七ヶ条が規定されていた。

「規定書」は経営立直しのための方策を規定したものだが、住職と旦中から平木京助・平木晋太郎（平木家、木之子村庄屋、第一章参照）へ差し出されている点が注目される。平木家の檀那寺は浄見寺であり、三光寺と寺檀関係にはない。(17) それにもかかわらず平木家は三光寺の財政を監督し、出銀することが要請されていたのである。

また、「立入世話方」を務める馬越元壽と布屋太市は、慶応二年（一八六六）の木之子村一橋領分の持高（第一部第一章【表1】【表5】）は、馬越が六・二四九石（村内二四位、医師）、布屋が一〇・四五七石（同九位、百姓代）であり、ともに村内上層に位置していた。さらに同年には馬越は法泉寺（西江原村、三光寺本寺）、布屋は浄見寺の檀家であり、馬越を三光寺と全く寺檀関係にないといえるかは微妙だが、布屋は平木家と同じく三光寺と寺檀関係にはない。三光寺の経営立直しには、檀家と並んで檀家以外の村内の有力者が重要な役割を果たしていた。

「規定書」と同年には、商人との間で従来の商品代金の精算と以降の取引についての規定が結ばれている。(18) 弘化二年に木之子村の矢掛屋隆助・大黒や増蔵、今市（西江原村）の田中や重五郎、戸倉の中屋嘉助の四名から平木京助・晋太郎に出された「差出申規定書之事」の本文には、「三光寺御仕法ニ付、御同寺是迄御買入通前〆ニ而銭此度貴家御引受ニ相成御拂入可被下旨、尤以来御同寺相対かし《貸》かり《借》共不致現銀拂可被成旨致承知候、然ル上者向後年〻此積ヲ以取引仕可申候、依如件」とある。「同寺《三光寺》是迄御買入」分、すなわち三光寺がこれまで購入した商品の代金を平木家が支払うこととされている。この時の平木家の出金が、払い切りか一時の立替かは不明である。そして、以降は「相対かし《貸》かり《借》」（ここでは掛売・掛買を指すと思われる）をせず、「現銀拂」とすることが規定されている。「現銀拂」とあることから、この部分の記述は、【史料1⑤】で「附り諸買物現銀拂ニいたし可申、通取決而致間鋪事」と規定されているものと同内容である。史料的には確認できないが、以上の差出人四名以外の三光寺の出入りの商人とも、以上のような規定が結ばれた可能性が想定できる。

以上の「規定」と機を一にして、【史料1】にみられる「立入世話方」と平木家による三光寺の経営管理も開始されたようである。三光寺から平木京助と「立入世話方」馬越元壽に出された六月五日付「〔覚〕」（年未詳）では、中興寺（小田郡星田村、禅宗）への「香資」や本寺（法泉寺、後月郡西江原村）への「暑見舞」等のため、銀二六・三二匁と単物二枚を「旦中之者為持御越し可被下候」と願い出られている。[19]【史料1⑦】のように、三光寺は必要な物品を書面に明記したうえで、「立入世話方」や平木家に送付の依頼を行う必要があったのである。

以上のように、弘化二年以降「立入世話方」と平木家による三光寺の経営管理が行われることとなるが、【史料1】の規定や宛先からも、平木家が主体となって三光寺の経営改善が目指されたことがわかる。

（3）頼母子の規定と運営

【史料1】「規定書」が結ばれた弘化二年（一八四五）には、三光寺頼母子の施行細則も合わせて制定される。以下、「三光寺取立講帳」[20]の頼母子施行細則の箇所をあげる。

【史料2】

当山客殿其外所ゝ及大破ニ、作事入用并本銀地請返ニ代銀都合凡銀七貫目内外之内江、林山・立木売拂代引残り銀三貫目内外引足不申ニ付、旦中ゟ銭三貫目之頼母子講企加入仕候間、御引請人御仕法を以成崩し利足壹ヶ年壹割宛来ル午（弘化三年）より向卯（安政二年）迠十ヶ年之間、毎年三月中講席江銭三百目宛御出銭可被下旨、御規定被成候所

相違無御座候、仍之申定書如件

弘化二巳三月

後月郡木之子村
海雲山　三光寺（印）

（旦中物代七名〈木之子村彦右衛門・品之助・弥次兵衛・馬五郎・浅吉、走出村松三郎、甲怒村金助〉の名を横一段に記す）

頼母子講引請方
平木京助殿
馬越元寿殿
布屋太市殿

右之通致承知候、以上

本寺
法泉寺（印）

規定書之事

一①銭三貫目講、此利足毎年銭三百目、三光寺所持之田畑加地子之内を以、当巳（弘化二年）ゟ向寅（安政元年）迄十ヶ年之間、年〻十一月廿四日講会席江出銀之上、講連中取除之積ニ而致入札、安札相成候人当江請取可申候、尤突合札ニ相成候節者、鬮取之上落札人当可相定事

一②取除残過銭ニ相成候得者、引請人手元ニ而壱ヶ年五朱宛之利足相添、翌年講席江元利継送り可申事

右之通相違無御座候、為後証之講主・引請人・講連中申定連印仍如件

弘化二巳年三月

講主
三光寺（印）

（引請人三名、講連中二六名後略）

まず、【史料2】の記述から、三光寺頼母子の概要を確認しておく。三光寺頼母子が催されるに至った理由として、作事入用や本銀地請返しの代金として銀七貫目が必要であり、木材の売却で四貫目を調達したが、いまだ三貫目が不足していると述べられる。この三貫目は、完全には数値が一致しないものの、客殿作事の不足金二五二五・一匁（【表4】・【表5】合計β）を指すとみられる。

頼母子の「引請人」として、平木京助・馬越元寿・布屋太市の名前があがっており、この三名、特に平木京助が頼母子運営の実務を担っていた（後述）。頼母子の継続年数は一〇年（弘化二年～安政元年、一八四五～一八五四）であり、講会は年一度、毎年一一月二四日に行われる規定である。

そして、三光寺が頼母子加入者から合計三貫匁を受け取り、これを前述の不足金にあてるとみられる。頼母子の口数は一〇口であり、一口あたりの出銀額は三〇〇匁である（後述、【表6】）。この返済は【史料2①】の通り、翌年から三光寺所持田畑の加地子のうちから三〇〇匁を一〇年間、合計で三貫匁を講会へ出金することで行われる。三光寺から毎年返済がなされるものの、返済金の合計額は元銀の三貫匁のみであり、利息が付いていない点が注目される。なお、対象地域の通常の取立頼母子には取立主への救済としての性格がみられたが、取立主は元銀ではなく毎年利銀を支払う義務があり、芳平頼母子では取立主芳平の支払い額は最終的に元銀以上になっている（第一部第一章）。この点からは、三光寺頼母子における同寺に対する救済的な性格の強さが指摘できよう。

【史料2①】の通り、頼母子の落札形態は、講会で加入者が入札を行い、最低金額を入札した者が落札となるが、入札金額が競合した場合（「突合札」）、鬮引で落札者が決定される。また、【史料2②】の通り、「引請人」は落札後の残銀に毎年五朱（五％）の利息を付けて利殖し、次回の講会へ持参しなければならなかった。

次に、三光寺頼母子の出金者は、【表6】にあげた二七名と「三光寺受」（後述）である。このうち、二五名が

表6　三光寺頼母子出金者内訳

	口番号	銀額（匁）	名	村	檀家	小作	備考
1	1	300	彦右衛門	木之子村	○（旦中惣代）		
2	2	300	品之助	木之子村	○（旦中惣代）		出し切
3	3	300	良蔵	木之子村	○	○（畑3畝20歩）	
4	4	300	金助	小田郡甲怒村	○（旦中惣代）		出し切
5	5	300	佐出八	小田郡園井村	○		出し切
6	6	150	弥次兵衛	木之子村	○（旦中惣代）	○（畑9畝22歩）	
7		150	要七	木之子村	○		
8	7	200	松三郎	小田郡走出村	○（旦中惣代）		出し切
9		100	久五郎	小田郡走出村	○		出し切
10	8	200	与八	木之子村	○	○（田2反4畝13歩、畑7畝18歩）	出し切
11		20	岩平	不明	不明	○（畑4畝27歩）	出し切
12		20	長八	木之子村	○	○（屋敷2畝1歩、田2反2畝、畑2畝16歩）註	出し切
13		20	重兵衛	木之子村	○	○（田7畝10歩、畑4畝18歩）	出し切
14		20	織助	木之子村	○	○（田8畝22歩）	出し切
15		20	茂八	木之子村	○	○（田1反3畝1歩）	出し切
16	9	60	惣八	不明	不明		出し切
17		20	安五郎	小田郡走出村	○		出し切
18		20	庄八	小田郡甲怒村	○		出し切
19		20	儀兵衛	木之子村	○		出し切
20		60	為右衛門	小田郡甲怒村	○		出し切
21		20	八五郎	小田郡甲怒村	○		出し切
22		20	直吉	後月郡西江原村	○		出し切
23		50	定五郎	後月郡西江原村	○		出し切

24		30	宮市	後月郡東江原村	○		三光寺受
25	10	90	三郎右衛門	後月郡神代村	○		出し切
26		90	虎之丞	小田郡甲怒村	○		出し切
27		20	音吉	小田郡甲怒村	○		出し切
28		100	三光寺受	木之子村	—		

典拠：弘化２年３月「三光寺取立講帳」（平世20-100）、天保14年９月19日「三光寺田畑反別改帳」（同20-96-２）、弘化２年４月「規定書」（同20-96-13）。
註：長八の預かり地のうち、田５畝６歩は長八と浅吉、田８畝20歩は長八と重門の連名で預かり。

三光寺の檀家であることが確認でき、その中でも五名は【史料2】（「三光寺取立講帳」）の記述で、「旦中惣代」とされている人物である。また、八名は天保一四年（一八四三）に、三光寺の所持地の小作を行っていることが確認できる（【表1】典拠史料）。以上の点からは、三光寺頼母子が檀家からの救済措置として行われたものであり、檀家は自身が所属する寺院が経営危機に陥った際、これを救済する義務を有していたことがうかがえる。

三光寺頼母子の口数は全一〇口ではあるものの、一口の中での出金額の分割も可能であった。このことからは、三光寺頼母子の参加者の階層は、一定の広がりを有していたと推測されよう。これらの一口の中での出金額の分割は、血縁関係や地縁関係などの様々な繋がりのもとに行われたと推察される。【表6】の第8口では、出金者六名全員が三光寺所持地の小作を行っており、小作人同士の横の関係のもとに一口の分割が行われている。

そして、出金者のうち「出し切」が二二人、金額では一九七〇匁みられる。「出し切」については判然としないが、「出し切」の者は後述する通り頼母子の落札がみられないため、彼らは実質的には三光寺に対して資金を出し切る、すなわち寄附を行ったものと考えられよう。

また、頼母子参加者や旦中惣代として署名を行っている者には、【表3】、【表4】でみられるように、三光寺に対して債権を有していた者が多い点が注目される。三光寺檀家であり、なおかつ債権を有していた者は、彦右衛門（木之子村、旦中惣代、【表6】1、【表3】6・7、【表4】6・39）、品之助（木之子村、旦中惣代、【表6】2、【表3】5、【表4】6）、良蔵（領蔵、木之子村檀家、【表6】3、【表4】6）、金助（甲怒村、旦中惣代、【表6】4、【表4】33カ）、儀兵衛（木之子村檀家、【表6】19、【表4】6）、松三郎（走出村、旦中惣代、【表6】8、【表4】32）、与八（木之子村檀家、【表6】10、【表4】28）の七名である。

以上のように、寺檀関係と金融・商業面での関係が一定程度重複している点は興味深い。寺檀関係という「宗教的・制度的側面」（はじめに）と「世俗的側面」である経営とは、密接な関係を有していたのである。また、債権者と頼母子加入者の重複からは、これらの債権者からの要請によって、頼母子が開始された可能性も想定できよう。

次に、三光寺頼母子の実際の運営の様相を、【史料3】と【表7】によりつつみていく。【史料3】は三光寺頼母子の実際の運営状況を記した箇所のうち、一～三会目と一〇会目の記述を抜き出したものである。(21)【表7】は【史料3】の記述により、一会目から一〇会目までの運営実態を数値化したものである。

【史料3】

（弘化二年）
巳年側壱番口
十一月廿三日
一銭三百目　　　講元出銀
　　内
　銭百九拾七匁　　巳年取除主平木
残銭百三匁　　引受人平木預り

午利足五匁壱分五り　但年五朱利倍

〆百八匁壱分五り　〆込

（弘化三年）午とし側弐ばん

一銭三百目　講元出銀

〆四百八匁壱分五り

内

弐百廿弐匁七分　取主平木

〆百八十五匁四分五り　過

未り九匁弐分七り　〆込

（弘化四年）未年側三はん

一銭三百目　講元出銀

〆四百九拾四匁七分弐り

内

弐百四十八匁四分　取主平木

〆弐百四十六匁三分弐り　過預り

中利拾弐匁三分弐り

〆込

（中略…第四～第九会の記述）

寅年《安政元年》側拾番口

一銭三百目　　講元出銀

内

銭四拾三匁　　三光寺引受《四分三り》

銭弐百五拾七匁　　平木引受

〆

【史料3】と【表7】にみられる三光寺頼母子の運営の手順は、以下の通りである。

①【史料2】「規定書」の通り、三光寺が頼母子加入者から出金された三貫匁を取得する。

②三光寺が三貫匁を一〇年賦無利息で返済する（毎年三〇〇匁）。この三〇〇匁は、毎年の講会に持参される（【表7】講元出銀）。

③毎年一一月に行われる講会で、頼母子加入者による入札が行われる。弘化二年の一会目（【表7】1）には、最低額を入札した平木（京助）が一九七匁を落札（「落札」）している。

④講元出銀三〇〇匁から、平木の落札金額一九七匁を引いた残額一〇三匁は、次回の講会まで引請人平木（京助）が預かる。そして、年五％の利息（五・一五匁）を付けて、翌年の講会へと元金・利金（一〇八・一五匁、【表7】1・F次年度繰り越し額）を持参する。

⑤弘化三年一一月の二会目（【表7】2）の講会の場には、講元出銀三〇〇匁（②）と、引請人が預かっていた次年度繰り越し額一〇八・一五匁（④）の合計である四〇八・一五匁が存在する。

表7　三光寺頼母子の運営構造

会数	年	講元出銀 A	総額（前年 F+A）B	取主	落札額 C	残銭（B－C）D	引請人預かり利息（D×0.05（5%））E	次年度繰り越し額（D+E）F
1	弘化2年	300	300.00	平木	197.00	103.00	5.15	108.15
2	弘化3年	300	408.15	平木	222.70	185.45	9.27	194.72
3	弘化4年	300	494.72	平木	248.40	246.32	12.32	258.64
4	嘉永元年	300	558.64	良蔵	279.50	279.14	13.96	293.10
5	嘉永2年	300	593.10	平木	325.00	268.10	13.41	281.51
6	嘉永3年	300	581.51	彦右衛門	345.00	236.51	11.83	248.34
7	嘉永4年	300	548.34	弥次兵衛・用七	377.50	170.84	8.54	179.38
8	嘉永5年	300	479.38	三光寺引受（四分三り） 平木引受（弐口五分七り）	68.71 410.67	0	―	―
9	嘉永6年	300	300.00	三光寺引受（四分三り） 平木引受	43.00 257.00	0	―	―
10	安政元年	300	300.00	三光寺引受（四分三り） 平木引受	43.00 257.00	0	―	―

典拠：弘化2年3月「三光寺取立講帳」（平世20–100）。註：単位は全て匁。

⑥弘化三年一一月に第二会目の入札が行われ、最低額を入札した平木（京助）が二二二・七匁を落札している。講元出銀と次年度繰り越し額の合計四〇八・一五匁から落札金額二二二・七匁を引いた残銀一八五・四五匁を引請人の平木が預かり、年五％の利息（九・二七匁）を付けて、翌年の講会へと持参する。

⑦弘化四年の第三会目（【表7】3）の講会においては、講元出銀三〇〇匁（②）と、引請人が預かっていた次年度繰り越し額一九四・七二匁（⑥）の合計である四九四・七二匁が存在する。

以上のような、講元出銀→落札→平木（引請人）の残銀預かりと利殖→次会へ引き継ぎという手順を繰り返す中で、三光寺頼母子の運営が継続されていたのである。しかし【史料2】の記述や【表6】の頼母子出金者と照らし合わせた際、規定と実際の運営では、以下の二点の相違がみられる。

まず第一に、【表6】の「出し切」の者が落札者として名前があがらない点である。【表6】で「出し切」でない彦右衛門（二口）、良蔵（一口）、弥次兵衛（〇・五口）、要（用）七（〇・五口）の四名は、【表7】にみられるように、いずれも加入口数と同じだけの入札・落札を行っている。そして、【表6】の時点では頼母子出金者ではない平木（京助）が複数回講銀を落札している。前述した通り不明な点が多いものの、「出し切」の者は一度も落札をしていないことから、頼母子に参加せず、実質的に寺への寄附を行ったとみてよいであろう。[22]

平木家は三光寺の檀家ではないにもかかわらず引請人として銀を預かり、落札後の残銀に毎年五朱（五％）の利息を付けて次回の講会へ持参する義務を有している（【史料2②】）。[23]さらに平木家は三光寺頼母子に際して、役料等を受け取ってはいない。これらのことから、上記の職務の代償として、「出し切」の者の出金分の頼母子への入札・落札の権利が、平木家に移譲されたものとみられる。

第二に、【表6】、【表7】にみられる「三光寺（引）受」についてである。【表6】の時点では、「三光寺受」

の合計金額は一三〇匁であり、これは約〇・四三口分にあたる。そのため、【表7】でみられるように、三光寺が複数回頼母子を落札するという状況は、【表6】の出金状況と相違することになる。「三光寺受」についても不明な点が多く、断定はできないものの、【表7】の「三光寺受」は平木の落札の場合と同じように、「出し切」の者の出金分の頼母子への入札・落札の権利が、三光寺に寄附として移譲されたものとみてよいのではないだろうか。

最後に、三光寺頼母子以後の三光寺の経営についてであるが、この点についても史料的制約のために明らかにならない点が多い。天保期には三光寺に住職が居住していたものの、慶応二年（一八六六）には無住となり、木之子村一橋領分の檀家も八軒となっている[24]。一方で、明治二年においても、一町九反八畝二一・五歩を小作に出しており、地主経営の規模はほぼ変化がなかったようである[25]。これらのことから、三光寺は天保～嘉永期以降においても、経営規模を概ね維持していたとみられる。

以上、本節では天保～嘉永期に行われた三光寺頼母子の運営構造を明らかにした。これ以外に、三光寺は文政期にも頼母子（「三光講」）を行っていることが確認できる[26]。文政期の頼母子については、西江原村法泉寺・重郎治・京介（平木京助）が「引請」となってこれが行われたということ以外、詳細は不明である。しかし、文政期と天保～嘉永期という数十年間に二度の頼母子が企画、実行されている点からは、寺院の経営悪化時や資金調達の際、頼母子を取り立てることが一般的な方法であったことがうかがえよう。

第二節　浄見寺の経営と百人講

（1）浄見寺の概要と経営

本節では、弘化元〜嘉永六年（一八四四〜五三）に超世山浄見寺が行った「浄見寺百人講」（以下、「百人講」）について、その運営構造を明らかにしていく。なお、先行研究では天保一二年（一八四一）における浄見寺の経営悪化やこの解消のための仕法が紹介されているが、以降の経過や頼母子については触れられていない[27]。

まず、明治三年（一八七〇）五月の木之子村「明細帳」から、浄見寺の概要について確認する[28]。浄見寺は、浄瑠璃山持寶院（小田郡走出村）の末寺の真言宗寺院である。寺屋敷は一反であるが、これは年貢地である。寺敷地内には、閣殿、庫裏、長屋、鐘楼堂、門、字西郷氏神荒神が一ヶ所ずつ、地蔵堂が二ヶ所所在した。

慶応二年（一八六六）には、浄見寺の住職高厳は木之子村一橋領分の持高が三・五三六石であり、弟子義園と同居している[29]。一橋領分の持高においては、浄見寺の村内持高は中層以上である（第一部第一章【表1】）。また、同年には木之子村内一橋領分の二九五軒のうち、二三五軒が浄見寺の檀家であった。

次に、浄見寺の経営の概要を地主経営、散銭収入、借財の三点からみていく。

弘化三年には「畑定銀」として一一九・八匁が記されている。そして、「定米」として〇・六六一五石が記されており、史料上では米一石が九二・七匁で換算され、銀六一・三二匁が計上されている。以上二項目の合計銀額一八一・一二匁が浄見寺に納入されている[30]。なお、浄見寺の所持する土地は、全て小作に出されている。

表8　浄見寺借財（天保13年〈1842〉2月29日）

	名目	相手	役職	居村	銀額（匁）
1	借用之分丑迄元利	太市引請	百姓代	木之子村	1,348.48
2	借用之分丑迄元利御年貢不足共	児玉屋	―	木之子村	1,056.34
3	御年貢不足	西原	―	―	67.71
4	借用之分丑迄元利仙兵衛渡共	三次郎	庄屋	木之子村	1,689.38
5	借用之分丑迄元利	武右衛門	―	―	726.22
6	借用之分丑迄元利	三光寺	（寺院）	木之子村	68.25
7	普請入用不足	中土井（平木家）	庄屋	木之子村	447.89
8	質受銀小次郎渡講銀借用之分	同家（中土井）	庄屋	木之子村	181.15
9	丑三月より寅四月迄切レ銀	同家（中土井）	庄屋	木之子村	553.09
	合計				6,138.51

典拠：寅（天保13年）年2月29日「浄見寺借財方取調」（平世20–12）。

次に、弘化四年の一年間の散銭収入については、銭二七〇・二匁、白麦五・五一四石（四一二・七三匁）、裸（裸麦）五合（〇・三匁）、白米一合（〇・一二匁）であり、総額は銀六八三・三五匁である。[31] 仮に前述した地主経営での収入一八一・一二匁に散銭収入六八三・三五匁を加えると、合計八六四・四七匁となる。前述した通り、木之子村一橋領分での檀家数の多さもあり、浄見寺の収入は散銭がその多くを占めていたとみられるが、史料的制約のため経営の全体像は不明である。

次に、天保一三年（一八四二）二月二九日の浄見寺の借財を【表8】にあげた。借財総額は六一三八・五一匁である。借用相手は確認できる限り木之子村民であり、なおかつ村役人（庄屋、百姓代）の者が多い。また、同じ木之子村内の三光寺からの借財がある点も注目されよう。借財の種別としては、借用金（1、2、4、5、6、8、9）が五六二二・九一匁で総額の約九一・六〇%、年貢不足（3）が六七・七一匁で約一・一〇%、普請入用不足（7）が四四七・八九匁で約七・三〇%である。

以上の通り、天保一三年二月の時点で、浄見寺が多額の借財を抱え、財政的に健全な経営を行えなくなっていた様子がみてとれる。このような状況を背景として「百人講」が取り立てられ、運営されていく。以上のように借財が嵩んだ理由については次項で述べる。

（2）浄見寺百人講の運営構造

まず、「百人講」と表題に記され、「百人講」の運営実態や加入者等の情報がまとめられた帳面[32]（天保一三〜嘉永三年〈一八四二〜五〇〉）の中で、「百人講」の開始に至る状況や運営規則が記されている箇所を示す。

【史料4】

一当山之儀者近来及大破候ニ付檀中江修覆（復）相頼候処、寄附之旁有之といへとも兎角入用相増不足ニ相成折柄、先住御不快中不時入用等茂有之、猶又御隠居作事入用迠相来銀高相嵩候故等閑ニ難捨置、檀中立会評議之上寺附并寄附之田畑等も売拂候処、全金四拾両餘不足ニ相成致方も無之故、今般世話方仕法を以百人講相企候間、各方ニ而御加入被下、銀高相調候ハヽ、借財一切片付寺檀とも安心いたし、追ヽハ寺取建之基ニ候間御出精之程憑入候、以上

百人講仕法規定

一銀弐貫五百目　但壱口分　弐拾五匁ツ、

一同壱貫三百七拾八匁　仕法銀世話方引請之分

〆銀三貫八百七拾八匁

内

借財方拂入之分

貳貫五百目

残銀壱貫三百七拾八匁

寅《（天保一三年）》十一月残元銀拾ヶ年賦

成崩拂入方左之通

一毎年鬮取之儀者正月廿三夜ニ相極置候間、御月待御参詣旁御出席可被下候

天保十三壬寅年

十一月

浄見寺（印）

右百人講銀弐貫五百目御出銀被下候得者、是迠之借財此処ニ而相済可申、尤立戻し之儀者、引受世話方仕法銀壱貫三百七拾八匁壱ヶ年利足壱割ニ貸廻し、毎歳正月廿三日夜限書面割合之通講会御人数へ差出可申候、

已上

（引請世話方の武右衛門・元助・太市、当山世話方の利右衛門・幸之介・幹輔・庫次郎・弥太郎・隆助・茂一、引請銀預かりの平木京助の名を横一段に記す）

御連中規定之事

一当寅《（天保一三年）》十一月御指出可被下御加入銀之分、来ル辰《（弘化元年）》正月より向丑《（嘉永六年）》正月まで拾ヶ年之間書面割合之通鬮取ニ御取

除可被下候、然ル上者落鬮之御方ゟ少しも利足御指出ニ不及申候事
右之通申定候上者、如何様之新規凶年出来いたし候共聊違乱無之候、仍而如件
（原文横一段）
引請世話方　武右衛門（印）　元助（印）　太市（印）
同銀預り
平木京助（印）
百人講加入
惣代
前條之通致承知候、以上

【史料4】の記述から、「百人講」が行われるに至った経過をみていく。「当山」（浄見寺）が「近来及大破」んだため、檀中から寄附があった。しかし、寄附だけでは足りず、加えて「御隠居作事」のための入用も嵩んだため「寺附并寄附之田畑」を売り払ったが、いまだ四〇両余の不足があった。そのため、「各方」に加入を願って「百人講」が開始されるに至ったのである。

次に、「百人講」の加入者を確認する（【表9】）。「百人講」の名称の通り、当初は一〇〇口（一口二五匁）の加入を募るつもりであったとみられるが、実際の口数は一三〇口、金額は三二五〇匁となっている。加入者の中でも、平木京助は一〇口、二五〇匁と突出している。平木京助以外にも、個人で複数口に加入している者が目立つ。

次に、「百人講」の概要をみていく。まず、「百人講」の役職に就任している者としては、「引請世話方」として（野宮）武右衛門（頼母子加入二口、檀家不明）、（笠原）元助（四口、檀家不明）、（三宅）太市（二口、慶応二年の木之子村一橋領分持高（第一部第一章【表1】）一〇・四五七石（村内九位）、百姓代、浄見寺檀家）、「当山世話方」として利右衛門（二口、檀家不明）、幸之介（二二・七八七石（三位）、百姓代、浄見寺檀家）、（渡邉）幹輔（二口、檀家不明）、（三

宅）庫（小）次郎（一・七七六石（九三位）、浄見寺檀家）、（後藤）弥太郎（三口、檀家不明）、（三宅）隆助（一口、一八・一二七石（四位）、年寄、浄見寺檀家）、茂一（加入なし、檀家不明）、「引請銀預り」として、平木京助（一〇口、五五・四七一石（一位）、庄屋、浄見寺檀家）がみられた。以上のことから、「百人講」の役職に就任している者には木之子村でも上層の経済力を有する者が多く、加えて多数の口数に加入している場合も多かったことがわかる。彼らが役職に就任した背景には、三光寺頼母子の場合と同じく社会的・経済的な信用があったと考えられよう。

表9　百人講出金者内訳

口数	出金額（匁）	組数	役職など
10	250.0	1	平木京助（庄屋、引請銀預かり）
7	175.0	1	笠原三次郎（庄屋）
4	100.0	1	笠原元助（引請世話方）
3	75.0	5	当山世話方1名
2.5	62.5	4	
2	50.0	9	引請世話方2名、当山世話方2名
1.5	37.5	11	
1	25.0	36	当山世話方1名
0.5	12.5	27	
合計	95組（98人）、130口、3,250匁		

典拠：天保13～嘉永3年「百人講」（平世20-22-1）。

「百人講」の継続年数は、一〇年（弘化元～嘉永六年、一八四四～五三）と設定されていた。年に一度講会が開催されるが、この開催日は正月二三日であり、「月待」[33]行事と並行して行われていた。

【史料4】「百人講仕法規定」箇所にみられる通り、一口二五匁ずつ出銀された一〇〇口の総額二五〇〇匁（実際は一三〇口、三二五〇匁）は、浄見寺の借財返済（「借財方拂入之分」）にあてられる。そして、出金者への返金のため、別に「引受世話方仕法銀」（引受世話方三名の出銀）一三七八匁がみられる。これを年利一〇％で貸廻し、正月二三日の講会の際「鬮取」のうえ、当籤者への返金がなされていた（後述）。また、浄見寺自体は三二五〇匁を受け取るだけで、その後一切返金を行っていない。「百人講」では、救済対象の浄見寺は全く出金を行っていない点が際立った特徴である（後述）。

また、「百人講」の講会においては、二度籤が引かれている[34]。一度目の籤引では、二度目の籤引の順番が決められ、この順番通りに行われた二度目の籤引で、当籤者が決定する。ある加入口一口に基づく権利によって一度籤引・当籤し、落札金を受け取ると、「鬮取ニ御取除可被下候」（【史料4】）とあるように頼母子からは「取除」となり、以降はその口によって籤を引く権利は失われる。そのため、全加入口はそれぞれ一度ずつ当籤することとなる。ただし、複数口に加入している者の場合は、一度当籤しても別の口に基づく権利によって、再度籤引が可能である。当たり籤は一年に一三口ずつとなっており、一〇年で全一三〇口が当籤するよう規定されていた（後述）。

次に、「百人講」の運営構造をみていく。まず、運営や資金の移動を記述した箇所のうち、天保一三～弘化元年と嘉永三年の部分を以下に抜き出す。

【史料5】[35]

右講合口数百三拾也

此銭三貫弐百五拾目　　但壱口弐（カ）十五匁ツ、

此分浄見寺借財ニ仕拂之分、委敷天保十三寅十二月勘定帳ニ而可相記事

一銭壱貫三百七拾八匁　寅十二月借主　幸之助

是者寅年仕法を以三組入用之内江組入銀壱貫三百弐拾五匁、此銀歩五十三匁〆銭ニ直し如斯相成候事

卯利足百三十七匁八分　但壱割

内

百九十五匁　　卯十二月取立

但し辰正月廿三日鬮取主

拾三人へ渡

卯（天保一四年）十二月元

銭壱貫三百廿匁八分

辰利足百三拾弐匁八り

内

弐百拾四匁五分　辰十二月取立

但巳正月廿三日籤取主
拾三人江渡

（朱書）「辰暮貸附
幸之助」

辰（弘化元年）十二月元

銭壱貫弐百三拾八匁三分八り

巳利百弐拾三匁八分四り

内

弐百三十五匁三分　巳十二月取立

但午正月廿三日右同断

（中略…弘化二～嘉永二年の運営についての記述）

戌（嘉永三年）十二月元

銭八拾八匁三分七厘　不足

亥利足八匁八分四り

表10　浄見寺百人講の運営構造（天保14～嘉永6年〈1843～53〉）

会数	年	引受世話方仕法銀 A	利息（年利10%）B	A の貸付先	A＋B	取立銀（12月に取立、翌正月に当選者に渡す）	当選1口の金額（取立銀÷13）
	天保14年	1,378.00	137.80	幸之助	1,515.80	195.00	15.00
1	弘化元年	1,320.80	132.08	幸之助ヵ	1,452.88	214.50	16.50
2	弘化2年	1,238.38	123.84	—	1,362.22	235.30	18.10
3	弘化3年	1,126.92	112.69	—	1,239.61	260.00	20.00
4	弘化4年	979.61	97.96	—	1,077.57	286.00	22.00
5	嘉永元年	791.57	79.16	—	870.73	314.60	24.20
6	嘉永2年	556.13	55.61	—	611.74	345.80	26.60
7	嘉永3年	265.94	26.59	—	292.53	380.90	29.30
8	嘉永4年	−88.37	−8.84	—	−97.21	—	—
9	嘉永5年	−515.81	—	—	—	418.60	32.20
10	嘉永6年	—	—	—	—	461.50	35.50

典拠：天保13～嘉永3年「百人講」（平世20-22-1）。
註：単位は全て匁、史料上では「亥十二月取立」が抜けているため、第8会の取立銀、当選1口の金額は不明。

又四百拾八匁六分　　子正月廿三日
右同断十三人江
可渡分
合〆五百拾五匁八分壱り
此不足銭追〻仕法相定出銀可申、尤仕法出来かたく儀ニも至候ハヽ、日銭寄方貸附之内ゟ亥（嘉永四年）十二月取立、子（嘉永五年）正月廿三日之渡方可致事
合四百六拾壱匁五分丑（嘉永六年）正月廿三日
右同断
此不足銭右同断之事

【史料5】にみられる、浄見寺百人講の運営構造を数値化したものが【表10】である。【史料5】と【表10】を参照しつつ、「百人講」の運営構造を説明していく。

①まず初めに、頼母子参加者の出銀三二五〇匁（一三〇口）を浄見寺の「借財ニ仕拂」にあてる。

②「引受世話方仕法銀」（引受世話方三名の出銀）一三七八匁を寅年（天保一三年）一二月に年利一〇%で幸之助へ貸し付ける。

③卯年《（天保一四年）》の幸之助への貸付金の一年分の利息は一三七・八匁である。また、卯年の一二月に一九五匁を取り立てる。「取立銀」は当籤一三口分の金額である（後述）。

④辰年《（弘化元年）》正月二三日の講会で頼母子加入者が鬮引を行う。鬮取主（当籤者）一三口（一三〇口の一〇分の一、頼母子開催期間が一〇年であるため）へ一九五匁（一人一五匁）を返金する。

⑤一三七八匁（元銀）プラス一三七・八匁（利銀）マイナス一九五匁（取立、返金）＝一三二〇・八匁となり、これが卯年一二月の「元銀」（【表10】「引受世話方仕法銀」）となる。

⑥卯年《（天保一四年）》一二月に元銀一三二〇・八匁を貸し付ける（貸付先は幸之助とみられる）。一年の利息は一三二・〇八匁となる。

⑦辰年《（弘化元年）》一二月に二一四・五匁を取り立てる。巳年《（弘化二年）》正月の講会で鬮引きを行い、鬮取主一三口に二一四・五匁（一口一六・五匁）を返金する。

⑧一三二〇・八匁（元銀）プラス一三二・〇八匁（利銀）マイナス二一四・五匁（取立、返金）＝一二三八・三八匁となり、これが辰年《（弘化元年）》一二月の「元銀」となる。

⑨辰年《（弘化元年）》一二月に一二三八・三八匁を年利一〇％で貸し付ける（貸付先は記述なし）。

⑩以下、同様の形式で一〇年間頼母子が継続する。

以上の通り、「引受世話方仕法銀」を原資として、貸付金利息と合わせた金額のうちから、一年ごとに当籤者への渡銀（取立銀）が漸増するという方式のもと、「百人講」の運営は行われていた。具体的には【表10】最右列のように[36]、一会目は一五匁、二会目は一六・五匁など、その年の一三口分の金額が「取立銀」となっていた。

【表10】の通り、嘉永四年以降は「仕法銀」が赤字となる計算であるが、「此不足銭追〻仕法相定出銀可申」とある通り、何らかの「仕法」が取られる予定であったことがわかる。実際にどのような「仕法」が取られたのかは不明であるが、嘉永六年（一八五三）まで当籤者と当籤金額の記述がみられたため、「百人講」が最終回の丑年（嘉永六年）まで行われていることは確認できる。

次に、「百人講」の性格をみていく。まず、「仕法銀」の借主として【史料5】に現れる人物は幸之助のみであるが、同人は「百人講」の「当山世話方」であるため、「引受世話方仕法銀」は自由な貸付が行われたわけではなく、世話人の一人が借用し、適宜利息を出銀（利殖）していた可能性が高い。「百人講」における出金者の損失については、最大でも一口あたり一〇匁（二五匁マイナス一五匁（初会当籤金額））であり、利益は最大でも一口あたり一〇・五匁（三五・五匁（一〇会当籤金額）マイナス二五匁（一口あたりの出金額））である。最大の加入口数は平木京助の一〇口であり、仮に同人の一〇口が全て一〇会目に当籤したとしても、利益は一〇五匁のみである。「百人講」は、出銀者にとっては損益の振幅が小さいものであったといえる。

以上の二点に加えて、「百人講」の目的が浄見寺の経営の改善であった点、浄見寺自体は「百人講」に一切出金していない点を考慮すると、「百人講」は籤取形式と当籤金の漸増という加入者の射幸心を刺激する遊びとしての要素を持ちつつ、本質的には浄見寺への寄附・救済としての性格が強いものであったといえよう。そして、損益の振幅の小ささや、金額の差はありつつも頼母子加入者全員が確実に当籤する点からは、寺院の経営救済を主目的としつつ、頼母子を通じて加入者の経営を悪化させないための配慮も一定程度みられたと評価できる。

一方で、都市部で大寺院が行う富籤興業は、一九世紀には還元率（全出金額のうち、どの程度が当籤の際の賞金となるか）が六〇％以下である事例や[37]、全く当籤金を得られない出金者がいる点からもわかるように、寺院の資金調達のみを目的とし、出金者の経営維持についての配慮はほぼみられない。以上の点が、運営構造はほぼ同じでも、都市部で行われる富籤興業と本節で分析した「百人講」との大きな相違である。農村部の寺院頼母子の場合は、寺院周辺地域に居住する檀家からの出金を主体として行われるため、加入者にあまりにも不利な運営構造は実現しづらいという点があったとみられる。そもそもの実施規模の違いに加えて、寺院と頼母子、富籤の行われる地域との関係性が、頼母子の性格を規定する重要な要素の一つであったと考えられよう。

最後に「百人講」が地域において有した意味について、付言しておきたい。浄見寺の「年々諸勘定寄附覚帳」には、「百人講会賄入用」の項目が計上されている(38)。また、天保一三年一一月一七日の「百人講席諸入用帳(39)」には、「料理人」や「上酒七升」等の出費項目が確認でき、講会に際して日常と比べると贅沢な飲食が行われていたことがうかがえる。年一回の「百人講」の講会は、頼母子加入者が集まり、飲食をしながら籤引を楽しむ場、すなわち頼母子参加者や檀家にとっての「ハレ」の場であったと考えてよいであろう。

おわりに

本章で取り上げた寺院の経営について、三光寺は村内上層の地主であり、浄見寺も持高では村内中層に位置していた。両寺とも所持地を全て小作に出しており、村内において地主として存在していた(40)。特に、三光寺は天保一四年(一八四三)の時点で、少なくとも二〇石以上の持高と二五名の小作人を有しており、村にとって経済的にも無視し得ない影響力を有する存在であったとみられる。この他、地主経営以外にも、散銭や布施等による経営維持の構造を有していた点も、両寺に共通する点である。そして、両寺とも住職の隠居・交代に際しての普請により、多額の出費を要することとなり、その結果頼母子を計画・実行するに至っている。

次に、三光寺、浄見寺双方の行った頼母子からは、地方寺院が運営した頼母子について、以下のような特質を指摘することができる。まず、寺院の行う頼母子は、鬮取や取退など、地域での一般的な頼母子（対象地域の場合、取立頼母子、第一部第一章参照）とは異なる運営構造を有していた。そして、頼母子の実施に際しては、三光寺は無利息で初回落札金（三〇〇〇匁）を一〇年賦で返済しており、浄見寺自体は一切出金していない。加えて、頼母子の加入者には寺院の檀家が多くみられた。以上のような寺院の出金状況や檀家の頼母子への加入からは、寺院の行う頼母子が檀家を中心としてなされた救済的性格の強いものであったことが指摘できよう。寺院の周辺では、庄屋や村内の富裕者が一定程度関与しつつも、檀家であることの共通性に基本的には依拠し、その範囲内において経済力に応じた負担が課されるという形で特徴的な経済・金融関係が形成されていたといえる。

以上のように救済的性格が強く、寺院側の負担が少ない頼母子が実施された理由としては、菅野洋介氏が指摘するような地方寺院の機能（①祈願、②集会、③役所（寺社領の場合）としての場、寺請制度、④駆込場、⑤祭礼、⑥人生儀礼と供養）[41]が、村や地域にとって必要不可欠なものと認識されていたためと考えられよう。以上のような地方寺院の機能を、対象地域の寺院についても具体的に明らかにしていくことは、今後の課題である。ただし、嘉永～安政期の平木家の「日記録」では、浄見寺において集会や旱魃時の雨乞いが行われていることが確認でき[42]、村政や農事の場面において、地方寺院の果たした役割の一端をうかがうことができる。

寺院への救済的な性格が強くみられる一方で、浄見寺の行う頼母子は富籤形式であり、射幸心を煽ることで頼母子加入者を集めようとした様子がみてとれる。浄見寺「百人講」の場合、年一度の講会は「月待」行事と並行して行われており、講参加者が一ヶ所に集まって飲食をしながら籤を引き、当籤者を決定していた。寺院の行う頼母子の講会は、檀家や地域住民にとって「ハレ」の場としての機能を有していたとみられる。

また、「百人講」は都市部で行われる富籤興業とほぼ同じ運営形態を有していたが、一定程度、加入者の経営維持への配慮がみられた点が相違点としてあげられる。このような差異が生じる要因は、実施規模の違いに加えて、「百人講」が寺院周辺地域の檀家を主な加入者とするものである一方、都市部での富籤興業は寺院と直接的な関係にはない者を主な加入者とするものであった点にあろう。すなわち、寺院と頼母子、富籤が行われる地域や地域住民との関係性が、頼母子の性格を規定する重要な要素の一つであったと考える。加入者の地域住民にとって、あまりにも不利な運営構造を有する寺院頼母子は、農村部においては存在しづらかったとみられる。

次に、「はじめに」で掲げた寺院の「宗教的・制度的側面」と「世俗的側面」の関係について述べる。本章にみられるように、農村部においては、寺院の「世俗的側面」である金融や商業における関係と、「宗教的・制度的側面」である寺檀関係とはかなりの程度重複していた。そして、頼母子の運営にみられるように、檀家は寺院の経営が悪化した際には救済を行う義務を有していたのであり、「宗教的・制度的側面」が寺院の経営維持を保証していた側面が強くみられた。ただし、本章では頼母子を題材に、主に社会経済史的観点からの分析に終始し、寺院が有する思想的な立場や影響力については分析できていない。今後はこのような点についても、寺院と地域との「宗教的・制度的側面」と「世俗的側面」の双方の関係性を意識しながら分析していく必要がある。

最後に、地域金融構造における地方寺院の位置づけについて、見通しを述べておく。対象地域で行われた頼母子のうちには、寺院が出金者として頼母子に参加する事例(43)や「引請人」を務めている事例(44)もみられた（「引請人」については第一部第一章参照）。このことからは、地域での一般的な頼母子の運営における寺院の役割も、一定程度評価されるべきものであると考えられよう。寺院の経済や金融、特に地方の中小規模の寺院のそれについては、研究にあたって史料的制約がある場合が多いものの、今後より追究されるべき課題であると考える。

註

（1）森嘉兵衛『無尽金融史論』（法政大学出版局、一九八二年、付録を除く大部分〈『無尽金融史論』〉の初出は一九六二年）。
（2）加藤慶一郎「頼母子講の展開状況」（同『近世後期経済発展の構造』清文堂出版、二〇〇一年、初出二〇〇〇年）。
（3）吉田伸之「都市民衆世界の歴史的位相」（同『巨大城下町江戸の分節構造』山川出版社、一九九九年、初出一九九七年）、塚田孝「近世・寺院社会の地域史」（『歴史評論』六二三、二〇〇二年）。
（4）澤博勝『近世宗教社会論』（吉川弘文館、二〇〇八年）九頁。
（5）田中洋平『近世地方寺院経営史の研究』（吉川弘文館、二〇一九年）。
（6）若林喜三郎氏は、地方寺院の地主・金融機能の研究の必要性を指摘している（「近世農村における末端寺院の経済活動について」『地方史研究』二八―四、一九七八年）。近年の研究においても、上記の点は依然として課題であり、例えば加藤慶一郎氏は「これまでの研究史のなかで寺院の金融上の重要性がみすごされてきた傾向があるように思われる」（前掲註(2)加藤氏著書一五三頁）と述べている。なお、地方寺院の金融活動については、小野恵美男「近世・大和王龍寺の祠堂銀について」（讀史会編『國史論集（二）』讀史会、一九五九年）、北村行遠「近世における寺院金融の一考察」（『立正大学文学部論叢』八六、一九八七年）、同「近世における貸付金回収の一事例　平賀本土寺の祠堂金貸付の場合」（『立正大学文学部論叢』九二、一九九〇年）等があるが、各村に所在するような末端寺院についての研究蓄積や、寺院が主催する金融講（寺院頼母子）を題材とした分析はほとんどみられない。田中洋平「近世農村地帯における修験寺院経営」（前掲註(5)田中氏著書、初出二〇〇四年）は、修験寺院である林蔵院の勧化と金銭貸付を分析し、この貸付には融資的側面が強くみられることや、他寺院とともに貸付を行うなど、地方の小規模な寺院の金融活動の具体像を示した貴重な研究である。
（7）木之子村の村高、人別については、天保二年「備中国上房郡小田郡後月郡村々様子大概書」（茨城県立歴史館所蔵一橋徳川家文書Ｅ一―二四、井原市史編纂委員会編『井原市史Ⅲ』井原市、二〇〇三年、二三二～三二五頁）による。なお、本史料の作成年代は山下聡一「「村明細帳」と領主支配」(『和泉市史紀要第20集　和泉の村の明細帳I』、二〇一四年)より天保二年とした。

(8) 明治三年五月「明細帳」(井原市教育委員会所蔵平木家文書近代一―五)。本項での三光寺についての記述は、註記がない限り本史料による。以下、平木家文書近世は「平世」、同近代は「平代」とする。

(9) 慶応二年三月「〔日蓮宗門・禅宗門・浄土真宗門・真言宗門・浄見寺宗門御改帳惣寄書上帳〕」(平世六―三)。

(10) 弘化二年四月「規定書」(平世二〇―九六―一三)。

(11) 三光寺の地主経営については、天保一四年九月一九日「三光寺田畑反別改帳」(平世二〇―九六―一二)による。木之子村の小字については前掲註(7)(8)を参照した。

(12) 木之子村の石盛については、前掲註(7)。

(13) 明和三年九月「為先祖祠堂料田畑寄附添証文之事」、安永九年二月「寄附証文之事」(平世二〇―九三・九五)。

(14) 幕末期の備中国の金相場は金一両＝八八匁ないし一〇〇匁であり(古賀康士「安政四年の紙幣目録」『岡山地方史研究』一一六、二〇〇九年)、前者の相場は同国南東部の相場協定に由来するため、こちらを採用した。なお、本章の銭匁勘定についての記述は古賀康士「備中地域における銭流通」(『岡山地方史研究』九九、二〇〇二年)を参照。

(15) 天保一四年八月「三光寺田畑并借財書上帳」(平世二〇―九六―一)。

(16) 前掲註(10)。

(17) 本節で述べる平木京助、布屋太市、馬越元壽の檀那寺と持高については、前掲註(9)の記述によった。

(18) 弘化二年「差出申規定書之事」(平世二〇―九六―一九)。

(19) 年未詳六月五日「〔覚〕」(平世二〇―九六―九)。本史料は年未詳であるが、三光寺頼母子の関連文書として袋入り一括にされていた文書群のうちの一点であり、作成年代は弘化元年～同二年とみてよいであろう。中興寺については前掲註(7)参照。

(20) 弘化二年三月「三光寺取立講帳」(平世二〇―一〇〇)。

(21) 前掲註(20)。【史料3】の「亥年側七番口」の頁上部に以下の付紙があるが、実際の運営との関係は不明である。

「亥十一月改
　　壱口　　　伝兵衛
　　　　　　用七
　四分三り　　三光寺受
　弐口五分七り　平木持　」

(22) 【表6】、【表7】と【史料2】、【史料3】は同一帳面（弘化二年三月「三光寺取立講帳」平世二〇―一〇〇）における記述である。そのため、平木京助が実際に三光寺頼母子に出銀しているのならば、【表6】のもととなった箇所にその点が記されているはずであるが、このような記述はみられない。

(23) 【史料2②】では、残銀預かりは「引請人」が行うとされているが、実際に預かっている事例が確認できるのは、「引請人」の中でも平木（京助）のみである。

(24) 前掲註(9)。

(25) 明治二～八年「三光寺分田畑算用帳」（平代一九―一）。本史料の裏表紙には「引請世話 平木」とあり、帳面の一丁目には「立会人」として平木京助・隆助・幸之助・彦右衛門の名前が記されている。平木家をはじめとする村内の有力者によって三光寺とその所持地の管理が行われていたとみられる。

(26) 文化八年一一月～文政九年一二月「所々頼母子講質地相渡田畑証文控」（平世一六―一〇三三）。

(27) 井原市史編纂委員会編『井原市史Ⅰ』（井原市、二〇〇五年）九六二～九六三頁。

(28) 前掲註(8)。

(29) 前掲註(9)。以下、本節での木之子村住民の持高・檀家については同史料による。

(30) 天保一五年正月「年々諸勘定寄附覚帳」（平世二〇―一二一―二）。

(31) 天保一三年三月「御本尊散銭取集合銀渡扣」（平世二〇―一二一）。

(32) 天保一三〜嘉永三年「百人講」(平世二〇―二二―一)。
(33) 月待とは、特定の月齢の夜に人々が寄り合い、飲食などをともにしながら、月の出を待ってこれを祀る行事である(国史大辞典編集委員会編『国史大辞典』9、吉川弘文館、一九八八年、七四一頁、桜井徳太郎氏執筆箇所)。
(34) 前掲註(32)。
(35) 前掲註(32)。
(36) 前掲註(32)。
(37) 原島陽一「近世の富籤」(『講座日本風俗史』第六巻、雄山閣出版、一九五九年)二二四頁。
(38) 前掲註(30)。
(39) 平世二〇―一〇。
(40) 前掲註(27)『井原市史Ⅰ』六五八〜六六〇頁では、延宝検地時において複数の寺の所持地の合計が村高の四分の一を占めた後月郡山野上村の事例が紹介されている。
(41) 菅野洋介『日本近世の宗教と社会』(思文閣出版、二〇一一年)二七七〜二七八頁。
(42) 嘉永六年三月晦日〜安政元年八月「日記録」(平世一九―六)。
(43) 文政六年一二月「講銀請取証文之事」(平世一六―一〇五四)。
(44) 前掲註(26)。

第三章　質地売買と村・同族
――備中国南西部を題材に――

はじめに

　近世村落における質地売買の研究は、戦前期に中田薫氏[1]、小早川欣吾氏[2]によって先鞭がつけられ、領主法・担保行為の分析や質地関係の類型化がなされてきた。その後、一九七〇年代以前には、質地関係・質地売買は主に地主制史研究の中で検討され[3]、特に地主による土地集積過程に注目が集まった。一方でこの時期には、日本史学においては近世村落における融通的な質地慣行への関心は弱かったものの、民俗学、農学といった隣接分野においては、このような慣行はすでに注目されてきていた[4]。

　一九八〇年代以降、いわゆる村落共同体論の盛行に伴って、農村部の生活の基盤にある土地の所持・売買について、従来の議論の見直しが図られるに至った。その結果、渡辺尚志氏の「間接的共同所持論[5]」のように、一般的な耕地の所持・売買に対しても、村が関与していく様相が明らかにされた。このうち、特に質地売買と村落共同体との関係については、白川部達夫氏・落合延孝氏が土地の「無年季的質地請戻し慣行」についての議論を展開し[6]、特に白川部氏は同慣行の論理構造と全国的な展開状況を明らかにしている。同氏においては、質地争論や議定にみられる論理・意識の分析を主体としていた点に研究手法上の特徴がある。その後神谷智氏は、日常的な質地関係の様相を解明する必要性を述べ、質地証文や土地関係帳簿の分析を通じて、高請地・屋敷地の把握のされ方や、宝永・正徳期の一村内における質地関係の全体像を明らかにした[7]。以上の各研究の特徴としては、主に有力農民と小百姓との関係に注目する中で、質地慣行や質地売買についての評価を行ってきた点が指摘できる。例えば、神谷氏は近世を通じた質地証文の形態の変化を明らかにしているが[8]、ここで利用された史料は、村内の有力農民家に残された、有力農民が関わる質地証文の事例が大半を占めていた。すなわち、小百姓同士の質地売買の内実については十分な分析が行われないまま、質地慣行・質地売買の変容が述べられてきたといえる。上記で述べた質地慣行や有力者家の土地売買については、近年の研究として、菅原一氏は上記の村落共同体と土地所持に関わる議論を継承しつつ、信濃国東部・北部における百姓の土地所持および質地請戻し慣行と「村政民主化」運動との関連や、地主側の同慣行等への対抗策としての「直上納」制の展開を解明している[9]。

以上のような研究の一方で、一九八〇年代末以降、落合延孝氏[10]、神立孝一氏[11]、大塚英二氏[12]、平下義記氏[13]は、一村内における質地売買証文全件の写しを収録した帳簿を用いて、村内の質地売買の全体像を解明した[14]。これらの研究では、従来注目されてこなかった村内中下層による活発な質地売買の様相が明らかにされた。また、荒木仁朗氏は、主に近世前中期の足柄平野農村を題材として、土地等を媒介としてなされる借金の際に交わされる証文の分析を行った。その中では、別種類の証文への書替えや借金の引継の実態といった証文と借金についての豊富な論点を提示し、特に借金の借手側（債務者）からの分析が必要である点を強調するとともに、近世前期において所持反別が四反以下の小百姓同士で土地の永代売を行っていることを指摘している[15]。しかし、史料的制約にもよるとみられるが、有力農民による土地集積の研究に比べて、小百姓による質地売買の実態についての研究はいまだ少ない。上記の諸研究においても、小百姓同士の質地売買の形態・質地慣行の特質や、小百姓間の質地売買と先述したような有力農民が関わる質地売買との関連性については分析が不十分であると考える。

さらに、質地売買研究において追究されるべき課題としては、神谷氏が指摘するように、土地の所持・売買における諸集団の権利と役割[16]―特に親族・同族団の機能という点がある。大塚氏は、親族→村→地域へと融通機能が拡大していく様相について見通しを述べ、共同体以前に親族が果たす救済機能について言及しているが[17]、親族・同族団の機能についてはは十分な論証がなされてはいない。近年では、山崎圭氏が信濃国農村における同族関係と同族団の機能について、主に村政との関係に注目して明らかにしており[18]、質地売買における同族団の機能については、小松賢司氏が武蔵国農村を題材とした分析を行っている[19]。しかし、小松氏の分析では、有力農民が属する同族団の分析が主体である点、持高の推移から同族団の機能を述べており、質地売買の内実と土地移動との関連が不明確である点が課題であり、さらに小百姓の質地売買と同族団との関係については分析が不十分である。なお、同族団の地域性に関して、井ヶ田良治氏は畿内近国（主に丹波国）における同族団の強固な残存とその機能を明らかにしており[20]、先行研究が多く取り上げてきた関東・東海地域だけでなく、畿内近国や西国地域を題材として、事例研究を重ねる必要性が指摘できる。

上記の問題関心をふまえて、本章では近世後期における一村内の質地売買の全体像を、特に小百姓間の関係に注目しつつ分析し、これをふまえて土地の所持・売買における村落共同体と同族団の規定性を明らかにする[21]。その際、備中国後月郡簗瀬村に残存した「田畑山林請譲証文控」等の表題がある三冊の帳簿を主に分析する[22]。本帳簿は弘化三～元治元年（一八四六～六四）における同村内の土地を売買した際の証文を全て収録したものであり、周辺村においても同種の帳簿が残存している[23]。さらに、簗瀬村には明治初年の村内全世帯の世帯構成についての記録である「生年月日簿」が残存しており[24]、ここからは近世後期～明治初期の同村における同族団や世帯構成についての情報を得ることができるため、以上の両帳簿の分析を主体として議論を進めていく[25]。

なお、質地売買の中でも年季売りや質入は金融手段として機能する側面が強く、特に土地以外の際立った資産を有していない小前層においては、一定額の資金を調達するうえで重要な方法であったとみられる。そのため、小前層―経済面で地域社会の下層における金融手段の内実や形成契機の追究も、本章の重要な目的である。

第一節　簗瀬村の階層構成と同族団

(1)　簗瀬村の農業状況と人口

簗瀬村は備中国南西部の後月郡に属し、山地（郡北部）と平地（郡南部）の境目付近に所在していた。[26]同村は西国往還七日市駅の助郷村であり、宿駅や西江原村・井原村等の町場に近接していた。簗瀬村の村高は、一九世紀前期には一〇八・二三二石であり、石高の面では非常に小規模な村であった。同村の領主支配については、一八世紀初頭に幕領となった後、文化一〇～文政九年（一八一三～二六）には龍野藩脇坂氏預所となり、文政一〇年以降は御三卿一橋徳川家領となっている。近世中期以降の同村における人口・家数は、【表1】の通りほぼ順調な増大がみられる。幕末期の人口は四〇〇名を超えており、石高に比して人口が非常に多い点が指摘できる。

次に、同村の農業生産と土地条件については、明治一二年（一八七九）の数値では、米、麦等の穀物類が六九%、藍葉、綿等の商品作物が三〇%、その他一%である。[27]近世後期においても類似した内容の農業経営が行われていたとみられ、慶応四年（一八六八）の「村明細帳」には、米以外に木綿、煙草、稗、粟、大豆、小豆、そら豆、麦などが栽培されていたことが記されている。[28]同じく「村明細帳」によると、同村の毛附高のうち、田方は

表1　簗瀬村人数・家数・牛馬数

年	男	女	合計人数	家数	牛	馬	備考
延享3年（1746）	127	118	245	56	20	1	
宝暦10年（1760）	130	115	245	51	35	4	
明和7年（1770）	128	118	246	58	35	2	
明和9年（1772）	—	—	—	60	—	—	百姓47軒、水呑13軒
文化14年（1817）	176	188	364	—	—	—	
文政5年（1822）	179	182	361	69	32	1	
文政11年（1828）	189	170	359	70	44	1	
天保2年（1831）	197	175	372	70	40	1	
嘉永元年（1848）	—	—	—	78	—	—	高持67軒、無高11軒
安政5年（1858）	218	213	431	78	37	0	高持67軒、無高11軒
明治元年（1868）	242	221	470	81	—	—	
明治4年（1871）	239	221	460	81	38	1	
明治12年（1879）	219	203	422	89	28	1	

典拠：延享3年「明細書上帳」（芳井1181）、宝暦10年「明細書上帳」（芳井1090）、明和7年「村明細書上帳」（芳井482）、明和8～9年「七郎治退役一件」（山成29-7-134、井原市史編纂委員会編『井原市芳井町史史料編』（井原市、2007年）294～303頁）、文化15年「貯夫食穀数書上帳　文化十四年丑正月ゟ十二月迠人別増減書上帳ひかへ」（芳井1261）、文政5年「村方有姿書上帳」（芳井139）、文政11年「明細帳」（芳井158）、天保2年「備中国上房郡小田郡後月郡村々様子大概書」（茨城県立歴史館所蔵一橋徳川家文書E1-24）、弘化5年「御條目控」（芳井858）、安政5年「午年宗門人別御改帳　宗門御改惣寄書上帳　奉差上鉄砲証文　控」（山成29-7-72）、慶応4年「備中国後月郡簗瀬村明細帳」（芳井865）、明治4年「明細帳控」（山成29-7-88）、明治12年「簗瀬村村誌」（芳井404）。

註：天保2年「備中国上房郡小田郡後月郡村々様子大概書」の作成年代については本章註(49)参照。明治元年については宗教者のうち7名の性別が不明であるため、男女数の合計と合計人数が異なっている。

五七・七九五石、畑方は五〇・三一七石であり、同村は石高の点ではやや田勝の村であった。また、同村には銀山があり、近世中後期以降、文化・弘化〜嘉永期に断続的に稼働していたが、大規模な鉱業は行われていなかった[29]。文政五年の「村方有姿書上帳」では、「小石砂利かなしる浮悪所」とあり、鉱山からの悪水が問題となっていたようである[30]。

農業・鉱業以外の簗瀬村の生業については、前述の「村明細帳」では「市場・町場無御座候、男女稼之義者農業之間ニ男者縄をない、菰をあみ、草履・草鞋を作り、薪ヲ伐り、女者糸をつむき、木綿布等織申候、其余之稼無御座候」とあるほか、大工一人、石工二人、瓦焼二人、酒造一軒（本山成家）、醤油造り一軒（西山成家）がみられた。[31] なお、序章【表3】でみた通り、備中国後月郡・小田郡の一橋家領の産物生産額では、繰綿が二五％と最大の比重を占めており、煙草七・六％、藺草（畳表）四・四％、白木綿七・九％等が目立ってみられる。如上の産物の状況は瀬戸内地域では平均的なものであり、[32] 簗瀬村ではそれほど特殊な農産物はみられなかった。なお、文政一〇年の備中一橋領成立以降、同村の年貢収納形態は皆銀納であり、この内訳は十分一大豆代銀納、三分一代銀納、六分頭石代であった。[33]

（2）簗瀬村の階層構成

【表2】から簗瀬村の階層構成をみていく。安政五年（一八五八）には本山成家が村高のおよそ三分の一である三六石余、同家に次いで分家の西山成家が一五石余をそれぞれ所持し、この二家が村内で突出した存在であった。さらに、中西山成、大西山成の二分家を加えた山成四家の持高は六〇石弱と、村高の半分以上を占めていた。これ以外にも、明治初年には簗瀬村に山成姓の家が一四家みられ、[34] 山成一族が村内で非常に大きな位置を占めていたことがわかる。なお、村内の中・上層には、【表2】の通り百姓代、組頭といった村役人が含まれている。

以上のような土地の集中状況の反面、安政五年には村内の八割以上が村内での持高が一石以下という著しい階層分解がみられた（【表2】）。階層分解は後月郡の他村でもみられたが、簗瀬村の状況は隣村と比べても顕著なものであった。[35] また、嘉永元年（一八四八）には持高一～五石の者は一六人みられたが、安政五年には一二人に減少している（【表2】）。持高五石以上と〇・五石以下の家数には変化がなく、一〇年という短い期間においても村内中層が所持地を失い、階層分解が進展している。しかし、顕著な階層分解の一方で家数・人数の順調な増大が

表2　簗瀬村階層構成（嘉永元年、安政5年）

嘉永元年（1848）

村内持高	家数	備考
20石～	1	本山成・百姓代兼組頭（34.039石）
10～20石	1	西山成（16.557石）
5～10石	1	中西山成（5.045石）
3～5石	3	大西山成（4.293石）
1～3石	13	組頭3人　庄屋茂平太（1.188石）、妙善寺
0.5～1石	11	組頭3人
～0.5石	37	組頭1人
無高	11	うち3家が見取畑あり
合計	78	

典拠：弘化5年「御條目控」（芳井858）。

安政5年（1858）

村内持高	家数	備考
20石～	1	本山成・庄屋（36.27石）
10～20石	1	西山成・組頭（15.34石）
5～10石	1	中西山成（5.045石）
3～5石	2	
1～3石	10	百姓代2人　大西山成（2.702石）、妙善寺
0.5～1石	15	組頭2人
～0.5石	37	
無高	11	うち4家が見取畑あり
合計	78	

典拠：安政5年「午年宗門人別御改帳　宗門御改惣寄書上帳控　奉差上鉄砲証文　控」（山成29-7-72）。

みられたのであり、この状況を如何に理解するかが課題となる。

次に、簗瀬村で八割以上を占める下層民の生活実態についてみていく。「備中国後月郡簗瀬村貧民取調書上帳」（万延二年〈一八六一〉）との表題がある帳簿において、「夫食無之もの助合べく親類無之貧民」として書き上げられた二三軒のうち、のべで小作五軒、日雇七軒、職人三軒（石工二、木挽き一）がみられ、(36)さらに「田畑等質物へ相渡」したために困窮した家も四軒みられる（【表3】）。このことから、下層民の大半は小作、日雇、職人であり、質流れによって土地を手放す者もいたことがわかる。その他、家族の者が病気や障がいを持っており、農業等を十分に行うことができないために困窮した家が一三軒みられる。本史料からは、幕末期の下層民における生活状態が相当に不安定なものであったこと、質流れも含めて下層民が所持地の質入を少なからず行っていたこと、親族による扶助が家の盛衰を左右するとみられていたことがわかる。

なお、文久三年には備中一橋領において一万八三二〇両

表3　簗瀬村における「貧民」（万延2年〈1861〉3月）

	当主	村内持高（万延2年、A）	家族数	生業・困窮理由	村内持高（安政5年、B）	持高推移（B→A）
1	初平	無高	男1（1）	眼病煩い	無高	同じ
2	とら	無高	女2（2）	定吉後家、農業不仕	無高	同じ
3	寅蔵	0.087	男1、女2（3）	腹痛病気	0.287	減少
4	周兵衛	0.042	男1、女1（2）	養母長病・手足不叶、親類不在	—	—
5	重右衛門	無高	男1、女4（5）	老母持病、娘の障がい、日雇稼	0.069	減少
6	辰次郎	0.165	男3、女6（9）	老母長病、弟は愚昧で農業の助けにならず、多人数	0.165	同じ
7	きく	0.02	男1、女2（3）	佐太郎後家、弟病で農業の助けにならず	0.02	同じ
8	庄治郎	無高	男1、女1（2）	日雇稼、石工	無高	同じ
9	木野丈	0.096	男7、女5（12）	多人数、小作、農間に焼つぎ	0.096	同じ
10	与作	無高	男3、女2（5）	小作、日雇、田畑等追々無数相成り	無高（見取畑21歩）	同じヵ
11	久助	0.182	男4、女1（5）	諸色高につき日雇稼もないため	0.182	同じ
12	金兵衛	0.117	男3、女1（4）	老齢にて農業できず、孫病身者	0.11■	同じヵ
13	紋蔵	無高	男1、女1（2）	女房長病	無高（見取畑1畝）	同じヵ
14	京左衛門	0.01	男1、女1（2）	木挽職、先年怪我につき	0.01	同じ
15	茂七	無高	男1、女2（3）	眼病にて日雇稼も出来申さず	0.028	減少
16	熊五郎	0.192	男4、女4（8）	老病、娘愚鈍にて農業の手当てにならず、多人数	0.385	減少
17	七十郎	0.022	男1（1）	女房去正月に死去、長煩、質物	0.041	減少
18	平三郎	無高	男3、女7（10）	老いて日雇もできず、養子嘉吉石職だが持病、女子多し	無高	同じ
19	綱治郎	無高	男2、女1（3）	女房持病のため日雇いもできず	無高	同じ
20	伊八	無高	男3、女2（5）	夫婦とも老、倅亀吉専ら日雇いも今冬腹痛病	無高（見取畑12歩）	同じヵ
21	木与蔵	0.013	男3、女3（6）	凶作打続、田畑質入、小作	0.013	同じ
22	角蔵	0.341	男3、女2（5）	凶作打続、田畑質入、小作	0.452	減少
23	岡右衛門	0.885	男4、女3（7）	凶作打続、田畑質入、小作	0.885	同じ
	合計	2.172	男52、女53（合計105名）		2.743	

典拠：安政5年「午年宗門人別御改帳　宗門御改惣寄書上帳控　奉差上鉄砲証文　控」（山成29−7−72）、万延2年3月「備中国後月郡簗瀬村貧民取調書上帳」（山成29−7−106）。

註：持高の単位は石。10、13、20については、万延2年の見取畑の所持の有無が確認できず、12については典拠史料の破損のため、安政5年の正確な持高は不明である。4については安政5年時点では村内に同名の者が確認できなかった。

表4　簗瀬村内の同族関係（明治7年〈1874〉頃）

姓	家数	人数	持高	姓	家数	人数	持高
井本	12	62	6.984	細羽	8	45	1.211
大月	4	28	0.453	光田	3	21	1.196
大戸	1	6	0.472	三宅	36	187	18.559
尾川	1	2	0	山成	14	79	60.227
妹尾	1	4	—	妙善寺	1	3	2.343
藤井	5	25	5.207	合計	86	462	96.652

典拠：明治5～7年「生年月日簿」（山成29−7−122）、安政5年「宗門御改惣寄書上帳控」（山成29−7−72）。
註：持高は安政5年の数値。安政5年は78家中62家の同族団が判明し、不明分の持高は6.164石である。その他他村からの入作地や神田地がある。

の御用金が課されているが、この時に個人で一〇両以上を出金した者のみ、その名前が帳簿に記載されている。(37) 簗瀬村では山成直蔵（本山成家、六〇〇両、備中一橋領で第一位）、要太郎（西山成家、五〇〇両、同二位）、吟蔵（二〇両、嘉永元年簗瀬村持高二一・一三二石、安政五年同二一・五一四石【表2】）、つね（一〇両、中西山成）の四名が一〇両以上の出金であり、四名以外からの出金は「小前之者共」と一括され、合計一四・五両であった。御用金の出金高をみても、村内の持高の分析と同様に、山成一族が圧倒的な経済力を有していたこと、および山成一族とそれ以外の村民との経済力の格差が確認できる。

（3）簗瀬村の同族関係

簗瀬村の同族関係について、まずは前述した山成一族について述べたい。(38) 山成一族は、本山成家を総本家とする一族であり、有力な分家として西山成家、中西山成家、大西山成家、外山家、簗瀬屋、中屋などがみられた。本山成家は、嘉永期以降簗瀬村の庄屋を務め、天保一四年には一七〇石の持高を有しており、郡内でも最上層の経済力を有する家であった。西山成家も幕末期に簗瀬村の組頭を務め、同じく郡内で最上層の家であった。

明治初年の簗瀬村の同族団について、同村の「生年月日簿」からみていく（【表4】）。本帳簿には、簗瀬村民の居住番地、姓名、家族構成、当主父の名前が記載されており、当主名と当主父の名前を辿ることで、幕末期の質地売買に関与した人物の属する同族団を、かなりの程度知ることができる。【表4】によると、明治初年の簗瀬村には一〇の同族団がみられ、三宅（三六家）、山成（一四家）、井本（一二家）、細羽（八家）などの家数が多い。同族団単位での土地所持については山成一族が圧倒的であり、これに三宅、井本、藤井の各同族団が続いている。

簗瀬村における同族団の機能や活動については、史料的制約から不明な点が多い。ただし、安政五年の村民七八軒のうち、同族団が判明する六二軒（九同族団）は、七つの同族団が全て同じ檀那寺に属し、三宅家についても二七軒中二五軒の檀那寺が同じであった[39]。簗瀬村の同族団は多くの場合同じ檀那寺に属し、宗教的側面における共通性を有していたのである。なお、簗瀬村には寺院が妙善寺（日蓮宗）の一つしかないにもかかわらず、安政五年には妙善寺と村外の五つの寺院との六つの寺院の檀家がみられた。妙善寺については判明する限り簗瀬村の檀家（一六軒）の八割以上が山成一族の者であり、簗瀬村の宗教的側面においても、山成一族と本山成家が主導的な立場に位置していたことがうかがえる。

（4）簗瀬村と周辺村との連帯関係

次に、簗瀬村と周辺村との関係をみていく。簗瀬村は村高一〇八石余の小村であったこともあり、隣村の梶江村（村高八八・二七一六石、一橋領六〇・〇九石、旗本池田家領二八・一八一六石）、与井村（一橋領、一四三・二三四石）と深い繋がりを有していた[40]。梶江村とは寛政期に杵築社の取立てと入用に関する争論があり、入用は簗瀬村が六割、梶江村が四割負担し、祭祀を共同で行うことで決着している[41]。

天保二年には簗瀬村と梶江村の村境争論を発端として、簗瀬・梶江・与井の三ヶ村で規定が結ばれた[42]。村境争論の経過は省略するが、同年一一月二一日には、「三ヶ村之義ハ何連も至而少《小》村」のため「一村之内分構同様」

の扱いとすることを江原役所（備中一橋領代官役所、西江原村）へ願い出ている。これに加えて、三ヶ村の者が江原役所に出勤する際にも三ヶ村の代表の一人のみの出勤とすることを願い出て認められている。梶江村は旗本池田氏と一橋家の相給だが、同年の「三ヶ村申合規則書」には双方の庄屋が連印していた。争論を契機として三ヶ村で議定が作成されており、村側の自律的な働きかけにより、個別の村を超えるまとまりが作られていた。このまとまりは領主から公認されており、三ヶ村は対領主の場面においても連帯関係を有していた。このような村政と領主支配の側面におけるまとまりと質地売買という経済的側面との関係が、本章の重要な論点の一つとなる。

第二節　簗瀬村における質地売買と村落共同体

(1) 質地売買と階層性

本節では、簗瀬村内での質地売買と階層性について分析していく。主に使用する史料は、はじめにで述べた弘化三年（一八四六）一〇月～元治元年（一八六四）四月における「田畑山林請譲証文控」等の表題がある三冊の帳簿である。この期間中において、簗瀬村内の土地を売買した証文は、年季売、質入、質流、請返し、頼母子講等、合計三〇七通みられる。請返しについては、質入年・質入主・質取主・質入金額等と請返し年を記述した数行の書付が証文とは別に書かれており、この数を集計している。これらの証文を、本山成家、西山成家の質取・質入事例とその他（小前）の五類型に分類したものが【表5】である。全ての証文のうちで最も点数が多いのは年季売証文の一四六通であり、以下質入の七六通、請返しの四四通、質流の三一通、他の六通、講の四通である。な

表5　簗瀬村質地証文分類（弘化3年10月～元治元年4月〈1846～1864〉）　※A：年季売、B：質入、C：質流、D：請返し、E：講、F：その他

		本山成家質取証文							本山成家質入証文							西山成家質取証文							西山成家質入証文							本、西山成家以外質地証文						
年/証文種別	総数	計	A	B	C	D	E	F	計	A	B	C	D	E	F	計	A	B	C	D	E	F	計	A	B	C	D	E	F	計	A	B	C	D	E	F
弘化3.10～	8	1		1					0							4	3	1					0							3	1	1	1			
弘化4	6	2		2					0							0							0							4	1		1	2		
嘉永元	21	5	5						2				2			6	4	2					0							8	5		1	2		
嘉永2	9	4	3	1					1				1			0							1	1						3	1	1				1
嘉永3	23	5	3	1				1	1			1				2		2					2	2						13	5	6	1	1		
嘉永4	12	2	2						1	1						2	2						1				1			6	3	3				
嘉永5	15	3	3						0							1		1					1				1			10	2	2	2	3		1
嘉永6	11	2	2						0							1	1						0							8	1	4	2			1
安政元	22	3	3						1			1				3	1	1		1			0							15	8	5	2			
安政2	19	3		1	2				0							2	2						1						1	13	3	5	4	1		
安政3	11	2	2						1	1						1		1					0							7	4	3				
安政4	22	1		1					0							1				1			1				1			19	6	9	2	2		
安政5	18	2	1	1					2				2			2	1	1					0							12	2	5	2	3		
安政6	18	8	6	2					0							0							1		1					9	3	1	2	2		1
万延元	15	4	2	2					0							1	1						2	2						8	2	2	2	2		
文久元	26	5	3	1	1				1				1			1	1						3				1	2		16	6	3	1	4	2	
文久2	21	1	1						2				2			2			1	1			0							16	11	1	1	3		
文久3	20	2	2						0							1	1						0							17	13	2	1	1		
～元治元.4	10	0							1	1						1	1						0							8	5			3		
合計	307	55	38	13	3	0	0	1	13	3	0	2	8	0	0	31	18	9	1	3	0	0	13	5	1	0	4	2	1	195	82	53	25	29	2	4

典拠：弘化3～嘉永5年「田畑山林諸証文控」（芳井1571）、嘉永6～万延元年「田畑山林譲請証文控」（同1572）、万延元～元治元年「当村中田畑山林請譲証文控」（同951）。

お、簗瀬村では永代売渡の形式の証文は一通もみられない。講によるものも四通と少なく、質地売買では個人との取引が大半を占めていた。なお、質入の際には、証文の表題が「質地書入金子借用証文之事」等、「書入」とあるものが多く、抵当となった土地は貸手に引き渡されず、借手のもとに所持権が残存していた場合が多かったとみられる。ただし、表題に「書入」とある証文についても、本文中に「質入」の語句があるものもみられ、所持権の残存については判然としない事例もある。

【表5】のうち、本山成家は質取、質入証文がそれぞれ五五通、一三通の合計六八通であり、簗瀬村内の質地売買の約二二％に関与していた。同じく、西山成家は質取、質入証文がそれぞれ三一通、一三通の合計四四通であり、村内の約一四％の質地売買に関与していた。単独の家の質地売買としては、この両家が関与した件数が突出して多くみられる。一方で、この二家が関与しない売買が全体の六三％以上を占めていたのであり、簗瀬村においては、小前同士での質地売買が広く展開されていたことがわかる。

質取主、質入主の居住村をみると、全三〇七通のうちいずれかの居住村が不明な六件と講四件を除いて、質取、質入双方が判明する証文は二九七通である。このうち、質入主・質取主の居住村が（簗瀬村・簗瀬村）であるものは二三一通であり、全体の約七七・七八％を占める。同様に、質入主・質取主が（他村・簗瀬村）であるものは九通で全体の約三・〇三％、（簗瀬村・他村）は五三通で約一七・八五％、（他村・他村）は四通で約一・三五％である。さらに、質入主・質取主が（簗瀬村・他村）である五三通のうち、隣村の者が質取主である場合は梶江村一七通、吉井村一六通、高屋村七通、与井村六通であり、合計四六通みられる。他の七通は、後月郡内が池谷村二通、天神山村一通、井山村一通であり、隣接する川上郡の下大竹村二通、同郡九名村が一通であった。

以上のことから、簗瀬村の質地売買は、質入主・質取主が（簗瀬村・簗瀬村）と（簗瀬村・隣村）の場合がその

表6　年次別質地売買銀額

年	総数	銀額合計（匁）
弘化3.10～	8	9,950.0
弘化4	6	3,950.0
嘉永元	21	17,320.0
嘉永2	9	8,008.0
嘉永3	23	14,744.0
嘉永4	12	8,700.0
嘉永5	15	21,300.0
嘉永6	11	9,280.0
安政元	22	15,870.0
安政2	19	14,194.0
安政3	11	8,579.5
安政4	22	13,813.0
安政5	18	10,474.0
安政6	18	24,489.5
万延元	15	14,278.0
文久元	26	26,074.0
文久2	21	12,838.0
文久3	20	26,259.0
～元治元.4	10	10,818.0
合計	307	270,939.0

典拠：芳井1571・1572・951。
註：金額は1両＝88匁で銀換算。

ほとんどであり、非常に狭い範囲で完結するものであったことがわかる。また、本章第一節第四項でみた通り、簗瀬村、梶江村、与井村は政治・支配の側面では密接な関係を築いていたが、経済的側面―少なくとも質地売買の面では、その繋がりはそう強いものではなかった。

次に、質地売買の金額・反別について、【表6】に一年ごとの質地売買の件数と合計銀額、【表7】、【表8】にそれぞれ質地売買一件ごとの銀額と反別の分布をまとめた。なお、質地売買銀額が判明する二七四件のうち、銀建ての売買は一八九件（一六九貫九〇四匁）、金建ての売買は八五件（一一四八両二朱）である。金建ての数値を一両＝八八匁として両方の数値を合計すると[43]、合計で二七〇貫九三九匁となる。土地の質入価格については、文政一一年には「壱反ニ付百目ゟ五百目位迠年〻不同御座候」[44]、慶応四年には「反別壱反ニ付金五両ゟ金三拾両位迠、上・中・下之位ニ寄甲乙有之、且又年〻穀類価高下ニ付、不同御座候」[45]との村内での規定があったものの、規定の数値はあまり守られていない。質地売買一件あたりの銀額は三九九匁以下のものが三割弱を占め、件数では最多である。反別については三畝以下のものが五割強を占め、一反以下にまで範囲を広げると、全件数の約九二％があてはまる。これらのことから、簗瀬村における質地売買は、狭い土地を少額で売買する事例が基軸を占

表7　質地売買銀額の内容

1件あたり銀額	件数	合計銀額	件数割合	銀額割合
5,000匁以上	2	13,800	0.73%	5.09%
4,000〜4,999匁	7	28,936	2.55%	10.68%
3,000〜3,999匁	5	17,437	1.82%	6.44%
2,000〜2,999匁	16	35,555	5.84%	13.12%
1,500〜1,999匁	19	31,651	6.93%	11.68%
1,000〜1,499匁	53	64,596	19.34%	23.84%
700〜999匁	45	36,818	16.42%	13.59%
400〜699匁	47	24,016	17.15%	8.86%
100〜399匁	72	17,725	26.28%	6.54%
1〜99匁	8	405	2.92%	0.15%
合計	274	270,939	100.00%	100.00%

典拠：芳井1571・1572・951。
註：金での売買は1両＝88匁で銀換算している。

表8　質地売買反別の内容

反別	件数	割合
1畝以下	39	16.18%
3畝以下	85	35.27%
5畝以下	42	17.43%
1反以下	56	23.24%
2反以下	16	6.64%
3反以下	1	0.41%
4反以下	1	0.41%
5反以下	1	0.41%
合計	241	100.00%

典拠：芳井1571・1572・951。
売買反別の合計は10町8反7畝17.5歩である。

めていたことがわかる。このことは、前述した小前同士による質地売買の多さという点と符合するものである。

しかし一方で、一件あたりの質地売買金額は全件の約二割弱が一〇〇〇〜一四九九匁であり、件数では第二位、合計金額では第一位となる。また、二〇〇〇匁以上の売買三〇件のうち、質取主の内訳は本山成家が三件、西山成家が三件、村内農民が一〇件、他村農民が一三件、本山成家と他村農民の連名が一件であった。さらに、村外銀主が質取主となった場合にも、利率や年季などの点では簗瀬村民同士の売買とほとんど変化がなかった。

上記のことから、簗瀬村における質地売買は小前同士による零細な売買を基軸としつつ、多額の資金が必要な際には、村内上層、本山成家・西山成家、村外銀主が頼られるという二階層の構造になっていたことがわかる[46]。

(2) 村落共同体と質地売買

前項では、簗瀬村の土地をめぐる質地売買の多くが、村内で完結することが明らかとなった。このことは、質地売買において、村による何らかの規制が働いた可能性を推測させるものである。本項では、質地売買への村の関与について、入作地と村規則の二点から分析していく。

簗瀬村の入作地（他村の農民が所持している簗瀬村の土地）の推移については、延宝五年（一六七七）には入作地は九・一〇六石、安永二年（一七七三）には一四～一七石程度、嘉永元年（一八四八）には二・九六二石、安政五年（一八五八）には三・五七五石である。[47] 近世前期に一定程度みられた入作地が近世中期にやや増加し、幕末期には大幅に減少している。近世前中期の入作地については関連する史料を得ていないが、幕末期の入作地の減少の背景については、隣村である梶江村の明治二年六月の村規則の中の記述からうかがうことができる。

【史料1】[48]

村方申談規則之事

（中略）

一（第五条）村方空地場所、是迄開発致も村見取ニ相成候場所之外、此上開発致し村為ニも相成候分者、見分之上致熟談、鍬下ニ而発度当人御座候節者、幾年と中年季を定置、年限立鍬下相済候上者見取銀差出庄屋江相納可申候而、外振り合ニ取計候積、若万一定銀等及遅滞候得者村役人江地所取揚、何れ之仁江小作申付候共其節聊愁心我意申立間敷候事

（中略）

一（第一〇条）当村之儀者小村ニ百姓株式追年弥増、他村之田畑小作取交へ、漸産業仕候位之所、近来者村内ニ而者聊之菜園作之地も不自由罷成ニ及難渋候間、以来者御他領并御領知内他村境目等之入作・古田畑・新田畑・山林ニ至迄、都而御高前所持之分ハ、可成丈ケ村内ニ而小作等致融通合可申、且又持地主勝手筋、又者無拠他江譲

度候節者当村内ニ而譲合いたし、決而他村江譲返候儀者以来者かたく致申間敷候事

右ヶ条之趣先前ゟ之規定も有之候得とも、今般改而立会申談、集儀（議）之上以来之規則として相定置候上者、永年無異失相守り、一同親睦村為ニ相成候様尽力致し合可申候、依之為後鑑之連印規則書如件

（差出・宛名・年月日・奥書後略）

この村規則では、梶江村の耕地の少なさやこれを補うための土地開発の奨励、中略箇所では水害予防についての注意点などが記載されているが、質地売買への方針という点では、特に第一〇条の内容が注目される。ここでは、百姓株式が増加し、田畑小作を取交えてようやく生活が成り立っている程度であり、村内では少しの菜園を作るほどの土地も自由にならないようになっていることが述べられており、そのために高前所持の土地については、なるべく村内で小作などを融通するべきであり、決して他村に譲り渡してはならないとしている。第一節で述べた通り、梶江村は村高八八・二七一六石（一橋領六〇・〇九石・旗本池田家領二八・一八一六石）の小村であり、このうち一橋領分の人口・家数は、天保二年（一八三一）に四一軒（二一八人）[49]、慶応四年（一八六八）に五一軒（高持四〇軒・無高一一軒、二八一人）であり[50]、幕末期には実際に人口が増加している。

注目すべきは、村内の耕地の少なさと百姓数の多さ・増加傾向が、【史料1】において村外への質地売買を規制する理由として述べられている点であり、このような状況は第一節でも述べた通り簗瀬村においてもそのままあてはまるものである。簗瀬村の村規則類は残存していないものの、簗瀬村における入作地の減少という状況の背景にも、梶江村の村規則にみられるような認識・意図が、明文化の有無はおくとしても働いていたとみてよいであろう。加えて、簗瀬村の場合、近世中期には村外への土地流出があったという点も、近世後期～幕末期の質地売買規制をもたらした要因として理解すべきと考える。

簗瀬村内に質地売買が限定される傾向にあった重要な要因の一つとしては、質入時の利子率の問題もあったとみられる。幕府による公定利率上限は天保一三年以降は年一二％であるが[51]、簗瀬村内の質入利率はこれより低い数値であるものが多い。利率が判明する「質入」七二件（全七六件）のうち、最も多いものは年利一二％（二二件）であり、これに続くのが一〇％（一四件）、七％・一三％（各八件）である[52]。最も高い利率でも年利一七％が一件あるのみで、利率からみると簗瀬村では融通的な土地の「質入」が行われていたといえる。その中でも、本山成家が質取主となった「質入」では、年利七％が三件、八％が二件、一〇％が二件、一二％が三件、一三％が一件と低利の場合が多く、小前に対して恩恵的な「質入」関係を結んでいたことがわかる。なお、他村の者が質取主となる売買においても、利率などの売買条件は村内の者が質取主となる場合とほぼ変わらなかった点を前述した。このことは、件数の面で圧倒的な比重を占める村内における質地売買時の条件が基軸となり、村外の者が関わる質地売買の場合でも、売買条件が質入主にとって不利になることを抑制したものと考えてよいであろう。

第三節　同族関係と質地売買・質地慣行

（1）簗瀬村における質地売買件数と同族団

本節では、質地売買と同族関係の相関について述べる。簗瀬村の質地売買三〇七件（【表5】）のうち、講での質入（四件）、村外銀主が関わる売買（六六件）、質取主・質入主あるいは双方の同族団が不明な売買（三五件）を除き、検討対象は二〇二件である。このうち①同族同士での質地売買は七六件（約三八％）、②同族以外との質地売買は一二六件（約六二％）であり、後者のほうが多くみられた。しかし【表5】と同じく階層ごとにみると、本山成家が質取主である事例五五件のうち、①は九件（一六％）、②は四六件（八四％）、同じく西山成家が質取主である事例二九件のうち、①は二件（七％）、②は二七件（九三％）であり、有力者二家の場合、同族団以外との質地売買が大半を占めている。一方、両家以外の村内小前同士での質地売買一一八件のうち、①は六五件（五五％）、②は五三件（四五％）であり、小前同士の質地売買の場合は、同族内での売買が半数以上を占めている。簗瀬村内での同族内質地売買の内訳は、【表9】の通り井本が八件、三宅が五四件、山成が一三件、藤井が一件であり、簗瀬村内の八つの同族団のうち、同族内での質地売買がみられたのは、四つの同族団であった。

表9　質地売買件数と同族団

A 質入

姓	件数
井本	28
光田	19
藤井	19
細羽	3
三宅	128
山成	57
渡辺（村外）	3
合計	257

B 質取

姓	件数
井本	31
大月	4
大戸	2
坂田（村外）	1
（十輪院）	3
光田	14
藤井	8
細羽	1
松室（村外）	2
三宅	91
山成	90
渡辺（村外）	6
合計	253

C 同族内売買

姓	件数
井本	8
大月	0
大戸	0
光田	0
藤井	1
細羽	0
三宅	54
山成	13
合計	76

典拠：芳井951、1571、1572、山成29－7－122。
註：質入・質取双方の同族団が判明する売買は307件中202件。

　これらの同族団は一定の家数と持高を有する有力な同族団であったため（【表4】）、同族内売買が行われる傾向にあったとみられる。一方で家数や持高の少ない同族団の場合、多額の資金を出すことのできる家も少ないため、他の同族団や有力者との質地売買を行うことになる。そのために本山成家、西山成家が同族団以外の者の質取主となっている事例が多かったと考えられる。同族間での質地売買が基本にあり、困窮・不都合の際や高額

が必要な際に、村役人・豪農である本山成家・西山成家や村外銀主との売買が成立する可能性が高かったとみられる。(53)

（2）小前層における親族家の存続措置

同族結合と同族間の扶助についての具体相、および同族団と質地売買との関係については、二つの具体的な事例を確認している。第一に、家相続のための「類中」による措置について、「田畑山林請譲証文控」に所収されている以下の史料をみていく。

【史料2】

　　家督譲渡証文之事

柳辺
一下ゝ田壱反弐畝歩　嘉兵衛受　　高四斗八升

（朱筆）
「名寄帳切かへ書入」　此田作徳米之内米壱石、拙者存生中入用之節、

　　差図いたし候へ者、毎歳可相渡左(ママ)申定

（中略…屋敷二筆、畑八筆）

〆　但前書八筆之畑地所、過半荒地同様ニ相成居候処、拙者辛労ヲ以開発いたし、打添共暫作付之地ニ相成

　　居候事

（中略…山三ヶ所、居家・部屋・納屋各一軒）

外ニ木小屋共建掛り不残

其外諸道具有掛り品　穀物等一切

銭弐百目也　当卯肥仕込代当テ相渡

〆

右者先亡茂平太殿世代、御同人被致老衰、跡相続人無之、前書田畑・山林過半他江質物并本銀地等ニ相渡被居、同人病死後家名断絶も可致之処、左候而者拙者ニ而も本家之事故歎ヶ敷相心得罷在候処、類中一統相談之上、拙者家名相続いたし、種〻辛労ヲ以、茂平太殿ゟ他江質物并本銀地等相渡有之分逸〻請返、此度跡家名相続人長五郎へ譲渡候処、相違無之候、然ル上者拙者辛労相顧、家事取締者勿論、家名大切ニ辛抱出精相続いたし可申候、別而先代〻之精霊年忌・吊(弔)・追善等分限ニ応し、無懈怠可致修行候、依之家名相続譲渡証文如件

安政二卯年四月

譲り主　五右衛門（印）
分家峠　瀧(カ)蔵
飯(カ)名
同　孫吉
同　重右衛門

長五郎殿

簗瀬村の茂平太は一九世紀前期に同村庄屋を務めていたが（「田畑山林請譲証文控」）、同人には相続人がおらず、田畑・山林も過半を他家へ質物や本銀返しでの売却を行い、そのまま病死してしまったため、家名が断絶する恐れのある状況となった。ここにあたって、五右衛門は本家茂平太家の状況を嘆かわしく思い、「類中一統」での相談のうえ、自身が茂平太家を相続し、苦労の末に茂平太が他家へ質入・売却した土地を請け返した。そして、

このたび相続人長五郎へと茂平太家を相続させることとなった。なお、「田畑山林請譲証文控」をみる限り、嘉永三年一一月まで証文への奥印を「庄屋茂平太」が行っているが、同四年三月からは奥印を「庄屋敬太郎」（本山成家一〇代）が行っており、茂平太はおそらく嘉永三年末か、それほど日を空けないうちに死去したものとみられる。五右衛門の茂平太家の相続と質地請返し処置は、嘉永三・四年〜安政二年までの五・六年間に集中してなされた、まさに家名存続のための中継ぎ的な相続であったことがわかる。

なお、安政五年三月の簗瀬村の「宗門人別改帳」をみると、(54)「長五郎」という当主名はみられないものの、「京五郎」家（村内持高一・一五九石、京五郎は二七歳、家族五名、持牛一匹）の家内に「同人養父五右衛門」（七五歳）がみられる。さらに、明治初期の「生年月日簿」をみると、「京五郎」家では通常は当主の父の名前が書いてある箇所に「祖父茂平太亡」と記されている。茂平太に相続人がなく、京五郎家に【史料2】の「譲り主」である五右衛門が「養父」としてみられることからは、京五郎と長五郎が同一人物である可能性が高いと考えられ、仮に別人であったとしても、「長五郎」（「京五郎」）が【史料2】で問題となっている「茂平太家」を継承した当主であることは確実である。

京五郎（長五郎）の出自や、同人と茂平太・五右衛門との関係は不明ではあるものの、安政五年に「養父」とあることから、京五郎（長五郎）と五右衛門とが実の親子の関係ではなかったことは確かである。すなわち、五右衛門は、自身の本家である茂平太家の相続のために一時的に同家を相続し、経営改善をなしたうえで自身の実子ではないが適切な人物（京五郎〈・長五郎〉）に茂平太家を継承させたのである。なお、五右衛門は安政五年時点で七五歳と高齢であり、茂平太家を相続した時点でも六〇代半ばであった。「類中」の中でも高齢で経験豊富な者であったことも、このような家名存続のための相続を任せられた理由の一つであったとみられる。

特に注目すべきは、茂平太家（京五郎家）が庄屋を務めた家でありつつも、嘉永元年には簗瀬村内での持高は一・一八八石（村内一九位）[55]、安政五年には一・一五九石（同一五位）に過ぎず[56]、天保一三年、嘉永二年、文久三年に備中一橋領に御用金が課された際にも[57]、茂平太・京五郎（・長五郎）は一度も名前が現れていない点である[58]。村内の庄屋を務めた経歴を持つ家でありつつも、茂平太家は経済力でいえば小前層に位置していた。豪農クラスの家だけでなく[59]、小前間においても親族関係に依拠した家相続措置、特に元来の所持地の請返しが「類中一統」の意志のもとになされていたのである。

さらに明治初期の「生年月日簿」をみると[60]、茂平太と五右衛門はともに「三宅」一族の者であり、【史料2】に五右衛門と並んで名前のあがる瀧蔵・孫吉・重右衛門も「三宅」の者である。また、居住していた番地をみると、これらの四家はいずれも隣接ないしごく近隣に居住していたことがわかる。【史料2】の差出・宛名で現れる者たちは、地縁的関係も含め同族内でも特に深い関係を有していたとみられる。簗瀬村の同族団の中でも「三宅」一族は家数の多さもあって、同族内での質地売買が多かったことを前述したが、このことは【史料2】のような同族関係の強固さに基づくものであったと考えられよう。

（3）本家・兄弟による質地売買と争論

第二に、最幕末期に一橋家の農兵として京都へ派遣された者の所持地について、同人と兄弟・本家との間で争論となった事例をみていく。

【史料3】[61]

奉伺口上書

後月郡木之子村百姓沢五郎ゟ本家峯之助・井原村兄峯吉江相掛り差縺出来候ニ付取調申候処、沢五郎義去ル寅年中京都ニ而　一橋様江歩兵ニ上京仕、其節留主(守)中之義、本家峯之助・井原村兄峯吉江萬端相頼、尤同人農透ニ少々商売致し、掛りも有之、此侭相止候而者、掛ニも不寄ニ付、両人共心添仕為致居候得共、兼而困窮者ニ而借金も多分有之、捨置候而者難渋ニ相成申候ニ付、両人申合之上、沢五郎所持田地字立岩下々田五畝弐拾歩之分、去ル丑年村内百姓曽平次江代金拾八両ニ而壱ヶ年切本銀返ニ相渡候分、請返し不申而者本銀流ニ相成候ニ付、去々寅年十二月金子立替受返し候而、下出部村大助江代金弐拾八両壱歩弐朱ニ而拾ヶ年本銀返し相渡、直間金ヲ以借財方江拂入、残金峯之助預り置、別紙之通十一月中沢五郎帰国之節相渡し、且井原村ニ而酒代金斗ニ差引残金弐拾両余峯吉受人へ相成、借用之分数度厳敷借催(ママ)仕候ニ付、沢五郎持畑地一ヶ所峯吉へ金弐拾両之質物ニ差入、右代金ヲ以酒代相済置候処、去卯十一月中沢五郎御暇ニ相成、京地ゟ帰国仕、両人へ相掛り、右田畑本銀返ニ相渡候分、一応之沙汰もなく売拂候段、大切御田地右様相成候而ハ、百姓相続出来不申旨申聞、差返し呉候様申、彼是申事ニ相成、隣家組合之者ゟ納篤(得)ニ穏済方申談候得共、落着ニ不相成候ニ付、十二月中年寄隆助・百姓代才兵衛江取嗳申付、立入双方取調仕法方左之通

一字立岩田地下出部村大助江譲渡候分、沢五郎ゟ曽平次ニ而借用金拾八両并峯之助ゟ請取候分共出金いたし、残金峯吉ゟ立戻し候分ヲ以受返し可申事

一井原村酒代、峯吉・峯之助江引受金拾両両人ゟ出シ、合峯吉ゟ畑地受返し可申事

一去ル卯年右田畑共定延引ニ相成居候分者、沢五郎ゟ地主江相渡可申候事

右之通ニ而双方江理解仕候処、得心仕穏済ニ相成和融与申場合ニ相成、如何之事哉、沢五郎ゟ右田畑定米銀并元借用金共相渡不申、元形之通致呉候様我意申候ニ付、及理解候得共承知不仕、破談ニ相成候趣取放、両人ゟ申出候ニ付、私共ゟ種〻及理解候得共、自侭強情申張承服仕不申、捨置候而者村内取締方ニ相抱り候ニ付、御伺奉申上候間、御堅（賢）察御差図奉願候、以上

慶応四辰年
四月十七日

後月郡木之子村
庄屋　平木京助
〻　平木晋太郎

芸州
御役所

本事例における争論は、沢五郎（慶応二年の木之子村一橋領分持高〇・七五五石、家族五名）(62)が一橋家の農兵として京都に出張している間に、本家峯之助（木之子村一橋領分持高二・七一一石、家族八名）とその兄峯吉（後月郡井原村居住）が、沢五郎所持地の請返しと他者への売却を行ったことに端を発する。

まず、沢五郎は慶応元年から木之子村内の曽平次へ代金一八両で田五畝二〇歩を本銀返し条項を付したうえで一ヶ年限りの年季売りとしていたが、慶応二年になって、沢五郎の代わりに峯之助・峯吉のどちらかあるいは両人で金子を立て替え、曽平次から田五畝二〇歩を請け返した。その後、下出部村大助に対して、両人から同じ田五畝二〇歩を二八両一歩二朱で本銀返し条項を付したうえで一〇ヶ年限りの年季売りとした。そして、請返しと再度の年季売りの際の差額である一〇両一歩二朱のうちから沢五郎の借用金を返済し、残金は峯之助が預かっていたが、慶応三年一一月に沢五郎が農兵の任を解かれて帰国した際、この残金は峯之助から沢五郎へ渡された。これと合わせて、沢五郎の井原村での酒代金滞納分の二〇両余については、峯吉が受人となり、沢五郎が所持し

ていた畑一筆を峯吉に代金二〇両の質物に差入れ、この代金から峯吉が沢五郎に代わって前述の酒代金を返済した。

しかし、慶応三年一一月に帰国した沢五郎は、本銀返しで売却した田畑一筆ずつについて、自身に連絡もなく重要な田畑を売り払ったことを問題とし、田畑を差し返すように申し立てた。その後同年一二月になって、木之子村の年寄隆助と百姓代才兵衛の扱いによって、この問題については三ヶ条の「仕法」の通りとすることで合意がなされた。「仕法」の内容は、曽平次からの再度の借用金や峯吉・峯之助の出金・立替金を合わせて、田・畑各一筆は沢五郎のもとへ請け返すこととし、慶応二年分の田畑の小作米・銀は沢五郎から地主（大助・峯吉）へ支払うことであった。しかし、その後沢五郎が「我意」を申し立てて「仕法」に従うことを拒絶したため、木之子村庄屋の平木京助・平木晋太郎は、芸州鎮撫方に「差図」を仰いだ。その結果、沢五郎と峯之助が鎮撫方に召し出しのうえ「仰聞」かされ、【史料3】で示した三ヶ条の「仕法」の通りに処置することで決着している。

本事例は最幕末期の特殊な状況下のものである点に留意する必要はあるが、二点の論点を見出すことができる。

①本家峯之助と兄峯吉の場合、沢五郎から「其節留主《守》中之義」を「萬端相頼」れていたという事情があるものの、沢五郎家の他の家族が木之子村に居住しており、さらに沢五郎には「右田畑本銀返ニ相渡候分、一応之沙汰もな」かったにもかかわらず、本家・親類の判断に基づき、分家の所持地の売買が可能な場合があったことがわかる。本家と親類が一族の構成員の所持地を管理する一定の権限を有しており、土地の請返しや売却が成立していることからも、このことは地域内で一定の共通認識であったとみられる。一方、沢五郎は両人が「一応之沙汰もなく」所持地を売り払ったことを問題としており、一ヶ所の土地について個別の分家と本家筋における土地の所持・管理権が一部対抗する場合があったこと、および原則的には各家当主の承認が土地の売買には必要であり、

日常時における土地の所持・管理の優先権は個別の家にあったとみられる点には留意する必要がある。
②同一の土地を請返し、即座に他者により高額で年季売りすることが地域内で許されており、土地がいわば循環する「商品」のように扱われていることがわかる。[63] このことは幕末期の瀬戸内農村における土地所持の特質を考える際に重要な点であるとみられるが、[64] 次節ではこのような質地売買における慣行についてみていく。

第四節　簗瀬村における質地慣行の特質

(1)「増銀」と質入地の転売——庄屋による融通措置——

本節では、簗瀬村における質地慣行の特質を分析する。まず、前節で触れた土地売却に関する慣行について、「田畑山林請譲証文控」に所収されている以下の史料をみていきたい。

【史料4】

質地流ニ相渡申田地証文之事

(朱筆)「名寄帳書入」

こうみそ
一下ゞ田三畝拾三歩半　吉左衛門受　高壱斗三升八合

此田之頭ニ小溜池壱ツ有之分相添

同所
一下ゞ田廿四歩　又左衛門受　高三升弐合

同所
一下ゞ田弐畝拾六歩半　市兵衛受　高壱斗弐合

同所
一下ゝ田廿弐歩　又左衛門受
　　　　　　　　高弐升九合
〆七畝拾六歩
　　　　　　　　高〆三斗壱合
　此代銀壱貫五百目
　　　　　　　　右地所嘉永二酉二月拾ヶ
　　　　　　　　年切本銀返ニ相渡居候分、
　　　　　　　　此度増銀流地ニ相渡

右之田地質地流ニ相渡、書面之代銀慥ニ受取、御年貢御未進銀ニ上納申候処相違無之候、然者右地所いヶ様共御勝手次第御作配之上、御年貢・諸役村並ニ御納所被成候、右地所子ゝ孫ゝ決而請返し等申立間敷候、ヶ様相定相渡候上者、いヶ様之新規例出来候共、此節聊違乱無之候、為後証之質地流ニ相渡申候田地証文依而如件

嘉永七寅年十二月

田地渡主　勘十郎（印）
親類　茂七
証人　栄蔵

清助殿

前書之通畝高引合奥書令加印候、已上
庄屋　敬太郎

本史料は、勘十郎から清助に宛てて出された質流証文である。質流れとなっている土地は、本史料の五年以前の嘉永二年二月に、直次郎から清助に宛てて出された「拾ヶ年内請本銀返ニ相渡申田地証文之事」において、「通用銭[65]」一貫二〇〇匁で年季売りされたものと全く同じである。嘉永二年二月の上記証文には「嘉永七寅年十

二月消印」という加筆があり、【史料4】とこの証文とは同じ質地の売買について取り上げたものである。渡主が両者で異なっている点については不明だが、嘉永二年二月の証文にも親類茂七が証人として記載されている。

【史料4】で注目すべき記述は、代銀の下部に記されている「右地所嘉永二酉二月拾ヶ年切本銀返ニ相渡居候分、此度増銀流地ニ相渡」という文言である。これは、嘉永二年二月に一〇ヶ年限りで年季売りした土地について、年季前に質流れにするとともに、質入主へ「増銀」を渡すというものである。質流れ時の売却価格は一貫五〇〇匁と、当初の契約時から三〇〇匁の「増銀」が付されている。追加での資金を支払ったうえで従来の質地売買契約を改めているのであり、このような「増銀」の事例が、簗瀬村の質地証文では数多く確認できる(66)。

「増銀」は質流れの場合だけではなく、証文の書替や返済期限の延長に伴って行われる場合もみられた。例えば、質入主が簗瀬村庄治郎、質取主が敬太郎（本山成家）である、嘉永元年四月「拾ヶ年内請本銀返ニ相渡申田証文之事」では、但し書きで「天保十五辰年、拾ヶ年本銀四百目ニ相渡置候分、此度銀五百目増銀受取、都合如斯」とある。ここでは一〇ヶ年の年季以前の嘉永元年に、質入主の庄治郎が五〇〇匁の「増銀」を受け取ったうえで、新たに嘉永元年を初年とする一〇ヶ年限りでの年季売りへと質地売買契約が改められている。

次に、①本山成家が質取主となっている証文、②西山成家が質取主となっている証文、③本山成家・西山成家が関わっていない証文の三類型に分け、さらに「増銀」後再度質入や年季売りしているもの（①—A）、「増銀」後質流れになっているもの（①—B）というように、全六類型における件数をみていく（本山成家・西山成家が質入主となっている証文では「増銀」はみられない）。件数では、①—Aが一〇件、①—Bが一件、②—Aが一件、②—Bが〇件、③—Aが一一件、③—Bが六件であり、二九件において増銀がなされている。本山成家の質取証文は全五五件であり、同家の質取の二割弱において「増銀」措置がなされている。さらに、B「増銀」後質流れよりも質入主に有利であるA「増銀」後再度質入が、本山成家だけで全二二件の半分弱の一〇件に及んでいることは注目される。庄屋である本山成家が質取主となる場合、質入主の大半が小前層であったが、同家は明らかに融通的・恩恵的な「増銀」措置をとっているのである。

一方で、本山成家・西山成家が全く関わらない（＝主に小前間での）質地売買一九五件のうち、「増銀」措置は全一七件であり、一割にも満たない。小前間の質地売買においては、「増銀」の点からみると、本山成家が質取主である場合と比べると、質入主に融通的な措置がとられていないのである。なお、増銀がみられる二九件のうち、村外の者が関わる売買は、村外の者が質取主となった際に増銀が行われている事例が三件みられるのみである。前述した③—A一一件のうちの三件がこれにあたるが、村外の者が関わる質地売買の件数の相対的な少なさもあり、基本的には「増銀」は村内の者同士の売買の際にみられる形態である。

以上のような質入主が「増銀」を受け取る処置と同内容の質地慣行については、各地の事例[67]が報告されている[68]。ただ、いずれの論者も村内の諸階層における「増銀」の実施の程度については十分に分析していない。本山成家などの庄屋は、このような慣行を主に行う主体として、土地をめぐる金融関係において融通機能を発揮していたといえよう。なお、神谷氏は同様の「売上」慣行については近世中期以降、減少していく点を述べているが、弘化〜元治期の本山成家においては一定程度残存している。神谷氏が題材としている依田家の場合、一九世紀以降の質取証文は数量的に十分でないこともあり、近世後期の同慣行については不明な点が多いものの、少なくとも「売上」、「増銀」と称される慣行が幕末期にも一定程度残存していた地域のあったことは指摘できる。

同じく質入主に有利な慣行として、嘉永六年一二月の「拾ヶ年内請本銀返ニ相渡申山証文之事」では、立木山一ヶ所が熊五郎から敬太郎（本山成家）へ一〇ヶ年季、二五〇匁で年季売りされるが、この証文の末尾には「右山文久弐戌年十二月受返し、直ニ通用五百四拾目本銀ニ利久蔵江差入消印」との書付がある。前節【史料3】でもみた通り、質地が請け返された後、質入金額を上乗せして他者へ再び質入されている。この慣行は実質的には「増銀」と同様の意味を持つものであり、このような質地の高額での転売は備後国においても同様の事例が確認でき、[69]少なくとも瀬戸内地域では広範に実施されていたとみられる。

以上の通り、質入地の請返し→他者への質入、「増銀」の後の質入・質流れといったように、質入主に有利な質地売買が、幕末期においても庄屋本山成家を主な担い手として一定程度行われていたことがわかる。以上の「増銀」や質地の転売事例は簗瀬村の近隣村でもみられ、同村だけでみられる慣行ではなかった。[70]一定の地域的広がりを持って、このような質地慣行が維持されていたのである。

（2）小前における質地請戻しの制限──請返し年季制限証文の事例──

前項では質入主に有利な質地慣行についてみてきたが、本項ではこれと反対に、質入主の請返し権を制限する内容の慣行についてみていく。簗瀬村とその周辺の村では、請返し年季に制限を付した年季売証文（以下、請返し年季制限証文）が多くみられる。例えば、嘉永七年一二月に幸蔵から利喜蔵に出された「七ヶ年外拾ヶ年内請本銀返ニ相渡申田証文之事」との表題がある証文では「尤来卯ゟ向酉迠七ヶ年之間者、決而請返し申間敷、戌ゟ子迠三ヶ年之内ニ右本銀相渡候得者、地所証文共無滞御返可被下候、子年差過候へ者流地ニ相成候」とある。[71]この証文では請返しが可能なのは年季売りから八～一〇年目の間のみであり、これ以前には請返しが禁止され、年季を過ぎると質流れとなると規定されている。如上の年季制限証文は、本来年季切れまでのいつの時点でも（あるいは年季切れ後も）認められている請返し権を一部否定するものであり、質取主にとって有利な売買形態である

表10　請返し年季制限証文の推移

年 (1846～64)	年季売 証文	うち請返し年 季制限証文
弘化3.10～	4	0
弘化4	1	1
嘉永元	14	2
嘉永2	5	0
嘉永3	10	5
嘉永4	8	2
嘉永5	5	1
嘉永6	4	0
安政元	12	3
安政2	5	0
安政3	7	2
安政4	6	4
安政5	4	1
安政6	9	2
万延元	7	1
文久元	10	3
文久2	12	7
文久3	16	11
～元治元.4	7	2
合計	146	47

典拠：芳井951、1571、1572。

といえる。

弘化三年一〇月～元治元年四月の期間で、簗瀬村の年季売証文は一四六通あり、そのうち四七通が請返し年季制限証文である（【表10】）。しかし、庄屋・豪農である本山成家が質取主である年季売証文三八通のうちには、請返し年季制限証文は一通もなく、組頭・豪農の西山成家が質取主である一八通のうちでも一通のみである。請返し年季制限証文は豪農・村役人―小前間の年季売にはほとんどなく、小前同士の場合にほぼ全てがみられる形態であった。簗瀬村では、土地の年季売において請返し権を一部制限しようとする傾向は、ほぼ小前層のみにみられた。なお、請返し年季制限証文のうち、村外の者が質取主である売買は五件、質取主・質入主の双方が村外の者である売買は一件であり、村内の小前同士の売買における請返し年季制限証文の多さ（四〇件）が再度確認できる。

請返し年季制限証文は、後月郡内の吉井村（一一七件）、梶江村、与井村でもみられ[72]、簗瀬村内限定のものではない。さらに本山成家、西山成家が右の三ヶ村の年季売証文で質取主となっている場合には、請返し年季制限証文は一通もみられず、二家は居村・他村関係なく、年季中の請返しをほぼ全面的に認めている。

なお、簗瀬村においては「田畑山林請譲証文控」が弘化三年以降のものしか残っていないため、請返し年季制限証文の初出時期については確定できず、梶江村・与井村においても天保末年からの「証文控」しか残存していない。しかし、簗瀬村の隣村である吉井村の場合、享和二年～明治三年までの「証文控」が二冊に分かれて残存しており[73]、これらによると、吉井村における請返し年季制限証文の初出は天保二年である。簗瀬村での請返し年季制限証文の大まかな増加傾向からみても（【表10】）、このような証文は一九世紀―おそらく天保期前後から現れ始めた可能性が高いとみられる。

請返し年季制限証文のような小前同士の請返し制限を如何に理解するかについて、現在は有効な史料がないものの、これも質入主に有利な質地慣行の場合と同じく、小前の経営維持という観点から見通すことができると考える。前述の通り、簗瀬村では最上層の豪農である本山成家・西山成家だけでなく、村内の小前が質取主となる質地売買が多くみられたのであり、簗瀬村においては小前は質入主だけではなく、質取主としても多く登場する。請返しをいつでも行える質地関係は、裏返してみれば質取主にとっては計算のできない不安定な関係であり、質取主が零細な小前である場合、この不安定さは経営にとって深刻なマイナス要因になりかねない。

そのため、幕末期において、零細な経営形態である小前は、年季売証文に請返し年季の制限を設けることで、より確実で計算可能な質地関係の構築を目指したとみられる。一方で本山成家などの豪農にとっては、零細な土地がいつ請け返されたとしても、全体の経営に重大な影響を与えるものではない。むしろ小前との年季売りに対して、年季売り期間内の請返しを認める姿勢や「増銀」措置は、小前にとって恩恵的な意味を持ち、豪農―本山成家等にとって村や地域での政治・経済活動を有利に展開するための布石となるものであったとみられる。

質地請返し慣行は小前層における小規模な土地所持を維持することで、小前の経営を保持しようとする意識に支えられていたとみられるが[74]、この意識の発現形態の一つには、上記の通り請返し権を一部制限するものもあったのである。簗瀬村は瀬戸内地域に位置しており、同地域の経済・商品流通、あるいは肥料を必要とする綿作等の発展（本章第一節第一項）により、小前も金融によって一時的に資金を用意する必要のある場面が多くなっていたとみられる。このような経済状況下にあって、土地を計算可能な「商品」へと捉えなおす動きが小前においても進んでいたのである。

おわりに

本章で取り上げた備中国後月郡簗瀬村は、村高一〇八石余の小規模な村であり、村内では本山成家とその分家の西山成家が圧倒的な経済力を保持し、その他に零細な小前層が多く居住していた。同村内の質地売買証文の写しをまとめた「田畑山林請譲証文控」から、一村における質地売買の全体像についてみていくと、大規模な豪農が二家存在するにもかかわらず、小前同士による質地売買件数が全体の六三％以上を占めており、小前同士の質地売買―金融関係としての性格を一定程度有する売買（年季売り、質入等）が分厚く存在していた。さらに、質地売買と同族関係の関連については、小前同士の場合は同族間での質地売買が比較的多いのに対し、本山成家・西山成家においては、同族以外との質地売買が圧倒的に多くみられた。小前層においては同族間での資金調達がまず基本にあり、その後に村役人・豪農である本山成家・西山成家が、村内において資金調達機能を期待されていたと考える。この点についてははじめにで述べた通り、大塚英二氏によっても見通しとして指摘されていた点であるが、本章では同族団と質地売買の数量的分析や個別事例にみえる論理の検討を通じて、より実証的に明示したものと考えている。

一方で、従来注目されてきた、村による質地売買・土地管理の様相についても、簗瀬村および周辺村の事例からは多くの論点を得ることができる。簗瀬村の入作地の推移をみていくと、近世中期の入作地の拡大と、近世後期の入作地の減少が確認できる。入作の減少の背景として、簗瀬村の隣村である梶江村の村規則をみていくと、村内の耕地の少なさと百姓数の多さを理由として、村外への質地売渡しを禁止する内容、および小作についても村内で融通するべきとする内容が確認できる。簗瀬村と梶江村とは、耕地の少なさと百姓数の多さという点で共通しており、簗瀬村における入作地の減少―土地を村内で保持しようとする動向の高まり―は、このような意識に基づいてなされたものとみられる。

また、簗瀬・梶江の両村以外の村については、本章を通じて用いてきた「田畑山林請譲証文控」と同種類の帳簿が周辺村にも広範に存在しており、これらは最も早い時期のものでも一九世紀初頭から開始されている。そのため、当該期以降、土地移動を村単位で管理しようとする体制が強化されたとみられ、概ね簗瀬村や梶江村と同様に、土地所持を村内に収めようとする動向が近世後期にはみられたと考えられよう[75]。なお、上記の帳簿の作成年は各村で違いがあるため、領主からの命令に基づいて一律に作成されたものではなく、村方において自主的に作成された類のものであるとみられるが[76]、作成開始時の状況については今後の課題である。

今回対象とした簗瀬村や梶江村は、土地所持からみると幕末期にも村落共同体の規制力は一定程度機能しており[77]、近世後期以降に村の規制内容がむしろ強化されていく側面があった。ただし、村単位での土地所持の様相については、その村に経済的に有力な豪農や村役人が存在したか否かに大きく左右されるとみられる。簗瀬村には本山成家・西山成家という、備中一橋領でも最上層の豪農が存在しており[78]、この両家に土地所持がある程度集中することで、同村では近世後期～幕末期において概ね村内での土地所持が維持されていた。一方で第二部第一章で述べる通り、文化一一～文政一一年まで本山成家が年貢取立・勘定のみを職掌とする兼帯庄屋を務めた後月郡下出部村では、本山成家が天保期には七〇石程度の土地を保持していた。さらに本山成家は同郡七日市（山陽道本陣）の多数の土地を取得・売却しており、村外の者が両村の土地を所持・売却する状況がみられた。両村には有力な豪農がおらず[79]、そのために質地売買や土地を媒介とした金融によって、土地所持が村外に流出することになったとみられる。

次に、簗瀬村における質地慣行として、本章では「増銀」、質入地の転売、請返し年季制限証文の三点を取り上げた。このうち、「増銀」と質入地の転売については、質入主に有利となる慣行であり、前者については庄屋である本山成家が質取主になる年季売りにおいて、最も多く確認できる。一方で、請返し年季制限証文については、本山成家、西山成家が質取主となる場合にはほとんど確認できず、反対に小前同士での質地売買の場面において、請返し年季の制限がなされていた。簗瀬村では、庄屋による融通的な質地売買・請返しの許可と、小前による請返しの制限がなされていたのである。

第一節第一項で述べた通り、簗瀬村では綿や藍など購入肥料を必要とする商品作物生産がある程度行われていた。肥料の購入のように、一時的に多額の資金を調達する必要のある農業・生業が小前層においても広範になされていた地域（畿内・瀬戸内など）においては、土地を資金調達のための一つの手段―計算可能な「商品」としても扱えるほうが、小前層にとっては経営維持のためにプラスとなる側面も大きかったのである。研究史上で注目されてきた江戸時代の融通的な質地慣行と小前層の経営維持（本章はじめに）とは、必ずしもストレートにリンクせず、むしろ小前側がこのような慣行を否定していく場面も少なからずあったのである。幕末期において、村や諸集団による土地の共同所持と相対する位置にある私的所持の拡大や近世的な質地慣行の否定といった動向[80]が、一概に富裕者―豪農側のみからの動きではなかったことは明らかであるといえよう。

なお、質地売買や質地慣行の変容について、白川部達夫氏は近世後期に質地請戻し慣行が再生されるとし[81]、神谷智氏は近世中期以降に上層百姓主導で高請地把握が行われ、質地慣行においても上層百姓が質取主となる場合には質流れが増加していくとする[82]。本章の分析は弘化〜元治期のおよそ二〇年間を対象としたものであり、長期的な質地売買・質地慣行の変化は不明であるものの、神谷氏の述べる上層百姓が質地慣行を弱めていく側にあり、反対に小前間の質地売買の場合には融通的なものが多いという図式については、再考の余地があると考える。

簗瀬村では、少なくとも年季売り期間内における請戻し期間の制限は、小前層によってほぼ全てがなされていた。一方、庄屋である本山成家は、自身が質取主となる場合には融通的な質地売買や請戻し権の許容を最も行っていた立場にあり、小前間の売買では徐々に否定されていく質地慣行をむしろ保全しようとしていたようにみえる。このような小前による融通的な慣行の否定と村役人による保全という状況は、神谷氏が対象とした甲斐国農村とは異なり、綿作のための肥料代など、一時的に多額の資金を調達する必要のある農業・生業が、小前層でも広範になされていた地域（畿内・瀬戸内など）において、特に顕在化した状況と考えてよいとみられる。

註

（1）中田薫「徳川時代の不動産擔保法」・「徳川時代の不動産擔保法続考」（同『法制史論集』第二巻、岩波書店、一九三八年、初出一九一八年・一九三一年）、同「日本古法に於ける追奪擔保の沿革」（同『法制史論集』第三巻、岩波書店、一九四三年、初出一九二〇年）等。

（2）小早川欣吾『日本担保法史序説』（法政大学出版局、一九七九年再版、初版一九三三年〈大阪宝文館〉）。

(3) 大石慎三郎『封建的土地所有の解体過程』(御茶の水書房、一九五八年)等。

(4) 宮本常一『忘れられた日本人』(岩波書店、一九八四年、初出一九六〇年〈未来社〉)、守田志郎『日本の村』(朝日新聞社、一九七八年)。この点については本書序章第一節第三項も参照されたい。

(5) 渡辺尚志『近世の豪農と村落共同体』(東京大学出版会、一九九四年)第五章(初出一九八七年)等。

(6) 白川部達夫「村方騒動と世直し」(同『近世質地請戻し慣行の研究』塙書房、二〇一二年、初出一九七八年)、落合延孝「世直しと村落共同体」(『歴史学研究』一九八二年度大会報告別冊特集号、一九八二年)、白川部達夫「近世質地請戻し慣行と百姓高所持」(同『日本近世の村と百姓的世界』校倉書房、一九九四年、初出一九八六年)、上記白川部氏二〇一二年著書。

(7) 神谷智『近世における百姓の土地所有』(校倉書房、二〇〇〇年)。特に同書第四章、第五章。

(8) 前掲註(7)神谷氏著書第五章。なお、同書第四章では、宝永・正徳期の村内における質地関係が明らかにされており、重要な成果である。しかし、主に名寄帳の記載から質地関係について論じているため、実際の質地売買時の条件や質地慣行についての追究は不十分であると考える。上記神谷氏論文に対しては、平下義記「近世後期瀬戸内農村における村内土地取引構造の研究」(『社会経済史学』七八―一、二〇一二年)八六頁、註28でも上記拙文と類似した点が述べられている。

(9) 菅原一『近世期百姓の土地所持意識と村落共同体』(勉誠出版、二〇二二年)。

(10) 落合延孝「近世村落における贈答慣行と融通」(『群馬大学教養部紀要』二二、一九八八年)。

(11) 神立孝一「土地金融システムの構造と村落経済」(同『近世村落の経済構造』吉川弘文館、二〇〇三年、初出一九九五年)。

(12) 大塚英二「質地請戻し・土地取戻しと「家」・村落共同体」(藪田貫編『民衆運動史　近世から近代へ3　社会と秩序』青木書店、二〇〇〇年)。

(13) 前掲註(8)平下氏論文。

(14) なお、上記で提示した諸研究以外にも、松永靖夫『近世村落の土地と金融』（高志書院、二〇〇四年）は越後国農村を題材として、割地・質地証文・質地慣行などの土地所持をめぐる多様な問題を追究している。研究史との関連性の提示や方法論の提起には若干物足りない部分があるものの、一地域における実態分析として優れた著作であると考える。

(15) 荒木仁朗『江戸の借金』（八木書店、二〇二三年）。近世前期の小百姓同士の永代売については、同書第一部第二章第四節による。

(16) 前掲註(7)神谷氏著書序章・未章。

(17) 大塚英二『日本近世農村金融史の研究』（校倉書房、一九九六年）第五章。

(18) 山崎圭「近世村落の内部集団と村落構造」（同『近世幕領地域社会の研究』校倉書房、二〇〇五年、初出一九九五年）。

(19) 小松賢司「赤尾村の村落構造と同族団」（同『近世後期社会の構造と村請制』校倉書房、二〇一四年）。

(20) 井ヶ田良治『近世村落の身分構造』（国書刊行会、一九八四年）。

(21) 本章では、井原市芳井歴史民俗資料館所蔵文書（芳井と略す）、井原市教育委員会寄託山成家文書（山成と略す）、井原市教育委員会所蔵平木家文書近世・近代（平世・平代と略す）を主に用いる。

(22) 弘化三〜嘉永五年「田畑山林諸証文控」（芳井一五七一）、嘉永六〜万延元年「田畑山林譲請証文控」（芳井一五七二）、万延元〜元治元年「当村中田畑山林請譲証文控」（芳井九五一）。本章で用いる質地売買証文については、註記がない限り上記三点の帳簿に所収されているものである。

(23) 例えば、簗瀬村の近隣村である吉井村、川相村、梶江村（芳井一一三、同一三三九、同一三四三、同一三四五）などに同種の帳簿が残存している。

(24) 明治五〜七年「生年月日簿」（山成二九―七―一二一）。

(25) なお、筆者は簗瀬村の有力農民である本山成家の経営や資金調達の様相について明らかにしており（拙稿「豪農経営と親族ネットワーク」『ヒストリア』二四九、二〇一五年、本書第二部第一章）、本書終章では、一村内における金融活動と、村外における豪農間の金融ネットワークとの関係性についても展望している。本山成家についての先行研究には、岡山大学教育学部内地域研究会編『芳井町誌』（岡山県後月郡芳井町教育委員会内芳井町誌刊行委員会、一九七二年）第四章第三節、井原市史編纂委員会編『井原市芳井町史通史編』（井原市、二〇〇八年）第五章、河田章『岡山の社会経済史研究』（吉備人出版、二〇一四年）第二章があるが、いずれも経年的な同家の経営分析ではなく、経営・村や地域での活動・親族ネットワーク等の分析を深める余地が大きい。

(26) 簗瀬村の所在地・村高・周辺町場・助郷・領主支配の変遷についての記述は、前掲註(25)『井原市芳井町史通史編』第五章、井原市史編纂委員会編『井原市史Ⅰ』（井原市、二〇〇五年）近世編第一章を参照した。

(27) 前掲註(25)『井原市芳井町史通史編』四九六頁。明治一一年の簗瀬村における農産物生産額は合計五〇〇八円である。

(28) 慶応四年五月「備中国後月郡簗瀬村明細帳」（芳井八六五）。

(29) 前掲註(25)『井原市芳井町史通史編』三五二〜三七六頁。

(30) 文政五年二月「村方有姿書上帳」（芳井一三九）。

(31) 前掲註(28)。

(32) 有元正雄編『近世瀬戸内農村の研究』（溪水社、一九八八年）等。

(33) 同村の年貢収納の詳細は、拙稿「備中一橋領における年貢収納と石代納」（『日本歴史』八一三、二〇一六年）による。

(34) 前掲註(24)。

(35) 前掲註(25)『芳井町誌』八一〜八八頁。

(36) 万延二年三月「備中国後月郡簗瀬村貧民取調書上帳」（山成二九—七—一〇六）。本帳簿は村役人から江原役所へ出されたものの写しであり、記述はないものの、金銭や夫食の下げ渡しに関連して作成されたとみられる。各家の困窮度合に誇張がある可能性も想定できるが、持高の推移や御用金の出金額などとあわせて検討することで、下層民の生活条件についての一定の目安にはなると考える。

(37) 文久三年一〇月「備中国村々永上納金御用金名前帳」（平世四—二三六）。本史料については序章を参照のこと。

(38) 山成一族の概要については、明治一四年一〇月一日「山成家年代記」（山成家文書）を参照した（同史料は全文のコピーが井原市教育委員会に保管されており、本書ではこちらを参照）。同史料は後月郡与井村の外山篤太郎（西山成家分家外山家）が編年体で山成一族の冠婚葬祭等を記したものであり、拙稿「近世後期から明治期における家・同族意識」（『日本歴史』八三一、二〇一七年）にて詳細な検討を行った。本書第二部第一章註(22)も参照されたい。本山成家の経営と親族関係についても第二部第一章で後述している。本段落の山成一族についての記述は同史料による。

(39) 前掲註(24)「生年月日簿」と、【表2】（安政五年分）典拠史料のデータを照合した。

(40) 各村の村高と支配関係は、木村礎校訂『旧高旧領取調帳　中国・四国編』（近藤出版社、一九七八年）による。

(41) 寛政二年一二月「為取替申定書之事」（芳井八）。

(42) 以下、本段落の記述は天保二年一一月二〇日「三ヶ村合躰申合手續扣」（芳井一四三三）、天保二年一一月「三ヶ村申合規則書」（芳井一四三四）による。

(43) 金一両＝銀八八匁とする相場立ては、安政期以降の備中一橋領における標準的な金銀相場である（古賀康士「安政四年の紙幣目録」『岡山地方史研究』一一六、二〇〇九年）。

(44) 文政一一年二月「明細帳」（芳井一五八）。

(45) 前掲註(28)。

(46) 質地関係における二階層の構造については、前掲註(7)神谷氏著書第四章、第五章において同氏も述べているが、前述した通り、同氏においては売買過程の分析がふまえられてはいない。

(47) 簗瀬村の入作地の推移については、延宝五年、安永二年、嘉永元年については前掲註(25)『芳井町誌』八四～八五頁、安政五年については【表2】（安政五年分）典拠史料をそれぞれ参照した。

(48) 明治二年六月「村方取締規則書」（井原市芳井支所所蔵文書、井原市史編纂委員会編『井原市芳井町史史料編』井原市、二〇〇七年、三三八～三四一頁）。

(49) 天保二年「備中国上房郡小田郡後月郡村々様子大概書」（一橋E一―二四、井原市史編纂委員会編『井原市史Ⅲ』井原市、二〇〇三年、三〇六～三〇八頁）。本史料の作成年代については、山下聡一「「村明細帳」と領主支配」（『和泉市史

紀要第20集　和泉の村の明細帳Ⅰ』和泉市教育委員会、二〇一四年）に従い、天保二年とした。
(50)慶応四年五月「備中国後月郡梶江村明細帳」（芳井三四七、前掲註(48)『井原市芳井町史史料編』三九～五一頁）。
(51)大蔵省編纂『日本財政経済史料　巻三』（財政経済学会、一九二四年）一七七～一七九頁、一〇七七～一〇七九頁。
(52)無利息が三件あるが、いずれも山成一族の者が、川上郡下大竹村の松室宇四郎（二通）と九名村坂田友次郎（山成一族の親族、第二部第一章で後述）から無利息の年割銀として借りたものである。
(53)このような図式は、前掲註(17)大塚氏著書第五章が見通しを述べたものであるが、本章では村内の質地売買全体の分析を通じて実証的にこの図式を提示したこと、村外銀主が頼られる場合もあったことを示した点が成果と考える。
(54)安政五年三月「午年宗門人別御改帳　宗門御改惣寄書上帳　奉差上鉄砲証文　控」（山成二九―七―七二）。
(55)弘化五年「御條目控」（芳井八五八）。
(56)前掲註(54)。
(57)天保一三年一一月七日「覚」（花川安佯家文書、前掲註(48)『井原市芳井町史史料編』一三八～一三九頁）、安政六年一二月「両郡村〻救民仕法金下ケ戻請証文」（平世一〇―七〇）、前掲註(37)。
(58)文久三年の御用金については、一四・五両を納めた「小前者共」の中に京五郎（・長五郎）が含まれていた可能性はあるが、この内訳は不明であり、京五郎は仮に御用金を納めていたとしても、数両程度である。
(59)備中一橋領で最上層の豪農であった本山成家においても、親族関係に基づく資金調達や扶助措置が経営存続に重要な意義を有していた。この点については、第二部第一章で詳述する。
(60)前掲註(24)。
(61)慶応四年四月一七日「奉伺口上書」（慶応四年「御用留」平世一―二〇）。本件の決着については、辰（慶応四）年五月「御届書」（平世一―二〇所収）を参照した。
(62)慶応二年三月「〔日蓮宗門・禅宗門・浄土真宗門・真言宗門・浄見寺宗門御改帳惣寄書上帳〕」（平世六―三）。
(63)質地の転売については、中山富広「幕藩制解体期における農村支配と豪農」（『史学研究』一六五、一九八四年）、前掲

註(6)白川部氏一九八六年論文、神谷智「近世中期における村内質地関係について」(前掲註(7)神谷氏著書第四章、初出一九八八年)等が分析している。

(64)なお、万延二年三月一二日「乍恐以返答書奉申上候」(大津寄千三家文書長持分近世四—一三〇—九)、同年六月「為取替内済証文之事」(同四—一三〇—一七)では、万延元〜文久元年にかけて、後月郡井原村(旗本池田家領)のしけ(同村百姓禎太郎母)の所持地を同村の嘉平に売却するに際して、手付金の有無や土地の売却形態などをめぐって両人の間で争論となっている事例がみられる(大津寄千三家文書の原文書は井原市教育委員会の所蔵であるが、筆者は岡山県立記録資料館所蔵のマイクロフィルムを使用した)。詳しい経緯は省略するものの、本事例にみられる質地売買に関わる認識としては、A「悴禎太郎家主当年廿弐歳ニも相成候間、呼寄一応申聞ならてハ調印者不仕」とあるように、質地売買証文の作成・調印のためには、当時は「親類方江罷出留主《(守)》中」であった当主の禎太郎を呼び戻す必要があったこと、B質地の売却形態について、「本銀歟永代歟与申事ニ付、本銀返之積ニ相心得(中略)流地之咄合之旨申聞談示難相決(中略)去ル申極月廿九日破談手切ニ相成罷在候」とあるように、しけの側では土地の売却形態について本銀返しと永代売りのうち、請返しの可能性がより大きく残る前者を希望していたが、相手側は「流地」—永代売りを希望しており、両者の間での売却形態の不一致が「破談」の原因であるとしけは考えていたこと、以上二点が注目される。Aについては、本文中の①で述べた、質地売買契約の締結における当主の承認の重要性を示すものであり、Bについては、質地売買の際、請返しの可能性を証文文言上において残すか否かが売却条件の重要なポイントであったことがわかる。本事例に加えて、【史料3】での土地の扱われ方もふまえると、質入・年季売り→請戻し→他者への質入・年季売りというサイクルが、土地売買時に念頭におかれていたことがうかがえる。

(65)「通用銭」は銭匁勘定のことであり、同地域における銭匁勘定については、古賀康士「備中地域における銭流通」(『岡山地方史研究』九九、二〇〇二年)を参照。

(66)後月郡木之子村においても、「増銀」と同内容の質地慣行が確認でき、同村ではこのような措置は「売上ヶ」と称されている(〈安政三〜明治七年〉「田畑山林証文控」平世二—五一)。

(67) 神田千里「近世における山城国革島氏の活動基盤」(『海南史学』二五、一九八七年)、大島真理夫「近世後期農村社会のモラル・エコノミーについて」(『歴史学研究』六八五、一九九六年)、前掲註(7)神谷氏著書第五章、前掲註(14)松永氏著書第二部第三章、前掲註(6)白川部氏二〇一二年著書第Ⅱ部、第Ⅲ部。

(68) なお、類似した慣行として、前掲註(12)大塚氏論文、前掲註(15)荒木氏著書第二部第三章では、流地とすることを前提として通常より高額の代金を受け取る事例が報告されている。

(69) 前掲註(63)中山氏論文一九〜二〇頁によると、広島藩領の備後国恵蘇郡では、慶応三年に村役人層が郡役所に対して提出した文書において、一揆で買戻しに成功した「永代売切候田地」を、再び買い戻した値段よりも高値で売払うことへの公認を求めている。白川部達夫氏は、備中国倉敷代官所管下所領における質地転売の事例と、中山氏の論文を引用したうえで、瀬戸内地域では「請戻し地の他売・他質への期待が強かったよう」である点を述べている(前掲註(6)白川部氏一九九四年著書第一章三三〜三四頁)。

(70) 安政三年一二月〜明治七年九月における木之子村の土地売買証文の一部を収録したとみられる「田畑山林証文控」(平世二一—五一)には、土地の請返し直後に別人へその土地を渡している事例が確認できる。

(71) このような請返し年季の制限について、前掲註(6)白川部氏一九九四年著書三三頁では、阿波国における「質入後五年間は請戻せないが、その後何年経過しても元金で請戻すことができる土地移動」の事例をあげているが、具体的な分析はなされていない。

(72) 吉井村—享和二年〜天保二年「田畑山林質入証文扣」(芳井一—一三)、天保二年〜明治三年「田畑山林本銀質流証文控」(同一—三三九)、川相村—天保一五年〜安政三年「川相村諸証文控」(芳井一—三四五)、梶江村—天保一四年〜明治四年「証文控」(芳井一—三四三)。

(73) 前掲註(72)(芳井一—一三・一—三三九)。

(74) 前掲註(6)白川部氏一九九四年・二〇一二年著書、前掲註(7)神谷氏著書。

(75) このような帳簿は、はじめにでも述べた通り各地に残存している。筆者がみる限り、瀬戸内よりも畿内地域において、より早い時期にこのような帳簿が作成されている傾向にあると、摂津国菟原郡御影村文書（神戸大学古文書室所蔵）の中の同種の帳簿（御影村文書B―九三など、安永期以降のものが確認できる）の分析を通じて考えている。同文書の分析をもとにした質地売買の検討については、別稿を用意している。なお、村による村外への土地移動の制限については、前掲註(5)渡辺氏著書第六章・第七章が森安彦『幕藩制国家の基礎構造』（吉川弘文館、一九八一年）や前田正治編著『日本近世村法の研究』（有斐閣、一九五〇年）にもよりつつ詳細に論じている。

(76) 近世後期の摂津国菟原郡御影村は幕領であり（室山京子「神戸大学大学院人文学研究科古文書室架蔵御影村文書について」『ＬＩＮＫ』一一、二〇一九年）、備中国後月郡吉井村もこの類の帳簿が作成され始めた時は幕領である（前掲註(26)・(72)）。

(77) 渡辺尚志「幕末地域社会の変貌」（明治維新史学会編『講座明治維新第七巻　明治維新と地域社会〈改訂版〉』有志舎、二〇一四年）。

(78) 備中一橋領の文久三年の御用金上納者（五〇両以上）をみると（前掲註(37)）、簗瀬村には本山成家六〇〇両（上納額領内一位）、西山成家五〇〇両（同二位）がみられた。

(79) 文久三年には下出部村と七日市において、個人で御用金一〇両以上を上納した者は一人もいなかった（前掲註(37)）。

(80) 前掲註(7)神谷氏著書。

(81) 前掲註(6)白川部氏一九八六年論文。

(82) 前掲註(7)神谷氏著書第四章、第五章。

第二部　豪農・地方都市商人の経営・金融と社会的ネットワーク

第一章　豪農経営と親族ネットワーク
――備中国後月郡簗瀬村本山成家を題材に――

はじめに

一九六〇～七〇年代にかけて、佐々木潤之介氏は、近世後期の豪農は①村役人、②地主、③商人、④高利貸し、⑤同族団の最有力者など多様な側面を持つとしながらも、特に②、③、④の豪農の経済的側面を重視し、幕末維新期には豪農―半プロ層の対立によって世直し状況が形成されるとした[1]。同氏の豪農論に対しては、一九八〇年代以降、主に①の側面に着目した批判がなされている。その一つは久留島浩氏による豪農の政治的側面に着目した組合村論であり[2]、いま一つが渡辺尚志氏による村落共同体と豪農との関係に着目した豪農類型論（三類型）である[3]。渡辺氏の類型論を参照した個別豪農研究も蓄積されてきており[4]、近年では、渡辺氏は横軸を村落共同体と豪農との関係、縦軸を中央での活動の有無として、自身の豪農・名望家論の深化（五類型）を図っている[5]。

渡辺氏の豪農論に対して、岩田浩太郎氏は豪農間の関係性への視点が欠落している点を問題として指摘し[6]、二〇〇〇年代以降、豪農間の階層性や各層の豪農同士が結ぶ関係に着目した研究が進展している。岩田氏は、出羽国村山郡の大規模豪農堀米家が中小豪農を経済的に編成し、地域における政治的領域にまで自身の影響力を拡大していく点を明らかにした。大塚英二氏は、遠江国榛原郡の豪農山田家の家政改革を題材に、地域の豪農連合による相互救済・融通によって、地域の信用構造が保持されていたと述べる。[7] 福澤徹三氏は、一九世紀の河内国においては、中核的豪農（持高一〇〇石以上）から一般豪農（持高数十石）への貸付が、最終的に村・地域の成り立ちに貢献していたとする。[8] また、豪農の政治的側面について、山﨑善弘氏は播磨国を事例として、巨大豪農三枝家（幕末期には持高五〇〇石以上）は領主的論理、小豪農は農民的論理に基づき、それぞれ地域における公共を体現していたと述べる。[9]

豪農間の階層性や豪農同士の関係に着目する研究動向は、上記の通り大きな成果をもたらしているが、その一方でⅠ経営・政治活動の基盤となる豪農ネットワーク（多数の豪農家によって形成される一定の機能を持つ繋がり）の具体的範囲やその形成される時期・され方、Ⅱ豪農経営と豪農間の親族ネットワークや豪農のイエの問題との関連、により注意を払うべきと考える。特にⅡについては、大塚英二氏が親族による農民経営への融通が機能不全に陥った後に、村落共同体による融通が行われると見通したように、[10] 村や地域による救済の前段階に位置するものとも考えられる。さらに、江戸時代の商家における同族の共同出資について多くの研究がみられる点からも、Ⅱに着目する必要性が示唆される。[11] 親族関係や村落共同体など、地域の多様なセーフティネットの機能と相互関係を考察することは、江戸時代の「生存」環境の全体像の解明に加えて、地域社会論・豪農論の進展のためにも必要な作業であろう。[12]

また、本章と次章で分析する本山成家・分家の事例にみられるように、近世―近代移行期には、領主への調達金や騒動への対応等のために経営を悪化させてしまう豪農がみられた一方で、経営を維持して一部には近代の地方名望家へと成長し、近代の地域における中核的役割を担った豪農もみられた。そのため、近代の地域社会を考えるための前提として、家の盛衰を左右する要因を解明するためにも、近世―近代移行期の豪農間の親族ネットワークの分析は重要であると考える。

豪農経営と親族関係については、佐々木氏、大塚氏を含めた従来の豪農研究、家族史の論集[13]や近世―近代移行期の地方名望家研究[14]、岡山県地域における明治期の地主経営研究[15]にも関連する論考はほぼみられない。備中国南西部〜備後国南東部の豪農・地方名望家ネットワークの研究として、天野彩氏は啓蒙思想家窪田次郎（備後国安那郡粟根村）等を中心とした知識人ネットワークの存在を指摘し[16]、有元正雄氏らは親類による窪田家の経営救済に言及している[17]。ただし、前者は経営面や家政の展開、親族意識を取り上げておらず、後者は史料紹介と言及にとどまっている。また、中山富広氏は備後国芦田郡府中の延藤家が、幕末期に分家に対して多額の融資を行っていた点を指摘しているが、豪農間の親族ネットワークと日常的な金融関係との関連について分析が深められてはいない[18]。このような状況において、近年の萬代悠氏の研究は、和泉国日根郡畠中村の要家の親類・一族を明らかにし、特に親類の大坂・堺商人が要家の資金調達や要家を通じた岸和田藩への融資を行っていた点など、要家の金融活動における親類・一族の果たした役割の大きさを指摘しており、貴重な成果であるといえよう[19]。

上記の通り、豪農間の親族ネットワークと経営との連関についてはある程度の先行研究がみられるものの、近世―近代移行期を通じた分析や、日常時・非常時（経営悪化・家政改革時）の双方において親族関係がどのような役割を果たしたのかについては、いまだ研究蓄積が少ない。そのため、本章では豪農経営の基盤となる親族関係の範囲と機能について、近世後期〜明治一〇年代初頭までを対象とし、日常時と非常時双方の状況を組み合わせた実態分析を行う。このような分析手法により、近世―近代移行期において親族関係が個別の豪農家の存続と発展に果たした意義をより浮き彫りにでき、親族関係の実態の背景にあった意識面の特徴もみえてくると考える。

以上のような認識のもと、本章では近世後期～明治一〇年代の備中国後月郡簗瀬村本山成家を題材に、第一節では、本山成家の経営動向を分析する。第二節では、本山成家が有していた親族ネットワークの範囲や形成時期と、経営と特に関わる金融ネットワークと親族ネットワークの関連について、主に本山成家の借手としての側面―資金の借用や預かりの状況から検討する。第三節では、本山成家の親族意識と、明治期の家政改革への親族の関与を分析する。

以上の分析を通じて、豪農間の親族ネットワークと日常的な金融関係との関連、および豪農間の親族ネットワークが、個別豪農の経営危機に対して果たした役割について述べることが本章の目的である。なお、序章や第一部第三章でも言及した通り、本山成家は備中一橋領の中でも最上層に位置する豪農である。さらに本章で述べる通り、幕末期以降は所領単位での役職も務めるなど、近世後期～明治初期の備中国南西部の地域社会を考えるうえでは特に重要な対象であることから、同家の動向を通じて当該地域の近世後期～明治初期の社会構造やその変化をうかがうこともできると考える。ただし、本山成家は経営帳簿の残存状況が悪く、経営分析が断片的な史料からの復元となる点、そのため日常的な経営と親族ネットワークに基づく金融との関連については、やや大まかな把握にとどまらざるを得ない点を断っておく。

次に本章における概念規定を述べる。同族は「系譜の本末関係にもとづいて本家・分家の関係で結びついた家々の集団[20]」を構成する家を指し、山成一族は後述【図1】にあがる家々やその分家である。親類は通婚関係はあるが同族ではない家々、親族は同族と親類を合わせた家々を指す。豪農は数十石以上の高を有し、地主経営、商品販売、金融、醸造業等の多様な生業により、近世中後期以降に経営を拡大ないし転換した有力農民を指す[21]。

第一節　本山成家の履歴と経営動向

（1）本山成家の履歴と山成一族

本章で取り上げる本山成家は、近世初頭から備中国後月郡簗瀬村に居住していた。同村は村高一〇八石余の小規模な村であり、文政一〇年（一八二七）以降、一橋徳川家の所領となっている（同地域、備中一橋領、簗瀬村の概要については序章、第一部第三章を参照されたい）。

まず、本山成家と山成一族について確認しておく。【表1】に本山成家の履歴、【図1】に本山成家の略系図を示した。本山成家は寛永期には簗瀬村の庄屋を務めていたが、同一九年（一六四二）に庄屋を退役している。同年に本山成家の住宅が火災に遭い、簗瀬村の検地帳が焼失したという記録があるため、このことを理由として庄屋を退役したものとみられる。同家は、近世中期以降は百姓代、嘉永期からは再び庄屋を務めていた。自村の村役人以外に、文化～文政期には後月郡川相村、上出部村、下出部村、明治維新前後にも川相村の兼帯庄屋を務めていた[22]。安政～明治期にかけては、九代直蔵が掛屋、産物会所取締役という所領単位での役職を務め、明治初年には一一代源四郎が郡中議事掛、明治中期以降は一三代遠太郎が県会議員（明治二七～同三一年）、郡会議員（明治三七～大正五年）を務めており、郡内屈指の地方名望家であった。さらに、本山成家九代直蔵の娘恭は儒学者阪谷朗廬の妻であり、朗廬の子の芳郎は明治後期に大蔵大臣、明治末～大正期に東京市長、大正～昭和戦前に貴族院議員となっている[23]。本山成家一一代源四郎の子山成喬六（明治五年に分家、協園家）は、大正期に台湾銀行副総

表1　本山成家の履歴（～明治37年〈1904〉）

寛永19年（1642）	山成家本宅が焼失し、簗瀬村の検地帳が失われる。２代市右衛門が庄屋役を退役。
延宝５年（1677）	延宝検地が実施される。本山成家は簗瀬村の村高106.557石のうち、15.51石を所持。
宝暦７年（1757）	５代市右衛門の長男弥平治が分家し、西山成家が成立する。
宝暦13年（1763）	簗瀬村百姓代の６代政右衛門、西山成家・中西山成家らが、庄屋跡役をめぐり年寄甚五郎らと争論に及ぶ。本山成家側は西山成家弥平治の庄屋就任を求めるが、庄屋跡役は与井村兼帯庄屋の七郎治が務めることとなる。
明和８年（1771）	６代政右衛門、簗瀬村兼帯庄屋七郎治の退役を求めて、百姓らとともに争論を起こす。
天明２年（1782）	簗瀬村内に33石の石高を有し、１年の家政費は銀５貫匁。
寛政４年（1792）	下出部村の土地取得の初出。
文化４年（1807）	７代政右衛門、酒造業を開始する。当初の造高は30石。
文化12年（1815）	８代恵助、下出部村兼帯庄屋に任じられるが、病気のため７代次郎右衛門（政右衛門）が代勤する（～文政11年）。
文化14年（1817）	７代次郎右衛門、川相村兼帯庄屋に任じられる（～文政11年）。８代恵助が死去し（11月、36歳）、７代３男直蔵が本山成家９代となる。
文政４年（1821）	７代次郎右衛門が上出部村兼帯庄屋に任じられる（～文政９年）。
天保４年（1833）	凶作、米価高騰のため、10両を貧民に与える。
天保７年（1836）	凶作のため、救助金30両を出し、安米を販売する。７代次郎右衛門、８代次男敬太郎（後の本山成家10代）を９代直蔵の義子となす誓約を挙行する。
天保14年（1843）	９代直蔵が隠居し、８代次男敬太郎が本山成家10代となる（11月）。
嘉永２年（1849）	25両を救民仕法金として出金する。
嘉永３年（1850）	米価高騰のため、安米販売を行う。
嘉永４年（1851）	10代敬太郎が簗瀬村庄屋となる。本山成家の庄屋就任は寛永期以来のこととみられる。以降、本山成家が簗瀬村庄屋を務める。米価高騰、餓人多数のため、米2.2石を供出する。
安政２年（1855）	10代敬太郎が死去し（９月、44歳）、９代３男源四郎（11代）が10代長男理一郎（12代）の後見となる。理一郎と源四郎が兄弟の義を結ぶ（11月）。
安政５年（1858）	９代直蔵、産物会所詰役に任じられる（７月）。
安政６年（1859）	９代直蔵、銀札悪弊による財政難のため、100両を上納。永代苗字を免許される。
文久３年（1863）	９代直蔵、永上納金100両、御用金500両を上納し、一代帯刀を免許される（10月）。

元治元年（1864）	9代直蔵、仮掛屋（全6人）の1人に任じられる。
明治2年（1869）	11代源四郎、文久3年に9代直蔵が納めた御用金500両のうち250両を永上納し、2代まで帯刀免許となる（12月）。
明治3年（1870）	11代源四郎、倉敷代官所より郡中議事役に任じられる（10月）、下掛屋（全6人）を務める。
明治5年（1872）	11代源四郎、後月郡酒造係惣代（3月）、梶江村上流13村（第4、第5大区）の戸長（3月任命、6月に辞す）、地券掛（7月）、郡中議事掛（8月）、小田県殖産商社後月郡周旋掛（月不明）にそれぞれ任じられる。
明治7年（1874）	12代理一郎、地租改正惣代選挙候補者に推薦され（5月）、小田県第8大区区会議員に11小区から選出される（7月）。
明治8年（1875）	小田県殖産商社江原分局の当分担当を11代源四郎、頭取（全5人）を12代理一郎が務める。
明治10年（1877）	12代理一郎、第4戸長役場戸長に任じられる。本山成家酒店が全焼し、質600円、酒80石、米30石の被害を受ける（10月）。
明治11年（1878）	3月、本山成家において大規模な家政改革が行われる。
明治13年（1880）	12代理一郎、簗瀬村議長を務める。
明治18年（1885）	13代遠太郎ほか1名が簗瀬村の窮民に米麦2石を寄付する。
明治27年（1894）	2月、13代遠太郎が岡山県会議員に当選する（同29年2月の改選で再び当選、同31年8月に辞職）。
明治31年（1898）	13代遠太郎、井原織物株式会社監査役（全3人）を務め、30株を有する。
明治33年（1900）	後月郡与井村に後月銀行が設立され、山成軒一郎（西山成家）が頭取、外山篤太郎（外山家）が常務取締、山成遠太郎（本山成家）が取締役となる。
明治35年（1902）	13代遠太郎、中備製糸株式会社取締役（全3人）を務め、最大株数である50株を有する。
明治37年（1904）	7月、13代遠太郎、後月郡会議員（全15人）に当選する（3選、大正5年まで）。

典拠：主に明治14年10月1日「山成家年代記」（山成家文書）より作成し、適宜後月郡役所編『岡山縣後月郡誌全』（名著出版、1972年。1926年に岡山県後月郡役所が出版したものを復刻）、井原市史編纂委員会編『井原市史』Ⅰ・Ⅱ（井原市、2005年）、井原市史編集委員会編『同』Ⅲ・Ⅴ（井原市、2003年）、井原市史編纂委員会編『井原市芳井町史』通史編・史料編（井原市、2007〜2008年）、山成家文書を参照した。

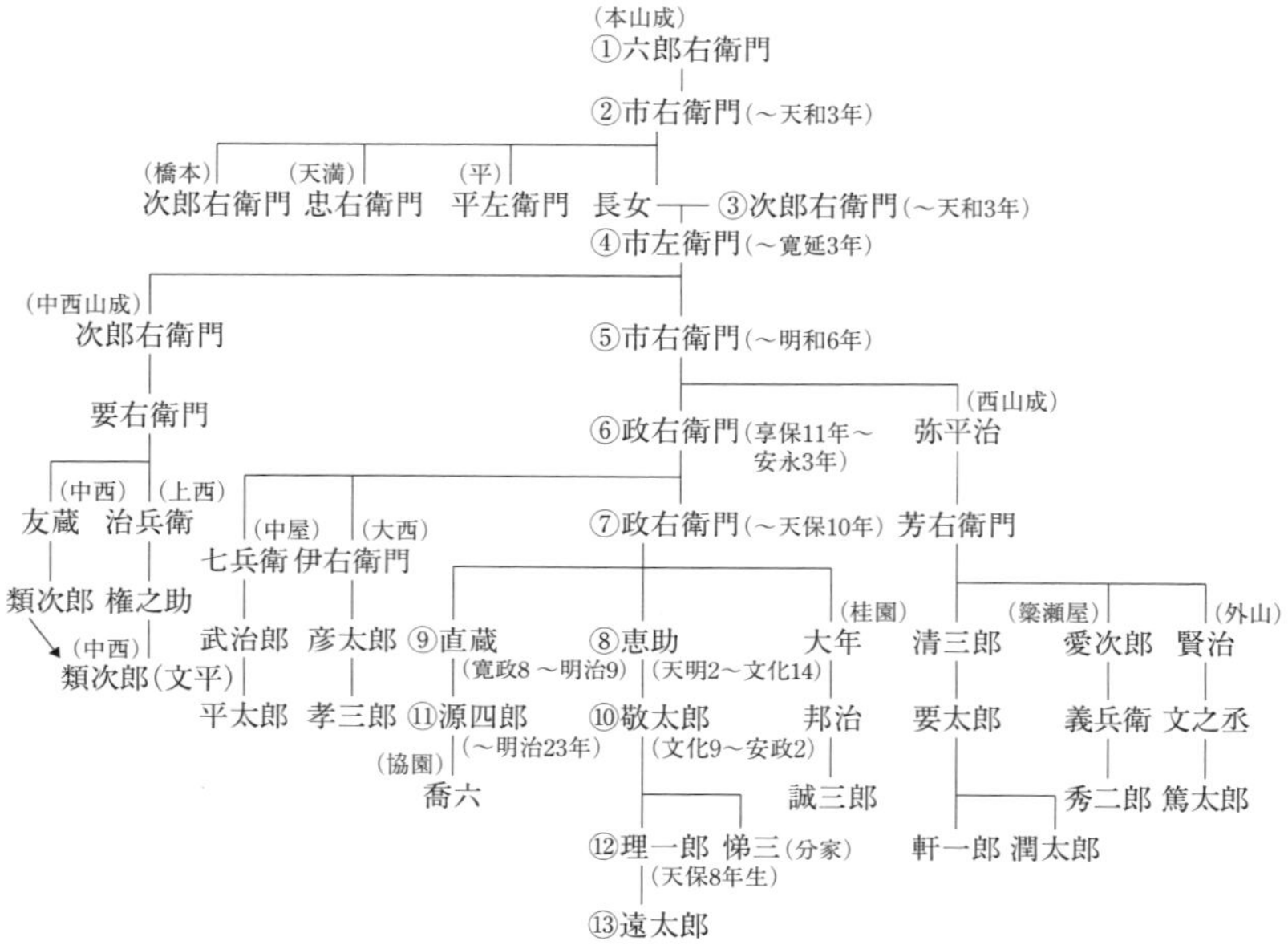

図1　本山成家略系図

＊明治14年10月1日「山成家年代記」（山成家文書）より作成し、弘化5年「御条目控」（芳井858）、安政5年「午年宗門人別御改帳　宗門御改惣寄書上帳控　奉差上鉄砲証文　控」（山成29-7-72）、岡山大学教育学部内地域研究会編『芳井町誌』（芳井町誌刊行委員会、1972年）によって適宜加筆・修正を行った。
数字は本山成家当主。（　）は分家の名称。本山成家、分家の当主のみ記載し、女子、早世などは省略した。

裁、昭和初期に満洲中央銀行副総裁を務めている。本山成家分家の西山成家（後月郡簗瀬村）、西山成家分家の山成家（簗瀬屋、同郡西江原村、第二部第二章で詳述）、外山家（同郡与井村）[24]も近世後期以降地主、商人として成長していた。この他、本山成家分家には大西家、中西家、中屋家、協園家、悌三家等がある【図1】。

本山成家の経営は、天保一四年（一八四三）に持高一七〇石、家地子銀九〇貫匁、酒造四〇〇石余、質商の利益銀四〇貫匁であり、地主経営、酒造業、金融業を中心としていた[25]。また、詳細は不明だが、寛政期には簗瀬村の鉱山経営に携わっていた[26]。文久三年（一八六三）、備中一橋領に合計一万八三二〇両の御用金が賦課された際には、最

表2　本山成家・分家持高（簗瀬村）

年	本山成	西山成	大西山成	中西山成	四家合計	村高
延宝５年（1677）	15.510				15.510	105.946
明和元年（1764）	26.572	8.216		3.339	38.127	108.232
天明２年（1782）	33.000				33.000	〃
弘化５年（1848）	34.034	16.557	4.293	5.045	59.929	〃
安政５年（1858）	36.270	15.340	2.702	5.045	59.357	〃

典拠：岡山大学教育学部内地域研究会編『芳井町誌』（後月郡芳井町誌刊行委員会、1972年）84～85頁、明治14年10月１日「山成家年代記」、弘化５年「御条目控」（芳井858）、安政５年「午年宗門人別御改帳　宗門御改惣寄書上帳控　奉差上鉄砲証文　控」（山成29-７-72）、宝暦13年９月～明和元年８月「御請書御添書御願書訴訟返答覚」（山成、井原市史編纂委員会編『井原市芳井町史史料編』井原市、2007年、287～294頁）。

註：単位は石。宝暦７年に西山成家、寛政３年に大西山成が分家。中西山成の分家年代は不明だが、18世紀中葉と思われる。

多の六〇〇両を上納した。(27)

本山成家は備中一橋領でも最上層の経営規模の豪農であったが、備中国南西部全体でみると、持高四〇〇～五〇〇石以上の豪農（窪屋郡倉敷村大橋家）(28)もみられた。(29)そのため、持高を基準にした場合、本山成家は持高数十石の中小豪農、四〇〇～五〇〇石以上の巨大豪農の間に位置する大規模豪農（持高一〇〇～二〇〇石程度）と位置づけることが適切であろう。

（２）本山成家の経営動向

本山成家は近世前期から簗瀬村で最多の高を有し、分家を出しつつ居村での土地集積を進めた（【表２】）。本山成家の居村外での土地集積には不明な点が多いが、例として後月郡下出部村での土地取得状況を【表３】に示した。寛政四年（一七九二）が同村での土地取得の初出であり、この頃から後月郡内での土地取得を開始した可能性が高い。その結果、天保期には下出部村に七〇石弱を有していた。本山成家は、文化～文政期に後月郡下出部村、上出部村、川相村の兼帯庄屋を務めている。(30)三ヶ村ともに本山成家は年貢取立・勘定のみを職掌とする兼帯庄屋であり、三ヶ村では本山成家と「御用向」―政治的職務を務める兼帯庄屋との二人（ないし複数人）体制がとられていた。本山成家は兼帯庄屋就任時に特に土地集積を進めて

表3　後月郡下出部村における本山成家の田畑取得状況（寛政4～天保14年〈1792～1843〉）

年	取得面積（A）	取得石高（B）	（B／A）	売却面積（C）	売却石高（D）	（D／C）	累積面積	累積石高
寛政4～7	0町8反4畝11歩	8.364	0.9914				0町8反4畝11歩	8.364
寛政8～11	0.3.1.22	4.382	1.3812				1.1.6. 3	12.746
寛政12～享和3	0.4.3.23半	5.754	1.3144				1.5.9.26半	18.500
文化元～4	0.3.2.27	4.306	1.3092				1.9.2.23半	22.806
文化5～8	0.0.6. 7	0.354	0.5681				1.9.9　半	23.160
文化9～12	0.0.6. 5	0.802	1.3009				2.0.5. 5半	23.962
文化13～文政2	1.0.3.17半	13.068	1.2617				3.0.8.23	37.030
文政3～6	1.4.7.13半	16.533	1.1213				4.5.6. 6半	53.563
文政7～10	0.6.5.14半	6.808	1.0397	0町5反6畝 9歩半	7.787	1.3828	4.6.5.11半	52.584
文政11～天保2	1.2.2.20半	15.042	1.2262	0.6.1.23	3.083	0.4992	5.2.6. 9	64.543
天保3～6	0.7.0. 0	8.469	1.2099	0.2.1. 8半	2.306	1.0836	5.7.5.　半	70.706
天保7～10	0.5.1.12半	3.554	0.6913	0.4.2. 0	6.210	1.4786	5.8.4.13	68.050
天保11～14	0.3.0.23半	3.717	1.2077	0.2.0.27	3.055	1.4624	5.9.4. 9半	68.712

典拠：「文政七申秋出部村田畑山林高反別帳」（山成29-7-82）。
註：石高の単位は石。面積は田畑と屋敷地の合計。文政7年以前の請返し、売却等による土地の放出は不明。他に取得年の不明な土地が5畝5歩半・2斗9升1合あるため、天保14年の所持地合計は5町9反9畝15歩・69石3合。網掛箇所は本山成家が兼帯庄屋を務めていた期間（文化11年～文政11年）。（B／A）と（D／C）は取得地・手放地の1反あたりの平均収量であり、ここでは1歩は0.033畝として計算している。

いることが確認できる(31)。

　嘉永期以降、本山成家は購入や質流の形式で、後月郡外の土地集積を開始する（【表4】）。【表4】の中でも特筆すべき事例は、嘉永六年（一八五三）四月の備前国児島郡福田新田南畝の土地の購入である。福田新田は嘉永四年に開発が完了した新田であり、売主の四郎右衛門は歩方銀主（開発費を一定比率で負担し、完成後にそれに応じた土地を受け取る銀主）の一人として、福田新田の新開地八四町五反余を取得していた人物である(32)。嘉永四年八月には、本山成家が「備中国児島郡福田沖御新開地譲請金」六二七両余のうち三二七両余を四郎右衛門に支払っている(33)。【表4】と金額が若干異なるものの、「譲請金」の残額が嘉永六年四月に支払われた結果、同年同月付の証文が残されたと考えてよいだろう。

　近世後期の後月郡やその周辺では、大規模な新田開発がなかったため、近隣において広い土地

表4　本山成家の後月郡外の土地取得（嘉永期以降）

	取得年月	売主居村	売主	面積（A）	石高（B）	（B／A）	売地所在地	金（銀）額
1	嘉永6年4月	備中国窪屋郡笹沖村	四郎右衛門	田畑 4町4反7畝26歩	31石2斗8升1合	0.6985	児島郡福田新田南畝	631両1歩0朱 永75文
2	嘉永6年5月	備前国児島郡小川村	後蔵	上畑 0.5.7.18	4.0.3.2	0.7001	児島郡福田新田南畝	7貫600匁0分0厘
3	安政6年12月	備後国安那郡上賀茂村	平八	田畑 2.9.5.12	37.0.9.3	1.2557	安那郡上賀茂村	21貫746匁6分6厘
4	文久2年4月	備後国安那郡下賀茂村	健助	中田 0.1.2.26	1.8.0.1	1.4007	安那郡下賀茂村	1貫900匁0分0厘
5	文久2年12月	備後国安那郡上賀茂村	六右衛門	田畑 0.8.7.20	10.1.7.3	1.1605	安那郡上賀茂村	12貫693匁6分0厘

典拠：嘉永6年4月「質地流譲渡新開地証文之事」（山成、『井原市芳井町史史料編』362～363頁）、同5月「質地流譲渡新開地証文之事」（山成、『井原市芳井町史通史編』382頁）、嘉永6年10月「諸証文控」（山成29-7-27）、万延元年5月「諸証文控」（山成29-7-26）。
註：以上の史料にみられたもののみ。4では売地所在地は記されていないが、売主の居村とみられる。（B／A）は取得地1反あたりの収量であり、1歩＝0.033畝として計算。

を一挙に取得する機会がなかった。そのため、本山成家は遠方の大規模な新開地を購入することで、地主経営の一層の拡大を図ったのではないだろうか(34)。以上の後月郡外での土地集積と天保一四年（一八四三）の持高から推測すると、幕末期には少なくとも二〇〇～二五〇石の持高を所持していたとみられる。本山成家は、居村→後月郡内→郡外・他国へと土地集積範囲を拡大し、広範な地域に土地を所持する地主へと成長していったのである。

次に、本山成家の酒造業をみていく。本山成家は、簗瀬村に本宅とは別に酒店や複数の酒蔵を保持し、天保期に隣村吉井村に酒店土蔵を建設した(35)。そして、当主かその兄弟が簗瀬村酒店に常駐し、酒仕込を行っていた。本山成家は、地主経営から得た小作米以外にも近隣の商人から数十～二〇〇石の酒造米を購入していた(36)。本山成家の酒の販売範囲は不明確だが、明治一二年（一八七九）の簗瀬村の酒の販売先は、「時トシテハ備后《後》福山及ヒ同地方ヘ輸出スルヿアリト雖モ、多クハ地方ニ於テ販売スル」ものであった(37)。近世後期の本山成家においても、近隣での販売にほぼ終始していた可能性が高いとみられる。

次に、酒造業の規模の変遷をみていく。文化三年（一八〇六）

に本山成家は三〇石の造高を願い出、同九年に一八〇石、翌年には三〇〇石へと造高を拡大した[38]。後月郡は特徴的な農村工業がない一方で水資源には恵まれた地域であり（序章）、加えて寛政期以降に本山成家は後月郡内の土地を集積していたため、小作米の使途として酒造業が選択され、造高も拡大したと考えられよう。文政九年（一八二六）には「休株無株」での酒造が禁止されたため、周囲に酒造株の売買情報を問い合わせている。天保三年に備中国賀陽郡足守町新屋嘉右衛門の造高二五三石の株を一〇年限りで取得し、同六年に後月郡高屋村弥惣太から造高三九〇石の株を取得している[39]。前項で述べた通り、天保一四年には四〇〇石余の酒造を行っている。

その後、嘉永六年（一八五三）に後月郡東三原村三左衛門から造高一〇五石の株を取得し、安政四年（一八五七）に備中国川上郡上大竹村弁三郎から造高一〇〇石の株を取得している[40]。以上のように、天保期以降、本山成家は酒造株の更なる取得を志向していた。明治二年の備中一橋領の酒造業者は一五名であり、最多の造高は小田郡吉田村仲太郎の六〇〇石である[41]。同年の本山成家（史料では「源吉」とあるが正しくは源四郎（一一代））の造高は三九〇石であり、領内では第四位の規模である。不明な点は多いものの、天保期以降、本山成家は四〇〇石程度かそれ以上の規模で酒造を行っていたとみられる。明治五年には、本山成家と同居していた分家協園家の源四郎（「源吉」）が、後月郡の酒造惣代役に就任し、県への取次、書類への印形を行っている[42]。本山成家や同家と近い分家が、後月郡の酒造業全体にとって重要な役割を果たしていたとみられる。しかし、明治一〇年には分家悌三に酒造稼ぎを一〇年限りで譲渡し、本山成家は酒造業を一〇年間中断している[43]。

以上のように詳細は不明な点があるものの、本山成家の経営は寛政期以降の郡内の土地取得、文化期の酒造開始、天保期以降の酒造株取得、嘉永～文久期の郡外での土地取得という過程を通じて、幕末期までは概ね拡大傾向にあったとみてよいであろう。

第二節　豪農間の社会的ネットワーク

（1）親族ネットワーク

豪農間のネットワークの形成契機として、通婚は重要な位置を占める。本節では「山成家年代記」を素材として、本山成家の親族ネットワークをみていく(44)。

はじめに、「山成家年代記」における通婚の記述の事例をみていく。天保五年（一八三四）五月の本山成家一〇代敬太郎と川上郡宇治村仲田友右エ門娘の通婚の記述では「天保五年五月本山成氏十代敬太郎妻ヲ娶トル、宇治村仲田友右エ門ノ娘ナリ、名ハ琴、仲田氏北谷屋ト号ス、而シテ於琴十八歳也」とある。事実が簡潔に書かれており、他の通婚でも年代や年齢の記述がない場合もあるが、ほぼ同様の記載形式である。

【表5】で本山成家と分家（西山成、中屋、大西、中西、簗瀬屋【図1】）の通婚家をまとめた。全六三件の通婚が判明し（山成一族同士の通婚は一件と数える）、通婚圏は二国一〇郡二七村にわたる。西山成家分家の簗瀬屋（西江原村）と山成周平（備前国児島郡福田新田）の五件の通婚以外は、本山成家、分家は簗瀬村居住である。全六三件のうち四五件は相手家の概要が判明し、山成一族以外で二回以上通婚している家の場合、二九件中二五件の情報が得られる。総じて本山成家は、備中国西部〜備後国東部の村々の豪農・村役人と通婚関係を有していた。後月郡内、隣接している小田郡、川上郡、備後国安那郡、深津郡の家との通婚が多いが、山成一族以外との簗瀬村内での通婚は一件である。村内に山成一族と釣り合う家格を持つ家がなかった点（本書第一部第三章）がこの要因と

表5　本山成家・分家と婚姻関係を有する家

家	件数	簗瀬村からの方角・距離	家の概要
1山成一族同士	16	—	
2坂田家（川上郡九名村）	7	北東、13km	旗本戸川家知行所大庄屋、掛屋、居村庄屋。寛延2年（1749）に御札座役（後の掛屋）を命じられ、戸川家銀札の引受・発行を行う。天明5年に酒造仕込高250石、明治8年に17町の田畑、同23年に12町余の田畑と80町余の山林を所持。
3仲田家（川上郡宇治村）	5	北、24km	備中松山藩御用達、居村庄屋。近隣村に仲田姓の庄屋や戸長・副戸長を確認。仲田振太郎が明治16年（1883）3月に川上郡下原村で鶴首銀行（資本金2万5000円）を設立。
4三宅家（小田郡三山村）	3	東、13km	備中松山藩大庄屋格、居村庄屋。宝暦元～万延元年（1751～1860）に46町（545石）の土地を取得し、金融業や菜種油の製造・販売を行う。分家を小田郡大倉村の分家大油店と同郡八日市の三山屋におき、出張所を後月郡井原村新町、小田郡吉田村、大倉村においた。明治6年には所持田畑4町4反（46石余）へ急減。
5池田家（後月郡与井村）	3	北、隣接	天保期居村庄屋、明治5年副戸長庄屋。
6猪原家（後月郡井原村）	3	南、隣接	旗本池田家領庄屋格、安永～天明期に池田家陣屋代官。
7河合家（小田郡大江村）	2	南、6km	庄屋の家系。
8伊達家（川上郡九名村）	2	北東、13km	明治7年、養蚕伝習人派遣同志17名の1名（2円50銭出金）、18世紀後期に儒学者伊達北山を輩出。
9河合家（後月郡川相村）	1	北西、6km＊	天保期居村庄屋、文久3年に50両上納。
10妹尾家（後月郡吉井村）	1	北、隣接	明治7年副戸長。
11三澤家（川上郡三沢村）	1	北東、14km	居村庄屋、明治15年美澤進が横浜商法学校の初代校長に就任。
12皷家（安那郡上竹田村）	1	南、7km	三吉鼓家、近江国宇多源氏佐々木氏流の西遷地頭、南北朝期には備後国南部に大きな勢力を占める豪族。
13柳田家（備後国深津郡福山、南西、15km）、14宮島家（後月郡山村、北、9km）各2件			
15三木家（後月郡山野上村、東、6km）、16出原家（後月郡下出部村、南、4km）、17藤井			

家（後月郡吉井村、北、隣接）、18五右衛門（後月郡簗瀬村）、19那須家（川上郡地頭村、北東、14km）、20米山家（備中国上房郡松山、北東、28km）、21谷本家（小田郡下稲木村、南東、7km）、22中村家（小田郡黒萩村、北東、14km）、23佐藤家（下道郡尾崎村、東、22km、＊）、24藤波家（窪屋郡倉敷村、東、31km）、25室家（阿賀郡新見村、北、41km）、26渡辺家（備後国安那郡矢川村、北西、9km）、27卜部家（備後国沼隈郡水呑村、南西、19km）、28小山屋山成周平（安那郡北山村、西、6km）各1件

典拠：明治14年10月1日「山成家年代記」、渡辺正利『備中村鑑』（内外印刷出版部、1983年）、井原市史編纂委員会編『井原市芳井町史通史編』（井原市、2008年）、同『井原市史Ⅰ』（同、2005年）、同『井原市史Ⅱ』（同、2005年）、同『井原市史Ⅳ』（同、2001年）、同『井原市史Ⅴ』（同、2003年）、岡山県史編纂委員会編『岡山県史近代Ⅰ』（岡山県、1985年）、美星町史編集委員会編『岡山県美星町史通説編』（美星町、1976年）、同『岡山県美星町史史料編』（美星町、1976年）、本文註(16)天野彩氏論文、岡山県歴史人物事典編纂委員会編『岡山県歴史人物事典』（山陽新聞社、1994年）、本章註(46)拙稿、松前俊洋「地名を歩く七十四　三沢」（『広報たかはし』2011年2月号、岡山県高梁市）、川上町教育委員会（町史編纂委員会）編集『川上町史　地誌編』（川上町、1991年）、『備後国三吉鼓家文書仮目録』（広島県立文書館、2007年、http://www.pref.hiroshima.lg.jp/soshiki_file/monjokan/mokuroku/199708miyoshitsutsumi.pdf、2024年10月9日最終閲覧）。

註：①各村の位置は簗瀬村からのおおよその直線距離と方位を示すものである。②簗瀬屋は西江原村の居住であるが、本表では全て簗瀬村からの距離を示した。＊印の村が、簗瀬屋とのみ婚姻関係がみられる村である。

みられる。

山成一族の通婚圏は、全六三件から同族との通婚一六件を除いた四七件のうち、半径一〇㎞以遠の通婚が二七件、一〇㎞以内の通婚が二〇件である（【表5】）。半径一〇㎞前後は、徒歩で日帰りができる距離＝「日常的生活圏」(45)であるが、大規模豪農である本山成家やその分家の場合、これより広い範囲が通婚圏となっていた。日常的生活圏内での通婚は、ほぼ全階層に一般的な事象であるが、この圏外での通婚は自然に形成されるだけのものではなく、家同士の何らかの思惑が働いてなされるものでもあろう（後述）。

また、時代が下るごとに旗本戸川家知行所掛屋・大庄屋の坂田家、備中松山藩大庄屋格の三宅家、同藩御用達・庄屋の仲田家など、各郡において最上層に位置する家との通婚が目立つようになる。【表5】の通り坂田家は寛延二年（一七四九）から旗本戸川家の御札座役となり、三宅家は宝暦元～万延元年（一七五一～一八六〇）に五〇〇石以上の土地を取得した豪農であるというように、両家は本山成家と同等かそれ以上の政治的地位や経済力を有する家であったとみられる。通婚した人物とその生年からみて、これらの家との通婚が始まるのは一八世紀後期～一九世紀前期である。

坂田家との最初の通婚は、本山成家七代政右衛門と坂田家六代甚兵衛娘である。七代政右衛門は生年不明だが、父の六代政右衛門（享保一一～安永三年〈一七二六～七四〉）の生年を考慮すると、七代政右衛門の通婚時期は宝暦期（一七五一～六四）より以前ではないだろう。

三宅家と本山成家との最初の通婚は、文化八年（一八一一）の七代政右衛門次男大年と三宅伴右衛門娘である。これ以前に西山成家二代芳右衛門次女と簗瀬屋初代愛次郎次女が三宅家の者と通婚している。これらの事例の年代は不明だが、西山成家二代芳右衛門は本山成家六代政右衛門の長男であり、六代政右衛門の孫・曾孫の通婚であることから、一八世紀後期以降のものである。

仲田家との最初の通婚は、前述の天保五年の本山成家一〇代敬太郎のものである。本山成家一一代源四郎も安政四年に仲田家の娘と通婚しており、仲田家は本山成家と特に関係の深い親類であった。幕末期の仲田家では、「酒利」、「貸銀利」とある通り酒造業と金融業による収入が多くを占めており、嘉永元年・慶応三年の「有物」はそれぞれ銀一五〇貫匁余、金五〇〇〇両余であった(46)。インフレの状況もあり判断しづらいが、明治中期の直接国税額や他家の事例もふまえると(47)、仲田家は数百石以上の持高を有するような隔絶した巨大豪農というよりは、本山成家と同程度の大規模豪農の範疇に位置する経営規模の家であると判断できよう。同程度の経済力や家格の家が、婚姻を繰り返すことで両家の結束を深め、お互いに地位を高めようとしたことが示唆される。

以上の通り六代政右衛門（享保一一～安永三年）、七代政右衛門（～天保一〇年）が本山成家当主であった時期を画期として、後月郡外の有力な豪農との通婚を開始している。

一八世紀後期～一九世紀前期における通婚関係の拡大は、本山成家の経営拡大の動向（第一節第二項）と同時期である。坂田家・仲田家等の遠方（日常的生活圏外）の有力な家と通婚することで、本山成家は家格の上昇と家同士の関係構築を志向したと考えられよう。次項で述べるが、これらの家々、特に仲田家からは多額の資金を借用しており、経営面を強く意識して通婚が行われたことがうかがえる。通婚関係の形成は、双方の家に一定の利益を生じさせるものだったとみられるが、特に通婚開始時点では政治的地位が坂田家、仲田家等と比べて低かった本山成家にとって、より有益なものだったであろう。また、時代が下るにつれ、山成一族やすでに通婚関係を有する家との通婚が増加していく。これはすでに指摘されている通り、本山成家八代恵助、一〇代敬太郎が早世したため、本家の血筋が途絶えることを恐れ、山成一族や親類との通婚を志向したためであろう[48]（第三節で後述）。

また、天野彩氏によると、備後国安那郡粟根村の医師・地方名望家である窪田次郎の母は本山成家分家中屋家の娘であり、窪田次郎は坂田家の娘と通婚していた[49]。備中国西部から備後国東部にわたる範囲で、豪農間の親族ネットワークが結ばれていたのである。これらの家々は、天野氏が述べる通り明治期に啓蒙活動や政治活動など多方面で共同して行動している。豪農間の親族ネットワークが、これらの活動の内容や結集範囲に大きな影響を及ぼしたと考えられよう。

最後に、巨大豪農、中小豪農の親族ネットワークについて付言しておく。巨大豪農に関して、山本太郎氏が検討した備中国窪屋郡倉敷村大橋家は、近世後期には四〇〇石以上の持高を有し、備前、備中、美作、播磨の豪農との親族ネットワークを有しており、通婚圏は半径五〇㎞を超えていた[50]。

中小豪農については、大島千鶴氏による備中国小田郡岩倉村（天保三年の人口七〇五人・家数一四三軒・村高四四八石余）の通婚、養子縁組の分析をみていく[51]。まず、同村住民の経済力について、文政五年に村内の所持地が多い者をみると、持高二〇～三〇石が一名、一五～二〇石が二名、一〇～一五石が三名であり、三〇石以上所持する者はみられない[52]。さらに、同村で文久三年の御用金を一〇両以上納めた者は、四〇両が一名、二五両が三名、二〇両が四名、一〇両が一名である[53]。両事例は時期的な開きがあるものの、特に御用金出金額が本山成家（六〇〇両）と比べて少ない点からは、一九世紀の岩倉村には中小豪農以下の経済力の家しかみられなかったといえよう。文化一一～慶応四年（一八一四～六八）にかけて、同村の通婚、養子縁組による転出・転入は一五一件（転出五九、転入九二）確認できるが、転出・転入の相手村が同村から半径一〇㎞以上の距離にある事例は八件（山成一族では四七件〈山成一族以外〉中二七件）であり、特に二〇㎞以遠の事例は三件（山成一族では九件）のみである。中小豪農が複数居住する岩倉村において、半径一〇㎞以遠の村との通婚、養子縁組の割合が山成一族と比べて非常に少ないことは、中小豪農以下の階層の者の親族ネットワークが大規模豪農のそれよりかなり狭く、大部分が半径一〇㎞以内＝日常的生活圏内に収まることを示すとみられる。

（2）金融ネットワーク

一　土地売却と金子借用・預かりの推移

本項では、本山成家の経営動向（第一節第二項）をふまえて、本山成家の資金調達手段について、親族ネットワークと日常的な金融関係との関連に着目して分析する。

【表6】に文化一三～慶応三年（一八一六～六七）における本山成家の土地売却、金子借用・預かり額の推移をまとめた[54]。【表6】の典拠史料には、本山成家が資金を調達した際の証文四四二通を中心に、全六九八通の証文の写しが収録されている。この四四二通の証文を土地売却と金子借用・預かりに分類し、証文に記載された金額を各期（五年一期、10期のみ七年）で合計したものが【表6】の数値である。土地売却は本山成家の所持地の質入、年季売、質流等、土地を取引することで資金を得た事例であり、大半が質流である。【表6】の典拠史料には永

表6　本山成家土地売却・借用推移（文化13～慶応3年〈1816～1867〉）

	年	件数	土地売却金額（金・銀）		件数	金子借用・預かり金額（金・銀・銭）		
1	文化13～文政3年（1816～20）	20		10貫305匁0分0厘	1		0貫250匁0分0厘	
2	文政4～文政8年（1821～25）	24		15.208.0.0	0			
3	文政9～天保元年（1826～30）	18		12.770.0.0	1		0.644.9.7	
4	天保2～6年（1831～35）	29	50両0歩0朱	34. 20.0.0	4		10.800.0.0	
5	天保7～11年（1836～40）	29		34.692.5.0	1		0.700.0.0	
6	天保12～弘化2年（1841～45）	26	250.1.0	38.595.5.0	1	100両0歩0朱		
7	弘化3～嘉永3年（1846～50）	30		21.110.5.5	8	450.0.0	12. 0.0.0	
8	嘉永4～安政2年（1851～55）	23	11.1.0	9.854.0.0	41	2,156.0.0	29.810.0.0	
9	安政3～万延元年（1856～60）	33	722.1.0	19.615.0.0	58	4,155.0.0	24.240.8.0	965文
10	文久元～慶応3年（1861～67）	68	1,755.1.0	5.720.0.0	27	3,080.0.0		
	合計	300	2,789.0.0	201.890.5.5	142	9,941.0.0	78.445.7.7	965

典拠：①文化13年正月吉日「所々入作田畑山林質流并本銀証文控」（山成29-7-80）、②天保15年正月「証文控」（同29-7-28）、③嘉永6年10月「諸証文控」（同29-7-27）、④万延元年5月「諸証文控」（同29-7-26）。

代売証文がみられないため、質流となっている事例にも、質入を伴わない実質的な永代売が含まれていたとみられる。金子借用・預かりは、本山成家が無担保で信用借りをした事例や担保を入れての借用、講金落札であり、後の時期ほど金子預かり形式が多くなる[55]。

土地売却は【表6】全期でみられ、7・8期に金額が落ち込む。しかし、9期に再度増加し、10期に件数、金額（金）が最大となる。

本山成家は寛政期以降の郡内の土地集積、天保期以降の酒造株集積、嘉永期以降の郡外の土地集積という経営動向を示すが（第一節第二項）、以上の時期にも多くの土地を手放している。本山成家は土地集積を進めつつも、年貢立替や金融業で取得した、以降の経営に不要な土地（収益の低い土地等）を売却することで、現金・現銀の調達や経営整理を行っていた場合があったと推測できる(56)。

なお、土地売却三〇〇件のうち、売却地の所在村がわかる事例は二七三件であるが、ここから売却件数が一〇件を超える村をみていくと、七日市（山陽道本陣）が九一件、簗瀬村が四一件、下出部村が三七件、吉井村が二一件、井原村が一九件、上出部村が一三件、笹賀村が一二件となる。これらの村は、居村の簗瀬村を除いて全て山陽道沿いに所在する村であり、宿場・町場としての性格を一定程度有する村々において、本山成家は多数の土地の取得→売却というサイクルを有していたことがわかる。街道沿いの村々においては、住民が商業的な用途で資金を必要とする場合が少なからずあったと推測できるが（第一部第一章の木之子村の事例など）、本山成家による土地取得→売却のサイクルも、このような在方における資金需要に基づくものであった可能性がある(57)。

金子借用・預かりは、嘉永期の前後で数値が大きく異なることから、【表6】の典拠①・②では未収録の借用証文があったとも考えられる。特に、典拠①は表題が他と異なり、記載基準が異なっていた可能性がある。そのため、以下では嘉永期以降を主に扱うこととしたい。

金子借用・預かりは8期以降土地売却より多額となり、9期に件数、金額ともに最大となる。10期には減少するが、金三〇〇〇両以上である。弘化期以前は不明確であるが、以上の経過から一九世紀の資金調達手段は、安政〜文久期を頂点として、金子借用・預かりに傾斜していく傾向にあったとみられる。これは郡外での土地集積や酒造株購入（第一節第二項）と同時期であるため、本山成家の経営戦略として取得地の保有傾向を強め、資金調達手段を土地売却から金子借用・預かりへ移行させていったと考えてよいのではないか。借用・預かり金額と経営拡大の動向から考えると、借用・預かり金は経営の維持・拡大に使われたか、または経営の維持・拡大に直接使われなくとも、借用・預かり金の導入によって経営の維持・拡大に使うことのできる資金が増加したことは間違いない。

次に金子借用・預かりの利率（対象地域では単利）をみていく。【表6】の一四二件の借用・預かりのうち九五件の利率が判明する。この中では年利一二%が三九件と最多であり、これは天保一三年に設定された幕府公定利率上限と同じ数値である[58]。年利一一%以下での借用は一一%一件、一〇%一九件、九%六件、八%六件、七%三件、六%一件、四%一件であり、合計三七件である。年利一三%以上での借用は一四%四件、一五%二件、一六%二件、一八%五件、一九%一件、二〇%一件、二四%二件、八四%一件であり、合計一八件である。その他、弘化二年一〇月に井原村大津寄桃平から弘化三年春を期限に金一〇〇両を借用した事例では、弘化二年内は月に一・二%、同三年一月以降は月一%の利率である。全体では年利二〇%以上の借用は四件のみであり、公定利率上限以下での借用が多い。

年利の推移は、嘉永元～同六年（一八四八～五三）の二一件の借用・預かりのうち一二%（①）一一件、一三%以上（②）三件、一一%以下（③）七件である。安政元～同六年（一八五四～五九）は四一件のうち①九件、②一〇件、③二二件（一〇%一二件）、万延元～慶応二年（一八六〇～六六）は二六件のうち①一五件、②四件、③七件である。安政元～同六年に一〇%が最多となり、かつ一三%以上も約四分の一と利率の分散傾向がみられる。

本山成家の貸付については、史料的制約から不明な点が多い。天保一四年の本山成家の質商での利益は銀四〇貫（第一節第一項）であり、小前層を主な相手として、広範に生活資金を貸し付けていたとみられる。現存する文政九～文久三年の貸付手形三六通のうち、貸付相手の居村が判明する事例は、備中国後月郡内が二七件、同国小田郡が二件、同国下道郡、備後国神石郡が各一件である。[59] 検討材料の不足は否めないものの、さしあたって備中国南西部から備後国南東部を、近世後期の本山成家の主な貸付地域とみておきたい。

二　万延～慶応期の資金調達

次に、時期を絞って、万延元～慶応三年（一八六〇～六七）の資金調達内容をみていく。この期間中の本山成家の資金調達合計額は金五九一九両二歩二朱、銀六貫八五三匁三分である。このうち、土地売却…金一八二三両三歩・銀六貫二〇匁、金子借用・預かり…金三五一〇両、江原役所よりの拝借金…金三九一両・銀八三三匁三分、講取金…金一六四両三歩二朱、産物会所より借用金…三〇両であった。資金調達手段全体では、土地売却と金子借用・預かりが圧倒的に多く、個人との取引が大部分を占めていた。江原役所や産物会所からの借用金の理由は不明であるが、万延～慶応期には本山成家は居村庄屋であったため、私的経営資金としての借用に加えて、本山成家の名義での村借が含まれているのではないか。

次に、借用・預かりの時期について述べる。万延元～慶応三年の資金調達金額…金五九一九両二歩二朱、銀六貫八五三匁三分から土地売却…金一八二三両三歩・銀六貫二〇匁を除いた借用金・預かり金全体の金額は、金四〇九五両三歩二朱、銀八三三匁三分、件数四一件である。このうち最も借用件数・金額が多い月は一一月の一五件一四六〇両である。時期からみて、この借用金は年貢上納、借用金返済、年末の掛買代金、冬季の酒仕込みの準備資金等として用意された部分が大きいと考えられよう。次に金額が多いのは、六月の五件八〇〇両である。これについては、六月に本山成家が港町の小田郡笠岡村の商人から米価や入津の情報を受け取っている書状があることから、[60] この時期に借用・預かりによって資金を集め、これを夏以降の酒造米購入等にあてたとみられる。

表7　本山成家の金子借用・預かり関係（万延元～慶応3年）

	地名	人名	件数	借用額（両）	備考
1	備中国後月郡井原村	大津寄義太郎	1	100	大津寄東店
2	同国同郡高屋村	衡平	1	100	
3	同国同郡高屋村落石	安部定治郎	2	260	
4	同国同郡西江原村今市	簗瀬屋儀兵衛	5	380	西山成家分家　今市肝煎　郡中御用達
5	同国同郡梶江村飯名	（渡辺）元吉	8	500	酒造業　中西屋　梶江村年寄
6	同国同郡梶江村相谷	（渡辺）顕造	1	100	油・醤油稼ぎ、牛馬売買　梶江村庄屋
7	同国同郡吉井村	光五郎	1	150	
8	同国同郡吉井村上野	楨太郎	4	300	
9	備中国小田郡本堀村	江木叔助	3	350	本堀村庄屋
10	備中国小田郡下稲木村	五郎四郎	1	100	
11	備中国川上郡宇治村	仲田譲三郎	6	1, 100	婚姻関係　備中松山藩御用達　北谷屋
12	備後国深津郡福山吉津町	山田屋弥兵衛	1	70	
	合計	12	34	3, 510	

典拠：万延元年５月「諸証文控」（山成29-７-26）。役職は渡辺正利「備中村鑑」（文久元年、1983年の内外印刷出版部版）、【表５】参照。

実際に嘉永期以降、本山成家は八～一〇月に近隣の商人から十数～二〇〇石の米を購入している（第一節第二項）。

借用・預かり金額の第三位は一〇月の五件三六〇両であり、六月、一一月は突出している。ただ、一～五月の借用・預かり金の合計額が五三四両三歩二朱であるのに比べ、七月の二件八五両、八月の三件二七〇両、九月の三件二五〇両、一〇月の五件三六〇両と一年の後半には継続的な借用・預かり金がみられる。このことも、夏・秋の酒造米の購入資金を借用金・預かり金によって調達していた可能性を裏付けるものであろう。より詳細な分析が必要ではあるが、本山成家の借用金・預かり金と酒造業の動向との一定の連動はうかがえよう。

次に、【表7】で万延元～慶応三年の金子借用・預かりの相手をみていく。【表7】の4～6、9、11は村役人や用達であり、この五名が全三四件のうち二三件、合計額三五一〇両のうち二四三〇両を占める。1大津寄義太郎の詳細は不明だが、大津寄家は旗本池田家の掛屋や代官を務めている[61]。本山成家と親族関係にある家は4と11であり、両人からの借用・預かりは一一件、一四八〇両である。全体に町場商人からの借用が少なく、各村の豪農・村役人からの借用が大半を占める[62]。例外として4西江原村今市の簗瀬屋儀兵衛がみられるが、簗瀬屋は本山成家の孫分家であり、本山成家との通婚も行っている家である。また、最多金額の11仲田譲三郎についても、本山成家と仲田家は親類関係にあった。仲田家と本山成家の最初の通婚は天保五年の一〇代敬太郎のものであり、安政四年には一一代源四郎も仲田家の娘と通婚する（前項）。仲田家からの最初の借用金は嘉永二年であり、通婚の開始からやや時期が空くものの、仲田家が本山成家と特に関係の深い親類である点を考慮すると、通婚―親類関係の形成を契機として、両家の金融ネットワークも構築されていったとみるべきであろう。また、梶江、吉井、高屋、井原の各村は簗瀬村に隣接していた（序章【図2】）。以上のように、本山成家の金子借用・預かりは親族関係と地縁的関係を紐帯とするものであった。

万延元年以前の主な借用相手には、親族は後月郡西江原村簗瀬屋、同郡与井村外山家、川上郡九名村坂田家、同郡宇治村仲田家、豪農・村役人は後月郡井原村大津寄家、同郡木之子村平木家（庄屋、備中一橋領掛屋）、小田郡矢掛村高草家（脇本陣）等がみられた。

本山成家の借用金は公定利率上限以下が多く、親族関係や地縁的関係に基づいて、有利な資金調達を行っていた。特に親族関係と金融関係の関連について、親族からの借用金は低利が多い点が重要である。例えば、親類の仲田譲三郎からの借用金は全一四件であるが、利率は四％一件、八％三件、一〇％五件、一二％四件、不明一件である。親族関係や地縁的関係を有する者からは、利率や返済猶予等の点でより有利な借用を期待できるだろう。

また、後月郡は木綿、煙草等の商品作物の栽培や酒造業が盛んであり（序章【表3】）、肥料購入や酒仕込みのための資金調達が重要な地域であった。しかし、郡内には大規模な都市や城下町がなく、巨大豪農もみられない（序章）というように、単独で地域に多額の資金を供給できる者がみられなかったと判断できる。このような地域状況において、親族関係や地縁的関係に基づいて安定的な資金調達ルートを構築しておくことが、本山成家の経営安定にとって重要だったのではないだろうか。

加えて、比較的低利で村外の多額の他人資本を導入していた本山成家が、近世後期に土地所持を拡大するとともに、四〇〇石余もの酒造を行っていた点は注目される。本山成家の借用・預かり金の時期からみても、小作米だけでは不足する酒造米の購入や、冬季の酒仕込みのための資金を効率的かつ確実に調達するために、親族関係や地縁的関係に基づく金融ネットワークが必要とされた部分があったと考えられよう(63)。史料的制約から明示はできないものの、外部からの借用金は酒造業の売り上げ時等に返済されていたと推定される。

本山成家のように他人資本に依存する経営形態は、領主と深い関係を持つ商人等にもみられた(64)。彼らにとって地域での金融ネットワークの確立は、経営を左右する死活問題であった。なお、他人資本を利用しての経営拡大は、必ずしも経営全体の収支差額を好転させるとは限らない点には留意する必要がある。しかし、本章では、本山成家が多額の他人資本の導入によって、経営の規模や範囲を維持・拡大し、このことが役職の歴任や格式の獲得等、幕末維新期の備中一橋領での地位・立場の向上に繋がった側面を重視したい。

第三節　幕末維新期の親族意識と明治期の救済措置

（1）本山成家の親族意識

前節では、本山成家の日常的な経営における親族ネットワークの重要性を確認した。それでは、幕末維新期の本山成家の親族意識は、如何なるものだったのか。安政二年（一八五五）九月一六日の一〇代敬太郎の死去の際に定められた「相続心得方之事」をみていく。(65)

相続心得方之事

一此度法心院（一〇代敬太郎）遠世被致候者實ニ山成本家存亡ニ相関り候、右ニ付家運衰微不致義ハ源四郎（一一代）・理一郎（一二代）両人心得ニ有之候間、以来急度相考後悔無之様可被致候

一此度相改兄弟之約相結候上ハ、分身一體骨肉之情義相違致間敷候、但理一郎事ハ法心院嫡子ニ付、本家相続と相定候上ハ、殊ニ大切之身分ニ候、無難取立相續繁栄山成家風不衰様致候ハ源四郎心得ニ有之候、祖先江忠孝後代之美目此上有之間敷候、乍然大切之理一郎不心得ニ候てハ取立難致候間、兄とハ乍申相続世話相受候上ハ父と相心得、孝弟（悌）之道能ゝ相守、源四郎教導違背致間敷候、是又理一郎心得肝要ニ候

一此度之義直蔵（九代直蔵）殿事法心院相續方世話被致候と同様ニ候間、手近き亀鑑此上無之事ニ候、各其父之心得所業能ゝ相学ひ、皆令院（七代政右衛門）様を以て目度と致可申候

一両人心得筒（肝）要之処誠と親と尓有之候、右二字相守候ニ付、第一の心得、身代ハ自分の物ニ無之、御先祖ゟ

相預り、子孫江相渡候大切之品ニて、両人大事之場江生れ合せ、番人ニ相成候間、両人心得不和合ニてハ、番不相成と存可申、各自分の物と存候処より私欲身勝手生シ、大切之二字相忘れ候様相成候間、堅ク相戒可申候

一心得方大略如右ニ候、委細之義ハ各其誠心を尽シ、九ヶ條ニ不違背様取斗可申候、猶葛翁（七代次男山成大年）・直蔵老人ゟ御口達有之候趣肝要ニ銘シ、尽未来際迠相忘れ申間敷候事

安政二年乙卯冬十一月七日　山成執事

源四郎殿

理一郎殿

差出人の「山成執事」が誰かを明確に示した史料は発見できていないが、同史料（写しとみられる）が山成家（簗瀬屋）の文書に残存していたことや、後述する山成一族内での立ち位置の観点から、「山成執事」は簗瀬屋二代義兵衛のことである可能性が高いとみられる。なお、第三条に「直蔵殿」という表現があるため、これ以降家政において重要な役割を果たした九代直蔵は本史料の「山成執事」ではない。第二条にある通り、一〇代敬太郎の死去（四四歳）を受け、九代直蔵の子の源四郎と一〇代敬太郎の子の理一郎が兄弟の契りを結んでいる。そして、兄弟としての関係だけではなく、理一郎は源四郎を父と心得て「孝弟（悌）之道」を守り、源四郎もこれに応えて理一郎を「教導」することが規定されており、両者の相互作用によって本山成家の相続を保障しようとする意識が強くみられる。

また、第三条冒頭に「直蔵殿事法心院（一〇代敬太郎）相續方世話被致候」とあるように、一〇代敬太郎の父八代恵助が早世（三六歳）した際、敬太郎が幼少であったために九代直蔵が一時的に家督を相続し、敬太郎の成長後に家督を譲り

渡していた（「山成家年代記」）。近世後期の本山成家では、直蔵・源四郎のような嫡流の兄弟筋の者が「教導」することによって、敬太郎・理一郎という本家嫡流の者が家を維持していくことが目指されていたのである。

さらに、本山成家九代山成直蔵は、慶応三年（一八六七）一〇月一四日の「遺書」において、「一自他之無親疎信義を不失節倹を専らとし、下を憐ミ類族睦間敷先祖之家風を堅く相守り、当世之悪風ニ不流様心掛第一ニ候」、「一凡夫者互ニ癖有之候間、克ミ心を廻らし我好所之癖を戒メ、心行共相慎候義保家第一ニ候」と述べている。[66]直蔵は、当世の他者の動向に流されるのではなく、「保家」のため節倹や親族間の結束を重視すべきことを戒めている。このことと「相続心得方之事」の記述を併せて考えると、本山成家では、総本家の本山成家を中心として、山成一族の協同のもとに各家の経営を繁栄させていくことが、少なくとも理念的には目指されていたと考えられよう。そして、この根底にあったのは、「相続心得方之事」第四条の「身代」は個人の所有物ではなく代々継承されていくものであり、各時代の当主はこれを守り伝えていく義務があるとする意識であった。

なお、この「遺書」は宛名がないが、末尾には順番に隠居山成直蔵、当主山成理一郎、後見山成源四郎、「列席　親類」として山成要太郎（西山成家）、山成孝三郎（大西山成家）、山成義兵衛（簗瀬屋家、本書第二部第二章）、「外類中」と記されている。そして、この後の文章には「右者同年十月十四日夜山成直蔵様ゟ被仰聞有之候ニ付、本家座敷江右人当ハ勿論、外ニ弘斎・阪谷希八郎立会列席之上義兵衛ゟ一同へ読渡置もの也、但し悌蔵者折節不参也」と記されており、他に山成弘斎（邦治、桂園家）、阪谷朗廬（希八郎、坂田家、山成直蔵の娘恭と婚姻、「山成家年代記」）が立ち会ったうえで（山成敬太郎の子で分家の悌蔵（悌三）は不参）、山成義兵衛より一同へ読み渡されている。この「遺書」は簗瀬屋の文書に残存しており、さらに山成直蔵が義兵衛に宛てて、自身の死去後の家運営や源四郎と理一郎の兄弟縁組についての内容を相談したとみられる内容の書状が残存していることからも、[67]義兵衛が直蔵から信頼されていたことがわかる。遺書の末尾に名前があがる山成姓の人物のうち、特に有力な分家は西山成家（山成要太郎）と簗瀬屋（山成義兵衛）であり、後者の方が年長（慶応三年時点では前者は四八歳、後者は五四歳、「山成年代記」）であり、さらに「山成家年代記」には後者が前者の「後見」であったという記述もみられることから、幕末期の分家の中では義兵衛（簗瀬屋家）が最も重要な位置にあったとみられる。

以上のように近世後期以降の本山成家では、当主の相次ぐ早世という、本家嫡流の相続危機が発生していた。このような状況に際して、嫡流の血統を守るために、山成一族同士や坂田家、仲田家等の関係の深い親類との通婚が増加（第二節第一項）するとともに、本山成家において、山成一族間での相互扶助と連帯意識が強調されるようになったのである。

（2）明治期の家政悪化と県当局への対応

本山成家の経営のピークは「山成家年代記」に「敬太郎ノ時本山成氏最モ盛ン」とあるように、一〇代敬太郎が当主を務めた安政期前後だったようである。不明な点が多いものの、嘉永～文久期の土地取得範囲の拡大や酒造株の取得といった経営の拡大基調（第一節第二項、ただしこの時期の経営収支や収益性は不明）からみても、これはある程度正確な認識だったと考える。本山成家は安政六年（一八五九）に一〇〇両、文久三年（一八六三）に六〇〇両を上納し、それぞれ永代苗字と一代帯刀を許され[68]、領内で最上層の格式を有する家となった。しかし、その後明治初年の経営は、序々に縮小していく様子がみえる。

明治元年（一八六八）二月には、中国筋の平定のために進軍してきた広島藩に対して五〇〇両を出金している[69]。明治五年には本山成家から源四郎（一一代）、清三郎（桂園三代誠三郎）（一〇代三男）、悌三の三名が分家している[70]。その際、合計で加地子一一二石の土地を分与したため本山成家の所持地は激減し、「家勢漸ク衰フ」状況となった。同年七月には近代に岡山県最大の地主となる備前国児島郡味野村の野﨑家へ、児島郡福田新田の土地四町七反六畝二六歩を一九四六両余で売却している[71]。「山成家年代記」によると、明治一〇年一〇月には本山成家の簗瀬村酒店が火事に遭い、質六〇〇円、酒八〇石、米三〇石の被害が出ている。

以上のように、明治期の本山成家の経営は悪化・縮小していたとみられるが、「山成家年代記」の明治九年の記述からは、本山成家の経営悪化の要因をうかがうことができる。

（前略）夫レ本山成氏ノ家人ハ直翁（九代直蔵）、理一（一二代理一郎）、源四郎（一一代）、悌三（一〇代敬太郎三男）各々妻子ヲ有スル急（ママ、焉の誤りカ）、誠三郎母子同居スル急（ママ、焉の誤りカ）、脇（協カ）和修睦誠ニ一家美風ヲナストイヘトモ、衆客多々戸外履ヲ接シ、日夜遊楽更ラニ恒業アラザルナリ、且ツ外交ヲ広クス、故ニ人皆之ヲ称揚シテ山成氏ヲ以テ呼ブ、之レニ応ジテ家事多々圣（経カ）費多カラザルヲ得ズ、限リアルノ産ヲ以テ限リナキノ用ニ供ス、何ヲ以テ之レニ耐エン乎（後略）

「山成家年代記」では、同居家族の多さ、多数の来客、日夜の遊楽、恒業がないこと（酒造業は継続しているため、この点は疑問が残る）、外交の広さが経営悪化の原因とされている[72]。また、安政五年の記述では、西江原村の産物会所の設置により「是ヨリ本山成氏漸ク事多シ」とあり、ここでは産物会所に関わることによる損失が強調されていた。この具体的な損失としては、明治六年三月に産物会所の発行した銀札の流通が停止され、「其令下リテ価エ半バニ下ル」（「山成家年代記」）とあるように会所札の価値が下落したこと[73]、九代直蔵・一一代源四郎がそれぞれ産物会所取締役、与井町諸産物寄場（後月郡与井村）詰役を務めていたこと、本山成家が産物会所の銀札引替備金（全額一八〇〇両）として領内最多の一三〇両を出金していたことなどがあった[74]。また、明治四年二月には、産物会所詰役への就任を断る者に対して、一一代山成源四郎が説諭を行っている事例が確認できる[75]。

九代山成直蔵の自己意識と、維新後の県行政への向き合い方については、「山成家年代記」の明治六年三月の記述からもうかがうことができる。

（前略）小田県令矢野光儀令ヲ下シ江原産物会所ノ切手札ヲ廃止ス、切手札発行高三万円余、其令下リテ価エ半バニ下ル、為メニ文三郎二百両ヲ損ス、此ノ時郡下頗ブル不穏、将ニ物産会ニ乱入セントシ、或ハ主務者直翁（山成直蔵）ニ暴行セントスル者アリ、然レトモ直翁大度物来順応シ安然午睡ヲナス、我自ラ正義公直ヲ以テセバ外物何ンゾ懼ルニ足ラント（後略）

本史料は、前述の産物会所札の流通停止について記したものである。傍線部のように産物会所取締役の山成直蔵は、自己の行動を「正義公直」と認識していた。彼の思想の中には、地域を代表する豪農として、産物会所における職務を担っていたことへの自負に加え、小田県の政策を支持する意識も見出すことができよう[76]。明治初頭に一一代源四郎や一二代理一郎が複数の役職に就任している点（【表1】）からも、本山成家には県の政策を基本的に支持し、積極的に県当局へ接近しようとする意識があったことがうかがえる。ただし、前述の産物会所札の流通停止により、外山家が二〇〇両の損失を受けたとあり、このような損失の状況が本山成家にもあった可能性は高いと考えられよう。

近世後期の本山成家の経営拡大とともに、領主からは度々出金を求められるようになったが、本山成家もこれに応じて格式を獲得し、家格を上昇させていった。領主や県との関係を深める中で、本山成家は経営の安定・発展を目指したとみられるが、一方で近世―近代移行期の多額の出金と役職の集中が、家の経営を傾かせる大きな要因になったと考える。

（3）明治一一年の家政改革

明治期の経営悪化を受け、明治一一年三月二日、本山成家で家政改革が決議される。[77]この時の決議書の内容を【表8】に示した。決議書には本山成家一一代源四郎・一二代理一郎、分家山成悌三（一〇代三男）、西山成家外山要太郎、仲田振太郎（前述、備中国川上郡仲田家）、阪谷素（朗廬、本山成家九代娘と通婚）代坂田丈平、外山家外山文三郎（文之丞）、簗瀬屋山成五兵衛（三代・秀二郎から改名）、仲田近太郎（源四郎妻の弟）が署名し、仕法は親族全体の管理下におかれていた。決議書の内容で重要な点は、①家督譲渡、②親族関係に基づく扶助、③酒造業の重視、④家政改革の経緯と要因の四点である。

①家督譲渡について、1条では理一郎から長男遠太郎に家督を譲渡している。理一郎は明治一一年に数え四二歳と隠居には若年であり、家政を悪化させた当主を退かせることで、周囲に家政改革を納得させる意図があったとみられる。ただし、9条で理一郎と源四郎が遠太郎・喬六（源四郎子）の後見とされており、家督譲渡の後も経験豊富な前当主の理一郎が、実質的に家政を掌握していたとみられる。

②親族関係に基づく扶助について、10条では借財金二〇〇〇円の返済のため、所持地を至急売捌くとしている。11条では、本山成家は親族四名から、合計五〇〇円を一〇年賦無利息という非常な好条件で「恩借」している。なお、この金額の内訳は、仲田振太郎が一五〇円、山成軒一郎（本山成家分家〈西山成家〉）が一五〇円、山成五兵衛（本山成家孫分家〈簗瀬屋家〉）・外山文三郎（本山成家孫分家〈外山家〉）が一〇〇円ずつであり、仲田家が最も近い分家である西山成家と同じ金額を出金している。ここからも、仲田家と本山成家の関係の深さがうかがえる。[78]本山成家は山成一族の総本家であるとともに、親族関係に基づく金融ネットワークを形成している家でもあり、

表8　明治11年3月2日「本山成仕法之決議」の内容

	内容
1	理一郎の「名目」（家督）を遠太郎に切り替えること。遠太郎が幼年のため、家事取扱は理一郎が継続して務めること。
2	理一郎夫婦は「向部屋」へ引き移り、家事を取り扱うこと。
3	「後室」は隠居の起臥の場とすること。ただし、飲食は理一郎と同じ場で行うこと。
4	簗瀬村の本宅は建具や敷物等一切を片付けて空き家の躰となし、如何なる入用があっても利用しないこと。
5	喬六（11代源四郎子）は2ヶ月を期限として分宅を図り、源四郎は喬六と暫く同居すること。源四郎は、喬六が成長した後に遠太郎方へ帰るか、同居して喬六が「養老之義務」を尽くすかは時宜によるべきこと。
6	遠太郎は、喬六へ別宅・宅地所代金200円を渡し、日用の道具もなるだけ譲るべきこと。
7	喬六は与井村会所寄場を仮の宅地所として住居し、普請には譲金200円をあてるべきこと。喬六は5年後には新家を営むべきこと。
8	喬六を除く源四郎の子供3人には、「縁付入費手伝」として遠太郎より100円を渡すべきこと。
9	源四郎・理一郎は遠太郎・喬六両子の後見として尽力すべきこと。
10	借財金2000円については、至急所持の田畑・山林を売捌き、償却の道を立てるべきこと。
11	遠太郎の相続仕法のため、仲田振太郎（親類仲田家）から150円、山成軒一郎（西山成家）から150円、山成五兵衛（簗瀬屋3代秀二郎改名）から100円、外山文三郎（外山家3代文之丞）から100円の計500円を無利息10ヶ年賦で借用し、各人へ抵当書を渡すべきこと。ただし、この借用金は「恩借」であるので、「年割返済」については、後見の理一郎においても特に注意すべきこと。
12	理一郎より資本金として先年悌三に貸し付けた1000円については、明治15年まで無利息で据え置き、同16年より10ヶ年賦無利息として、1年に100円の年割として返済させるべきこと。
13	酒造稼ぎについては、明治10年より10年間悌三へ稼がせるべきこと。ただし、諸道具は悌三所有の品であるので、満期の節には相当の代価で、酒造稼ぎの相続の者へ売り渡し、代金は悌三が受け取るべきこと。
14	悌三が酒造稼ぎを休み、他へ新宅を造営する際には、屋敷地1反を遠太郎より渡すべきこと。
15	酒造屋敷地は遠太郎の「必用之所有地」であるので、酒造稼ぎの年期中に悌三の名前に切り替えても、実質は遠太郎の所有とする。そのため、悌三が酒造稼ぎを休む節には、速やかに遠太郎の名前に切り替え、同人へ酒造屋敷地を返すべきこと。
16	当家は産物会所に関わって「莫大之損失」を被り、酒店焼失等の災難が重なって前途経済の目途が立たなくなった。そのため、「親類」が集会して数日評議したうえで、「非常之英断」をもって前条の仕法を立てることとする。家内一同は分家末々に至るまで、厚くこの意を躰して「従来之風習」を一洗し、「非常之倹約勉強」をもって、数年後には実功が立つよう心掛けるべきこと。
17	決議の条々は9代直蔵の遺書に悖るものではあるが、止むを得ないことであり、後日遺書等に則って異論を述べないこと。

典拠：明治11年3月2日「仕法決議連名簿」（山成聰家文書近代Ⅷ−73）。

本山成家の退転は親族全体の経営に悪影響を及ぼすことが予想される。そのため、親族が「恩借」、仕法の管理など様々な面で助成したとみられる。また、5～8、12、14条では、喬六に対しての出金、悌三への貸金の返済猶予等、同居していた分家への配慮がみられる。

③酒造業の重視について、13条では一〇年間悌三に酒造稼ぎを行わせるとされている。一〇年期限とされている点や、大正期には再度本山成家が酒造業を行うようになっている点[79]からは、本山成家の家政改革の最中にも山成一族による酒造を継続させることで、従来の商業圏や得意先を守り、いずれは本山成家による酒造業を再開させる意図があったことがうかがえる。15条で酒造屋敷地を悌三の名前に切り替えても、遠太郎の所有と同然とされている点からは、本山成家が酒造業およびこれを行う酒造屋敷地を、欠かすことのできない家業・家産と認識していたことがうかがえよう。

④家政改革の経緯と要因について、16条では経営悪化の要因として産物会所の損失と酒店火事（前項）があげられ、親族の評議を経て仕法に至る経緯が書かれている。そして家内の分家末々までが「従来之風習」を一洗し、非常の倹約・勉強を行い、家政立直しに努めることとされる。この「従来之風習」は「山成家年代記」で本山成家の経営悪化の要因とされた同居家族の多さ、多数の来客、日夜の遊楽、恒業がないこと等を指すとみられる（前項）。17条では決議が九代直蔵の遺書に反するが止むを得ないとして、後日異論を述べることを禁じている。直蔵は文化一四年（一八一七）の家督相続から五〇年以上にわたり、家督を譲りつつも実質的家長として家政を担っていた。しかし、同人は明治九年三月に死去しており、このことも家政改革の実行を後押ししたとみられる。

近世後期以降の本山成家の相続危機をうけ、幕末期には本山成家を中心とした同族結合が強調されるようになる（本節第一項）。明治期に本山成家は経営を悪化させるが、この長期的要因として「従来之風習」があり、それに産物会所での損失、酒店火事、領主への出金、役職の集中等が重なり、家政改革に至ったとみられる（本節第二、三項）。本山成家は一族の総本家であるとともに、近隣豪農間の親類ネットワーク内の一家であり（第二節第一項）、親族関係に基づく金融ネットワークを構成する家でもあった（第二節第二項）ため、同族・親類の双方にとって本山成家の退転の危機は看過できないものだったのであろう。このことは、非常な好条件での貸付金や、親類が家政改革以前にも協議を重ねていたことなどに表れているとみられる[80]。以上のように、同族結合の強調を思想的背景の一つとして、家政改革では山成一族に加えて親類の仲田家、坂田家も含んだ救済措置がとられ、本山成家の存続が図られたのである。明治中後期の本山成家は、明治二五年の一三代遠太郎の直接国税額が一一八円余（後月郡一四位）であり[81]、本山成家当主は村会議長、県会議員、郡会議員を歴任している（【表1】）。明治一一年の家政改革もあって、本山成家は郡を代表する地方名望家としての地位を保持し続けたとみられる。

おわりに

大規模豪農であった本山成家は、寛政期以降の後月郡内での土地取得、文化期の酒造開始、天保期の酒造株取得、嘉永期以降の後月郡外での土地取得という経営動向をみせており、幕末期まではその経営は拡大傾向にあった。そして、経営拡大の端緒期の一八世紀後期〜一九世紀前期にかけて、坂田家や仲田家等の郡最上層の豪農との通婚を開始した。有力な豪農との親族ネットワークを形成することで、家格の上昇と家同士の関係―特に経済面での関係の構築を志向したのである。近世後期の本山成家は親族や近隣の豪農・村役人から公定利率以下で多額の資金を借用し、経営の維持・拡大資金等にあてていたとみられ、特に親族関係と金融関係とが一定程度重複していた点が重要である。本山成家の経営動向（特に酒造業）と資金調達の様相からは、豪農間の金融ネットワークが、個別経営の拡大と地域産業の振興の原動力の一つとしても機能し得るものであったことが示唆される。[82]

本山成家は明治期に経営を悪化させ、明治一一年に家政改革を行う。この時の規定の特徴として、親族による仕法の管理や「恩借」等の救済措置があった。本山成家は山成一族の総本家であり、なおかつ親族関係に基づく経済的関係—本章では資金調達の分析に終始したが—を形成していた家でもあったために、親族の深い関与のもとで家の存続が図られたとみられる。幕末維新期から明治期の本山成家の日常的な経営の維持と、非常時の経営救済には、一貫して親族ネットワークが重要な役割を果たしていたのである。このような金融と相互扶助のネットワークを構築していた豪農の場合、経営に一定の弾力性が備わっていたとみられ、居村百姓への日常的な融通（本書第一部第三章）、領主からの不時の御用金、経営危機に陥った際の対応等の様々な場面において、柔軟な対応が可能となったのではないだろうか。

また、通婚を行う家の固定化にみられるように、本山成家は幕末維新期から明治期にかけて、親類ネットワークと同族結合の双方を強化していた。本山成家がこのような家経営戦略を採用した要因としては、八代恵助・一〇代敬太郎の早世という本家嫡流の相続危機が第一にあった。加えて、このような状況を九代直蔵・一一代源四郎という、嫡流の兄弟筋の尽力によって乗り越えた経験が重要であった。以上の経緯を経て、幕末維新期の本山成家では、本家を中心として一族各家の繁栄を目指すべきとする意識が強調されるようにもなったのである。各家がおかれた状況、特に円滑な相続がなされているか否かが、豪農の親族集団の結合の強さを一定程度規定し得るものでもあったことが示唆されよう。

なお、本章では大規模豪農本山成家を主に扱ったため、巨大豪農、中小豪農の親族ネットワークについての実態分析は今後の課題となる。大規模豪農（持高一〇〇～二〇〇石程度）の親族ネットワークの範囲について、本山成家の場合、同族以外との通婚では通婚圏は半径一〇㎞以遠～約三〇㎞以内が過半であり、距離的にはほぼ一国に収まるものであった。巨大豪農（持高四〇〇～五〇〇石以上）の備中国窪屋郡倉敷村大橋家の場合、通婚圏は近隣数ヶ国、五〇㎞以遠にまで及んでいた（第二節第一項、山本太郎氏の研究）。ここからは、経営規模と親族ネットワークの範囲の連動がうかがえよう。備中国の中小豪農の親族ネットワークについては、大規模豪農、巨大豪農の事例と小田郡岩倉村の通婚圏（第二節第一項、大島千鶴氏の研究）を念頭におき、半径一〇㎞前後＝日常的生活圏内に収まるものが大半であると見通しておきたい。また、幕末維新期の村や地域における豪農の位置の変化、例えば地租改正によって村役人が貢租立替義務を喪失したことが、村や地域による豪農の経営救済措置の有無や内容に与えた影響を解明することも、今後の課題としておきたい。なお、本章では主に豪農家の借用の側面や金融面でのネットワークを明らかにしてきたが、貸付の側面からみた地域・領主と豪農や地方都市商人との金融関係については分析が不十分である。この点については、第二部第二章や第三部である程度検討を加えていく。

註

（1）佐々木潤之介『幕末社会論』（塙書房、一九六九年）、同『世直し』（岩波書店、一九七九年）等。
（2）久留島浩『近世幕領の行政と組合村』（東京大学出版会、二〇〇二年）。
（3）渡辺尚志『近世村落の特質と展開』（校倉書房、一九九八年）第五章、第六章。
（4）福澤徹三『一九世紀の豪農・名望家と地域社会』（思文閣出版、二〇一二年）等。
（5）渡辺尚志編著『近代移行期の名望家と地域・国家』（名著出版、二〇〇六年）終章。

(6) 岩田浩太郎「豪農経営と地域編成」(『歴史学研究』七五五、二〇〇一年)、特に八六頁。
(7) 大塚英二『日本近世地域研究序説』(清文堂出版、二〇〇八年)第四章。
(8) 前掲註(4)福澤氏著書第一〜第三章。
(9) 山﨑善弘『近世後期の領主支配と地域社会』(清文堂出版、二〇〇七年)第七章。
(10) 大塚英二『日本近世農村金融史の研究』(校倉書房、一九九六年)第五章。大塚氏は主に小前の親族関係に着目しているとみられるが、豪農の経営悪化の場合でも、村や地域による救済の前段階として親族による救済が想定可能であろう。
(11) 粕谷誠『ものづくり日本経営史』(名古屋大学出版会、二〇一二年)第一章等。
(12) 本章で使用する「生存」は、「特定の歴史段階において、社会的に定置された人々が、そのように生きて当然と考え、それが社会的に通念化している生き方」(研究委員会「大会テーマ説明「生きること」の歴史像」『日本史研究』五九四、二〇一二年、三頁)であり、「生存」を保障する社会経済的状況と人的ネットワークの解明が重要な課題となる。
(13) 『日本家族史論集』(全一三巻、吉川弘文館、二〇〇二〜〇三年)。
(14) 筒井正夫「近代日本における名望家支配」(『歴史学研究』五九九、一九八九年)、山中永之佑『近代日本の地方制度と名望家』(弘文堂、一九九〇年)、高久嶺之介『近代日本の地域社会と名望家』(柏書房、一九九七年)、丑木幸男『地方名望家の成長』(柏書房、二〇〇〇年)等。
(15) 太田健一『日本地主制成立過程の研究』(福武書店、一九八一年)、森元辰昭『近代日本における地主・農民経営』(御茶の水書房、二〇〇七年)。
(16) 天野彩「地方知識人窪田次郎の活動と地域の社会・文化についての一考察」(前掲註(5)渡辺氏編著)。
(17) 有元正雄他著『明治期地方啓蒙思想家の研究』(渓水社、一九八一年)第一部第一章。
(18) 中山富広『近世の経済発展と地方社会』(清文堂出版、二〇〇五年)第三章第一節、第二節。平野哲也『江戸時代村社会の存立構造』(御茶の水書房、二〇〇四年)第二章も下野国芳賀郡の村方地主家における親族関係と金銭融通網について言及しているが、金融関係の形成契機・範囲・数量的推移等については分析を深化する余地が大きい。

(19) 萬代悠『近世畿内の豪農経営と藩政』(塙書房、二〇一九年)第一部第二章、第二部第六章。
(20) 大藤修『近世農民と家・村・国家』(吉川弘文館、一九九六年)五五頁。
(21) 本章で主に使用する史料は、井原市教育委員会寄託の「山成家文書」(以下、山成)、井原市教育委員会所蔵の平木家文書近世・近現代(以下、平世・平代)、山成聰家文書近世・近現代(以下、山聰近世・山聰近現代)等の地方文書と、井原市芳井歴史民俗資料館所蔵文書(以下、芳井)である。山成聰家文書は個人蔵の文書であるが、井原市教育委員会がマイクロフィルムを所蔵しており、本章の執筆にあたってはマイクロフィルムを利用した。
(22) 明治一四年一〇月一日「山成家年代記」(山成家文書)。本書は後月郡与井村の外山篤太郎(西山成家分家外山家、安政五年生【図1】)の著作であり、編年体で山成一族の冠婚葬祭を主体に、時々の社会情勢も記録している。同史料については拙稿「近世後期から明治期における家・同族意識」(『日本歴史』八三一、二〇一七年)にて詳細な検討を行っている。本書を執筆する際の「引用書目」として過去帳、明細書上帳等が明記されており、山成一族の年長者からの聞き取りも執筆に利用されている。本書は二次史料ではあるが、引用書目の明記等の学問的手法がみられる点、過去帳等の典拠史料があがっているため冠婚葬祭の粉飾は考えにくい点、幕末—明治期の記事は篤太郎の実体験である点から、記述に一定の信用がおけると判断し、本章では可能な限り一次史料と併用する形で用いる。
(23) 阪谷芳郎、山成喬六の事績については、岡山県歴史人物事典編纂委員会編『岡山県歴史人物事典』(山陽新聞社、一九九四年)の該当箇所(前者は四六七～四六八頁、後者は一〇六六頁)を参照した。
(24) 前掲註(22)拙稿は外山家当主の家・同族意識に加えて、行論中で外山家の役職や経営の概要も明らかにしている。
(25) 前掲註(22)「山成家年代記」。
(26) 井原市史編纂委員会編『井原市芳井町史通史編』(井原市、二〇〇八年)三五二～三七六頁。同書第五章第五節(三五二～三九五頁)は河田章『岡山の社会経済史研究』(吉備人出版、二〇一四年)に再録。
(27) 文久三年一〇月「備中国村々永上納金御用金名前帳」(平世四—二三六)。この御用金の賦課基準は不明だが、本書序章で述べた通り、村高ではなく個人の経済力に応じた賦課が行われていることは確認できる。

(28) 山本太郎『近世幕府領支配と地域社会構造』(清文堂出版、二〇一〇年)第四章第二節。
(29) 美星町史編集委員会編『岡山県美星町史通説編』(美星町、一九七六年)三六六～三八五頁によると、小田郡三山村三宅家は宝暦元～万延元年までの一一〇年間で、質地流れと買収によって約五四五石の田畑を入手している。同家の経営規模が巨大豪農といえるかは判然としないが、本山成家と同等かそれ以上の規模の豪農の一つとみてよいと考える。
(30) 「文化十三子年より文政十一子年春迄下出部村上出部村川相村兼帯庄屋役中手續略」(山成二九―七―八三)。
(31) 史料的制約のため、取得地の実収入と年貢量の差を示すことはできず、取得地の収益性については不明な点が多い。ただし、あくまで石高のみに着目した参考事例としてではあるが、兼帯庄屋就任時とその前後とでは、【表3】の取得地一反ごとの平均収量(B／A)が大きく増減していない点に注目すべきである。土地の取得代金や上出部村、川相村での土地集積の状況が不明であるため判断が難しいものの、本山成家は兼帯庄屋として年貢立替や生活資金の貸付に応じつつも、概ね従来の取得地と同程度の生産力の土地を選んで取得していったのではないか。
(32) 倉敷市史研究会編『新修倉敷市史　第三巻　近世(上)』(倉敷市、二〇〇〇年)六二八～六三七頁。
(33) 嘉永四年八月一九日「覚」(天保一五年正月「証文控」山成二九―七―二八所収)。
(34) 【表4】の1、2の取得地一反あたりの収量(B／A)が、【表3】の取得地の平均収量(B／A)と比べてかなり少ない点は注目すべきである。しかし、前掲註(31)と同様に取得地の収益性は不明であるため、上記の事柄の評価については留保しておきたい。なお、本山成家は、備後国安那郡下加茂村や備前国児島郡福田新田などの遠隔の所持地においては、現地の者を「世話人」に任命し、小作料の徴収等を行わせていた(戊午三月一七日「〔山成源四郎宛嘉太郎・弥太郎書状〕」山成二九―七―七六九、明治二一年一〇月一〇日「外山篤太郎書簡」〈専修大学編『阪谷芳郎関係書簡集』芙蓉書房出版、二〇一三年、三三〇～三三三頁〉)。
(35) 前掲註(22)「山成家年代記」。
(36) 米購入時の「覚」・「通」類(山成二九―七―一九五、二〇七、二〇八、二一一等)。米購入の全体像は不明だが、小田郡笠岡村(笠岡港)の商人から秋田米を購入していることも確認でき、海運による米穀流通網を利用しつつ経営していたことがわかる。

(37) 明治一二年「村誌」(芳井四〇四)。

(38) 文化～文政期の酒造業は、「文政九戌年ヨリ天保四巳年迠　諸書附諸用留」(山成二九—七—一一九) による。

(39) 天保三、六年の酒造株取得は、前掲註(26)『井原市芳井町史通史編』三七六～三七九頁による。

(40) 前掲註(26)『井原市芳井町史通史編』三八一～三八五頁。

(41) 明治二年「廻村御用留」(茨城県立歴史館所蔵一橋徳川家文書C六—三)。

(42) 明治四～同八年「御用留」(山成聰家文書近現代Ⅰ—二)。

(43) 明治一一年三月二日「仕法決議連名簿」(山成聰家文書近現代Ⅷ—七三)。

(44) 本節の典拠は註記がない限り前掲註(22)「山成家年代記」である。

(45) 生活圏と通婚圏の一致、および「日常的生活圏」の語については、本書序章でも述べた通り、倉地克直「近世後期の農民家族」(『岡山地方史研究』七六、一九九四年) を参考とした。

(46) 「萬勘定覚帳」(高梁市歴史美術館所蔵仲田家文書②—六—一八・二〇) による。同家文書については同市担当者とも連携しつつ、筆者が学生とともに整理・目録とりを進めており、その成果の一部を東野将伸「近世後期～明治期における山間部豪農の経営とネットワーク」(『岡山大学大学院社会文化科学研究科紀要』五七、二〇二四年) にまとめた。なお、本章での仲田家についての記述で註記がない箇所については、同論文によっている。

(47) 前掲註(46)拙稿。例えば、文化期の事例ではあるが、筆者が以前分析した摂津国島下郡高島家は、「有物」が銀一〇〇〇貫匁近く、持高は四〇〇石程度を有しており(拙稿「宝暦～文政期の豪農金融と地域社会」『歴史科学』二二〇・二二一合併号、二〇一五年)、このような巨大豪農と比べると本山成家・仲田家の経営規模は相対的に小さいことがわかる。

(48) 岡山大学教育学部内地域研究会編『芳井町誌』(後月郡芳井町誌刊行委員会、一九七二年) 九四頁。ただし、史料に即した分析からの指摘ではない。

(49) 前掲註(16)天野氏論文五九三〜五九五頁。
(50) 前掲註(28)山本氏著書第四章第二節。
(51) 岩倉村における通婚・養子縁組についての記述は、大島千鶴「近世後期における岩倉村・稗原村・高屋村の通婚圏について」(『井原市史紀要　井原の歴史』第三号、二〇〇三年)によった。
(52) 井原市史編纂委員会編『井原市史Ⅰ』(井原市、二〇〇五年)七三二〜七三四頁。
(53) 前掲註(27)。
(54) 以下、註記がない限り、本項での典拠は【表6】の典拠史料四点である。
(55) 証文は度々書き替えられ、返済年期の延長がなされる場合があるが、【表6】の典拠史料四点では書替の記録はもともとの証文に追記されている。このような書替については煩瑣になるため【表6】の数値からは除外した。
(56) 前掲註(31)と同様にあくまで石高のみに関してだが、【表3】の下出部村の土地売却において、文政一一〜天保二年に一反の平均収量が一・二二石余の土地を約一五石取得する一方、平均収量が〇・四九石余の土地を約三石売却している点は注目される。
(57) さらに、本山成家の土地売却においては、小規模な土地が多数売却されており、この相手には各村の庄屋や御用金の多額上納者ではない者も多く含まれている。本章で述べた事柄をふまえると、第一部第三章での分析と同じく、小前層における活発な経済活動や資金調達の様相を推察することもできよう。この点についての論証は他日を期したい。
(58) 天保一三年に幕府公定利率上限は年一五%から一二%に引き下げられるが、地方で結ばれる領主が介在しない金融関係においても、その貸付利率は幕府公定利率の引き下げとかなりの程度連動していた(植村正治『近世農村における市場経済の展開』同文舘出版、一九八六年、二五四〜二五五頁)。このことから、近世後期の貸付利率の高低を考える際、公定利率との比較は一定の目安となると考える。
(59) 前掲註(26)『井原市芳井町史通史編』三七六〜三七八頁。
(60) 年未詳六月三日「ヤナセ酒場宛胡屋杢八書状」(山成、井原市史編纂委員会編『井原市芳井町史史料編』井原市、二〇〇七年、二八二〜二八三頁）。
(61) 大津寄家については、前掲註(52)『井原市史Ⅰ』五六五〜五六六頁を参照。
(62) このような状況の背景には、後月郡に富裕な町場商人が少なかった点も重要である。文久三年の御用金上納額の上位五〇人のうちに、陣屋元西江原村の者は儀兵衛（二五〇両）、杢郎（二〇〇両）、善次郎（一五〇両）のみである（序章【表4】）。初出論文では儀兵衛と善次郎の二名としていたがこれは誤りであり、訂正しておきたい。また、【表7】4〜6、10は文久三年の備中一橋領において二五〇〜五〇〇両を上納しており、同領の有力者間の金融ネットワークの存在がここからもうかがえる。
(63) 外部から導入した他人資本は、貸付や居村百姓の年貢立替等へと使われた部分もあったとみられ、全てが酒造業や地主経営の拡大に使われたのではないと考える。例えば、文久三年には領内に巨額の御用金が課され、さらに石代値段の高騰によって安石代が行われているが（拙稿「備中一橋領における年貢収納と石代納」『日本歴史』八一三、二〇一六年）、この年の本山成家の借用金額は【表6】10期の各年の中でも最大の八〇〇両である（万延元年五月「諸証文控」山成二九―七―二六）。備中一橋領の経済状況や物価の状況と、本山成家の借用金額およびその用途の間には深い関係があるとみられるが、この点の追究は今後の課題である。
(64) 例えば、日田掛屋の広瀬家と千原家の経営は、ともに他人資本に依存していた（野口喜久雄「「積書」より見た広瀬家の経営」『九州文化史研究所紀要』一七、一九七二年、楠本美智子『近世の地方金融と社会構造』九州大学出版会、一九九九年、第一章）。
(65) 安政二年一一月七日「相続心得方之事」（山成聰家文書近世Ⅷ―一三〇）。
(66) 慶応三年一〇月一四日「遺書」（山成聰家文書近世Ⅷ―一三二）。
(67) 山成聰家文書近世Ⅷ―一三四・一三五。いずれも年未詳であるが、内容から前掲註(65)が出された時期前後のものとみられる。
(68) 前掲註(22)「山成家年代記」、前掲註(26)。この他、天保六年に一〇〇両、同九年に二〇〇両、同一三年に三〇〇両、嘉永二年に二七両を上納している（「山成家年代記」）。

(69) 明治三年一〇月~同五年七月「覚」（佐藤有一家文書、井原市史編纂委員会編『井原市史Ⅴ』井原市、二〇〇三年、一〇七~一〇九頁）、前掲註(22)「山成家年代記」。

(70) 前掲註(22)「山成家年代記」。三名への分家が明治五年になされた理由は不明だが、前掲註(66)には三名への分地高の規定が書かれており、三名への分家は既決のものであった。

(71) ナイカイ塩業株式会社社史編纂委員会編『備前児島野﨑家の研究』（山陽新聞社、一九八七年、一九八一年竜王会館発行版の復刻再版）四一三頁。

(72) 前掲註(22)「山成家年代記」。

(73) 前掲註(41)参照。山成直蔵・源四郎の産物会所での役職についても同史料による。

(74) 慶応元年五月一六日「覚」（山成聰家文書近世Ⅶ―三七〇）。

(75) 明治四年「会所勤番事件扣・興譲館世話掛り扣」（山成聰家文書近代Ⅰ―一六）。

(76) 産物会所の運営や豪農の関与については、前掲註(52)『井原市史Ⅰ』、前掲註(26)『井原市芳井町史通史編』、大山敷太郎『幕末財政金融史論』（ミネルヴァ書房、一九六九年）第六章、池田宏樹「一橋徳川家の備中領における殖産政策」（川名登編『2001年度共同研究報告書―中国地方における海附・川附村落の経済的・文化的研究―』千葉経済大学、二〇〇三年）、古賀康士「安政四年の紙幣目録」（『岡山地方史研究』一一六、二〇〇九年）、柴田一「備中一橋領江原代官友山勝次について」（『井原市史紀要　井原の歴史』四、二〇〇四年）、古賀康士「近世的殖産政策の生成と展開」（『九州文化史研究所紀要』六二、二〇一九年）が検討しており、全体としては豪農層の訴願の動きや運営への関与と代官友山の働きかけの重要性が指摘されている。これらの点の重要性は筆者も同意しており、まとめて付け足す点はないものの、これらの成果をふまえて、本書第三部第二章において一橋家財政の動向の延長線上に殖産政策を位置づける形で論をまとめている。

(77) 前掲註(43)。

(78) この点は、前掲註(46)拙稿「三」にて指摘している。

(79) 前掲註(26)『井原市芳井町史通史編』五八三～五九〇頁。

(80) 例えば、明治一〇年四月に理一郎の母コトと簗瀬屋三代五平、同一一年二月には山成理一郎、外山文三郎、簗瀬屋が、本山成家の家政改革についてそれぞれ協議している（明治一〇年一月～同一一年四月「備忘録」山成聰家文書近代Ⅸ―三）。恩借五〇〇円は親族からすると多額ではなかった可能性もあるが、ここでは程度の差はあっても本山成家の救済に取り組まざるを得なかった事実自体を評価したい。

(81) 『岡山県地主録―衆議院議員撰人人名簿―浅口郡・小田郡・後月郡』（細謹舎、一八九二年）。

(82) 遠隔地や親類関係にない相手との金融関係の形成を考える際、貸手と借手を仲介する「口入」「取次」の働きが重要であり（岩田浩太郎「豪農経営と地域編成（一）」『山形大学紀要　社会科学』三二―二、二〇〇二年）、これは豪農から領主への金融においても同様であるとみられる（萬代悠「近世畿内の金融仲立人」『日本歴史』八六三、二〇二〇年）。ただし、本章で検討した本山成家の借用金の事例では、検討した史料の性格によるものか、「口入」や「取次」は確認できておらず、今後の課題となる点である。

備中国南西部における「取次」の事例として、嘉永三年一一月「乍恐以書附奉願上候」（岡山県立記録資料館所蔵富岡村資料（紙焼き）F〇〇五一三―〇〇〇四〇〇〇九八）は、備中国小田郡横島村直蔵（本山成家九祖直蔵とは別人物）が同郡富岡村庄屋吉兵衛の振る舞いの数々を笠岡代官役所へ訴えたものだが、この文中には以下の記述がみられる。

（前略）天保元寅年ゟ当戌迄七百五拾貫弐百拾壱匁吉兵衛ゟ私取次ニ而所ゝ江取替銀有之、取立世話料壱貫目ニ付拾匁宛之相渡候間、無油断催促いたし取立候様相願置候、世話料相渡不申、尚又天保十一子年吉兵衛ゟ東大嶋村増右衛門取替銀差滞候ニ付願出度候得共、吉兵衛差支有之、私代人罷出呉度、尤一日拾匁宛賃銭相渡候段申之候ニ付、岡山役場江願出日数五十三日分相渡不申、尚又天保十三寅年六條院西村千三郎江取替銀有之、且又前同様相願候ニ付岡山表江罷出、日数四十九日分相渡不申、前文廉ゝ兼而約諸之賃銀差滞相渡不申（後略）

吉兵衛は天保元年（一八三〇）から嘉永三年（一八五〇）までの二一年間、合計で銀七五〇貫匁余を直蔵の「取次」

で各所へ貸し付けていた。そして、この貸付金の取立に際して、一貫匁につき一〇匁の世話料を吉兵衛から直蔵に渡す取り決めがなされていたが、これが支払われていないと訴えている。そして、一日に一〇匁の賃銭を渡す取り決めのもと、直蔵が吉兵衛の代人として岡山藩領民の返済滞りについて「岡山役場」・「岡山表」（ともに岡山城下とみられる）へ行った際にも、その賃銭が支払われなかったと述べている。なお、同史料中で直蔵は吉兵衛を「近郷稀成福者之身分」と表現しており、吉兵衛の貸付金額の大きさ、明治二年（一八六九）には吉兵衛の養子の坂本孝三が大庄屋格を与えられていること（明治二年三月「宗門人別御改帳」（同F〇〇五一三—〇〇〇三〇一〇〇））から、吉兵衛・孝三（坂本家）は地域でも上層に位置する豪農（おそらくは大規模豪農）であったとみられる。

同史料では、天保一五年に下された「窮民取続為手当銀」を吉兵衛が「新田築立」という別の用途に使っていること、安石代が実施された際、村に下げ渡された「間銀」を吉兵衛が着服していることなど、多様な事柄が訴えられている。このいくつかの点については吉兵衛およびその養子の孝三から笠岡代官役所へ訴えがなされ、吉兵衛側の言い分が認められたようであるが（嘉永四年五月「乍恐以書附奉願上候」（富岡村資料同F〇〇五一三—〇〇〇四〇一一二）・同年同月「乍恐以書付奉願上候」（同F〇〇五一三—〇〇〇四〇一二一））、上記の貸付の「取次」や「世話料」について吉兵衛側が訴え出た史料は今のところ確認できていない。また、岡山表への出張は虚偽の場合にはすぐに判明する事柄であることからも、この箇所の直蔵の言い分は信頼に足るものである可能性が高いと考える。貸付に際して「取次」を行う者や、争論の際に代人として働く者を含み込む中で、豪農や地方都市商人による金融活動は成り立っており、そこには「世話料」や「賃銭」が発生していたことは注目すべきである。これは、遠隔地での地主経営における「世話人」（前掲註(34)）と同様に、豪農の各経営部門を成り立たせていた組織や人員、それらが形成するネットワークに留意すべきことを示していよう。貸付「取次」の「世話料」が取立金額に応じて出されることや、「世話料」「賃銭」の金額の多寡など、より広範な事例と照合する必要はあるが、さしあたり備中国南西部における一事例として紹介しておきたい。

第二章　近世後期から明治期における質屋業と高額貸付
——備中国後月郡西江原村山成家（簗瀬屋）を事例に——

はじめに

戦後から一九七〇年代まで、近世日本の農村における金融活動については、これを高利貸と評価し、金融の大規模な担い手であった豪農と一般農民との対立を強調する見解が主流であった[1]。しかし、一九八〇年代以降、大塚英二氏が「村融通制」論（「融通＝循環論」）を提起し、村役人の融通機能や村共同体内での救済的な貸付の内実を明らかにした[2]。近年では大塚氏の提起をふまえつつ、豪農金融が地域に果たした意義や、豪農の貸付形態（無担保での信用貸付・高額貸付）が村落共同体の枠組みに規定されていたと主張する福澤徹三氏の研究が発表されている[3]。また、在郷町の豪農商の金融活動についても、領主貸や商業資本家への多額貸付に傾斜していく側面や、豪農商の金融の影響力の大きさが中山富広氏・山本太郎氏によって指摘されている[4]。

一方で、豪農や有力町人の中には、一般の農民・町人への貸付や少額金融を継続する中で経営を維持・発展させていた者もみられ、その代表的な例に質屋をあげることができよう。質屋の金融活動は、村という枠組みに規定された救済・融通（前述大塚氏）とは別の次元で行われる金融活動であるが、後述の通り村役人や豪農による金融の分析と比べて、十分な研究蓄積があるとはいえない。質屋の金融についての研究史上の評価として、大塚氏は「豪農的に上昇する農民の蓄財の論理に包摂される可能性」を持つ点を指摘し、(5) 一方で荒武賢一朗氏は、質屋の「公益」、「経済的安定」への貢献を想定している。(6) しかし、両氏ともに、質屋の経営内容（特に貸付規模や収益）や小前との関係の実態分析・数量分析に基づいた評価ではない。

質屋の個別研究には、主に三都の質屋の法令・仲間・運上等の領主政策、(7) 一九世紀（主に近代）の関東における都市質屋・農村部質屋の経営・仲間組織、(8) 質屋の契約内容（質草・期限・質出し等）、(9) 質屋の物品保管機能、(10) などの分析がある。また、一七世紀後期に大坂の質屋が村の年貢皆済の補填機能を担っていたとする研究があるものの、(11) 江戸に進出した豪農の経営内での質屋業の位置や「江戸町続」地域の質屋組織の分析など、関東を題材とした研究が主に進展している。(12)

他の金融部門との関係もふまえて質屋業の内実を明らかにした研究として、小酒井大悟氏による河内国丹南郡岡田家の研究では、一八世紀前半に質屋業として主に零細・無高の百姓に少額（五〇匁以下）を貸し付けていたが、経営内での比重は小さく、一八世紀後半には質屋業が打ち切られ、無担保での高額貸付に傾斜していったとされる。(13) また、鈴木淳世氏は近世後期における陸奥国九戸郡軽米町の豪農淵沢家の質屋経営の収支を経年的に明らかにし、質屋経営による収益の少なさの背景として領主から質屋に困窮者救済の役割が与えられていたことを指摘しているが、質屋経営の内実にはそれほど紙幅を割いていない。(14)

質屋の研究には上記のような成果がみられるが、近世の質屋経営の専論は僅少であり、特に質屋業者の金融活動全体の形態・比重（高額・少額貸付の構成等）や経営動向の変遷は不明な点が多く、また関東地域以外の事例分析も少ない。このことは近世・近代の地域金融論・豪農金融論において、小前の資金調達手段の一翼を担ったであろう質屋業者や、土地以外を担保とした有担保貸付・少額金融を十分に議論に組み込めていないという状況の大きな要因となっている（土地を担保とした少額金融は本書第一部第三章参照）。

そのため、本章では備中国後月郡西江原村の山成家（屋号：簗瀬屋）を対象として、質屋業を含む金融活動全体の内容とその変化を明らかにする。先行研究の指摘と同様、本章の対象も史料的制約があり、質屋業の貸付内容や借り手は不明な点が多いものの[15]、質屋を含む経営活動全体の変化が長期にわたって判明するという点で、研究史的意義があると考える[16]。

第一節　備中国南西部における社会経済状況

（1）備中一橋領と西江原村

備中国南西部の後月郡は、幕領・旗本領・藩領等が錯綜していたが、文政一〇年（一八二七）に一橋家の所領が設置される[17]。明治初年の備中一橋領は後月郡に一万二六七二石余（同郡石高の約六九％）、小田郡に一万四七三八石余（同二九％）、上房郡に六一〇六石余（同二五％）あり、合計三万三五一七石余（六五ヶ村）であった。同所領の大半は文化一〇（一八一三）〜文政九年まで龍野藩預所であり、それ以前は主に幕府領であった。同所領の代官役所（江原役所）は後月郡西江原村にあり、代官一名のほか全六〜七名が勤務していた。

次に、山成家（簗瀬屋）が居住した西江原村の社会経済状況をみていく。天保二年（一八三一）における西江原村の村高は一五九九・八六八石（一橋領：一五八八・七七八石、寺院除地：一一・〇九石）であり、後月郡の村では最大の村高を有していた[18]。同村の一橋領分は、田一一〇一・〇二九八石（九六町四畝二歩半、うち八六町九反歩余が

「両毛作」)、畑四八七・七四八二石であり、田勝の村であった[19]。天保二年には同村の家数は四九七軒（二〇八四名）であるが、明治四年（一八七一）には六二〇軒（二六三〇名）に増加している[20]。

西江原村には山陽道の間宿（今市）がおかれ、備中一橋領の代官役所が設置されたこともあり、相当の町場化や商人の集中がみられた[21]。特に幕末の安政期以降、殖産政策による町場の拡大と商人の増加がみられた。一方で、同所領の町場には有力な商人が多くはなく、また領内には持高三〇〇石程度以上の豪農もみられなかった[22]。そのため、圧倒的な有力者による金融支配が郡全域や所領全体を覆うというような状況にはなかったと考える。

(2) 備中一橋領における質屋業と領主政策

本項では、備中一橋領における質屋業の展開と領主政策についてみていく。明治三年（一八七〇）、小田郡・後月郡の備中一橋領（二万七〇〇〇石余）の生産物や商業の産出量・代金・冥加銀等について調査が行われた[23]。【表1】に対象となった一六の製品（繰綿・煙草等）と一三の商業について、製品部門の合計値と商業の内訳をまとめた。商業については端数がないため見積りの数値とみられるが、代金合計は一万四九五〇両、冥加銀合計は六貫三五匁であり、製品合計の代金・冥加銀が全体の約九四％・約九〇％を占めている。

商業では代金・冥加ともに質屋が最も多い。【表1】典拠史料では「質屋素凡壱万両之処当時五千両与積り」とあり、元来の「出高」（質屋業による貸付金額とみられる）は一万両、明治三年「当時」は五〇〇〇両と見積られている。質屋の一件あたりの貸付額は比較的少額なものが多かった（後述）とみられるため、「出高」の数値から、両郡の一橋領では質屋による莫大な件数の貸付がみられたことがうかがえる。

代金に対する冥加銀の比率をみると、質屋の比率は商業部門の中では最も低い。冥加銀について、【表1】典拠史料では「是者近頃市町之振合ニ准し取立候ハヽ、冥加銀凡書面之通ニ御座候」とある。備中一橋領や一橋領全般における冥加銀の設定基準は不明確だが、質屋に対する冥加銀の低さという状況は、ある程度普遍的なものであったとみられる。

領主政策について、安政期に殖産政策が実施された際、領主は質屋株の設置や、他の業種の商人と合わせて周辺部から質屋を誘致していた[24]。領主は商業の振興に加えて、これを支える少額金融の活発化にも配慮しており、地域金融における質屋の重要性がうかがえる。

表1　備中一橋領の商業における代金・冥加銀
（明治３年〈1870〉、小田郡・後月郡）

	項目	代金（両）	冥加（匁）	比率（冥加／代金）
A	（製品：16品合計）	245,605	51,710	0.21
1	質屋	5,000	1,500	0.30
2	材木売	3,000	1,200	0.40
3	薪売	500	200	0.40
4	紙類問屋	500	250	0.50
5	桐木問屋	600	300	0.50
6	塩問屋	1,500	660	0.44
7	八百屋物売	700	350	0.50
8	瀬戸物類売	200	100	0.50
9	下駄問屋	500	250	0.50
10	鬢附油蝋燭問屋	200	100	0.50
11	糀味噌問屋	150	75	0.50
12	石灰問屋	100	50	0.50
13	肥類問屋	2,000	1,000	0.50
B	（商業：13業種〈１～13〉合計）	14,950	6,035	0.40
	合計（A＋B）	260,555	57,745	0.22

典拠：一橋徳川家文書Ｅ１-161。
註：比率（冥加／代金）は代金１両あたりの冥加銀額を示したもの。古賀康士「近世的殖産政策の生成と展開」（岡山地方史研究会・広島近世近代史研究会合同研究会報告、2010年６月２日）、同報告をもとにした同「近世的殖産政策の生成と展開」（『九州文化史研究所紀要』62、2019年）、拙稿「豪農経営と親族ネットワーク」（『ヒストリア』249、2015年、本書第２部第１章）も同史料より表を作成している。

第二節　山成家（簗瀬屋）の創設と経営動向

（1）山成家（簗瀬屋）の創設と役職

本節では村・地域内での山成家（簗瀬屋）の位置づけをみていく。なお、【表2】に同家の履歴をまとめており、以下では本表内の項目や関連史資料から山成家（簗瀬屋）についての基本的な情報を確認していく。

山成家（簗瀬屋）は後月郡で最上層の豪農である本山成家（簗瀬村）の分家西山成家（同村）の分家である（「山成家年代記」[25]）。山成一族の歴史をまとめた「山成家年代記」では、山成家の分家について「文化八年芳右エ門（西山成家二代）愛次郎（山成家初代）ヲシテ井原中町ニ出テ商ヲナサシム」とあり、文化八年（一八一一）に後月郡井原村へ分家した後、年代は不明だが同郡西江原村今市に転居している。山成家の経営帳簿で最も古い項目は文化八年からのものであり（後述）、分家の時期と符合する。

山成家（簗瀬屋）については、首藤ゆきえ氏が近代の地主経営を分析しており、近世期に相当の土地所持を実現し、明治初年から松方デフレ期に土地集積をより進めたこと、小作米の実納率の高さ等の地主小作関係の特質、明治一〇年代から貸与金収入が土地経営収入を上回っていたこと、明治二〇年代後半以降から株式や公債の購入を進めて配当収入が年々増加し、実業家として発展しつつあったこと等を明らかにしている[26]。一方で近世段階の分析、金融活動・商業の内実、資産の動向など、近世からの経営全体の分析を深める余地が残されている。そのため、以下では特に金融活動と資産の動向に重点をおき、分析を進めていく。

表２　山成家（簗瀬屋）の履歴（文化８～昭和10年〈1811～1935〉）

年	項目
文化８(1811)	初代当主愛次郎が西山成家より分家する。
天保６(1835)	御用金20両を出金する（領内全域で3,700両が賦課される）。
天保13(1842)	御用金60両を出金する（領内全域で9,300両が賦課される）。
嘉永２(1849)	「救民仕法金」として６両を上納する（領内第24位）。
安政元(1854)	３月、嘉永６年の「稀成大旱損」をうけて、「窮民助情金」４両を上納する。
安政３(1856)	江原役所へ11両を上納する。
安政４(1857)	８月、江原役所へ立替金40両を出金する。
安政５(1858)	産物会所の「会所備金」として50両を立て替える。
安政６(1859)	12月、「救民仕法金」６両を返済される。第２代儀兵衛の肩書きは「百姓」。
万延元(1860)	12月、第２代儀兵衛の肩書きに「西江原村今市　肝煎」とある。
文久３(1863)	10月、御用金として250両（うち永上納金20両）を出金する（領内第12位）。
慶応元(1865)	５月、産物会所仕法のため、10ヶ年限りで20両を無利足で立て替える。12月、産物会所の「会所備金」50両を10ヶ年限りで無利足とする。
慶応３(1867)	第２代儀兵衛が西江原村肝煎役の退任を願い出る。
明治４(1871)	２月、第２代儀兵衛（西江原村年寄）が他２名とともに旧産物会所の勤番への就任を断る。４月にも３名は勤番就任の猶予を願い出るが、結局同月に就任を承知する。
明治５(1872)	１月、簗瀬屋第３代山成五平が興譲館世話役（全12人）に任命される。９月、山成五平が入社金一口50円を出資し、書籍の出版を行う「細謹舎」の創立に参加する。11月、五平が第八大区小九区副戸長に任命される。
明治６(1873)	６月、第３代五平が小九区小学校周旋方に任命される。
明治７(1874)	４月、第３代五平が勧業掛に任命される。５月、第３代五平が地租改正惣代選挙候補者に推薦される。８月、小田県殖産会社江原分局が開店し、第３代五平が20株（600円）を出資する（全体の出資合計は254株、7,620円）。
明治８(1875)	小田県殖産商社江原分局の副頭取（全５人）に第３代山成五平がみえる。
明治10(1877)	第３代五兵衛が後月郡区務取締（３月）、老農（６月）に任命される。
明治11(1878)	４月、第４代勤治郎が副戸長に任命される（６月に免ぜられる）。第３代五兵衛が医務取締（４月）、義之小学校校長（６月）に任命される。
明治13(1880)	７月、第３代五兵衛が「水難救恤」のため10円を献金する。
明治19(1886)	一橋家への御用金残額230両のうち、割賦金44円41銭３厘を受け取る。
明治29(1896)	第４代勤治郎が発起人の１人となり、西江原銀行が設立される。
明治35(1902)	第４代勤治郎が西江原銀行監査役としてみえる。
明治42(1909)	第４代勤治郎が西江原銀行監査役としてみえる。
大正９(1920)	同年下半期に第４代勤治郎が井原銀行の監査役を務める。
昭和10(1935)	簗瀬屋家の山成愛一が県会議員に当選する（昭和22年まで務める）。

典拠：明治14年10月「山成家年代記」（井原市教育委員会寄託山成家文書）、山成家文書、山成聰家文書、井原市教育委員会所蔵平木家文書、『井原市史』Ⅱ・Ⅴ、首藤ゆきえ「小田・後月郡の地主経営」（『井原の歴史』４、2004年）。

表3　明治20年（1887）の山成家所持地（田・畑・宅地）

村名	面積	地価（円）	定米（石）
後月郡西江原村	4町5反4畝22歩	3,042.43	63.946
後月郡木之子村	3町8反8畝20歩	2,802.17	56.232
後月郡東江原村	3町0反3畝15歩	2,805.51	47.759
後月郡上出部村	0町6反8畝00歩	446.58	8.53
小田郡下稲木村	0町6反5畝04歩	483.26	11.25
小田郡山口村	0町2反4畝29歩	180.71	3.227
後月郡高屋村	0町2反3畝25歩	180.27	3.877
合計	13町2反8畝25歩	9,940.93	194.821

典拠：（明治20年～大正5年）「地税地方税村費并掛物毎歳納扣」（山成聰家文書近現代XV－9）註：簗瀬屋家は上記の土地以外に、山5町2反8畝2歩（地価7円17銭4厘）、藪（反別・地価不明）、堺葬地2畝15歩を所持し、さらに山林原野租として24銭を支払っている。

山成家の当主について、初代は愛次郎（一七八三～一八三七）、二代儀兵衛（一八一四～七八）、三代秀二郎（五兵衛、生没年不詳）、四代謹治郎（一八五八～没年不詳）と続く（「山成家年代記」）。同家は、近世には万延元年（一八六〇）以降に居村肝煎を務める程度であったが[27]、近代には村会議員や県会議員を務めている[28]。備中一橋領に一万八三二〇両の御用金が課された文久三年（一八六三）には、山成家は二五〇両（領内一二位、うち永上納金二〇両）を納めており[29]、経済力の大きさがうかがえる。

同家の持高をみると、文久元年には五五石余[30]、同三年には六〇石余（後月郡井原村の所持地を含まない持高）[31]、明治五年（一八七二）には宅地・耕地の合計九町四反あまり[32]、同二〇年には【表3】の通り七ヶ村に宅地・耕地を一三町二反八畝二五歩（定米一九四・八二一石）[33]所持していた。所持地を有する村は、全て西江原村から数km圏内と徒歩で日帰りができる程度の範囲にある。なお、明治・大正期における地主経営については前述した首藤氏の研究も参照されたい。山成家に残存した土地の質流れ証文や小作関係文書の時期をみると、天保中期頃のものから残存し始めており[34]、後述する「惣有物勘定」の「穀物」の数値からも、基本的には嘉永～安政期以降に土地集積がなされたことがわかる。明治二七年の『岡山県地主録』[35]をみると、山成五兵衛が直接国税額一一六・九三二円で郡内一七位、西江原村内では一位である。五兵衛以外に息子の謹治郎八一・七九二円があり、五兵衛と合計すると一九八・七二四円で郡内四位となる。

なお、近世に山成家の質屋営業が許可された際の文書は管見の限り残存しない。近代には明治一二年八月に山成家から質屋鑑札の取得が後月郡長堀口章介へ願い出されており[36]、これは同一一年四月に岡山県で出された「八品商取締規則」を受けての出願とみられる[37]。

（2）山成家（簗瀬屋）の経営動向――「有物」（資産）の推移――

山成家の経営動向・経営形態について、同家は地主経営・金融業・貸蚊帳業等を営んでいたが（後述）、分家当初より「質商」を経営の主軸の一つとしていた（「山成家年代記」）。

同家には、文化九～大正一四年（一八一二～一九二五）までの店卸帳（「年々改惣勘定帳」等）が五冊残存しており[38]、文化九～明治期における「惣勘定有物」（不動産を除いた資産総額）とこのうちの「有質」（質屋業での貸付）・「貸金」（質屋業以外での貸付）・貸蚊屋・貨幣・穀物を【表4】にまとめた。なお、「年々改惣勘定帳」には、文化～天保中期までは各年の収支金額の記述があるが、この時期以降の収支金額は不明である（後述）。また、天保一四（一八四三）、弘化二（一八四五）、同四、嘉永二、四～五年（一八四九、五一～五二）は「有物勘定年延」として店卸金額が集計されていない。この理由はやや不明確であるが、同時期に「不足」金や「沉金《しずみカ》」（不良債権）の記述が合計とは別に記述されるようになっており、貸付金の返済滞り等の影響から、決算ができない事由の発生や経営不安の状況があったと考える。この「沉金」は弘化三年に一六貫程度みられたが、元治元年（一八六四）には七貫五六〇匁に減少しており、この期間に不良債権がある程度整理されたとみられる。

【表4】から山成家の経営動向をみると、全体的には拡大基調にある。幕末期の資産額は急上昇しているが、

表4　山成家の「惣勘定有物」の推移（文化9～明治44年〈1813～1912〉）

年	有質	貸金	貸蚊屋	貨幣	穀物	惣勘定有物
文化9	8,494.00	（0カ）	1,247	0.0	0	18,930.10
文化10	13,624.00	1,391.100	1,247	1,240.0	0	20,009.60
文化11	17,201.70	1,240.500	1,068	1,150.0	0	21,438.00
文化12	18,670.50	1,501.000	893	902.2	0	22,197.80
文化13	13,960.00	7,332.000	680	988.0	0	23,251.00
文化14	8,316.00	14,850.000	800	990.0	0	25,316.00
文政元	11,900.00	8,440.000	800	4,560.0	0	26,200.00
文政2	21,000.00	12,150.000	600	900.0	0	28,400.00
文政3	24,000.00	5,550.000	700	2,640.0	0	30,490.00
文政4	24,100.00	7,360.000	700	5,000.0	0	32,410.00
文政5	23,600.00	5,760.000	700	2,900.0	0	35,689.00
文政6	29,500.00	7,000.000	700	2,600.0	0	38,555.00
文政7	38,000.00	6,500.000	700	0.0	0	45,200.00
文政8	37,370.00	9,600.000	680	2,600.0	0	50,250.00
文政9	40,600.00	11,000.000	600	2,800.0	0	55,000.00
文政10	41,300.00	13,130.000	800	4,350.0	0	55,795.00
文政11	38,500.00	12,500.000	700	5,420.0	0	57,120.00
文政12	45,640.00	12,500.000	800	3,680.0	0	62,620.00
天保元	35,757.60	21,200.000	700	9,282.4	0	67,000.00
天保2	34,689.72	32,058.280	900	4,205.0	0	73,023.00
天保3	30,522.00	39,800.000	1,000	4,000.0	0	76,009.00
天保4	31,600.00	42,683.000	1,000	5,524.0	0	82,423.50
天保5	31,400.00	48,372.240	880	4,730.0	0	92,000.00
天保6	32,619.00	56,172.000	－	4,071.0	0	89,447.31
天保7	32,520.00	43,800.000	1,000	16,770.0	0	99,811.50
天保8	43,071.00	36,120.000	950	11,875.0	0	100,069.40
天保9	41,510.00	43,820.000	1,000	13,775.0	138	114,205.00
天保10	29,262.00	55,250.000	1,100	15,060.0	283	120,794.50
天保11	30,142.00	62,350.000	1,200	9,040.0	490	125,515.00
天保12	35,654.00	54,640.000	1,300	5,010.0	650	125,615.00
天保13	44,496.00	57,400.000	1,450	2,200.0	460	133,325.00
弘化元	39,220.00	59,450.000	1,500	5,902.0	1,095	150,000.00
弘化3	35,610.00	63,650.000	1,700	13,050.0	730	163,200.00
嘉永元	53,600.00	74,270.000	1,700	4,930.0	1,120	177,810.00

嘉永3	59,650.00	78,288.700	1,600	8,684.0	1,869	193,263.00
嘉永6	56,235.00	84,026.000	1,600	8,161.0	3,555	211,600.00
安政元	65,759.00	88,076.000	2,200	5,370.0	2,764	221,200.00
安政2	56,600.00	105,915.000	2,300	10,000.0	5,753	240,000.00
安政3	51,430.00	111,162.800	2,400	20,530.0	3,973	255,400.00
安政4	42,680.00	123,478.000	2,660	19,345.0	2,963	270,700.00
安政5	42,935.00	136,122.000	3,200	20,758.0	6,906	288,500.00
安政6	48,868.00	133,291.800	4,000	9,800.0	5,632	274,350.00
万延元	61,488.50	123,617.286	4,600	10,640.0	5,556	288,000.00
文久元	63,229.00	122,013.000	4,500	17,879.0	7,044	305,000.00
文久2	59,347.00	134,805.000	4,600	21,604.0	10,531	326,800.00
文久3	51,068.00	158,878.000	6,100	4,710.0	12,158	351,500.00
元治元	46,924.00	153,221.000	7,070	13,424.0	12,805	373,000.00
慶応元	38,564.00	154,700.270	13,929	24,240.0	6,142	401,271.00
慶応2	62,593.00	146,626.500	20,180	25,830.0	14,484	450,493.00
慶応3	69,493.00	147,797.600	27,440	18,406.0	40,085	506,331.00
明治元	120,222.00	148,049.780	27,855	8,140.0	28,062	537,100.00
明治2	71,390.50	131,609.512	16,655	41,900.0	28,796	541,800.00
明治3	46,444.00	133,178.000	17,400	42,652.0	51,935	596,050.00
明治4	39,202.00	167,719.886	17,664	24,735.5	53,408	627,320.00
明治5	364.422	2,119.3720	206.25	388.135	349.200	7,397.3736
明治6	320.506	1,867.2580	206.25	1,043.330	232.490	7,731.5059
明治7	340.073	2,649.0809	204.80	295.450	344.100	8,177.5087
明治8	365.424	1,702.8520	198.50	70.175	445.740	7,259.2839
明治9	498.220	1,655.4550	219.40	141.200	259.920	7,260.3580
明治10	728.170	1,724.2350	206.53	224.990	310.850	7,391.1156
明治11	487.960	2,217.7850	206.70	238.715	346.800	7,660.2886
明治12	355.726	1,546.2000	214.50	535.740	641.200	8,183.1700
明治13	377.960	2,372.9900	226.40	174.650	756.600	8,979.3100
明治14	418.170	2,958.3600	271.90	212.949	1,399.260	10,100.2536
明治15	918.800	3,054.2000	266.47	250.072	943.200	10,506.2716
明治16	1,128.627	3,500.9500	269.10	188.466	770.100	11,346.0766
明治17	861.677	3,301.3000	142.20	202.085	379.150	10,695.8246
明治18	714.806	3,083.3700	141.50	196.395	713.275	11,000.5826
明治19	410.102	3,229.3840	108.24	149.590	677.670	11,453.9576
明治20	335.890	3,134.0800	92.20	179.215	646.220	11,893.6656

明治21	301.785	3,301.7860	96.70	216.300	579.480	12,164.5736
明治22	313.300	3,551.5200	101.00	172.850	565.360	12,472.6256
明治23	375.736	3,956.9000	107.90	121.690	938.640	13,480.0886
明治24	423.703	4,620.0800	102.00	145.210	881.980	14,113.4326
明治25	371.589	5,184.4280	103.74	627.570	910.420	14,813.4196
明治26	369.323	5,709.3550	104.96	93.275	808.911	15,139.6916
明治27	336.790	6,277.3400	99.94	117.000	905.200	15,921.0266
明治28	275.621	6,455.7400	111.80	95.950	1,032.360	17,136.6306
明治29	196.928	6,254.8290	96.36	164.330	1,243.200	18,225.2996
明治30	145.920	5,062.2730	96.55	312.370	1;156.680	17,343.5500
明治31	112.620	5,056.1500	111.70	154.620	1,109.750	18,623.5420
明治32	59.920	4,813.5400	95.00	166.170	1,044.000	19,476.5930
明治33	19.450	3,826.9000	83.70	70.730	1,151.000	20,278.4850
明治34	0	4,583.0200	82.00	124.140	1,137.000	21,000.9620
明治35	0	4,396.3730	100.00	86.215	1,089.100	20,446.0060
明治36	0	5,255.0130	88.00	80.790	1,351.450	21,715.6360
明治37	0	3,850.0230	82.00	64.500	1,477.200	18,515.5540
明治38	0	3,753.4000	73.00	90.200	1,748.900	19,425.4930
明治39	0	4,627.6230	70.00	173.777	1,481.800	20,387.2180
明治40	0	5,297.9730	67.00	105.400	1,652.100	21,920.3730
明治41	0	5,950.2300	67.00	111.350	1,895.000	22,891.8710
明治42	0	6,787.4900	67.00	124.350	1,843.000	23,943.9400
明治43	0	7,941.4000	57.00	166.435	1,442.100	24,500.5610
明治44	0	8,473.5000	35.50	185.700	1,708.100	25,649.6200

典拠：文化９～天保７年「年々改惣勘定帳」（山成聴家文書近世Ⅳ－１）、天保８～文久２年「年々改惣勘定帳」（同Ⅳ－２）、文久３～明治15年「年々改惣勘定帳」（同Ⅳ－３）、明治16～同37年「年々改惣勘定帳」（山成聴家文書近現代Ⅳ－４）、明治38～大正14年「第弐号年々勘定簿」（同Ⅳ－５）。

註：文化９～明治４年までの単位は匁（銀）、明治５・６年は両（金）、明治７年以降は円（金）である。５つの項目以外の資産額は本表では示していないため、５つの項目の数値の合計と「惣勘定有物」は異なっている場合がある。本文で述べた通り、天保14、弘化２、同４、嘉永２、同４・５年は店卸金額が集計されていないため、これらの年の記述は本表から除いている。

同時期の物価上昇を考慮すると、資産額の実質的な伸びは緩慢であったとみられる。同家では資産が減少している年（天保六、安政六、明治八、同一七、同三〇、同三五、同三七）があるが、家の運営方針を示した明治九年（一八七六）一〇月「家則書」[39]の本文からは、資産の停滞・減少の要因がうかがえる。

　去ル明治七甲戌年座鋪普請莫大之入費且多《ママ》其年ヨリ積太郎分地致シ、翌亥三月不幸入用又引請入用等モ甲戌年江打込候事故、其年ノ家産資本者固ヨリ一形ナラサル減少ハ勿論ナリ、然ルニ翌乙亥年者座鋪向何箇残造作入用モ掛リ、旱魃年ニ而作徳米減少位ノ事ナレトモ其年ノ惣計前戌年減少、資本金額ヨリモ又切金ニ相成候、当丙子年ハ諸雑費又多ク、殊ニ亥年ニ増タル旱魃、且去亥年分ヨリ五拾円余ノ増税ヲ収納、当子年分共前後百円余ト見込、今ヨリ当子年惣計百貳三拾円位ノ切金ニモ相成可事（後略）

明治七年の普請・分家、「不幸入用」（葬儀カ）によってある程度の家産の減少があり、同八年の造作入用・旱魃による作徳米の減少のため、前年より一層の悪化状況がみられる。同九年（丙子）には雑費の多さ・前年以上の旱魃・前年からの増税分の納付により、一二〇～一三〇円の「切金」（不足金）が見込まれている。そのため、（後略）箇所では「萬事堪忍倹約」のため、一円以上の買物や二円以上の造作は「一己ノ了簡」ではなく「協議」のうえで行うことと規定している。この他の資産が減少している年についても、本史料と同様の状況（凶作・普請・分家など）がみられた可能性があるが、詳細は不明である。

（3）山成家（簗瀬屋）の「有物」（資産）の内訳と商業活動

山成家の「有物」の内訳には、穀物・貸付金・貨幣・貸蚊屋・商品（古手等）等がみられ、貸付金（「有質」・「貸金」）は元治期頃までは圧倒的に多く、これ以降も相当の金額がみられる。「年々改物惣勘定帳」で「有質」と記述される項目について、元治元年以降、本銀返しでの土地買取は「本銀入之部」、質地入での貸付や無担保での貸付は「貸金之部」に記されており、「有質」にこれらの貸付金は含まれていない。質流品については「流質」、「流〇〇」として別記されている年があり、「有質」は質流品を指すものでもない。以上のことから「有質」は土地を媒介とした貸付や無担保貸付、質流品の査定額を含んだものでなく、質屋業での貸付＝動産を担保とした貸付であるといえる。山成家の「有質」を金一両＝銀八八匁として換算すると、明治三年（一八七〇）には五二七両余である。明治三年の小田郡・後月郡の備中一橋領における質屋業「出高」が五〇〇〇両である点[40]【表1】から、同家の質屋業の規模は領内でも上層に位置していたとみられる。

土地を担保とした貸付について、天保九年（一八三八）の「有物」には、他の貸付にかんする記述の直後に「本銀買之分共地株ニ懸ヶ銀　改畝一町三反」代銀八貫五〇〇匁が記されている。これは本銀返しの契約の担保として得た土地などの査定額（貸付額＝「懸ヶ銀」）とみられ、土地の請戻しを念頭においた記載方法とも思われるが、詳細は不明である。

山成家の主な支出には、給金、寺院・宗教関係、助情金関係等があり、幕末期には毎年貧人へ米を施与している。支出の中でも経営動向との関係で「地所買世話料」は重要である。これに類する項目は「惣勘定有物」では嘉永五年（一八五二）が初出であり、仲介者を通じての土地購入が行われたことがわかる。嘉永〜安政期には資産の中でも「穀物」の額が増加傾向にあり[41]、同時期以降、土地集積（購入・質流れ）が進展したことがわかる。

山成家は貸蚊屋業を行っており、これは文化九年（一八一二）の「年々改惣勘定帳」の最初期からみられ、毎年蚊屋を貸し付けて「損料」（レンタル料）を取得している。「年々改惣勘定帳」では慶応元（一八六五）〜明治五年には貸蚊屋が三〇〇帖を超え、全時期を通じての最盛期となっている（明治元年の二七貫八五五匁が最高額）。これ以降、貸蚊屋の数量・資産額は徐々に減少し、明治末年には一〇〇帖を下回っている。すなわち、同家は貸蚊屋業と質屋業を祖業とし、その後徐々に金融業（高額貸付）と地主経営に進出していったのである。

また、同家は古手・作徳米の販売や米の買入・売却も行っている。例えば明治二年正月～一一月中旬には、前年の作徳米五二・六七五石を三〇貫四六二匁で売却し[42]、慶応期以降、各年の日常的な支出や商業・作柄等にかんする情報の一部を記した「記録帳」には、「米小売附込座」の項目が現れており、同時期に米の売却が拡大した状況を反映しているものとみられる。

（4）文化～天保期における山成家（簗瀬屋）の金融・商業部門の収支状況

山成家の「年々改惣勘定帳」には、文化一〇～天保八年（一八一三～三七）までは金融・商業部門の収支と収入

表5　山成家の金融・商業部門の単年度収支（文化10～天保8年〈1813～37〉）

年	収入（匁）	支出	収支
文化10	1,908.3	−1,397.6	510.7
文化11	2,038.6	−1,228.0	810.6
文化12	1,416.8	−1,040.3	376.5
文化13	1,614.0	−566.0	1,048.0
文化14	1,548.0	−48.0	1,500.0
文政元	1,695.0	−820.0	875.0
文政2	2,910.0	−1,600.0	1,310.0
文政3	3,880.0	−1,800.0	2,080.0
文政4	3,390.0	−1,500.0	1,890.0
文政5	3,800.0	−1,500.0	2,300.0
文政6	4,080.0	−1,500.0	2,580.0
文政7	4,500.0	−1,500.0	3,000.0
文政8	5,150.0	−1,500.0	3,650.0
文政9	6,000.0	−2,500.0	3,500.0
文政10	5,500.0	−3,650.0	1,850.0
文政11	5,500.0	−7,200.0	−1,700.0
文政12	5,530.0	−3,000.0	2,530.0
天保元	6,000.0	−2,000.0	4,000.0
天保2	7,000.0	−2,000.0	5,000.0
天保3	7,000.0	−5,000.0	2,000.0
天保4	7,000.0	−2,000.0	5,000.0
天保5	8,000.0	−1,800.0	6,200.0
天保6	8,000.0	—	—
天保7	9,000.0	—	—
天保8	—	−3,047.0	—

典拠：山成聰家文書近世Ⅳ−1。
註：「—」の箇所は記載なし。文化14年には支出として「諸雑用向」48匁が記されているのみであり、収支1,500匁も史料上に記されているため、そのままの数値を掲載した。

の構成が記されている（【表5】）。この収入の内訳には、A「質利」、B「貸利」、C「貸蚊屋料」の三つがみられる。文化一〇〜文政八年（一八二五）については、三項目を個別に記述した年があり、この内訳はAが圧倒的に多く、次いでBないしCと続く。例えば文政八年の収入をみると、A四貫八〇〇匁（九三・二％）、B一五〇匁（二・九％）、C二〇〇匁（三・九％）である。同年の「有質」は三七貫三七〇匁、「貸金」は九貫六〇〇匁であり、この両項目は資産額の比率以上に収入に大差がみられた。Aの数値は「流売払候損銀」等が除かれたものであり、詳細は不明だが質屋業での「損銀」をふまえてもこれほどの利益があがっている点は注目される。(43)

以上の通り、文化〜文政期には全体として順調な資産の増加がみられた（【表4】）が、これは質屋業の収入が主因であり、この時点では「貸利」は限定的なものであったことがわかる。天保期の収入の明細は不明であるが、文政期の「質利」と「貸利」の圧倒的な差からも、収入の構成においては資産額以上に「質利」の占める位置は大きかったとみられる。

第三節　山成家（簗瀬屋）の「有物」（資産）と貸付内容の特質

（1）山成家（簗瀬屋）における貸付形態

山成家の貸付形態とその内訳について、事例として天保九年（一八三八）の「有物」をみると（【表6】）、貸付に関係する項目は1〜9、11〜14となり、全体の金額の約八三・四五％を占める。1〜5は「有質」＝質屋業であり、6は無担保貸付、7は土地の本銀返し契約での貸付、8は質地取りでの貸付である。土地の本銀返しは年

表6　山成家における天保9年（1838）3月6日の「有物」

	項目	銀額（匁）	割合	区分
1	天保6年中質有	600	0.53%	有質
2	天保7年中質有	4,212	3.69%	有質
3	天保8年正月より6月迄質	5,064	4.43%	有質
4	天保8年7月より12月迄質	27,717	24.27%	有質
5	天保9年3月6日迄有質	3,917	3.43%	有質
6	預手形并面貸取かへ（無担保）	16,100	14.10%	貸金
7	金廻し本銀地有（土地本銀返し）	18,760	16.43%	貸金
8	同質地有（質地）	1,160	1.02%	貸金
9	本銀買之分共地株ニ懸ヶ銀 （改畝1町3反、高前6.3625石）	8,500	7.44%	地所
10	貸蚊屋（92帖）	1,000	0.88%	蚊屋
11	盛定年賦銀	4,800	4.20%	貸金
12	御用金	768	0.67%	御用金
13	入講銀有	693	0.61%	頼母子
14	隠居所預ヶ	3,000	2.63%	貸金
15	貨幣	13,755	12.04%	貨幣
16	穀物	138	0.12%	穀物
17	古手	800	0.70%	その他
18	流帽子	250	0.22%	その他
19	滞銀等（不良債権）	2,971	2.60%	その他
	合計	114,205		

典拠：天保8～文久2年「年々改惣勘定帳」（山成聰家文書近世Ⅳ−2）。

期までに土地代銀を返済することが前提の契約であり、[44] 山成家でも「有物」（他の不動産を除く資産）に7の項目が記されているため有担保貸付と捉えている。9もその表現から、本銀返しでの貸付によって山成家の手元にある土地の査定額（9と同額が借手に渡ったかは不明）を指すとみられる。有担保貸付（1～5、7～9）の合計は六九貫九三〇匁（全体の約六一・二三%）、無担保貸付（6、12（御用金））の合計は一六貫八六八匁（同約一四・七七%）であり、11、13、14の担保の有無は不明だが、貸付額は八貫四九三匁（同約七・四四%）にとどまる。全体として、有担保貸付が無担保貸付を大きく上回っている。なお、山成家の貸付全体の金額は、後月郡の最上層と比べて一段小さい規模のものであった[45]。

　貸付形態をみると、土地を媒介とした貸付（合計二八貫四二〇匁、【表6】7～9）が、無担保での信用貸（一六貫一〇〇匁、同：6）より多い。そして、質屋業による貸付（四一貫五一〇匁、同：1～5、全体の約三六・三五％）が相当の比重を占めており、これには小前層を対象とした少額貸付がかなりの程度含まれているとみられる（後述）。また、文久元年（一八六一）以降、貸付金（無担保、質地入）において、金五両を基準とした区分が山成家ではなされており、同家の貸付金額への認識をうかがううえで興味深い。

文久元年以降の「年々改惣勘定帳」の「貸金之部」（五両以上貸付）に頻繁に名前があがる人物としては、親族や近隣の有力者が多い。親族には本山成家（後月郡簗瀬村）、中屋家（同）、坂田家（川上郡九名村）、有力者には大津寄家（後月郡井原村）、平木家（同郡木之子村）、池田家（小田郡大江村）などがみられる。[46] 第二部第一章でみた本山成家と同様に、山成家が親族・有力者との金融ネットワークを有していたことがうかがえるが、一方で次項で詳述する通り、相当程度の少額貸付（山成家での貸付区分に従い、金にして五両以下の貸付とする）・短期貸付も実施していたとみられる点が、山成家の金融活動の特徴である。

（2）山成家（簗瀬屋）における質屋業と少額貸付

はじめにでも言及した通り、山成家には質屋業の貸付額や担保を記した「質帳」や、質屋業による証文が管見の限り残存していない。しかし、質屋業の貸付形態は重要な論点であるため、以下では「年々改惣勘定帳」や各種帳簿類をもとに分析を行う。まず、質草（質流品）は衣類や蚊屋（「質蚊屋」等の記述）が多かったことがうかがえる。[47]「惣勘定有物」をみると天保一二年（一八四一）に「古手五組歩質」、嘉永三年（一八五〇）に「流古手　流布団共」とあり、明治二年（一八六九）には「流古手」が銀三貫、同三年に銀一五貫みられた。弘化三年（一八四六）には「流古手売残り分」とあり、山成家が質流れの古手を売却していたことがわかる。質草の大半が衣料であったとする先行研究もあり[48]、「流古手」が多くの年の「惣勘定有物」でみられるため、質草の相当部分を占めていたと考える。この他、明治期には穀物、蚊屋、繰綿、古手、木綿等が質草としてみられる。

質屋業では、質草を紛失した際には弁済義務があり、文久三年（一八六三）山成家の「惣勘定有物」には「木子千助質不相見弁金渡し」とあり、質草の紛失により弁済している。この「弁金」は銀二〇匁（貸付額一〇匁）であり[49]、質屋業による少額貸付であった。

山成家の質屋業における質入期限について、慶応二年（一八六六）「惣勘定有物」の「有質」項目には寅年（慶応二年）、丑年《同元》の「有質」、「子年《元治元》中質」、「亥年《文久三》中質」、「古質有」の五つがある。数値からは、質入から一年以内の貸付が大半とみられるが、二年以上経たものも質流れではなく「有質」として計上されている。安政二年（一八五五）一二月一〇日開始の「うね弥三郎」への一四・六匁の「質通附」での貸付では、安政六年分の利子が二・三三匁（年利約一六％）であり[50]、断片的に確認できる他の貸付も同程度の利率である。山成家の質屋業での貸付利率がうかがえるとともに、貸付額が少額でも数年単位での貸付がなされていることがわかる。嘉永三年「惣勘定有物」には「有質」の項目の中に「未年《弘化四》并に古質不訳立分有」ともあり、質流れにするのではなく数年の契約を結んでいることがわかる。

近世後期以降、山成家は極めて短期間での少額貸付も行っており、明治九年一二月二九日には西江原村西新町の谷助へ金一円を「明晩迄」「取かへ」ており、この時の利子は一銭で三一日に返済されている[51]。このような少額貸付の理由としては米代・利子・質請代金の不足や物品の購入費用、商品の仕入れ金とみられるもの等が記されている。少額貸付の相手には不明な点が多いものの、前述の木之子村千助（仙助）は慶応二年の同村一橋領分（九四二石余）の持高が〇・〇四三石であり[52]、山成家は他村の零細層へも質屋業による少額貸付を行っていた。質屋業による貸付の平均額は不明であるものの、前述の「木子千助」、「うね弥三郎」への貸付の事例や慶応元年「惣勘定有物」の「古質有」が六匁にすぎないこと（最大でも六匁の貸付一件）などから、少額貸付が相当の部分を占めていたものとみられる（安政五〈一八五八〉～慶応三年の一〇年間のうち、六年間の「古質有」は各年三五五匁以下である）。

以上の通り、山成家は高額貸付を行う一方で、質屋業での貸付を中心として、少額貸付にも相当の比重をもって取り組んでいたとみられる。特に質流れ期限の長さからは、利子を取得する代わりに相当程度長期の契約を結んでいたことがうかがえ、山成家が長期的に資金を提供する機能を担っていたことがわかる。

（3）山成家（簗瀬屋）における質屋業と高額貸付との関係

前項で、山成家では高額貸付（主に「貸金」）と少額貸付（主に「有質」）が併存していたことを述べたが、両者の比重は時期によって変化がみられる（【表4】）。山成家の分家当初には質屋業（「有質」）の割合が大きかったが、これは主に質屋業者・貸蚊屋業者として経営を開始したことによる。その後、徐々に質屋業による貸付金の比重が低下する傾向がみられ、天保三年には「貸金」が「有質」を上回っている。「有質」と「貸金」は幕末期には概ね反比例の関係にあり、これ以降、「貸金」の金額が圧倒的に多くなっていく。一方で、「有質」は明治二〇年代まである程度の金額がみられ、土地以外を担保とした有担保貸付や少額貸付が明治中期にも相当程度実施されていたことがわかる。

両者の比重は年によっても大きく異なっており、例えば天保八年（一八三七）「惣勘定有物」では「有質」が「貸金」を上回っている。同七年には備中一橋領で広く凶作状況がみられ[53]、無担保貸付の返済に不安が生じる状況となったため有担保貸付が多く実施されたと考える。物価急騰がみられた慶応～明治初期（慶応二〈一八六六〉～明治二）や、明治一六年前後―松方デフレ期や明治二三年恐慌期の「有質」も同様に増加している。明治中期までの山成家では各時期の社会経済状況に応じた貸付形態がとられており、不況や社会不安の時期には小前の借用が相当程度含まれていたとみられる「有質」が増加していた。なお、安政末年以降、備中一橋領では殖産政策が実施され、その中には産物会所による貸付も実施されていたが[55]、山成家の貸付状況にはこれによる大きな影響を受けた形跡はみられない。

（4）明治中期における山成家（簗瀬屋）の経営転換

山成家の経営は、明治中後期に大きな転換をみせている。明治三四年（一九〇一）には「有質」が姿を消し（【表4】）、貸蚊屋業も幕末維新期と比べて大幅に縮小した（一四一帖〈八二円〉）。一方で、日清戦争の終結年である明治二八年以降、有価証券投資が急増しており、明治二八年には八二五円余であったが、同三二年には七五三〇円余となっている（【表7】）[56]。山成家は周辺地域や主に県内の会社へ投資し、時には役員や発起人として関与することで（【表8】）、地域の経済活動へ参画していた。明治二八年以降（【表8】6以降）に関与した会社は、紡績・銀行・鉄道・鉱業を行うものであった。山成家は明治一〇年代から貸与金収入が土地経営収入を上回っていたこと、明治二〇年代後半以降から株式や公債の購入を進めて配当収入が年々増加し、実業家として発展しつつあったことが首藤氏によって明らかにされており（第二節第一項前述）、「有物」の推移や同家の会社への関与も同様の状況を示すものである。

山成家の土地所持については、前述【表3】に明治二〇年の所持地をまとめた。明治二〇～四〇年に山成家が

表７　明治16～37年（1883～1904）における山成家の勘定有物

	項目/年	明治16年	明治17年	明治18年	明治19年	明治20年	明治21年
1	有質	1,128.6270	861.6770▼	714.8060▼	410.1020▼	335.8900▼	301.7850▼
2	貸蚊屋	269.1000	142.2000▼	141.5000▼	108.2400▼	92.2000▼	96.7000△
3	正金	188.4660	202.0850△	196.3950▼	149.5900▼	179.2150△	216.3000△
4	穀物	770.1000	379.1500▼	713.2750△	677.6700▼	646.2200▼	579.4800▼
5	貸金	3,500.9500	3,301.3000▼	3,083.3700▼	3,229.3840△	3,134.0800▼	3,301.7860△
6	地所	5,814.5636	6,219.5636△	6,403.5636△	7,055.0636△	7,343.2636△	7,441.6636△
7	頼母子講	243.1360	338.3510△	399.6860△	425.5230△	493.7370△	577.6240△
8	公債株式会社	132.2800	150.2800△	160.2800△	160.2800○	160.2800○	160.2800○
9	沉金	43.0000	33.9000▼	84.3200△	35.3400▼	54.7400△	27.1800▼
10	惣計（A、１～10合計）	12,090.2226	11,628.5066▼	11,897.1956△	12,251.1926△	12,439.6256△	12,702.7986△
11	預金・租税など（B）	744.1460	932.6820△	896.6130▼	797.2350▼	545.9600▼	538.2250▼
12	惣勘定有物（A-B）	11,346.0766	10,695.8246▼	11,000.5826△	11,453.9576△	11,893.6656△	12,164.5736△

	項目/年	明治22年	明治23年	明治24年	明治25年	明治26年	明治27年
1	有質	313.3000△	375.7360△	423.7030△	371.5890▼	369.3230▼	336.7900▼
2	貸蚊屋	101.0000△	107.9000△	102.0000▼	103.7400△	104.9600△	99.9400▼
3	正金	172.8500▼	121.6900▼	145.2100△	627.5700△	93.2750▼	117.0000△
4	穀物	565.3600▼	938.6400△	881.9800▼	910.4200△	808.9110▼	905.2000△
5	貸金	3,551.5200△	3,956.9000△	4,620.0800△	5,184.4280△	5,709.3550△	6,277.3400△
6	地所	7,441.6636○	7,541.6636○	7,723.2136△	7,774.2136△	7,774.2136○	8,125.6116△
7	頼母子講	640.4580△	726.4780△	606.4450▼	420.0440▼	466.0440△	506.8140△
8	公債株式会社	160.2800○	160.2800○	160.2800○	160.2800○	165.2800△	175.2800△
9	沉金	34.1000△	74.4100△	40.0000▼	43.5000△	24.1270▼	40.7500△
10	惣計（A、１～10合計）	12,980.5316△	14,003.6976△	14,702.9116△	15,595.7846△	15,515.4886▼	16,584.7256△
11	預金・租税など（B）	507.9060▼	523.6090△	589.4790△	782.3650△	375.7970▼	663.6990△
12	惣勘定有物（A－B）	12,472.6256△	13,480.0886△	14,113.4326△	14,813.4196△	15,139.6916△	15,921.0266△

	項目/年	明治28年	明治29年	明治30年	明治31年	明治32年
1	有質	275.6210▼	196.9280▼	145.9200▼	112.6200▼	59.9200▼
2	貸蚊屋	111.8000△	96.3600▼	96.5500△	111.7000△	95.0000▼
3	正金	95.9500▼	164.3300△	312.3700△	154.6200▼	166.1700△
4	穀物	1,032.3600△	1,243.2000△	1,156.6800▼	1,109.7500▼	1,044.0000▼
5	貸金	6,455.7400△	6,254.8290▼	5,062.2730▼	5,056.1500▼	4,813.5400▼
6	地所	8,125.6116○	8,125.6116○	7,715.6110▼	7,655.6110▼	7,490.6100▼
7	頼母子講	540.1990△	409.4990▼	–▼	–	–
8	公債株式会社	825.2800△	1,975.2800△	3,187.7800△	4,737.0300△	7,530.7800△
9	沉金	198.9630△	211.2030△	202.0330▼	216.4000△	156.0350▼
10	惣計（A、１～10合計）	17,661.5246△	18,677.2406△	17,879.2170▼	19,153.8810△	21,356.0550△
11	預金・租税など（B）	524.8940▼	451.9410▼	535.6670△	530.3390▼	1,879.4620△
12	惣勘定有物（A－B）	17,136.6306△	18,225.2996△	17,343.5500▼	18,623.5420△	19,476.5930△

	項目/年	明治33年	明治34年	明治35年	明治36年	明治37年
1	有質	19.4500▼	–▼	–	–	–
2	貸蚊屋	83.7000▼	82.0000▼	100.0000△	88.0000▼	82.0000▼
3	正金	70.7300▼	124.1400△	86.2150▼	80.7900▼	64.5000▼
4	穀物	1,151.0000△	1,137.0000▼	1,089.1000▼	1,351.4500△	1,477.2000△
5	貸金	3,826.9000▼	4,583.0200△	4,396.3730▼	5,255.0130△	3,850.0230▼
6	地所	7,784.9550△	7,667.9550▼	7,667.9550○	7,667.9550○	7,667.9550○
7	頼母子講	–	–	–	–	–
8	公債株式会社	7,906.5000△	7,979.0000△	7,579.0000▼	7,665.0000△	5,570.0000▼
9	沉金	181.8000△	179.3400▼	181.8000△	177.8000▼	203.5000△
10	惣計（A、１～10合計）	21,025.0350▼	21,752.4550△	21,100.4430▼	22,286.0080△	18,915.1780▼
11	預金・租税など（B）	746.5500▼	751.4930△	654.4370▼	570.3720▼	399.6240▼
12	惣勘定有物（A－B）	20,278.4850△	21,000.9620△	20,446.0060▼	21,715.6360△	18,515.5540▼

典拠：明治16年２月～同37年２月「年々改惣勘定帳」（山成聰家文書近現代Ⅳ－４）。

註：①金額の単位は円。②▼は前年比減少、△は増加、○は同額を示す。③「沉金」（沈金）の意味は不明だが、「中新初太郎年賦残金」、「但五円以下証文并ニ面貸定当不足米代粗筋立可申分」等の項目が含まれる。回収が円滑に進まず、長期に及んでいる貸付や、証文を交わさない貸付等をまとめたものと思われる。④明治27年以前は「沉金」は「公債株式会社」と一括されている。明治32年と同33年は「有質」と「貸蚊屋」が一括されている。

表8　山成家の関与した会社の概要（明治6～37年〈1873～1904〉）

	名称	山成家の加入	設立年	概要
1	細謹社	明治6年	明治5年	小田郡笠岡村（本店）、書籍出版
2	殖産商社江原分局	明治8年	明治6年	後月郡西江原村、産物の集荷・貸付金、山成家：副頭取
3	勉強社	明治8年	明治8年	後月郡梶江村、資本金2600円、蓄積金貸付、明治18年解散
4	勉忍社	明治19年	明治19年	西江原村、貸付業、明治32年解散
5	十友社	明治26年	明治26年	西江原村、積立金貸付、大正8年解散
6	児嶋鉄道会社	明治28年		
7	笠岡紡績会社	明治28年	明治27年	小田郡笠岡村
8	岡山銀行	明治29年	明治27年	岡山市橋本町、資本金15万円、明治33年山陽商業銀行に営業譲渡
9	備前紡績会社（備前織物会社）	明治29年	明治29年	御野郡石井村、資本金25万円、明治40年絹糸紡績株式会社と合併
10	笠岡鉄道会社	明治29年		
11	井原織物会社	明治29年	明治29年	後月郡井原町、綿フランネル製造、精米製粉、明治34年解散
12	神戸鉄山合資社	明治30年		
13	西江原銀行	明治30年	明治29年	西江原村、資本金5万円、昭和3年第一合同銀行に営業譲渡、山成家：発起人
14	三石耐火煉瓦会社	明治31年	明治23年	和気郡三石町
15	山陽鉄道会社	明治31年	明治21年	資本金1300万円、全線開通は明治34年5月
16	山陽商業銀行	明治34年	明治33年	岡山市紙屋町、資本金40万円、大正15年第一合同銀行に合併

典拠：山聴近世Ⅳ-3、同近現代Ⅷ-181・Ⅳ-4・ⅩⅣ-30・ⅩⅣ-31、「岡山県勧業年報　第六・七回明治一六・七年」（『勧業統計年報（写）』岡山市立中央図書館所蔵複写版）、神立春樹「明治期の岡山市における商工業の展開」（『岡山大学経済学会雑誌』24（1）、1992年）第3～5章、井原市史編纂委員会編『井原市史Ⅱ』（井原市、2005年）第1～2章、岡山県史編纂委員会編『岡山県史近代Ⅰ』（岡山県、1986年）第3章・第5章。
註：空欄は不明。

所持した耕地・宅地は、一三町二反五畝二歩から一四町二畝三歩の間で若干の増減をみせる程度である。(57) 明治中後期には資金を土地取得ではなく、高額貸付と有価証券投資に振り向けるという方針をとっていたといえる。

（5）明治三〇年前後における金融活動の変化と社会状況

明治一六〜三七年の「年々改物勘定帳」は、それまでの時期の同種の帳簿と比べてかなり内容が整えられ、資産構成の内訳も曖昧なものが無くなり、明瞭に判定できるようになっている。この時期の財産内訳を【表7】にまとめた。有質の減少傾向と消滅、貸蚊屋の減少傾向、明治二八年以降の有価証券投資の増加、明治二九年以降の貸金の減少傾向などがみてとれるが、金融に関わる事象としては、頼母子講への加入数の減少傾向と明治三〇年の消滅がみられる。なお、明治一五年以前にも山成家の「有物」には頼母子とみられる項目が継続的にみられるため、近世後期〜明治期を通じて、この明治三〇年の消滅は特筆すべき事項である。

【表9】に、明治一六〜二九年までの山成家の「有物」のうちの頼母子の内訳をあげた。E・Fの頼母子講の発起人と山成家との関係は不明だが、A・C・D・G・Hの頼母子の発起人は、本書第二部第一章で述べた通り、山成一族ないしその親類関係にある者であり、Bの妙善寺は、山成一族の総本家である本山成家および複数の分家の檀那寺であった。山成家（簗瀬屋）と関係の深かった家や寺に関する頼母子に参加していた山成家が、頼母子と関係を有しなくなるという点は、地域における組織的金融の変化を示す事柄として興味深い。

以上の現象について、地域における頼母子の実施そのものが減少したのか、山成家が頼母子に加入しなくなったのかは判断しづらい点である。ただし、同家の「有物」における「有質」や「貸金」の減少をふまえると、少なくとも山成家が金融・貸金・頼母子への加入などによる地域への直接的な資金提供から手を引き始めた後に、

表9　明治16〜29年（1883〜1896）の山成家加入頼母子

A 伊達文蔵講（川上郡日里村ヵ）、B 妙善寺講（後月郡芳水村）、C 坂田治平講（川上郡日里村ヵ）、D 山成毎次郎講、E 三室丈夫講、F 河原末吉講、G 山成喬六講（後月郡芳水村）、H 伊達績講（川上郡日里村）

明治16年		明治17年		明治18年		明治19年		明治20年		明治21年		明治22年	
A	65.187	A	72.517	A	78.925	A	85.915	A	93.165	A	98.165	A	98.165
B	83.06	B	100.523	B	117.523	B	133.323	B	154.323	B	174.323	B	194.323
C	44.24	C	55.07	C	34.13	C	74.53	C	82.92	C	92.295	C	102.295
D	15	D	26.111	D	64.98	D	47.924	D	59.498	D	70.878	D	70.878
E	26.9	E	34.13	E	36.924	G	83.831	G	103.831	G	125.154	G	150.154
F	8.749	G	50	G	67.204		425.523		493.737	H	16.809	H	24.643
	243.136		338.351		399.686						577.624		640.458

明治23年		明治24年		明治25年		明治26年		明治27年		明治28年		明治29年	
A	98.165	B	234.323	C	144.575	C	156.575	C	163.575	C	163.575	G	325.154
B	214.323	C	130.575	G	225.154	G	250.154	G	275.154	G	300.154	H	84.345
C	115.215	G	200.154	H	50.315	H	59.315	H	68.085	H	76.47		409.499
D	90.878	H	41.393		420.044		466.044		506.814		540.199		
G	175.154		606.445										
H	32.743												
	726.478												

典拠：山成聰家文書近代Ⅳ－4。註：各年の右行は頼母子への掛金額（円）を示す。

何らかの主体がその資金提供を代替していったと考えるべきであろう。明治二九年には西江原村を拠点とする西江原銀行が設立されているが（【表8】）、前述の通り山成家の貸金の減少がみられ始めた時期と符合する。山成家は、同銀行へ出資（明治三二年には三〇株〈株主全一五四名（合計二五〇〇株）中同率一八位〉を所持）するだけでなく発起人としても関与している[58]。西江原銀行は主に織物業や製糸業に貸出金の大半を融資し、明治期には順調な発展をみせ、年一〇％の配当を出していたことが明らかにされている[59]。

以上のことから、同家の中では金融業を直接行うのではなく、銀行への投資を通じて収益を得る体制へと移行していく志向性を見出すことができよう。さらに、近隣地域では明治三三年五月に資本金七万円で後月銀行が設立され、同行は大正三年には資本金を二〇万円に増資しており[60]、この間の時期に貸付金額のある程度の増加があったとみられる。近世以来の個人から個人への貸付や、頼母子によるグループ金融は、明治中後期における地域内での複数の銀行の設立に伴い、徐々に銀行による貸付へと代替されていったと見通しておきたい。

以上でみてきた通り、近世後期以降、山成家は質屋業を継続しつつも高額貸付を行う金融業者としての性格を強めていく。明治期の金融活動は少額貸付から徐々に距離をおいたものとなり、明治後期には地主・金融業者（高額貸付）・投資家へと転換していった。山成家の金融活動の変化からは、明治期の地域社会における金融状況や貸付主体、組織的金融の変容についてもうかがうことができよう。

おわりに

本章で述べた山成家（簗瀬屋）の経営の推移をまとめると、以下の通りとなる。

①文化～弘化期―主に質屋業者・貸蚊帳業者として経営を拡大する。徐々に質屋業以外の金融業の比重が増加し、天保期には「有質」と「貸金」の金額が逆転する。この時期の土地所持はいまだ大規模なものではなかったとみられる。②嘉永～元治期―本格的な土地集積を開始する。質屋業以外の金融業が一層の拡大をみせ、一方で「有質」が全体的には微減傾向、割合の低下傾向をみせる。③慶応～明治初期―慶応二～明治二年（一八六六～六九）に「有質」が急拡大するが、これ以降は減少傾向となる。慶応二～明治元年に貸蚊屋の急拡大がみられ、同時期に蚊屋等の動産を担保とした貸付が多く実施されたとみられる。④明治前中期―松方デフレ期・明治二三年恐慌期に「有質」・「貸金」が増加しており（特に前者の時期）、幕末維新期と同じく不況や経済の混乱期に対する金融面での対応とみられる。幕末期から明治前期までは土地集積を進めており、金融業に伴う土地取得がこの背

景の一つとみられる。⑤明治後期―明治二〇年代後半から有価証券投資を拡大し、投資家としての性格を強める。[61]質屋業は同三四年には行われなくなり、金融活動では高額貸付が中心となる。近世後期から継続してみられた頼母子への関与も、明治三〇年以降はみられなくなる。同時期には土地集積もほぼ行われなくなっている。

また、文化～文政期には質屋業の収入が他の金融・商業部門の収入を圧倒していた状況（第二節第四項）をふまえると、少なくともこの時期には質屋業による収入が経営拡大の主因であったとみられる。そもそも山成家は家内部の剰余がそれほど多くなかったとみられる分家直後から質屋を営んでおり、質屋が担った可能性がある「公益」（はじめに）のみではなく、[62]当然ではあるが利益取得が実現されていた側面も評価されるべきであろう。

また、山成家（簗瀬屋）については、近世後期～明治期を通じて、相当に順調な経営の拡大がみられ、これは第二部第一章で検討した本山成家とは大きく様相が異なる。この要因については様々な事項が考えられるが、本山成家が幕末期～明治初期にかけて所領・地域レベルでの様々な役職への就任や領主・政府への巨額の出金を行い、その中で大きな負担を担っていったことに対して、幕末維新期の山成家（簗瀬屋）は村・地域レベルでの役職からある程度距離をおいていた点は注目すべきであろう。[63]特に、本山成家が安政五年から詰役、明治二年には最上位の取締役を務め、[64]第二部第一章で述べた通り同家において経営悪化の大きな要因と認識されていた備中一橋領産物会所およびその後継組織である小田県殖産商社江原分局（明治七年から活動、同九年解散）について、[65]【表2】でみられる通り、明治四年に山成家（簗瀬屋）他二名が詰役への就任を断っていること[66]（ただし最終的には承諾している）は注目される。山成家（簗瀬屋）は慶応元年に産物会所の「備金」を五〇両出金（拠出者二八名の中では第一〇位の金額（ただし他に一六名が五〇両を出金）、「備金」合計額は一八〇〇両）し、[67]「備金掛り」として名前がみられるが、明治二年の産物会所等の運営人の中に同家の名前はみられず、[68]前述の明治四年から初めて本格的に旧産物会所および小田県殖産商社江原分局の運営に関与している。幕末維新期の殖産政策（産物会所）が所領経済の安定化に寄与した側面とは裏腹に、第二部第一章第三節第二・第三項でもみた通り、この政策への関与が経営の負担になり、個々の家にとってはマイナスに作用する場合もあったことは留意されるべきであろう。[69]

山成家（簗瀬屋）の金融活動について、有担保貸付が明治二〇年代まで相当の比重にあった点は、豪農や有力町人の金融活動の性格を考える際に注目すべきである。河内国丹南郡の豪農岡田家は一八世紀中期に質屋業を廃業し[70]、一九世紀には信用に基づく無担保貸付が主体であり、ここから得る利金の比重が大きかったとされている。[71]しかし、河内国（特に南部）は全国でも最も農業生産力の高い地域の一つであり、豪農の貸付資金が豊富であったために信用による貸付が全国でも特に多くみられ[72]、近世日本の地域金融・豪農金融の形態として一般化し難い状況にあったと考える。西日本でも山陽地域（本章）や摂津国東部[73]では、近世後期に地域金融の中で動産・不動産を担保とした貸付が相当の比重を占めた事例もみられる。山成家でも有担保貸付（質屋・土地担保）から無担保貸付へ移行する傾向はあるものの、明治二〇年代までは維新期や松方デフレ期に有担保貸付が大幅に増加するなど、経済状況に基づく貸付形態の変化がみられた。このような金融形態が本格的に変容する時期は、山成家では明治二〇年代末から明治三〇年代であり、企業や銀行の設立ブームの時期と重なる[74]。地域への資金供給の担い手の変化によるとみられるが[75]、この点の具体的な検討は今後の課題である。

註

（1）佐々木潤之介『幕末社会論』（塙書房、一九六九年）、福山昭『近世農村金融の構造』（雄山閣出版、一九七五年）。

（2）大塚英二『日本近世農村金融史の研究』（校倉書房、一九九六年）。

（3）福澤徹三『一九世紀の豪農・名望家と地域社会』（思文閣出版、二〇一二年）。福澤氏は、畿内では村落共同体の抵抗の可能性から、土地を担保とした他村への貸付が困難であったと主張している（同書四四頁、九〇頁）。
（4）中山富広『近世の経済発展と地方社会』（清文堂出版、二〇〇五年）第一章第三節・第三章、山本太郎『近世幕府領支配と地域社会構造』（清文堂出版、二〇一〇年）第四章、同「幕末維新期幕府領陣屋元村豪農商の金融」（志村洋・吉田伸之編『近世の地域と中間権力』山川出版社、二〇一一年）等。
（5）前掲註(2)大塚氏著書一九三頁。
（6）荒武賢一朗「質屋は商売か」（歴史学フォーラム二〇一五実行委員会編刊『歴史学フォーラム2015の記録』二〇一六年）。
（7）澁谷隆一ほか共著『日本の質屋』（早稲田大学出版部、一九八二年）、西本菜穂子「近世大坂における質屋仲間の特質」（『大阪歴史博物館研究紀要』一一、二〇一三年）、同「大坂三郷質屋仲間の盗品調査」（『同』一二、二〇一四年）。
（8）齊藤博『質屋史の研究』（新評論、一九八九年）、同『齊藤博史学集成Ⅱ　地域社会史と庶民金融』（藤原書店、二〇〇二年）。
（9）保坂和子「質草からみた幕末農村の衣生活」（『女性と経験』一三、一九八八年）。
（10）落合功「質屋渡世の展開」（同『近世の地域経済と商品流通』岩田書院、二〇〇七年、初出一九九一年）、同「近世後期における多摩の質屋渡世」（松尾正人編『多摩の近世・近代史』中央大学出版部、二〇一二年）。
（11）渡邊忠司「百姓・村と質入」（同『近世社会と百姓成立』佛教大学発行、思文閣出版制作発売、二〇〇七年）。また、同書二六七頁では、「田畑・家以外の質入も在方金融の重要な部分である」点を指摘している。
（12）神島順美「野州豪農の江戸進出」（大石学編『近世首都論』岩田書院、二〇一三年）、佐藤啓「角筈村における質屋組織の変容と特質」（大石学監修・東京学芸大学近世史研究会編『江戸周辺の社会史』名著出版、二〇一八年）。
（13）小酒井大悟「一八世紀畿内における豪農の成長過程」（渡辺尚志編『畿内の豪農経営と地域社会』思文閣出版、二〇〇八年）第四節（特に一〇八～一〇九頁、一一四頁）。

(14) 鈴木淳世『近世豪商・豪農の〈家〉経営と書物受容』(勉誠出版、二〇二〇年)第三章。

(15) 前掲註(7)澁谷氏ほか共著のはしがきⅰ頁では、「個別質屋の『質物台帳』の欠如――他の業種と違って使用後に包装紙として利用されるので保存状態がきわめて悪い――も(中略)質屋経営の変化をとらえにくくしている」とある。前掲註(8)齊藤氏著書でも近世の質屋の経営動向や他の金融活動と質屋業との関係の分析は手薄である。

(16) 主な分析対象とする山成聰家文書(近世・近現代、以下「山聰」)は個人蔵の文書であるが、井原市教育委員会がマイクロフィルムを所蔵している。筆者は主にマイクロフィルムを閲覧・利用したが、一部は原文書も参照した。なお、本章で「山成家」と述べる際には、註記がない限り築瀬屋を指している。

(17) 本項で述べる各郡の石高は、木村礎校訂『旧高旧領取調帳　中国・四国編』(近藤出版社、一九七八年)一三五～一六三頁、備中一橋領の概要・支配関係・殖産政策は、註記がない限り拙稿「近世後期の一橋徳川家における財政運営」(『ヒストリア』二五九、二〇一六年、本書第三部第二章)、同「幕末期の掛屋と年貢銀収納」(『歴史学研究』九六六、二〇一八年、本書第三部第一章)、井原市史編纂委員会編『井原市史Ⅰ』(井原市、二〇〇五年)、古賀康士「安政四年の紙幣目録」(『岡山地方史研究』一一六、二〇〇九年)を参照。

(18) 天保二年「備中国上房郡小田郡後月郡村々様子大概書」(茨城県立歴史館所蔵一橋徳川家文書E一―二四、以下同家文書は「一橋」と略す)。井原市史編纂委員会編『井原市史Ⅲ』(井原市、二〇〇三年)二三二～二三五頁に同史料が翻刻されており、これも参照した。史料の作成年は山下聡一「「村明細帳」と領主支配」(和泉市史編さん委員会編『和泉市史紀要第20集　和泉の村の明細帳Ⅰ』和泉市教育委員会、二〇一四年)により天保二年とした。

(19) 前掲註(18)一橋E一―二四、文政一二年八月一日「当村明細帳写」(山聰近世Ⅷ―七八)では西江原村一橋領分が「大組」と「小組」に区分され、村内には「分郷同様」とされた寺領もあり(前掲註(17)『井原市史Ⅰ』六二二～六二三頁)、村全体では庄屋は五名みられた。

(20) 前掲註(18)一橋E一―二四、明治四年三月「明細帳」(山聰近現代Ⅰ―一)。

(21) 前掲註(19)山聰近世Ⅷ―七八。

(22) 拙稿「豪農経営と親族ネットワーク」（『ヒストリア』二四九、二〇一五年、本書第二部第一章）、同「近世後期の地域経済と商人」（『日本史研究』六七九、二〇一九年、本書第三部第三章）。
(23) 明治三年「御領知備中国小田後月両郡村〻御国産類凡調書」（一橋E一―一六一）。
(24) 前掲註(17)『井原市史Ⅰ』六〇〇～六一四頁、特に六〇八、六〇九頁。
(25) 同史料（山成家文書）は明治一四年に後月郡与井村の外山篤太郎（本山成家孫分家）が執筆しており（拙稿「近世後期から明治前期における家・同族意識」『日本歴史』八三一、二〇一七年）、全文のコピーが井原市教育委員会において保管されている。
(26) 首藤ゆきえ「小田・後月郡の地主経営」（『井原の歴史』四、二〇〇四年）二五～二九頁、井原市史編纂委員会編『井原市史Ⅱ』（井原市、二〇〇五年）二六六～二六九頁、五三三～五三四頁（首藤氏執筆、主に上記論文による記述）。
(27) 万延元年一二月「乍恐以書附奉歎願候」（山聰近世Ⅷ―一三一）。
(28) 前掲註(26)首藤氏論文二五頁。
(29) 文久三年一〇月「備中国村々永上納金御用金名前帳」（井原市教育委員会所蔵平木家文書近世四―二三六）。
(30)（文久元年）「田畑高附質地証文扣」（山聰近世ⅩⅢ―一）。村ごとの所持高は不明。
(31)（文久～明治初期）「記録帳」（山聰近世ⅩⅣ―二〇）。村ごとの所持高は不明。初出論文では六五石と記していたがこれは誤りであり、「井原村高」を除いた持高は六〇・七〇八八石（うち西江原村は三七石余）であり、修正しておく。
(32) 前掲註(26)首藤氏論文二五頁。
(33)（明治二〇～大正五年）「地税地方税村費并掛物毎歳納扣」（山聰近現代ⅩⅤ―九）。
(34) 井原市教育委員会所蔵山成聰家文書目録。
(35)『岡山県地主録』は細謹社から出版されており、岡山県の直接国税額一〇円以上の人物が記されている（本章では岡山大学附属図書館配架の冊子を参照）。明治二五年の山成家の直接国税額については前掲註(26)首藤氏論文註(6)でも言及されている。

(36) 明治一二年八月二三日「営業鑑札御下渡願（写）」（山聴近現代Ⅰ―七）。

(37) 前掲註(7)澁谷氏ほか共著四五〇頁・表76、明治一一年五月二五日「八品商取締規則写」（山聴近現代Ⅷ―一七六）。

(38) ①文化九～天保七年・②天保八～文久二年・③文久三～明治一五年・④明治一六～同三七年の「年々改惣勘定帳」（山聴近世Ⅳ―一～三、同近現代Ⅳ―四）、⑤明治三八～大正一四年「第貳号年々勘定簿」（同近現代Ⅳ―五）。文化一〇年「惣勘定有物」には「中年中質帳有」とあり、「質帳」の作成自体は行われていた（①）。以下、註記がない限り山成家の貸付内容や各年の「惣勘定有物」についての本章の記述は、①～⑤の一連の史料による。

(39) 丙子（明治九年）一〇月「家則書」（山聴近現代Ⅸ―五〇）。

(40) 安政六年「惣勘定有物」では金一両＝銀九八匁から八八匁へ変更されており、これは安政五年における備中一橋領の銀札の金銀相場設定（前掲註(17)古賀氏論文一九頁）への対応であろう。

(41) 「穀物」は天保期までは一貫以下であったが、嘉永元年に一一二〇匁、同六年に三五五五匁、文久三年に一二貫一五八匁のように、嘉永期頃から増加傾向にある。

(42) 文久三～明治二年「記録帳」（山聴近世XIV―二〇）。

(43) 質屋業の収益については、厳密には人件費、質物の保管施設の維持費等のコストの内訳も考慮する必要があるが、文化～天保期の支出金額・内容の詳細は不明である。

(44) 神谷智『近世における百姓の土地所有』（校倉書房、二〇〇〇年）一九六頁・二二九頁では、中田薫氏の研究を参照したうえで、質地証文においては「本銭返（年季売）と質入が近世においては実質上同一視されていた」（一九六頁）と述べている。

(45) 備中一橋領掛屋平木家の文久二年の貸付金銀は金八〇四二両、銀九二七八匁余、同三年は金一万五二三二両、銀四〇貫八八八匁余（前掲註(17)拙稿二〇一八年、本書第三部第一章）。

(46) 本書第二部第一章第二節【表7】、万延元～慶応三年の本山成家の借用金のうち簗瀬屋からの借用額は全体で三番目に多い。

(47) 天保六年（一八三五）「萬請払覚帳」（山聰近世Ⅻ—二）では、西江原村の井原屋淳太から蚊屋四帖が山成家へ質入されており、「記録帳」（山聰近世ⅩⅣ—一八）の弘化三年（一八四六）の記述では、「質蚊屋」との記述もみられる。
(48) 前掲註(9)保坂氏論文、前掲註(10)落合氏二〇〇七年論文。
(49) 質草の紛失による補償金は元金の二倍（うち一倍は元金請求権の放棄）である（前掲註(7)澁谷氏他共著二三九頁）。
(50) 安政五年「大福万覚帖」（山聰近世Ⅻ—二四）。
(51) 本段落の少額貸付についての記述は万延元年「大福万覚帖」（山聰近世Ⅻ—二六）、明治七～同一一年「当座帳」（山聰近現代Ⅺ—三五）を参照した。
(52) 慶応二年三月「〔日蓮宗門・禅宗門・浄土真宗門・浄見寺宗門御改帳惣寄書上帳〕」（平木家文書近世六—三）。
(53) 具体的な損毛高は不明だが、年貢減免を求める広域訴願が行われている（拙稿「備中一橋領における年貢収納と石代納」『日本歴史』八一三、二〇一六年、三—2）。
(54) 杉山伸也『日本経済史　近世—現代』（岩波書店、二〇一二年）第Ⅱ部第14章。
(55) 大山敷太郎『幕末財政金融史論』（ミネルヴァ書房、一九六九年）第六章、池田宏樹「一橋徳川家の備中領における殖産政策」（川名登編『2001年度共同研究報告書—中国地方における海附・川附村落の経済的・文化的研究—』千葉経済大学、二〇〇三年）、前掲註(17)古賀氏論文、同「近世的殖産政策の生成と展開」（『九州文化史研究所紀要』六二、二〇一九年）。
(56) 明治三八～同四四年の公債・有価証券投資の金額は、同三八年：六三八七・五円、同三九年：六七二〇円、同四〇年：七三九六・五円、同四一年：七七三一・五円、同四二年：七七三六・五円、同四三年：七六七二・五円、同四四年：七六八二・五円であり（山成聰家文書近代Ⅳ—五）、明治三七年には金額の落ち込みがみられるが、それも数年で回復していることがわかる。
(57) 前掲註(33)山聰近現代ⅩⅤ—九。
(58) 明治三二年六月三〇日「第五期営業報告書」（井原市史編纂委員会編『井原市史Ⅴ』井原市、二〇〇三年、五六七～五

七六頁）、大正一四年四月一日「創業茲に三十年　基礎確立せる西江原銀行」（「中備時報」、『同』五七九～五八一頁）。西江原銀行との関わりや頼母子が消滅していく点については、初出論文から大幅に加筆している。

(59) 前掲註(26)『井原市史Ⅱ』三三〇～三三一頁。

(60) 井原市史編纂委員会編『井原市芳井町史通史編』（井原市、二〇〇八年）五一〇頁、五九一頁。

(61) 前掲註(26)首藤氏論文、同氏の前掲註(26)『井原市史Ⅱ』第二章第二節・一地主制の確立・Ⅰ土地所有と地主での記述。

(62) 前掲註(6)荒武氏論文。

(63) 山成儀兵衛については、後述する産物会所の事例に加えて、慶応三年の肝煎退任願い（【表2】、おそらく退任は許可されていない）の事例がみられる。山成儀兵衛は明治一一年に六五歳で死去していることから、健康面や高齢であることが影響した可能性も想定できる。ただし、第二部第一章でみた本山成家の山成直蔵は明治九年に八一歳で死去しており、さらに慶応三年には「遺書」まで作成しているが、明治二年に産物会所で最上位の役職である取締役を務めている（明治二年「廻村御用留　会計局」一橋徳川家文書C六―一二、前掲註(55)池田氏論文・古賀氏二〇一九年論文）。第二部第一章で述べた通り、山成一族の運営に関して山成直蔵は山成儀兵衛を信用していたとみられるが、少なくとも幕末維新期における政策への向き合い方について、両者の動向は対照的である。なお、山成家の産物会所への関わりや本山成家との態度の違いについては、初出論文から大幅に加筆した。

(64) 安政五年七月一六日「産物会所詰役人申渡しにつき請証文」（前掲註(18)『井原市史Ⅲ』四二九～四三二頁）、前掲註(55)池田氏論文・古賀氏二〇一九年論文。

(65) 小田県殖産商社江原分局が産物会所の後継組織である点と同局の活動時期については、前掲註(55)古賀氏二〇一九年論文による。

(66) この事例については、前掲註(55)古賀氏二〇一九年論文一五四～一五五頁でも紹介されている。

(67) 慶応元年五月一六日「覚」（山成聰家文書Ⅶ―三七〇）。

(68) 前掲註(63)一橋徳川家文書C六―一二、前掲註(55)池田氏論文・古賀氏二〇一九年論文。

(69) 前掲註(55)古賀氏二〇一九年論文一五五頁。
(70) 前掲註(13)小酒井氏論文。
(71) 前掲註(3)福澤氏著書四四頁、九〇頁。
(72) 前掲註(3)福澤氏著書八七頁。幕末期河内の農業生産や社会状況については同書第四章を参照。
(73) 拙稿「宝暦〜文政期の豪農金融と地域社会」(『歴史科学』二二〇・二二一合併号、二〇一五年)では、一八世紀末に岡田家と同等の経営規模にあった高島家を分析した。
(74) 前掲註(54)杉山氏著書第Ⅲ部第18章。
(75) なお、明治前中期の同地域における金融組織として、江原貸付会社・勉強社・勉忍社・十友社・永資社などが山成聰家文書の中には確認でき(井原市教育委員会所蔵山成聰家文書目録)、ある程度経営や関わった人物が明らかになる事例もある。そのため、地域における銀行設立時期以前の地域金融の特質を考えるためには、小田県殖産商社江原分局と同時期やそれ以降に活動したこれら諸組織の分析も必要であろう。筆者はこれらの組織の分析を行い、一部は学会報告などを行っているが、論文の形で成果をまとめることは今後の課題である。

第三部　領主財政・中央都市商人と地域金融

――年貢収納・利殖政策・為替決済――

第一章　掛屋・大坂蔵元の立替機能と年貢銀収納

――備中一橋領を事例に――

はじめに

掛屋は年貢銀の取集め・送付や公金出納を業務としており、主に幕領・御三卿領において重要な役割を担った中間支配機構である。[1]従来の掛屋研究では、①掛改賃と納入用をめぐる村方の運動（森杉夫氏）、②掛屋・大坂間の情報網（岩城卓二氏、添田仁氏）、③掛屋の年貢銀・公金預かりとその貸付（楠本美智子氏、兵頭徹氏、藤原雄高氏、山本太郎氏、小林延人氏）、④銀札の一括兌換（楠本氏、兵頭氏、山本氏、小林氏）、⑤掛屋と明治県政との関係（兵頭氏）、⑥近代の郵便制度（郵便為替）との連続（磯部孝明氏）等が明らかにされている。[2]

特に掛屋の経済・金融面については、藤原氏（石見銀山領掛屋）のように年貢銀が御銀蔵に納められ、掛屋は運用できなかったとする事例・見解もあるものの、[3]兵頭氏・楠本氏・小林氏（日田掛屋）、山本氏（倉敷掛屋）においては、掛屋の預かる公金・年貢銀が私的な貸付の重要な原資となっており、貸付に重点をおく経営形態の場合、資本蓄積に大きな役割を果たしたという理解である。[4]特に楠本氏は、掛屋の大名貸における返済金が大坂への年貢銀送付の時期に多くみられる点から、掛屋の預かる年貢銀・掛屋の私的な貸付活動（大名貸等）・大坂に送付される年貢銀（大名貸の返済金等）の連結構造に言及している。[5]

ただし、掛屋に上納される年貢銀は正貨でなく藩札や官省札（維新期）の多かった点と、その弊害が楠本氏・小林氏等により指摘されており、(6) 特に小林氏は維新期の日田における藩札の兌換不全に加えて、掛屋が藩札の一括兌換を通じて地域通貨の流通に果たした機能、正金の蓄蔵の傾向と藩札の流通貨幣としての重要性を指摘している。幕末期以前については、山本氏が倉敷掛屋による天保期の諸藩銀札受取拒否訴願、(7) 岩城氏が文久期において正銀調達が困難である状況に言及しており、(8) 藩札や貨幣の流通に関係して掛屋が負担を被る点について一定程度述べられている。しかし先行研究では大坂と地方の金銀相場の違いへの掛屋の対応、個別藩札に関わる掛屋の負担等はあまり留意されておらず、特に幕末期以前において掛屋が藩札に関わることの負担と、掛屋・地域の藩札への対応については分析を深める余地が大きい。

掛屋の負担の側面について、楠本氏は元治期の掛屋の史料を用いて、村への年貢銀立替・預かり金の短期での運用の難しさ・他領藩札の弊害等を指摘しており、年貢銀預かりが幕末期の掛屋の経営に活用されなかった可能性を述べている。(9) しかし、年貢銀収納構造の中で掛屋が負担を被る構造や負担の内実、負担が経営に悪影響を及ぼしていく過程とこれへの掛屋・地域・領主の対応等については、上記史料の文言や嘉永期以降の大名貸の滞り・永納金の増加等を述べるにとどまり、幕末期以前の時期の具体的分析は不十分である。

総じて従来の研究では、幕末期までの時期において、領主への接近によって経営を維持・拡大する特権的商人という掛屋の一側面が大きく評価されているといえ、掛屋の本来的な職務である年貢銀収納における役割や負担については十分な分析がなされておらず、特に以下の二点が課題として指摘できる。課題①掛屋は年貢銀収納構造において庄屋の上部に位置し、庄屋への立替によって所領全体の年貢に対する立替機能を担っていた。しかし、掛屋―村間における具体的な立替のあり方や立替金額等については分析が不十分であり、年貢銀収納の過程で掛屋が担った具体的な機能と負担を、藩札との関係にも留意しつつ経年的に解明する必要がある。その際には掛屋と郡中の関係だけでなく、年貢銀立替・差立の円滑化のために掛屋と領主とがどのように郡中に対応していたのかにも注目すべきである。さらに先行研究では課題②掛屋―村間の立替関係に若干言及されるのみであり、大坂掛屋・蔵元と掛屋との年貢立替をめぐる関係はほぼ分析されておらず、地域・掛屋と中央市場・都市商人との有機的な関係を論じるという視点がふまえられてはいない。

日本近世史全体に視野を広げると、近年では藩領国を題材として、地域社会・幕藩領主・都市商人の間で形成される再生産構造に着目した研究が進展している[10]。しかし、幕領・御三卿領においては、領主側文書の残存状況の悪さに加えて、地域社会内部の自治的運営に注目が集まったこともあり[11]、資金循環や再生産構造に着目した分析は十分になされていない。支配構造と都市商人という二つの「外的契機」の地域社会への規定性と[12]、上記三者の間で形成される近世社会の再生産構造とその矛盾を明らかにするうえでも、上述の課題をふまえた掛屋の分析は重要な意義を有すると考える。そのため本章では、年貢銀収納と掛屋の家政改革をめぐる地域、領主、都市商人の動向の分析を通じて、掛屋の社会的・経済的機能と、備中一橋領の年貢銀収納構造とその内実を明らかにする[13]。

なお、掛屋の経済・金融面の機能については、日田掛屋の分析が最も詳細なものであるが、日田は九州経済の中心地の一つであり、日田掛屋は西国郡代管下の十数万石の幕領を担当していたというように幕領の中でも特異な位置にあった。そのため数万石程度のより一般的な規模の幕領・御三卿領―本章で取り上げる備中一橋領（石高三万石強）等における掛屋の機能や領主・都市商人との関係について、所領の規模に規定される事柄や日田掛屋との相違も意識しつつ明らかにしていくことは、研究史上意義があるものと考える。

第一節　備中一橋領の年貢銀収納と掛屋

（1）備中一橋領の社会・経済状況と年貢収納方法

本項では拙稿によりつつ、対象とする御三卿一橋家の備中国所領（備中一橋領）の社会・経済状況をみていく（備中一橋領の概要は序章、第一部第一章も参照）[14]。備中国は多くの領主が錯綜する非領国であり、備中一橋領は文政一〇年（一八二七）に成立し、同国南西部の後月郡・小田郡、同国中部の上房郡の三郡のうちで六五ヶ村（三万三五一七石余、備中国の約八・九％）を支配していた[15]。備中一橋領には代官がおかれ、代官役所（江原役所、後月郡西江原村）には代官一名のほか全六〜七名が勤務しており、領内では江原役所―組合村七組―村という支配機構がみられた。大坂で年貢銀を扱う大坂蔵元・掛屋は、本両替の木原忠兵衛・友金儀兵衛が務めていた（所領掛屋は後述）。

備中一橋領では、嘉永期以降には殖産政策がとられ、町場建設、商人誘致、産物会所（銀札発行・貸付）・交易会所（産物取集め）の設置等が行われた。備中国南西部では銀札の問題が重要であり、安政期の備中一橋領では、少なくとも八三種の流通紙幣と「潰れ札」九〇種がみられた[16]。同時期には領内独自の銀札発行を求める訴願がなされ、その結果安政五年頃に産物会所が設置された。序章で述べた通り、領内の主要産物としては木綿、畳表、煙草等があり、これは瀬戸内地域において一般的な産物である。

備中一橋領の豪農分布の特徴としては、序章・第二部第一章で述べた通り、①町場（陣屋元・脇本陣の西江原村、本陣七日市）の富裕な豪農商の少なさ[17]、②巨大豪農（持高四〇〇～五〇〇石程度）の不在と大規模豪農（持高一〇〇～二〇〇石程度）・中小豪農（持高数十石程度）の簇生の二点がある。このような地域では、巨額の年貢銀・公金を扱う掛屋の金融・年貢立替機能は特に重要な役割を担っていたとみられる。なお、本章で分析する平木家は、家政改革（第三節）の最中の文久三年（一八六三）にも御用金二〇〇両（領内一八位）を上納しており[18]、幕末期には領内豪農の中でも上層に位置し、これ以前の時期にはより大きな経済力を有していたとみられる。

備中一橋領の年貢収納については、基本的に定免制が採用され、年貢高は毎年ほぼ一定であった[19]。元治元～慶応四年（一八六四～六八）には、本年貢の割付量は平均一万一四六九石余であった（本書第三部第二章）[20]。本章の分析において重要となる年貢銀は、安政期には銀八〇〇～九〇〇貫程度が納められ[21]、年貢の七～八割を占めていたとみられる。石代納については、備中一橋領では所領村々が米納村と銀納村に分類され、前者は六割米納・四割銀納であり、後者は全て銀納であった。後月郡の備中一橋領では、米納村一一、銀納村一六であった。天保期以降、領内の石代値段は度々米一石＝一〇〇匁以上と高騰しており、安政六年以降、石代値段は一〇〇匁以上で継続している。これに伴い、年貢銀の納入量も幕末期には増加傾向にあった。

（2）掛屋平木家の経営と領主支配への関与

平木家は後月郡木之子《きのこ》村の庄屋を代々務めており、文政一一～元治元年（一八二八～六四）には単独で備中一橋領掛屋を務めている[22]。同家は多様な経営を行っていたが、安政期以降の家政改革の影響もあってか経営関係史料があまり残存せず、特に経営全体の決算帳簿は皆無である。ただし、本章は掛屋の機能と領主・都市商人との年貢銀収納における関係の解明が主目的であるため、平木家の経営状況については必要な点のみを述べる。

平木家の金融業については、文久期の状況が判明する。[23] 貸付件数・金額は文久元年一一～一二月には八二件・金七八八六両余、銀四貫七〇〇匁余、同二年には二七一件・金八〇四二両余、銀九貫二七八匁余、銭一八文、同三年には二四五件・金一万五二三二両余、銀四〇貫八八八匁余、米二五俵である。文久二～三年の合計の貸付金額・銀額のうち、一～九月の貸付額・件数の割合は金額一六・七二％、銀額二九・六九％、件数三一・四〇％、一〇～一二月は金額八〇・六六％、銀額六七・二三％、件数六三・一八％、不明は金額二・六二％、銀額三・〇八％、件数五・四三％である。文久三年は貸付金額が急増しているが、増加分は大半が幕領小田郡笠岡村の老濱屋（廻船業）[24]への貸付である（文久二年・一六〇〇両、同三年・八八〇八両余）。老濱屋への貸付は貸付期間の大半が数日～一ヶ月以内であり、商品の仕入代金の借用とみられる。同人への貸付金を除くと、文久二、三年の貸付金はともに六四〇〇両強となる（領主貸は文久二年に一七両と六二匁、同三年に二〇両のみ）。貸付銀の増加については、同三年の御用金賦課が影響した可能性も否定できない（前項）。貸付相手は、大半が領内の村役人、豪農（文久三年御用金の高額上納者）、居村民であった。

土地所持については、文化二年（一八〇五）は七ヶ村に持高九五石余を有していた。[25] 持高の約八七％が居村の土地であり、所持地の取得時期は寛延三～宝暦九年（一七五〇～五九）の二四石余、寛政七～文化二年（一七九五～一八〇五）の三六石余が目立つ。持高の内訳は田方六八・二％余、畑方三〇・二％余、屋敷一・五％弱である。文政一〇年に平木家が掛屋に就任した際には、「不束之儀」があった際の補償のために持高一三八・六三六石（田九八・七五九石、畑三九・八七七石）が郡中に質入されている。[26] この時の全持高は不明だが、所領レベルの役職である掛屋の引受に伴う質入であり、所持地の大半が質入されたとみられる。このうち田方の定米（実収）は一七五・九八石であり、年貢五九・二五五石が引かれ、残る加地子は一一六・七二五石であった。畑方の定銀は七貫三〇二・九匁であり、年貢引が一貫一九六・三匁、加地子六貫一〇六・六匁であった。天保六年（一八三五）には持高一五一・二石であり、文久二年は持高一五四・七石余だったが、このうち一三四・七石余を家政改革に伴って大坂蔵元へ質入している(27)。明治二年には持高四九・四〇七石へと急減している(28)。

天保一三～元治元年に平木家は醤油醸造を行っていた。一年平均の仕込高は天保一三～嘉永二年には一四三石余、嘉永三～安政四年には一二六石余、安政五～元治元年には一〇七石余と減少傾向にある(29)。文久元年一二月の醤油掛方（掛売）は八貫五五五匁余であるが、同年一二月中の回収代銀は二貫九五匁余であり、同三年七月にも約半額の四貫二三八匁余が未回収である(30)。文久三年一二月の醤油掛方は七貫五九四匁余であるが、同年一二月中の回収代銀は五四一匁余である(31)。文久三年の状況には、金融業と同じく御用金賦課による影響があったとみられる。上記の点から、醤油醸造の経営効率はあまりよくなく、先細りの状況にあったことがわかる。

平木家は文政一一年から少なくとも弘化期までにかけて備中一橋領の畳表を買い集め、主に大坂の近江屋八左衛門のもとへ年に三度出荷しており(32)、天保一四年閏九月の出荷枚数は畳表三九六〇枚であった(33)。平木家から近江屋への書状をみると、天保元年には「是迄之分初年之損亡故商内馴不申、私宅店方大ニ心配仕候」、同五年には「当春方御仕切被下、其段物之方大損亡ニ相成、織〻四五ヶ年已来是迠笑面不《（ママ）》可仕」とある。収支を示す文書が現存せず、検討の余地は残るものの、畳表輸送においても利益があまりなかった可能性が高いとみられる(34)。

以上の通り平木家は地主経営、金融、醤油醸造、畳表出荷等を行い、領内で最上層の経済力を有していた。同家は一八世紀後期以降に土地所持を拡大しており、有畝の大きい土地の取得により経営を拡大していたとみられるが、幕末期には持高の急減や醤油醸造の停止のように、経営は苦境に陥っていた。

最後に、平木家への褒賞事例から同家の領主支配への関与をみていく（【表1】）。嘉永、安政期以降に褒賞が増

表1　平木家褒賞一覧（文政12年9月～文久3年8月〈1829～63〉）

A：上納関係　B：救恤　C：勤務出精等

	年	褒賞内容	理由
1	文政12年9月	出勤時の袴着用・案内時の帯刕許可、袴代金100疋	A 村内の取締がよく、居宅を仮陣屋に差出した。
2	文政12年12月	銀10枚	A 文政10年11月～文政12年9月まで居宅を仮陣屋に差出した。
3	文政13年閏3月	金200疋	C 江原役所取建ての際、普請の請負証人となり、実躰に勤めた。
4	天保5年12月	金300疋	B 前年の違作の際、村々困窮の者へ金子を遣わした。
5	天保7年2月	一代苗字、銀3枚	B 領知御初年以来、無益の入用が掛からないよう下掛屋を勤め、かつ困窮百姓の織り立てた畳表の儀を厚く世話した。
6	天保7年4月	銀15枚	A 畳表千枚を差し上げた。
7	天保9年9月	弐人扶持（下戻し年限中）	A 上納金のため。
8	天保9年11月	銀1枚	A 天保6年に差出した御用金の利金のうち、同8～11年分を出金し、貯穀土蔵の取建入用と後年の修復入用にすることを願い出た。
9	天保10年正月	銀5枚	B 天保7年の違作の際、困窮百姓に米金などを差し出した。
10	天保10年9月	金100疋	B 当2月中の七日市駅、吉井村類焼人へ品々を遣わした。
11	天保14年9月	弐人扶持（下戻し年限中）	A 天保13年に御用金を差し出した。
12	天保15年4月	永々苗字	C 天保13年の御用金納方について、格別の出精をした。
13	嘉永3年6月	麻上下1具	C 嘉永2年7月中の大風違作の際、郡中身元之もの共より出金積金の儀について骨折取扱した。
14	嘉永5年4月	帷子1	C 門田村と走出村の大谷山入会秣場争論の際、門田村の者へ骨折り申し諭した。
15	安政3年12月	金300疋	C 貸付金取扱いを出精して勤めた。
16	安政4年3月	銀10枚	A 安政3年の地震の際、役所修復のために100両を上納した。
17	安政4年11月	白銀15枚	A 安政3年の地震の際、村々より積銭仕法をもって4,000両の上納を願い、身元之者が立て替えた際、平木家が600両を立て替えた。
18	安政4年12月	金200疋	C 貸付金取扱いを出精して勤めた。
19	安政5年12月	金200疋	C 貸付金取扱いを出精して勤めた。
20	安政6年11月	金300疋	B 嘉永2年に無利足で15両を出金し、利金の分を困窮百姓救筋仕法に立てたき旨を申し、当年に出金の分が下げ戻しになった。
21	安政6年12月	金100疋	C 貸付金取扱いを出精して勤めた。
22	万延元年12月	上下1具	C 御領知立直方仕法につき、格別の出精をした。
23	万延元年12月	金100疋	C 貸付金取扱いを出精して勤めた。
24	文久元年11月	銀1枚	B 万延元年の違作の際、困窮の百姓へ金子を助成した。
25	文久元年12月	金100疋	C 貸付金取扱いを出精して勤めた。
26	文久2年正月	金500疋	C 御領知産物方の世話をした。
27	文久3年7月	金500疋	C 御領知産物方の世話をした。

典拠：文政12年9月～文久3年8月「一橋様御領知ニ相成御褒美御書付被下之品々皆写し」（平世1-25)、井原市史編纂委員会編『井原市史Ⅲ』（井原市、2003年）401～406頁。註：安政4年11月までの褒賞は京助に対してのものであり、同年12月以降の褒賞は後継の晋太郎に対するものである。

加しており、特に殖産・救恤政策と関係するものが多い。領主が平木家に金子立替や救済機能を期待し、同家も一定程度応じていたことがわかる。ただし、このことは経営の負担ともなっていたようであり、家政改革時の史料でも領内の「銀札不融通」や「村々御救筋」等と並んで平木家の「損失」が述べられている（第三節で後述）。

（3）掛屋への就任とその職務

文政一〇年（一八二七）に備中一橋領が成立した際、江原代官よりの掛屋を決定すべしとの命令を受けて、同年一一月には京助（平木家）、東吉（後月郡川相村庄屋）、東逸郎（小田郡大江村庄屋）、市郎左衛門（上房郡西吉川村庄屋）の四名をさしあたって掛屋とすることが村々より願い出られ、許可を得た[35]。ただし、同時に実際の掛屋の職務を平木家に委任することが上記四名から願い出られ、後述の通りこれは認められたようである[36]。ここでは京助以外の三名について「御年貢取立時節ニ差掛村用も難手引、殊遠路隔候者茂有之、折〻諸勘定見届ニ罷出候而已ニ而相詰候儀も難仕」とあり、三名は上記の理由から掛屋職を忌避している。

同一一年五月には再度代官よりの命を受け、京助が単独で掛屋を担うことを郡中が願い出ている[37]。この際には京助が「身元相応ニ而家治取締宜者ニ而、殊ニ去亥年（文政一〇年）ゟ御用向取扱事馴候」ことが述べられるとともに、掛屋が領内の年貢銀を「引負」い、未進した際は郡中が弁納するとされている。この訴願は認められ、以降は京助が単独で掛屋を務めている。上記の通り平木家以外の者が掛屋就任を忌避しており、掛屋の設定と一名への選任が領主の命令を受けて初めて行われたことから、掛屋職に伴う利益はあまり意識されていなかったとみられる。

天保八年（一八三七）以降、分家中井屋が西江原村で郷宿・「郡中御用達役」を務めることになり、掛屋の実務は分家宅（もと平木家出店）に本家当主が出張し、平木家単独で行うこととなった[38]。平木家は従来から陣屋元の西江原村の平木家出店で掛屋の実務を務めていたとみられ、同村に出店を所持していたことに加えて、同村に有力な豪農商が少なかったこと（本節第一項）が、平木家が掛屋に任命された重要な要因の一つとみられる。

次に、備中一橋領掛屋の職務をみていく。①年貢銀取集め・大坂送付、年貢銀立替について、郡中からは年貢銀一貫につき九匁が支払われるが、このうち掛屋は掛改銀六匁を取得しており三匁は大坂蔵元へ送られていた[39]。②銀札兌換については、年貢銀として納入された銀札を各地の札座へ持参し、正銀に兌換している[40]（①、②は第二節第二、三項で詳述）。③御用金徴収・管理について、備中一橋領では度々御用金が課されているが、御用金の徴収、帳簿記載、大坂送付を掛屋が行っている[41]。④年貢銀・公金の保管・管理、公金貸付の実務について、慶応元年（一八六五）に江原役所は二万六二〇八両余、同二年に一万九六二二両余の公金を貸し付けていたが（本書第三部第二章）[42]、掛屋が貸付資金を管理していた[43]。⑤代官役所の様々な金子立替について、掛屋は代官役所の運営経費の一時的な立替に加えて、代官・役人から個人的にも資金を預かり、利殖して渡していた[44]。やや判別しづらい記述も多いが、代官および代官役所役人から数十両〜数百両の資金を平木家が預かる場合と、その逆に平木家が貸し付けている場合が確認できる。⑥大坂蔵元や大坂商人との資金のやりとりの際には、掛屋が窓口となっている事例が多く、村々が大坂に菜種を出荷した際には、代金は大坂蔵元から掛屋へ送られている[45]。この他、天保七年の凶作の際に、代官役所の命令を受けて掛屋平木家が他領から米一二〇石を買い付けており、非常時に領内経済の円滑化に寄与する役割も担っていた[46]。

最後に、④の公金貸付と掛屋との関係について付言しておく。従来、掛屋は無償で公金貸付の業務に従事していたが（「別段掛改賃等も無之」）、安政三年一一月に公金貸付の返納元利金一両につき銀二分の掛改賃を、拝借人から取得することが定められた[47]。日田では公金貸付の金子の受渡しを掛屋が行っており、掛屋は貸付金一〇〇〇両につき三五両の挨拶金を取得していた[48]。備中一橋領掛屋の場合、公金貸付に関わる利益は返納金の掛改賃のみであり、掛改賃の設定時期の遅さ・割合の低さ、返納時のみ掛改賃が得られる点から、公金貸付に携わることで得る収入は、日田掛屋と比べてはるかに少なかったとみられる。

第二節　掛屋による銀札兌換と年貢銀立替

（1）年貢銀収納構造と掛屋の関与

備中一橋領の年貢米収納については、庄屋が各村の年貢米を集めた後、小田郡笠岡村の蔵元亀川屋平助のもとに集め、笠岡から大坂・兵庫や江戸へ海送している[49]。郡中からは笠岡で積込に携わる浜庄屋、輸送船に同乗する上乗、到着地で検査に立会う納庄屋が出された。年貢米収納には、年貢米の在払代銀や廻米の不足代銀の徴収・差立を除いて、掛屋は関与していない[50]。

次に、【図1】をもとに、備中一橋領の年貢銀収納構造についてみていく。

〈1・備中一橋領〉①小前が庄屋へ年貢銀を銀札で納入→②庄屋が掛屋平木家へ銀札（一部正銀）を納入→③掛屋が各札座等で銀札を正銀と兌換（各村庄屋による兌換もあったとみられる）。この時、札座の正銀不足のために兌換不能・延引の場合があった（本節第三項）。また、実際の年貢銀の一部は金で大坂に送られ（本節第三、四項）、さらに正金銀の代わりに大坂両替商の「預り手形」が送られる場合もあった（本書第三部第三章で後述）。

〈2・大坂〉④備中から年貢銀（正銀、一部正金）が大坂蔵元へ送られ、⑤大坂蔵元が年貢銀を当日の相場で金に

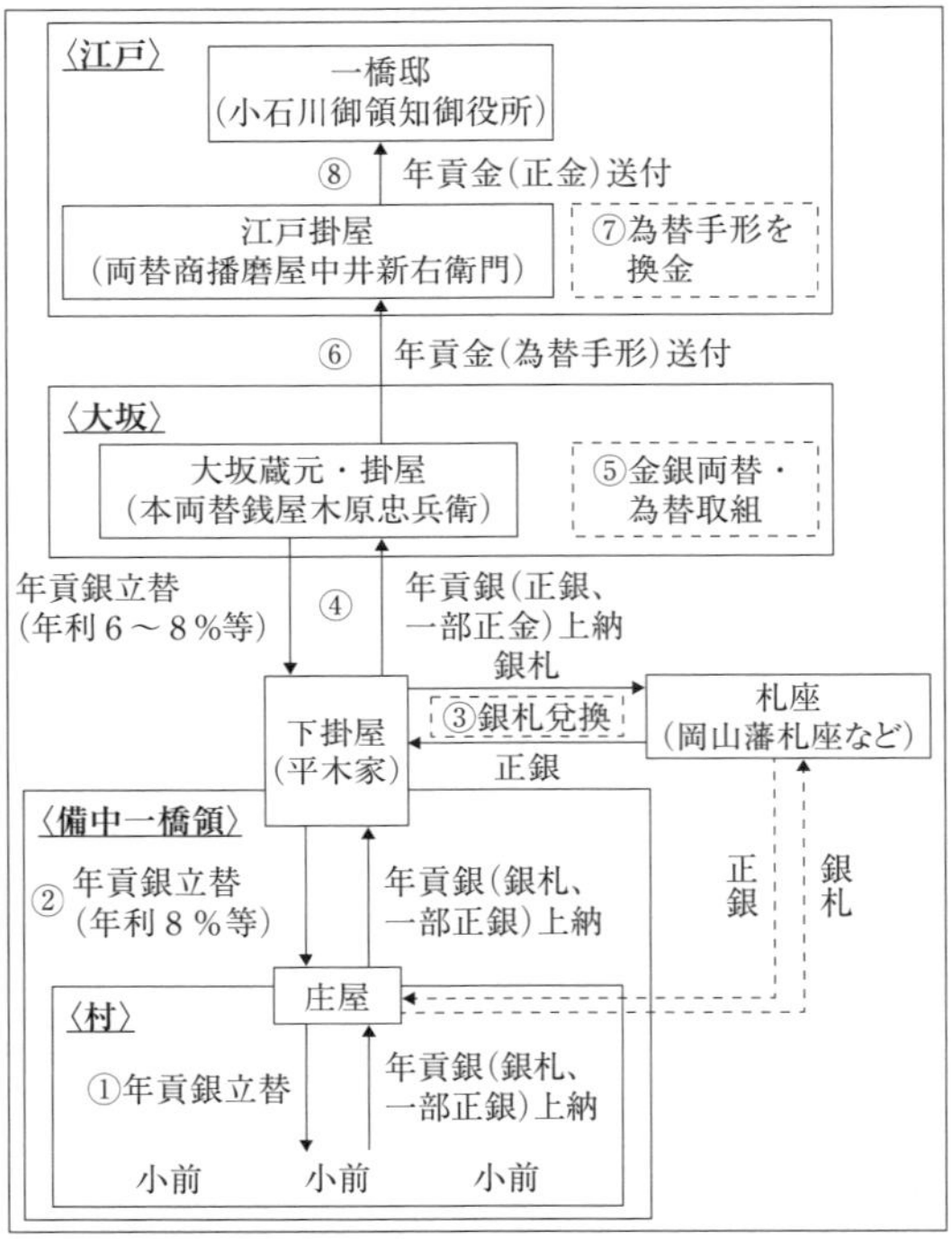

図１　備中一橋領の年貢銀収納経路

典拠：嘉永元年10月～同５年12月「御用留」（平世１-15）、安政６年12月「江原御役所御声懸ヲ以平木晋太郎家名相続仕法一件御書下ヶ写」（同19-241）。

註：古賀康士「近世的殖産政策の生成と展開」（岡山地方史研究会・広島近世近代史研究会合同研究会報告、2010年６月２日）、同「近世的殖産政策の生成と展開」（『九州文化史研究所紀要』62、2019年）でも平世１-15をもとに備中一橋領の年貢銀収納や貨幣・物資流通についての図と表が作成され、年貢銀収納経路についても述べられている。古賀氏論文の内容をふまえて、銀札の兌換が掛屋と各札座の間のみでなく、各村庄屋と札座との間でも行われているであろうことを示す記述を初出時の図（拙稿「幕末期の掛屋と年貢銀収納」『歴史学研究』966、2018年の図１）に加筆した。

両替し、同日に「為替取組」、⑥江戸へ為替手形を送付する。

〈３・江戸〉⑦大坂蔵元からの為替手形を江戸掛屋の両替商播磨屋中井新右衛門が受け取って換金し、⑧一橋家「小石川御領知御役所」の「金蔵」へ年貢金が納入される。

年貢銀収納に伴って負担や立替が発生する場面は、Ａ村内の年貢銀取集め、Ｂ領内の年貢銀取集め・銀札兌換（庄屋→掛屋→大坂蔵元）、Ｃ年貢銀両替（大坂蔵元）、Ｄ年貢金送付（大坂蔵元→江戸掛屋）である。掛屋にとってはＢの負担が重要だが、Ｃの負担も大坂蔵元ではなく掛屋と村々が担う体制となっていた（本節第四項）[51]。

なお、文久三年～慶応元年頃にかけては、両替商三井家が一橋家の御用金や年貢銀の一部を扱う体制になっており、大坂に西国の年貢銀が送られて以降、三井家を通じて京都の一橋家「御旅館御勘定所」へ送られる収納経路も確認できる。[52] ただし、この年貢銀収納経路の変更によって備中一橋領が大きな影響を受けたわけではないとみられるため、本章では深く立ち入ることはしない。

（2）幕末期の撫川銀札・庭瀬銀札

掛屋は年貢銀の銀札の一括兌換を行っていたが、この職務は負担であったらしく、掛屋から大坂蔵元宛ての書状では「十五・六日数ヶ村引合之儀ニて私宅手元閙敷可有之、銀札ハ其領〻限り之事なから融通いたし来ニ而、是ニ別而手数相掛り申候」とある。[53] 本項では、平木家と諸領主発行の銀札との関係から、備中国南西部における銀札の兌換不全の具体的状況と、これにより平木家が負担を被っていく様相をみていく。その際、備中一橋領において最も多く出回っていた藩札の一つである、庭瀬銀札との関係に特に注目していく。

平木家は備中国庭瀬藩板倉家の館入であり、同藩発行の銀札を引き受け、流通させていた。管見の限り、天保一一年一一月に平木家が銀札の流通促進のため（「御札場為御融通」）に、庭瀬銀札二八貫を一〇年間拝借している事例が庭瀬銀札と平木家との関係の初出である。[54] この時には、同時に「御用達置候銀子弐拾貫目元利并備銀四貫目」とあるように銀二四貫（おそらく正銀）を庭瀬藩に上納しており（一〇年後に銀札を返上する際にこの銀は平木家へ返済される取り決め）、上納銀の代わりに二八貫の銀札を得ていた。その後、弘化～慶応期にかけて、平木家は庭瀬藩から二人扶持を得ている。[55]

庭瀬銀札に関わる問題として、弘化三年九月には「私（平木家）引請猶又小印入銀札（庭瀬銀札）融通仕罷在候処、当午（弘化三年）五月中撫川（旗本戸川氏）銀札引替方差滞候響ニ御座候故哉、御当札俄之引替ニ相成、遣イ出銀札庭瀬・矢掛両御札場并私隣村ゟ私宅江持参之分、都合ニ而者皆引揚同様ニ相成、不少不益出来迷惑仕候」とあり、[56] 撫川銀札の兌換不全に伴って庭瀬銀札の引替が殺到し、平木家が不利益を被っている。平木家は撫川銀札を引き請けておらず、ある銀札の兌換不全が、同地域の他の銀札の信用不安や銀札引請人の損害へも繋がり得ることは注目される。庭瀬銀札の引替殺到を受け、平木家は所持していた各種庭瀬銀札一三〇貫のうち、「大すれ（擦れ）」札となって「融通仕兼」る状態となった旧銀札の引上げ・交換を願い出、これが無理な場合には一三〇貫の庭瀬藩への返上と、新銀札九〇貫、利足銀九貫、札場備銀として上納していた一八貫の合計一一七貫の下げ渡しを願い出ている。銀札が「融通仕兼」る状態になっていたとはいえ、一三貫の損失を申し出てまでも信用不安に陥った旧銀札を手放そうとしているのである。訴願の結末は不明だが、平木家は嘉永・安政期にも庭瀬銀札を引き請けている。[57]

庭瀬銀札は天保末～安政期に四度の札潰れに陥っており、[58] この度に平木家等の銀札引請人は上記のような損害を被ったとみられる。損害を被るリスクが予想されつつも、平木家が銀札を引き請けていた理由については「去巳年（弘化二年）笠岡村・井原村懇意之もの ゟ内〻相頼候儀有之、私引請猶又小印入銀札融通仕罷在候」とあり、庭瀬銀札の引請は「懇意之もの」からの紹介であったことが重要である。[59] さらに「乍併両替相断候而者御館入仕候甲斐も無之、外聞も不宜実以心痛仕候」とあり、[60]「館入」の狙いとして銀札の両替の引受＝潤沢な経営資金の確保や「外聞」が重要であった。安政元年三月に平木家は銀札七二貫七九二匁を保持していたが、この内訳は庭瀬藩札五四貫一〇〇匁、岡田藩札八貫七〇〇匁、備中松山藩札三貫三〇〇匁、麻田藩札二貫八〇〇匁、岡山藩札一貫二五〇匁、足守藩札一貫二〇〇匁、不明一貫四四二匁であった。[61] さらに嘉永五年九月に「小印入り銀札」の引請年季の延長を平木家から願い出ていることからも、[62] 銀札引請により潤沢な資金＝庭瀬藩札を確保することは、平木家の経営活動にも必要であったことがうかがえる。上記のような人的・経済的理由から、平木家は銀札引請の不利益を一定程度認識しつつもこれを断りきれず、庭瀬藩との関係を継続していったのである。

（3）銀札「不融通」と金銀相場の「間損」

次に、嘉永期の備中一橋領における銀札の流通・兌換不全の状況について、平木家から江原役所へ出された史料の写しからみていく。

【史料1】(63)

（前略）御領知村〻ゟ備中国玉嶋湊・笠岡湊并近村市場江米・綿・煙草其外諸品売拂候節多分銀札与交易仕、村〻庄屋手元江銀札納込其侭下掛屋江持参仕候而、備前国岡山御札座始備中国諸家様方御札場江銀札持参候而茂、員数札附留者御座候得共早速御引替無御座、掛り役人中より金子差支之由相断、三十日目又者五十日目ニ漸歩通ヲ以引替出来申候而大ニ困入申候、右ニ付差掛り金子相揃不申節者、下掛屋ゟ御蔵元江相頼相対ヲ以御蔵元方ニ而利足附之銀子立替、江戸○（ママ）上納方取斗候儀も御座候（後略）

備中国玉嶋・笠岡や近隣市場での諸品販売により小前は銀札を入手し、この銀札は年貢銀として小前→庄屋→掛屋へと納められる。掛屋平木家は岡山藩札座等に銀札を持ちこむが、正貨への兌換が円滑には進まず、年貢銀の不足額は平木家の名目で大坂蔵元が利子付きで立て替えている。また、札座では銀札のうち一部は正貨ではなく他の銀札で引き替えられる場合があったようであり(64)、掛屋の銀札引替に伴う手間・負担の大きさがうかがえる。

無論、平木家も銀札によって自身が負担を被る状況を放置してはおらず、銀札の引替価格や年貢銀の金銀相場を是正するために毎年対処していた。平木家文書の「家例帳」には、天保～文久期各年の銀札引替価格と年貢金銀の相場を平木家から領内に通達した文書がまとめられており、[65]例えば嘉永二年九月には銀札の受取について以下の通り通達されている。

【史料2】

一福山銀札壱匁者、銀九分ニ引受可申事　但、札座相庭高下之節者、増減御座候事

一右之外銀札之儀者難引受奉存候、併無拠訳ヲ以御差向被成候得者、其節之両替方聞合候上、引請可申候

福山銀札一匁は正銀九分の年貢銀として受け取り、その他の銀札は基本的には受け取り難いものの、事情により時々の両替状況を聞き合わせたうえで受け取るとある。福山銀札は天保～安政期まで単独で引替値段が設定されていた唯一の銀札である。時々の相場により引替の可否や値段を決定するとあるが、これは適正価格での引替を実現しようとする掛屋側の対応であるとともに、銀札価格が不安定で変動が予想しにくかった点もうかがえる。

銀札流通と年貢銀の立替に関して、弘化三年一二月に平木家から岡山城下の白銀屋へ出された書状には「御領知村ゝゟ御年貢銀両替引請候岡山銀札、私手元ニ而立かへ上納仕置候間、来春両替御願可申上奉存候」とあり、[66]平木家は所領から上納された岡山藩札を正銀と交換して年貢銀とし、年貢銀送付が完了した後の来春に、岡山藩札の両替に出向こうとしていた。弘化三年には岡山藩札は単独の引替価格が立てられておらず、「並札」の一つとして時々で引替の有無が決定される札であった。このような銀札であっても、平木家による受取と一時的な正銀立替がなされており、このことからは平木家が各種銀札の両替の状況をにらみつつも、多様な銀札の受取に一定程度応じていた状況がうかがえよう。

元治元年の事例ではあるが、平木家から大坂蔵元に出された書状では、「御年貢銀之内銀札ニ而請取置候分多分有之、京助《(平木)》手元江請取候後、銀札正金ニ不相替由を以、村ゝ江引合ニおよひ候而も、庄屋共ゟ小前江損銀償方

申談候場合ニ不至候間、精〻京助手元ニ而相凌」とあり、[67]平木家の手元に集められた銀札が兌換できず、村々に「損銀償方」を求めるも、村内で銀札の「損銀償方」についての談合が進まなかったことがわかる。

さらに、年貢銀上納に関わる問題として、前述「家例帳」には、毎年の年貢金銀の換算値段が二種類記されている。例えば、弘化元年分の換算値段は以下の通りの記述である。

【史料3[68]】

金壱両ニ付何金ニ而茂仮直段
一銀六拾三匁弐分
但御初納ゟ皆済迠右仮直段同相庭ニいたし置、大坂御蔵元並合相庭ヲ以、過不足勘定可致事
且又請取切直段之儀者
金壱両ニ付何金ニ而も受取切
一銀六拾四匁
但初納より皆済迠相庭高下ニ不抱《ママ》、同直段ニ而請取切之事

一両＝六三・二匁の「仮直段」、一両＝六四匁の「請取切」の二種類の相場が記されており、「仮直段」は年貢上納の開始から皆済まで、同一の相場（「仮直段」）によって年貢銀・金を集めた後、「大坂御蔵元並合相庭」と差引して過不足を勘定するとされている（【図1】の通り大坂蔵元のもとで年貢銀が金に両替される）。この過不足勘定に関連して、備中一橋領では郡中割（「大割」）の際に「大坂渡候」銀子の「間損」を組入れるとされており、[69]後述の「請取切」の内容もふまえると、「仮直段」での納入を選択した村々の間で損失が割り当てられたとみられる。

平木家「家例帳」（註(65)）によると、「請取切」（村々からみて「御渡切」とも書かれる）は、平木家がこの値段で

年貢銀・金を受け取った後、大坂蔵元のもとでの相場と「間損」が発生した際にも、「間損」は平木家のもとで処理し、「請取切」で上納した村は損失を割り当てられない値段のことであり、例えば天保一四年一一月には「来ル十二月御上納之節（中略）御渡切被成候御村方ハ、約定之通何程損銀相立候而も、私方《（掛屋平木家）》引受可申候」とある。年貢銀差立の後、「請取切」直段の場合は掛屋が「間損」を負担するため、こちらの直段が高く設定されたとみられる。大坂と備中の金銀相場の差額への対処について、掛屋と村々との間で上記のような取り決めがあり、大坂で金銀が両替される際（【図1⑤】）の相場差による損失は、掛屋と村々へと転嫁されていたのである。安政三～五年にかけて、前述の「家例帳」では「尚〻先日已来大坂金相庭乱高下ニ候間、精〻仮直段可被成下、尤御村方御勝手ニより無御遠慮御規定可被成候」といった記述がみられる。ここからは、大坂の金相場の乱高下に際して、所領村々が「間損」差引の必要のない「請取切」での年貢銀上納を選択することが増え、掛屋が難渋している様相がうかがえよう。「請取切」と「仮直段」という二種類の相場の選択権が村々の側にあったがゆえに、平木家は「間損」の勘定において不利な立場に追い込まれる場合があったとみられる。

上記の通り、村々は正貨での年貢納入、銀札の兌換不全による損銀支払、「仮直段」での年貢銀納入に概ね非協力的であり、平木家は一時的に「並札」をも預かって正銀を立て替えていた。さらに、一橋領での銀札の流通状況や庭瀬藩札の事例を考慮すると、平木家が銀札引替価格と金銀相場の設定という対策を講じつつも、大坂蔵元と村々との間に立っているために、金銀相場の乱高下や札潰れに度々巻き込まれていた様相がうかがえよう。

（4）掛屋と大坂蔵元による年貢銀立替

前項で述べた状況のかたわら、掛屋平木家は領内の年貢銀の立替も行うこととなる。嘉永四年七月に平木京助から江原役所へ出された「乍恐奉願上候」には、以下の記述がある。

【史料4】[70]

（前略）近来銀子融通不宜故ヲ以、年々皆済之期ニ臨、村々ゟ壱ヶ年切又者両三ヶ年賦等ニ而、上納方取斗之儀強而相歎候村方年限多相成、就中去々酉《（嘉永二）》・去戌年《（嘉永三）》之儀者近来稀成違作ニ而、内実私手元ニ而者莫太《（大）》之立替ニ相成、前文申上候立替、年賦拂入之分共都合仕候得者、多分之銀高ニ而手元必至差支、此上融通いたし兼候程之次第ニ至り、左候迚此節右立替之分、一時取立候而者年柄与申、旁以村々及迷惑可申（中略）勘弁仕候処、右立替之分此後七八ヶ年、又者拾ヶ年切之利足附・年賦済等ニ取斗遣し候ハヽ、村々凌方出来、私手元ニおゐても、融通出来可申事ニ奉存候（後略）

「近来銀子融通不宜」ため、村々から掛屋平木家に対して年貢立替が多く願われており、特に「去々酉《（嘉永二）》・去戌年《（嘉永三）》」の凶作時に掛屋が低利で多額の立替を行っていたため、「此上融通いたし兼候」状況となっていた。しかし、村々から一挙に立替金を取り立てると村側の迷惑となるため、七〜八年か一〇ヶ年賦での返済とすれば村々・自家ともに都合がよいと平木家はみていた。そのため、（後略）箇所では、江原役所から一〇ヶ年賦・年利七％で銀一五〇貫を拝借し、これを年利八％で村方への「立替方」にあて、差額一％分を平木家の「一式諸入用」にあてることが願い出られている。掛屋の手元に年貢銀が揃わない場合には、大坂蔵元から掛屋名義での借用金がなされるが（【史料1】）、実際に嘉永期には確認できる限り嘉永二年四月に年貢銀六〇貫、同三年八月に年貢銀八〇貫をともに年利七％で大坂蔵元が立て替え、江原代官の裏判を付したうえで平木家名義の借用証文を作成している。[71] 同五年三月には、郡中への「融通仕法金」として平木家が大坂蔵元から一五〇貫を拝借している。[72] 年貢銀皆済に関して、弘化元年に平木家から大坂蔵元木原忠兵衛に出された書状では「御立替方之儀ニ付（中略）三拾

表2　安政4年（1857）分の年貢銀取立・差立（単位：匁、匁未満は四捨五入）

年月日	項目	入銀額	出銀額	残額
安政4年10月15日	御年貢	108,000		
安政4年10月26日	差立		－80,000	
安政4年8月13日	上納金50両代銀		－3,480	
安政4年11月15日	取立（31,170匁は願石代）	176,170		
安政4年11月27日	差立		－140,000	
安政4年12月10日	取立（101,767匁は願石代）	442,742		
安政4年12月17日	差立		－180,000	
安政4年12月16日	上納金100両代		－7,040	
残銀				316,392
安政5年2月17日	差立		－20,000	
安政5年6月11日	差立		－80,000	
安政5年4月5日	上房郡願石代	61,210		
安政5年8月17日	差立		－100,000	
安政5年9月11日	井石様御下ヶ銀	2,624		
安政5年9月12日	差立		－180,226	
〆皆済		790,746	－790,746	0

典拠：「年々内用向記録　直拔」（平世4－201）。

貫匁迠之儀者何時ニ而もふり出し可申旨、御初年之頃私登坂当　御主人様私宅江御下り之節より、年〻凡右引合ニ心得罷在候、此段不悪御聞済置奉願上候」とあり、備中一橋領の成立初年以来、木原は平木家に対して度々年貢銀の立替を行っており、平木家は三〇貫までならいつでも立て替えてもらえると認識していたことがわかる。(73)

【史料1、4】にみられる年貢銀の滞り、立替、大坂差立の遅れ等の様相について、実際の年貢銀出納状況に即してみていく。やや時期が下る事例となるが、「年〻内用向記録　直拔」には、安政四〜文久三年の七年間の年貢銀について、領内からの上納時期、大坂差立の時期、立替の様相等が記されている。(74) このうち、最も円滑に上納がなされた安政四年分の年貢銀と、大坂差立が大きく遅延した万延元年の事例とを検討する。

安政四年の年貢銀上納は（【表2】）、同年一〇月に初納、一一月に二納、一二月に三納と三度に分けて年貢銀の大半が集められ、順次年貢銀が掛屋平木家から大坂蔵元へ差し立てられている。この「取立」とある上納された年貢銀には、【史料1、4】でみられるような、平木家が立て替えた年貢銀も含まれていたとみられる。安政五年四月五日の上房郡分の願石代銀は、他の年でも三～四月頃に上納されている。九月一一日の「井石様《（江原代官）》御下ヶ銀」は不明だが、安政四年分の年貢銀は翌年九月一二日に全て差立が完了している。安政四年一〇月～同五年九月の約一二ヶ月という期間は、前述の七年間では最短である。このように円滑に年貢銀収納と大坂差立が進んだ場合、大坂蔵元による立替が生じる余地はほぼない。

万延元年分の年貢銀は（【表3】）、同年一〇月一五日の初納から上納が開始され、大半は同年内に上納が終了している。一部の年貢銀は、上納後一一、一二日で差し立てられているが、文久元年二月以降、「御蔵元立替」や「平木立替」等の立替銀が多く確認できる。これは、平木家のもとに年貢銀が上納されてはいるものの、何らかの事情で平木家がその年貢銀を大坂に差し立てられなかった状況を示すとみられる。年貢銀の上納から差立までの期間は、通常の年では二～三ヶ月にすぎず、平木家が上納された年貢銀を取り込み、経営資金に回した結果、差立が遅れたとは考えにくい。前節でみた通り、正銀を平木家のもとで準備できていなかった状況や（安政六年以降の家政改革も影響したとみられる、第三節で後述）、銀札の兌換不全、兌換までのタイムラグが、平木家が上納された年貢銀を即座に差し立てられない状況の背景にあったとみるのが整合的であろう。

この結果、大坂蔵元が合計で銀二七〇貫を立て替えている。大坂蔵元の立替金がどのように返済されたのかは不明確だが、安政六～元治元年の平木家の借財の中に、大坂蔵元からの借用金が多い点からすると（第三節で後

表3　万延元年（1860）分の年貢銀取立・差立（単位：匁、匁未満は四捨五入）

年月日	項目	入銀額	出銀額	残額
万延元年10月15日	取立（御年貢）	108,000		
万延元年10月26日	差立		−80,000	
残銀	預かり			28,000
万延元年11月15日	取立（31,170匁は願石代）	176,170		
万延元年11月27日	差立（20貫は運賃）		−140,000	
万延元年12月9日	上納金150両代		−10,800	
残銀	預かり			53,370
万延元年12月17日	取立（101,914匁は願石代）	483,756		
万延元年12月17日	差立（10貫は運賃）		−150,000	
残銀	（外に拝借金140両あり）			387,126
文久元年2月5日	差立・御蔵元立替		−50,000	
文久元年3月5日	正金差立（同日に外金140両を差立）		−50,000	
残銀				287,126
文久元年3月30日	取立、上房郡石代銀	42,809		
文久元年4月5日	差立（19,570匁は運賃）		−49,570	
残銀	預かり			280,365
文久元年5月5日	差立、御蔵元立替		−30,000	
文久元年6月5日	差立、御蔵元立替		−30,000	
文久元年10月5日	差立、御蔵元立替		−30,000	
文久元年11月22日	御下ヶ戻し	3,600		
文久元年12月17日	差立		−70,000	
残銀	（12月20日御役所納め）			123,965
文久2年2月5日	差立、木原立替（1ヶ月利銀175匁、3月4日に元利銀を平木立替で差立）		−30,000	
文久2年4月5日	平木立替差立		−30,000	
文久2年8月12日	木原立かへ		−50,000	
〆				13,965
文久2年（月日不明）	置金残御下ヶ	252		
文久2年10月15日	取立積	114,488		
〆	（内251.8匁御下ヶ銀引）			128,705
文久2年閏8月5日	懸屋立かへ		−13,965	
文久2年閏8月5日	御蔵元立かへ		−50,000	
文久2年閏8月5日	懸屋引受立かへ		−64,488	
（合計）	（「置金残御下ヶ」の分）			252

典拠：「年々内用向記録　直披」（平世4−201）。

述）、大部分が平木家の借財として累積していったとみられる。そして、平木家自体も銀一二八貫余を「平木立替」「懸屋立かへ」「懸屋引受立かへ」として立て替えることで、ようやく二四ヶ月後（閏月含む）の文久二年一〇月に、万延元年分の年貢銀上納が終了している。

大坂蔵元や掛屋による立替は、前述の七年間の年貢銀では安政六（立替額一一六貫余）、万延元、文久元年（同一六一貫余）に確認でき、【史料1、4】に現れる状況は頻繁に発生していたとみられる。前述の通り、年貢銀差立の遅れと大坂蔵元による立替は、明確に確認できる限りでも嘉永期から継続していた。大坂蔵元からの立替銀や、差し立てる年貢銀を当面江原役所から借用した際には利子を支払う必要があり[75]、如上の年貢立替構造は平木家の経営の負担になっていたとみられる。村々への年貢銀立替の返済が焦付（【史料4】）、銀札の兌換不全の補償に村々が応じない状況では（前項）、①村々への年貢立替―立替金の焦付・銀札の兌換不全、②年貢立替のための大坂蔵元・江原役所からの借用金、という二方向からの負担が掛屋に帰着することは避けようがなかったとみられる[76]。

第三節　領主・大坂蔵元と掛屋――平木家の家政改革を題材に――

（1）家政改革に至る経緯

前節で述べたような状況を受け、安政六年一二月から平木家は家政改革を行っている。この家政改革の初発の状況をよく示す史料が「江原御役所御声懸を以平木晋太郎家名相続仕法一件御書下ヶ写」（以下「書下ヶ写」）である。[77] 本史料は「江原御役所御秘蔵書物拝借仕候而、文久元辛酉六月写之」とあるように、代官役所の内部史料の写しである。そのため、代官役所と掛屋との関係や、代官役所の家政改革への思惑が、直截に記された稀有な史料といえる。本史料に拠りつつ平木家が家政改革に至る経緯をみていく（【史料5①、②】）。

【史料5】

御年貢銀差立方差図見込書

(①)御領知村々近来他領銀札及潰、懸(掛)屋平木京助方江納込候御年貢銀之内、不通用之銀札多分懸屋手元之損失与相成、村々御救筋相立候上者、懸屋手元立行方仕法相願居候ニ付、追々取調可申折柄、京助儀致病死、忰平木晋太郎引続懸屋相勤居候処、借財方相嵩難相勤ニ付、(②)、去未(安政六年)十二月簗瀬村山成直蔵・大戸村庄屋廉助立入夫々借財取調、(③)晋太郎田畑売払、右代金御役所江相納置、年壱割又者壱割弐歩之利足ヲ以、拾ヶ年之間貸廻相願置、相続方仕法相立候積ニ有之（後略）

平木家は近来における銀札の流通・兌換不全とそれによる損失を受けて、江原役所へ仕法を依頼している（①）。そして江原役所の命を受け、有力者の簗瀬村山成直蔵（本書第二部第一章参照）、大戸村庄屋廉助によって平木家の借財が調査された（②）。銀札の兌換不全について、他史料では「去ル寅年(安政元年)已来備中国御領知最寄他領銀札及潰、多分之損亡ニ相成」とあり、[78] 安政元年以降銀札による問題が特に顕在化している。安政元年には岡山藩札の札潰れがあり、これと連動して少なくとも一八ヶ所の銀札が流通停止になっており、[79] 備中一橋領もこの影響を強く受けていたとみられる。

安政六～元治元年の借財は、江原役所からの拝借金、年貢差立残、大坂蔵元からの借用が大半であり（【表4】）、領内の年貢立替や大坂蔵元への立替依頼が家政困窮の主因であったことがわかる。地方からの借財も一定程度み

表4　平木家借財推移（安政6年11月～元治元年11月〈1859～64〉）　　単位：両

項目／年月	安政6		万延元		文久元		文久2	文久3	元治元
	11月	暮れ	11月	暮れ	11月	暮れ	11月	11月	11月
役所より拝借高	1,756	297	3,096	0	5,739	3,424	10,049	6,638	4,942
年貢差立残	5,881	5,881	7,543	7,543	5,513	5,513	4,769	4,985	—
大坂蔵元	4,602	3,192	3,409	2,810	2,994	2,426	4,383	—	7,679
地方借入	3,696	2,250	3,401	1,371	1,624	935	1,061	—	3,392
講利金借用	0	0	30	0	30	0	30	—	0
家名相続仕法金	0	−2,580	0	−3,388	0	−4,012	0	0	0
借財合計	15,935	9,039	17,489	8,335	15,901	8,286	20,291	11,624	16,012

典拠：「〔家財等書上〕」（平世19–20）、元治元年8月22日「借財高書出扣」（平世16–22）。
註：小数点以下は四捨五入。借財合計は史料上の数値に従った。「—」は不明。文久3年11月は判明する2項目のみの合計。元治元年の年貢差立残と大坂蔵元は判別がつき難いため、後者に一括。安政6、万延元、文久元年の暮れの借財では、平木家「家名相続仕法金」（【表5】）が返済金に含まれ、「年貢差立残」にあたる項目は記されていない。そのため、年貢差立残は11月の数値を記し、「家名相続仕法金」は江原役所で利殖されているため、「年貢差立残」と別項目とした。各年11月時点の借財には「家名相続仕法金」は計上されていない。

られ、借用理由は不明だが領内の年貢立替との関係を持って行われたとみられる。銀札の兌換不全や年貢立替（第二節）に伴って大坂への年貢差立が遅延して「残」となり、これが掛屋平木家の借財として計上されていたのである。

以上の通り、安政末年の備中一橋領では同五年の産物会所設置（第一節）と同六年以降の掛屋家の家政改革という、銀札の流通構造に関係する動きがみられた。これらは銀札の兌換不全に対して、前者は独自の紙幣の発行、後者は旧来よりの銀札流通構造の中枢を保持する方策というように、方向性は異なるものの、ともに銀札流通の不調への対策としての性格を持ったものといえる。

（2）安政～文久期の救済措置

上記の借財調査を受け、安政六～文久期には三点の救済措置がとられる。第一に平木家の所持田畑を売却し、この代金を江原役所に納め、年一割か一割二分の利子付きで一〇年間貸廻すこととなった（【史料5③】）。この仕法金は「郡中身元之もの」（地域の有力者）へ江原役所から貸し付

表５　平木家仕法金額の推移（安政６年〜慶応元年〈1859〜1865〉）　　単位：両

	項目	仕法金総額	仕法金増減
1	平木晋太郎より相納候相続仕法方仕法金		2,580.0337
2	中井屋謙次郎より相納候相続仕法方仕法金		50.0000
3	貸廻し元高（安政６年12月）	2,630.0337	
4	利金（安政６年12月〜万延元年11月、３の利金）		315.6040
5	新規納込候仕法元利金（万延元年２月〜同４月）		499.1006
6	貸廻し金（万延元年12月〜文久元年11月）	3,444.7383	
7	利金（万延元年12月〜文久元年11月、６の利金）		413.3686
8	新規納込候仕法元利金（文久元年３月）		216.5000
9	貸廻し金（文久元年12月〜文久２年11月）	4,074.6069	
10	利金（文久元年12月〜文久２年11月、９の利金）		488.9528
11	新規納込金（文久２年12月）		42.8571
12	平木家へ下ヶ渡（文久２年11月）		−535.0285
13	貸廻し金（文久２年12月）	4,071.3883	
14	利金（文久２年12月〜文久３年11月、13の利金）		488.5666
15	平木家へ下ヶ渡（文久３年12月）		−522.1715
16	新規納込金（文久３年12月３日）		40.7143
17	貸廻し金（文久３年12月）	4,078.4977	
18	利金（文久３年12月〜元治元年11月、17の利金）		489.4197
19	平木家へ下ヶ渡（元治元年12月）		−489.4197
20	貸廻し金（元治元年12月）	4,078.4977	
21	利金（元治元年12月〜慶応元年11月、20の利金）		489.4197
22	平木家へ下ヶ渡（慶応元年12月）		−401.2507
23	貸廻し金（慶応元年12月）	4,166.6607	
24	利金（慶応元年12月〜同２年11月、23の利金）		500.0000

典拠：安政６年12月「仕法金取扱方書下ヶ帳写」（平世16-917）。
注：「新規納込候仕法元利金」は平木家から出金され、仕法金に加えられた金額。「下ヶ渡」は仕法金から平木家に渡された金額。利金の利率は年利12％。

けるとされた。仕法金の推移をみると（【表5】）、文久二年一一月から年に一度平木家へ金子が下げ渡されている。下渡し金は「当戊（文久二年）大坂拂入并地方拂入之分、御下ケ奉願上候積り」などとある通り、大坂蔵元や地方の借金返済にあてられていた[80]。この仕法金は一〇年間江原役所に預けられる予定であったが、慶応二年（一八六六）に「平木晋太郎仕法金出金下ヶ渡」として四六六六両余が平木家に下げ渡され[81]、江原役所の仕法金利殖が終了している。

救済措置の第二として、「身元之もの」が大坂に差し立てる年貢銀を立て替えていた。「書下ヶ写」では「木原忠兵衛方江差立ニ付、身元之もの拾五人江立替金申付」などとあり、「身元之者」一五名が万延元年に四三五〇両、文久元年に三八四〇両を立て替えている。元治元年にも八名が「差立方」として一〇〇〇両を立て替えており[82]、「身元之もの」による年貢立替が継続している。

救済措置の第三として、大坂蔵元から借財整理と低利での金子貸付が行われた。文久元年一〇月には、大坂蔵元から平木家への従来の貸付を一端引き去り、文久二年正月に年利七％で三〇〇貫の借用へと改められている[83]。そして、仕法期間中の一〇年間は三〇〇貫の年利を六％とし、皆済時に利銀分の差引を行うとされている。これは一年ごとに元銀一五貫と利銀を返済し、一一年目に残銀一五〇貫を返済することで借銀を完済する計画であり、田畑一五町が質物とされた[84]。しかし、文久元年一二月、平木家は「御領知備中国村々為融通」を理由に翌年正月を期限として大坂蔵元から年利七％で七〇貫を借用している[85]。この用途は判然としないが、平木家の経営ではなく領内のための公的な借用であることは確実であろう。職務上の関係に基づき、平木家が年貢銀や領内に必要な資金の補填のために大坂蔵元から借用金を重ねるという状況は、家政改革中の文久期にも変わりがなかった。

その後、文久二年二月には、大坂蔵元から平木家に対して「取締覚」が提示される。

【史料6】(86)

取締覚

一今般下掛屋改革仕法ニ付、旧冬ゟ段〻御頼談ニ依り、出格之大銀立替候上者、以来御返済年限中御慎、左之通御心得被成度事

一大酒散財等之事

一質素倹約之事

一無益之買物・雑作・普請等之事

但倹約と申者下方之者迠取〆候事ニハ無之、我身を慎致家内機嫌能相暮、下方之者ニハ憐愍加、吝嗇と取違等無之様御心得被成度、左候へば末長久之第一也（後略）

ここでは主に質素倹約が述べられているが、但書で「倹約と申者（中略）下方之者ニハ憐愍加、吝嗇と取違等無之様御心得被成度」とある点は注目される。他文書の用例を参照すると、「下方」は村々や領民一般を指すものである（第一節第一項の御用金の事例等）。領主や大坂蔵元の「家名相続仕法」への介入の背景には、掛屋が「下方之者」に適切な処置を行うことが、領内の「成り立ち」を保障するために必要との認識があったとみられる。

以上の通り、江原役所での仕法金利殖、「身元之もの」の年貢立替、大坂蔵元による好条件での貸付の三点が安政～文久期の救済措置であった。この他、安政六年には木之子村の本宅を取り仕舞い、当主晋太郎が西江原村の分家中井屋へ同居することとされた（「書下ヶ写」）。しかし平木家の経営は改善されず、毎年一一月の借財は多くの場合一万五〇〇〇～二万両ほどで推移している（【表4】）。借財額が目立って多い項目は江原役所からの拝借金、年貢銀の差立残り、大坂蔵元からの借用であり、特に後二者からは経営が悪化したからといって掛屋が担っ

ていた立替機能を放棄することはできず、借財が減少しなかったとみてよい。銀札兌換や立替といった年貢銀収納に関わる負担の多くを単独の掛屋が担うという構造自体が、頻繁な札潰れ、金銀相場の乱高下、物価高騰等の経済不安が生じていた幕末期においては、限界を迎えつつあったとみられる。

（3）年貢差立の実態と江原役所の認識

「家名相続仕法」に至る経緯と安政~文久期の救済措置については、江原役所の介入が目立ってみられる。この背景として、前述の「書下ヶ写」では「京助儀者御領知御初年已来仮御陣屋引受、其身一代懸（掛）屋等も無滞相勤、奇特之段御賞誉も有之候程之もの、同人跡懸屋不相勤候へ者外ニ人当も無之、大坂表木原忠兵衛下代ニ而茂呼下し、懸屋為相勤候外も無之見込ニ有之」とあり、平木家の代わりは領内に存在しないと江原役所は考えていた。領内には本山成家（山成直蔵、本書第二部第一章参照）など平木家以上の経済力を持つ者は存在したが、複雑な銀札の流通状況や、代官役所・大坂蔵元との従来の関係が重視されていたとみられる。この点に関して、「書下ヶ写」の中から、年貢収納における代官役所と掛屋との関係がわかる記述をあげたい。

【史料7】

①一前書御年貢筋差立方差操（繰）等之儀者、御闇密筋ニ付、都而晋太郎（平木）仕法ニ加り、世話いたし候山成直蔵・廉助等江も前文之趣等ハ明ニハ不申聞、御年貢者十二月限皆差立相済し、大坂蔵元ニ而立替等申付有之分を、春ニ成追ゝニ差立候金子入用之為臨時立替申付、候義之旨申聞有之候②痴人面前ニ夢を不語与之戒有之、於御役所者先前之悪弊一洗いたし、郡中沾之為筋を見込取調候事ニ而も、意味合を不呑込聞違江候へ者、御年貢納方を十二月限皆済取立ニ不相成様、延納等願ひ候事抔申出間敷義とも無之、懸屋手元差略之儀ニ付、村ゝ心取違有之

候而者、大害を生し候事故、前文之趣等者、御代官・筆頭限取扱ニ而、闇密ニ取斗来候事
一右取扱之趣者昨今年之事ニ無之、③先前支配中ゟ其時〻皆済差立御年貢銀を以差操（繰）勘弁を用ひ取扱来り候趣
演説ニ候（後略）

①「晋太郎仕法」の立入人にも安政六年分の年貢差立の内容を内密にし、一般の者に対しては年貢差立ては一二月に終わり、大坂蔵元が不足分を立て替えたことにし、春になってから蔵元立替分を「身元之もの」の立替金により支払っていくとする。しかし「書下ヶ写」をみると、安政六年分の年貢は同年一〇月〜翌年一二月に差し立てる予定となっており、実際の状況をみると約二年後の文久元年九月に年貢銀差立が完了している[87]。一般へ周知した情報と差立の実態が異なっているのである。如上の処置をとる理由は、②代官役所は年貢銀の延納をさせないために、年貢差立を一二月限りで終えるということを示し、年貢を一二月までに皆済させることを意図していたためであり、順調な年貢収納が領主の最大の関心事である。そのために年貢銀の実際の差立は「御代官・筆頭限取扱ニ而、闇密ニ取斗」うが、唯一掛屋平木家も年貢差立の実態を把握していた。さらに詳細は不明確であるが、③代官役所と掛屋により従来から内密に「皆済差立御年貢銀」の補填や運用がなされていた。

以上のように領主が掛屋平木家の家政に立ち入るのは、掛屋を結節点とした年貢銀収納構造を維持することが最大の目的であった。そのため、掛屋と異なり領内全域の年貢銀収納に対しての職務を担っていない一般豪農に対しては、【史料7①②】のようにその力量を都合よく利用しようとする意識が見受けられるのである。

（4）元治元年の「仕法改革」

安政〜文久期に様々な方策がとられたものの、元治元年にも平木家の経営は好転しなかった（【表4】）。そのた

め同年に「仕法改革」が行われ、銀四〇〇貫を大坂蔵元から借用し、大坂蔵元から名代が備中に派遣されて家政改善のための指導がなされることとなった[88]。平木家の経営が改善しなかった要因には、年貢銀収納に関わる負担の多くを単独の掛屋が担う構造が変わらなかった点に加えて、文久三年の領内への御用金賦課（第一節第一項、序章）があったとみられる。これは同年三月・一一月の一橋慶喜の上京を受けて課されたものだが[89]、「仕法改革」の際に平木家が江原役所に提出した願書には「去亥年（文久三年）従江戸　御表不容易御用途被　仰出候後不融通ニ相成、向〻金子借入方出来不申ニ付而者永続仕法無心基」とある[90]。さらに平木家の願書によると、安政六年の家政改革開始に伴い、江原役所の声掛によって「郡中身元之もの」から三〇〇〇両、大坂蔵元から二〇〇〇両が融通されていたが、文久三年の御用金賦課のため「郡中不融通」となり、「郡中身元之もの」からの立替が断られている[91]。平木家の家政改革は御用金賦課によって多大な影響を受け、「郡中身元之もの」からの助力が後退するとともに、大坂蔵元の力量により依拠して「仕法改革」がなされた。

これとともに、元治元年以降の備中一橋領では、西江原村の産物会所において掛屋役を六名が交代で務める体制に移行していった（【表6】）。この体制の内実は不明な点が多いものの、掛屋六名は上房郡以外の領内の六組から一名ずつ出され、産物会所等の役職を兼任していた。掛屋の職務について、明治三年八月には「一両人ヅ、江原産物

表6　元治元〜慶応2年（1864〜66）の備中一橋領下掛屋

名	村	組	産物会所での役職
平木晋太郎	後月郡木之子村	木之子組	非常備金惣代
山成直蔵	後月郡簗瀬村	奥組	取締役
片山茂久郎	後月郡西江原村	後月組	非常備金惣代
池田丹治郎	小田郡大江村	濱手組	非常備金惣代
名越徳三郎	小田郡走出村	中組	（親類が備金惣代）
太左衛門	小田郡浅海村	小田組	切手掛

典拠：『後月郡誌』523〜524頁、安政5年7月16日「差上申御請証文之事」（『井原市史』Ⅲ、429〜432頁）、明治2年「廻村御用留」（一橋Ｃ6－2）。
註：明治3年時点では、平木晋太郎が佐藤哲二（後月郡門田村、産物会所備金掛）と交代し、山成直蔵は息子源四郎（産物会所切手掛）、池田丹治郎は息子楠五郎（産物会所切手掛）と交代。

会所江相詰、御年貢村々より金札並融通之切手相納、預切手先役所江差出候儀御座候」とあり、二名ずつ交代で産物会所に出勤し、村々から諸領主発行の金札や融通切手で年貢を受け取っていた。[92]元治〜慶応期には出勤している二名は「掛屋惣代」とあり、「掛屋惣代」が領内へ年貢銀の金銀相場（第二節第三項）を連絡している。[93]さらに、文久三年正月〜明治三年六月の公金貸付資金の出納や御用金上納額を百十数丁にわたり記した帳簿が平木家文書に残存している点、[94]元治元年から掛屋を務めた本山成家（本書第二部第一章）の「山成家文書」には掛屋業務の帳簿がみられない点からすると、元治元年以降も平木家が中心となりつつ、六名の交代で掛屋が務められたとみられる。ただし、慶応元年には年貢銀や郡中割が産物会所を宛名として集められるようになっており、[95]明治二年四月には明治元年分の年貢のうち一三〇〇両の立替が産物会所に頼まれている。[96]年貢銀・郡中割銀の管理や立替等の一部の業務は、地域金融組織である産物会所が分掌する体制になっていったとみられる。平木家は明治三年（六月以降か）には掛屋職を退いているが（【表6】）、これは当主晋太郎が同元年に死去し、[97]嫡子京助は明治元年に二一歳と若年で、[98]加えて平木家の経営の逼迫をうけてのこととみられる。

元治元年以降の平木家の借財は断片的にしか判明しないが、明治元年一二月には「地方」からの借財は八九五両であり、【表4】と比べて減少している。[99]明治二年二月「添規定書之事」では、大坂蔵元からの借用金は一五〇〇両余であり、四〇〇両余が「厚御勘弁引」とされ、残額一一〇〇両を一四年賦で返済する計画が立てられている。[100]元来の借用「残銀」は二九二貫七九一・二三匁であったが、これを一両＝一九五匁で金換算したため、一五〇〇両余が残額となっている。銀価格の下落を大坂蔵元が受け入れたことで、【表4】よりも借財は大幅に減少している。

明治五年三月には、平木家は木原からの借用金一一〇〇両のうち五六〇両を返済しているものの、「手元不融通」を理由に残額の返済猶予を願っており、同二年の規定の年賦返済は行われていない(101)。残額の五四〇両は「平木家相続中ハ手元操（繰）合出来候様相成候ハヽ」返済するとされている。これ以降、大坂蔵元からの借財に言及した史料はみられないが、平木家は明治八年に小田県に出仕し、その後岡山県庁職員として同九年に岡山市に転出した後、同二九～三一年には笠岡紡績株式会社の監査役、取締役を歴任し、同三三年に木之子村に帰郷している(102)。このことからみても、明治期には何らかの形で木原からの借財も決着したとみられる。

おわりに

従来の掛屋研究では、掛屋が領主に接近し、年貢銀・公金を預かって貸し付けることで利益を得る側面が重視されてきた。しかし備中一橋領掛屋平木家においては、銀札の一括兌換・兌換不全や所領への年貢銀立替、公金貸付に関わる利益の少なさといった掛屋の負担となる側面が強くみられた。その中でも掛屋による年貢銀立替と銀札兌換は年貢銀を一括して大坂に差し立てるという職掌に加え、多様な銀札が流通する備中国南西部では構造的に不可避なものであった。掛屋が銀札の一括兌換を担うことで個別の村が銀札の兌換不全によって被るはずの損失を肩代りするとともに、掛屋名義で大坂蔵元から未納分の年貢立替銀を借用していた。掛屋も銀札の引替価格や年貢銀の金銀相場の設定等の対策を講じていたが、村々は銀札の兌換不全によって掛屋が被る損失の補填に非協力的であり、銀札価格や金銀相場の変動の予測しにくさもあって、掛屋が負担を被る構造が存続していった。

掛屋平木家は大坂―備中一橋領間の年貢立替の結節点として機能しており、領主財政の維持にとってこの立替関係は重要な意義を有していた。そのため代官役所は平木家を所領支配に不可欠な存在と認識し、安政六年以降の家政改革へ積極的に介入していく。掛屋と代官役所による年貢銀差立の調整や、平木家と大坂蔵元との関係・交流といった平木家の能力・人的関係に加えて、備中国南西部の複雑な貨幣状況下では、新任掛屋が業務を代行することは困難だったとみられる。大坂蔵元においても、平木家に対して巨額の年貢立替を行っていたこともあり、元治元年以降は家政改革を主導していった。

しかし、安政～文久期の家政改革はあくまでも平木家内部の改革であり、周囲において銀札兌換・年貢立替をめぐる構造は基本的に改善されなかった。このことは、元治期に平木家が銀札兌換への村側の非協力的な姿勢を歎いている点に明らかである（第二節第三項）。これに加えて幕末期の政局による御用金賦課等のため、平木家や領民の経営も圧迫されていった。そのため掛屋を単独で務める体制は限界を迎え、元治元年以降の備中一橋領は掛屋六人体制へと移行していく。六人体制下でも金札と融通切手の受取は掛屋が行っており、この兌換によって掛屋が負担を被る構造は継続していた可能性が高い。元治期以降、産物会所詰役と掛屋六名の業務とが一体化していったとみられるが、年貢立替・銀札兌換による負担の内実や負担の担い手については今後の課題である。

本章の分析結果の中でも、掛屋―大坂蔵元間の立替関係の重要性とその内実は、特に重要な論点である。年貢の収納と立替による都市商人と地域との関係形成は、大坂市場を中心とした流通・金融構造を構築していた近世社会（特に西日本）においては相当程度普遍的な事柄であるものの、十分な検討がなされてこなかった。都市商人と地域との年貢立替の内実、特に相場・貨幣問題の処理方法や、立替構造の中で誰が負担を被るのかを追究することは、一地域における社会構造の変容過程を、より広い視野のもとに位置づけることを可能にすると考える。

備中一橋領掛屋の特徴について、同所領は一般的な規模の幕領・御三卿領であり、領内の町場も一般的な宿場町程度のものであった。一方で日田（西国郡代管下幕領）は九州経済の中心地の一つともいえる位置・規模であり

（はじめに）、両地域では流入する資金量に明確な差があったとみられる。さらに公金貸付から得る利益について、日田掛屋は仲介による挨拶金が得られたが（第一節第三項）、備中一橋領掛屋は小額の手数料を得るのみであった。上記の点から、備中一橋領は日田と比べて掛屋業務に携わる利点が小さかったと判断できる。管轄地域の規模・資金流入量、銀札の流通状況等に左右されるとみられるが、本章のように掛屋が負担を被る構造にあった所領は特殊事例ではないと考える。なお、本章では領主―大坂蔵元―掛屋間の金融・立替関係や年貢銀収納構造の解明を重視したため、掛屋と地域社会との金融面での関係については、地域における掛屋の貸付金の機能や掛屋家内における資金の流れなど基礎的事項にも不十分な点が多い。この点は今後の課題としたい。

註

（1）本章では、大坂や江戸の有力商人が就任する掛屋（度々蔵元を兼任）ではなく、所領内の有力者が就任する掛屋（史料上では「下掛屋」とも表記される）を指す。

（2）森杉夫「泉州一橋領知の下掛屋」（『社会科学論集』四・五、一九七三年）、藤原雄高「石見銀山領における掛屋についての一考察」（相良英輔先生退職記念論文集刊行会編『たたら製鉄・石見銀山と地域社会』清文堂出版、二〇〇八年）、楠本美智子『近世の地方金融と社会構造』（九州大学出版会、一九九九年）第一～三章、兵頭徹『明治維新期日田掛屋商人資本の研究』（大東文化大学東洋研究所、一九九九年）、岩城卓二「掛屋になること」（『倉敷の歴史』一九、二〇〇九年）、同「掛屋と代官所役人」（宇佐美英機・藪田貫編『〈江戸〉の人と身分1　都市の身分願望』吉川弘文館、二〇一〇年）、同「歴史資料としての手紙の可能性」（『歴史学研究』九二四、二〇一四年）、添田仁「掛屋の情報蒐集」（『Ｌｉｎｋ』四、二〇一二年）、山本太郎「幕府領陣屋元村の掛屋と陣屋・地域社会」（『ヒストリア』二四七、二〇一四年）、小林延人『明治維新期の貨幣経済』（東京大学出版会、二〇一五年）第四章、磯部孝明「明治初年の郵便為替掛屋用

達」(『郵便史研究』二八、二〇〇九年)。
(3) 前掲註(2)藤原氏論文二一四頁。
(4) 前掲註(2)兵頭氏著書第一章、楠本氏著書第一章、山本氏論文、小林氏著書第四章。
(5) 前掲註(2)楠本氏著書第一章四九頁。
(6) 前掲註(2)楠本氏著書第一章、小林氏著書第四章。
(7) 前掲註(2)山本氏論文。
(8) 前掲註(2)岩城氏二〇〇九年論文。
(9) 前掲註(2)楠本氏著書四六~四八頁。
(10) 伊藤昭弘『藩財政再考』(清文堂出版、二〇一四年)、今村直樹『近世の地域行財政と明治維新』(吉川弘文館、二〇二〇年)等。
(11) 久留島浩『近世幕領の行政と組合村』(東京大学出版会、二〇〇二年)等。
(12) 前者への着目については、編集委員会(文責・山﨑善弘)「特集にあたって」(『日本史研究』五六四、二〇〇九年)参照。
(13) 本章で主に使用する文書は、井原市教育委員会所蔵の平木家文書近世・近代(平世、平代)・小寺昌良家文書近世・近代、茨城県立歴史館所蔵一橋徳川家文書(一橋)である。
(14) 本項で註記のない箇所は、拙稿「近世後期の寺院頼母子と檀家」(『岡山地方史研究』一三一、二〇一三年、本書第一部第二章)、同「豪農経営と親族ネットワーク」(『ヒストリア』二四九、二〇一五年a、本書第二部第一章)、同「近世後期の頼母子運営と豪農」(『地方史研究』三七四、二〇一五年b、本書第一部第一章)、本書序章、井原市史編纂委員会編『井原市史I』(井原市、二〇〇五年)近世編第一章第四節による。
(15) 木村礎校訂『旧高旧領取調帳　中国四国編』(近藤出版社、一九七八年)。
(16) 古賀康士「安政四年の紙幣目録」(『岡山地方史研究』一一六、二〇〇九年)。

(17) 文久三年に備中一橋領に課された御用金では、上納額上位五〇名に西江原村の者は儀兵衛（二五〇両、一二位）、杢郎（二〇〇両、一八位）、善次郎（一五〇両、二五位）のみであり、七日市の者は皆無である（序章【表4】）。
(18) 同年の御用金賦課によって、「下方も当惑罷在旁以産物之方ハ少しハ相弛」（井原市史編集委員会編『井原市史Ⅳ』井原市、二〇〇一年、七二五頁）とある通り、領内の殖産政策が悪影響を受けている。
(19) 本項における同所領の年貢収納・石代納・石代値段等についての記述は、拙稿「備中一橋領における年貢収納と石代納」（『日本歴史』八一三、二〇一六年）による。
(20) 明治四年六月三日「摂津和泉播磨備中武蔵下総下野越後国子ゟ丑迠《（ママ）》五ヶ年歳入調帳」（一橋E一―一八一）。
(21) 安政四年八月一三日～慶応元年一一月二七日「年〻内用向記録直披」（平世四―二〇一）。
(22) 前掲註(14)拙稿二〇一五年b、本書序章。
(23) 文久元年「一番金貸附」（平世一六―五）、文久二年「二番金貸附」（平世一六―一五）。
(24) 土井作治「笠岡・浅野家文書目録について」（『岡山商大経営研究所報』一一、一九九〇年）、拙稿「備中国小田郡笠岡村浅野家文書目録・史料紹介（一）」（『岡山大学大学院社会文化科学研究科紀要』五三、二〇二二年）、東野・渡世理彩「同（二）」（『同』五四、二〇二二年）。
(25) 文化二年九月「御料私領他村田畑山林畝高名寄帳」（平世二―四五）。
(26) 文政一〇年一一月「質物入差出申書札之事」（井原市史編纂委員会編『井原市史Ⅲ』井原市、二〇〇三年、四四二～四四三頁）。
(27) 「御用向心得秘書」（平世一―一三）。
(28) 明治二年七月「明細書」（平世七―七）。
(29) 「醤油仕込帳」（平世一二―一）。
(30) 文久元年一二月「醤油売掛向店坂治江付送帳」（平世一二―二）。
(31) 文久三年一二月「醤油店掛方取調帳　平木店」（平世一二―三）。

(32) 註記がない限り、畳表出荷についての記述は、文政一三年正月「文通留」(平世一九―二五〇)。文政一一年以降の畳表出荷をめぐる決済構造については本書第三部第三章で詳述している。平木家文書には同家が差出となった書状の写しをまとめた「文通留」が二冊残存している(平世一―二一・二二)が、書状の収録時期は天保七～嘉永三年であり、全ての書状写しを収録したものでもないとみられるため、嘉永期以降の動向は不明確である。

(33) 卯(天保一四年)九月一五日「御注文畳表送状之事」(天保一三～嘉永三年「文通留」平世一―二一)。

(34) 天保元年に「初年之損亡」とあり、大坂蔵元を通じて代金が支払われている点(前掲註(32))から、平木家の掛屋就任により出荷が開始ないし改編された可能性が高い。この点については、本書第三部第三章で詳述している。

(35) 文政一〇年一一月二三日「乍恐以書付奉願上候」(文政七～天保一〇年「家例帳」平世一九―二)。

(36) 文政一〇年一一月「乍恐以書附御届奉申上候写」(平世四―四七)。

(37) 文政一一年五月二四日「乍恐以書附ヲ奉願上候」(前掲註(26)『井原市史Ⅲ』四四三～四四四頁)。

(38) 天保八年二月「為取替規定書」(平世一九―二三三―一)。後月郡役所編『岡山県後月郡誌全』(名著出版、一九七二年、一九二六年刊行版の復刻)五一五頁では、天保九年一二月に中井屋が「御用達郷宿」に任じられたとされており、おそらくは同八年の分家の段階で両役職を務めることが決まっていたとみられる。

(39) 文政一〇年一一月「差入申書付之事写」(平世三―一三五)。

(40) 嘉永元年一〇月～同五年一二月「御用留」(平世一―一五)。

(41) 文久元年三月七日「〔諸書類写〕」(平世四―五三)。

(42) 慶応元～三年「備中国御貸附丑寅貸渡元利取調書」(一橋E一―一六三)。慶応三年には返済滞り(「取立方難出来分」)が六五四二両あり、最幕末期には公金貸付は不調であった。本史料については本書第三部第二章で分析を加えている。

(43) 安政三年「奉差上拝借証文之事」(平世一〇―六九)。

(44) 安政四年「金銀取引帳」(平世一六―九)、元治元年「金銀取引帳」(平世一六―一七)。

(45) 弘化元年四月二三日「〔木原忠兵衛宛中土井京助書状〕」(平世一―二一所収)。

(46) 天保八年三月「差上申御上書」(天保七〜同一三年「文通留」平世一―二二)。

(47) 安政六年一二月「江原御役所御声懸を以平木晋太郎家名相続仕法一件御書下ヶ写」(平世一九―二四一)。同史料に所収されている辰(安政三)年一一月二四日「御貸附之儀ニ付申達書」によると、安政三年一一月時点では、従来は公金貸付の貸付額が少なく、近年増加してきたことも述べられている(「是迄御貸付金少分(中略)追ゝ御貸付金高相増」、この事柄の詳細は本書第三部第二章第五節第一項で述べている)。

(48) 前掲註(2)楠本氏著書四二頁。

(49) 前掲註(38)『岡山県後月郡誌全』五二五〜五三二、六八八〜六九〇頁。

(50) 文政一一年三月「差上申御蔵元請負証文之事」(平世一九―二)、前掲註(47)平世一九―二四一。

(51) 近隣幕領の事例であるが、御年貢立替人鞆屋佐兵衛から笠岡代官役所へ出された天保七年一二月「乍恐以書附奉願上候」(笠岡市史編さん室編『笠岡市史史料編中巻』笠岡市、二〇〇一年、一八五〜一八六頁)では、鞆屋が代官役所の命を受けて三ヶ村の年貢銀立替を命じられた際の記述として、「三ヶ村江都合銀五貫五百目立替銀被為仰付、則御役所御裏書御印附之証文頂戴仕罷在候」とある。「三ヶ村」は笠岡代官役所管下幕領であろうがどの村か記されておらず、さらに鞆屋の詳細や村役人職の有無も不明だが、個人が複数の村の村役人を同時に務めていたとは考えにくい。そのため、領主からの立替命令と領主の裏書・裏印のある証文が交わされることが、職務としての立替義務を有しない個人が立替を行った背景にあったと判断できよう。このことからも、年貢立替が行われる背景の一つに支配構造の論理があったことがわかる。

(52) 「一橋様御用留」(三井文庫：本一三〇一)。本史料は、文久三年一二月から慶応二年一〇月までの三井家と一橋家や同家大坂蔵元とのやりとりの写しをまとめた帳簿であり、この内容については初出論文から大幅に加筆している。本史料の存在については、藤本仁文氏よりご教示を得た。本史料によると、慶応元年五月以降、一橋家大坂蔵元へ送られた西国一橋領の年貢のうち、一部は大坂三井店と京都三井店を通じて、京都の一橋家「御旅館御勘定所」へ送られている。また、一橋家の御用金(文久三年に各国所領から集められた約八万両、第三部第二章参照)についても、文久三年一二月に東町奉行与力公事方の西尾瀧之助が三井家に依頼し、三井家が「請払御用」を務めることが了承されている。幕末期以前には一橋家と三井家とはほぼ関係がみられず、少なくとも大坂からの借銀は鴻池善右衛門一統から行っている（第三部第二章）。文久三年には将軍後見職である一橋慶喜が上京しており、幕府と三井家との従来からの関係に依拠しつつ、慶喜の活動資金を用意するための収納経路が新たに整備されたとみられる。慶応二年以降の状況については不明な点が多く、また上記史料には一橋家・一橋家大坂蔵元と三井家との興味深いやりとりがみられるが、これらの詳細な検討は今後の課題としたい。

(53) 弘化元年一〇月九日「〔木原忠兵衛・伊沢深助宛平木京助書状〕」（平世一―二一所収）。前掲註(16)古賀氏論文註(7)は、具体的な分析はないものの備中一橋領掛屋の銀札兌換に言及している。古賀康士「近世的殖産政策の生成と展開」（岡山地方史研究会・広島近世近代史研究会合同研究会報告、二〇一〇年六月二日）、同「近世的殖産政策の生成と展開」（『九州文化史研究所紀要』六二、二〇一九年、上記報告をもとに成稿した論文）は掛屋に加えて村役人層による銀札兌換について言及しているが、本章【付記】で述べる通り、掛屋の銀札兌換・年貢銀立替は他の一般の村役人層と異なる機能を果たしていたことを重視すべきと考える。

(54) 天保一一年一一月「拝借仕御銀札之事」（平世一―九六―二）。

(55) 弘化元～慶応二年の各年「送目録」、「覚」（平世七―九～二三、三六～四三）。

(56) 弘化期の庭瀬藩への訴願は、全て弘化三年九月「乍恐奉歎願候」（平世一―二一所収）。同文書には朱筆での修正が複数みられるが、翻刻では修正後の文章のみ示した。

(57) （嘉永三年）「〔平木京助宛庭瀬札場書状〕」（平世一―九六―一一）、安政三年一二月「差上申規定証文之事」（平世一―九六―一二）。

(58) 安政四年二月「向ゝ御銀札ニ而難渋之始末書上帳」（一橋E一―五〇）。なお、本史料の史料紹介と翻刻が、前掲註(16)古賀氏論文でなされている。

(59) 弘化三年九月「乍恐奉歎願候」（平世一―二一所収）。

(60) 子（嘉永五）年九月一八日「口上書」（平世一―九六―五）。
(61) 嘉永四年一二月～安政元年三月「金銀札出入覚帳」（平世一六―二〇）。
(62) 前掲註(60)。この年期延長は許可されている（子年（嘉永五）一〇月一日「〔書状控〕」平世一―九六―六）。
(63) 嘉永三年七月「乍恐以書附奉申上候」（嘉永元～同五年「御用留」平世一―一五）。なお、前掲註(53)古賀氏報告・同論文でも本史料が引用され、銀札の兌換不全と大坂蔵元の年貢銀立替について言及されており、前者については前掲註(16)古賀氏論文・(53)古賀氏報告・同論文でも詳述されているが、後者については具体的な分析はなされていない。
(64) 前註(58)一橋E一―五〇、前註(16)古賀氏論文。
(65) 天保二～元治元年「家例帳」（平世一九―三）。
(66) 午（弘化三）年一二月一五日「〔白銀屋新右衛門宛平木京助書状〕」（平世一九―三所収）。
(67) 子（元治元）年二月一一日「乍恐以書付奉申上候」（元治元年一～四月「大坂御蔵元木原忠兵衛方江引合ニ付御用留」平世一―一八）。
(68) 辰（弘化元）年九月二三日「〔村々庄屋中宛掛屋平木京助書状〕」（平世一九―三所収）。
(69) 未（弘化四）年六月二三日「〔割方惣代中宛掛屋書状〕」（平世一―二一所収）。
(70) 嘉永四年七月「乍恐奉願上候」（平世一―一五所収）。
(71) 酉年（嘉永二）四月二六日「〔書付〕」、戌年（嘉永三）八月二九日「〔書付〕」（平世一―一五所収）。
(72) 嘉永五年三月「借用申銀子之事」（平世一―一五所収）。
(73) 辰（弘化元）年四月二三日「〔木原忠兵衛・伊沢弥助宛平木京助書状〕」（平世一―二一所収）。
(74) 安政四年八月～慶応元年一一月「年〻内用向記録直披」（平世四―二〇一）。
(75) 江原役所からの拝借金の使途は大半が不明だが、万延元年一二月～文久元年九月の江原役所からの新規拝借金三六八九両余（月利一％）のうち、一九〇〇両が年貢銀の大坂差立のための平木家名義の拝借、八八両余が「自分（平木家）遣拂方」の拝借、五〇両が（門田村、走出村）「大谷山仕法金ニ拝借」、その他が記載なしである（「〔家財等書上〕」平世一九―二〇）。

(76) 大坂蔵元木原忠兵衛・友金儀兵衛のうち、後者が弘化元年に「休店」している。同年一〇月に平木家が木原へ送った書状では、抹消されているが「友金氏御休店之儀者備中御領知村〻へ通■（達カ）いたし、当時立替方及断候」とある（平世一―二二）。掛屋が領内に年貢銀立替を断る理由として、大坂蔵元の「閉店」は説得力を有すると考えられており、大坂蔵元―掛屋間の立替関係の重要性や、これが一定程度村々にも認識されていた点がうかがえる。

(77) 前註(47)平世一九―二四一。前掲註(14)『井原市史Ⅰ』五九九～六〇〇頁には家政改革の簡単な経過が記されているが、平木家の負担や領主・大坂の対応についての詳細な分析は行われていない。

(78) 甲子（元治元）年二月六日「口上書」（平世一―一八所収）。

(79) 古賀康士「幕末維新期の備中における紙幣発行について」（『倉敷の歴史』二一、二〇一一年）四三頁。

(80) 文久元年「一番金貸附」（平世一六―五）。

(81) 前掲註(42)一橋E一―一六三。

(82) 甲子（元治元）年正月二八日～五月「日記」（平世一九―一〇）。

(83) 文久元年一〇月四日「覚」（平世一―一三一）。

(84) 文久二年正月「平木ゟ木原江差入候質物証文」（万延元年五月～慶応三年一〇月「諸証文控」井原市教育委員会寄託山成家文書二九―七―二六）。

(85) 文久元年一二月「借用申銀子証文之事」（平世一六―九五八）。

(86) 文久二年二月「取締覚」（平世一―一三二）。

(87) 前掲註(74)平世四―二〇一。

(88) 平世一―一八、元治元年六月「約定一札之事」（平世一六―八九九）。

(89) 文久三年正月～一一月「日記」（平世一九―一二）。

(90) 元治元年二月二日「乍恐書付奉申上候」（平世一―一八所収）。

(91) 元治元年二月二日「乍恐口上書」（平世一―一八所収）。

(92) 前掲註(38)『岡山県後月郡誌全』五二三～五二四頁、前掲註(14)『井原市史Ⅰ』六〇〇頁。

(93) 子年（元治元）一一月～辰年（明治元）二月「覚」（平世三一―一四九）。

(94) 「口々御仕法御貸附金納込貸出勘定帳　御掛屋」（平世一六―九一九）。

(95) 元治二年「諸御用御［　　］」（小寺家文書近世三七三）。以下、同家文書は「小寺近世・近代」。

(96) 明治二年「御廻状諸廻文留帳」（小寺近代三七六）。産物会所については大山敷太郎『幕末財政金融史論』（ミネルヴァ書房、一九六九年）第六章、池田宏樹「一橋徳川家の備中領における殖産政策」（川名登編『2001年度共同研究報告書―中国地方における海附・川附村落の経済的・文化的研究―』千葉経済大学、二〇〇三年）、前掲註(53)古賀氏報告・同論文が詳しい。産物会所へ石代納が集められる点や同会所による立替といった、産物会所が領内の金融機能を集中して担っていた点については上記古賀氏報告・同論文も指摘しており、上記池田氏論文では産物会所の運営・貸付内容・貸付条件や度々の運営仕法の改訂等についても詳細な分析を加えている。

(97) 平世一―一八。

(98) 明治二年七月「明細書」（平世七―七）。

(99) 平世一九―二〇。

(100) 平世一六―九〇四。末尾には「慶応三巳年（明治二年）二月」とあるが、巳年は明治二年のことである。本史料は平木京助（晋太郎の子）から大坂蔵元木原忠兵衛宛てのものであり、写しとみられるが、文中に「当巳年」という記述が複数あり、明治二年のものであることがわかる。

(101) 明治五年三月二九日「覚」（平代一一―二一六）。

(102) 明治期の平木家については、慶応四～明治三七年「家例帳」（平世一九―五）参照。また、同家の明治期の動向については、首藤ゆきえ「明治期の岡山県土木事業と平木深造」（『倉敷の歴史』一七、二〇〇七年）が詳しい。

【付記】

古賀康士「近世的殖産政策の生成と展開」（『九州文化史研究所紀要』六二、二〇一九年）は、近世後期～明治初期の備中一橋領を対象地域としており、本書第三部第一章（以下、拙稿①）、第二章（以下、拙稿②）と関わる内容や重複する事例がある。同論文中では拙稿①②旧稿の内容へも言及されているが、問題関心や事象の評価に大きな違いがあることに加えて、筆者の認識や研究視角を改めて説明する必要を感じたため、以下で補足していく。

①標題からもわかる通り、拙稿①②はともに一橋領の地域経済全体や殖産政策を正面から検討することを目的としたものではない（これらの旧稿も同様）。拙稿①（旧稿：「幕末期の掛屋と年貢銀収納」『歴史学研究』九六六、二〇一八年）は幕末期の掛屋と年貢銀収納を主な対象としており、掛屋平木家の動向と家政改革を通じて、掛屋研究や地域金融論における年貢銀立替の位置づけ、これに関わる都市商人の機能といった研究史上の課題に対する論点提示を目指したものである。拙稿②（旧稿：「近世後期の一橋徳川家における財政運営」『ヒストリア』二五九、二〇一六年）は一橋家の財政運営の分析を主題としたものであり、所領での殖産政策にも言及しているが、一橋家の財政状況が殖産政策の主導的な契機になったという類の主張は行っていない。以下、具体的に筆者の主張を確認しておく。

②備中一橋領の殖産政策の開始について、拙稿②旧稿での筆者の文章（一九七頁）は以下の通りである。

先行研究では、地域経済状況（銀札の兌換不全、正貨不足等）の規定性や、これを受けての領民訴願が領主政策を動かした側面が強調されているように思われ、筆者もこれらの点の重要性には同意するものである。しかし一方で、殖産政策が領主の了承を得て行われたものである以上、一八世紀末からの領主財政の経年的な構造変化（第二、第三章）との関係をよりふまえた上で、貸付・殖産政策を位置づける必要があると考える。

前述した古賀氏も含めた先行研究が重視する「領民訴願が領主政策を動かした側面」の重要性に同意し、そのうえで政策として領主を巻き込む形で行われたものであり、領主が最終的に政策の実施を認めた背景として領主側の意向や財政構造の変化をふまえる必要があると考えて上記の文章を書いたのであり、例えば「一橋家が殖産政策を主導し、政策内容も積極的に立案した」といった類の文章は記していない。前掲古賀氏論文では、「安政期の殖産政策の始動において一橋家財政が持つ規定性は、東野自身が同稿の討論記録などで示すように限定的に評価すべきだろう」（古賀氏論文註(40)）と述べるが、拙稿②旧稿の文章は上記の通りであり、さらに「以上の通り、備中一橋領の殖産・貸付政策においては領主からの様々な後押しがなされていた」（拙稿②旧稿二〇一頁）、「領内からの訴願の動きに呼応して殖産・貸付政策が実施され」（同二〇二頁）と、領主側の動向を「後押し」や「呼応」と評価していること、古賀氏自身が記すように討論の中で筆者は一橋家財政の限定性を認めていることからも、殖産政策の始動に伴う一橋家財政の規定性について、筆者が限定的に評価していたことは明らかであろう。なお、古賀氏論文では、註(53)において、「備中一橋領の殖産政策の淵源の一つを、一橋本邸の財政運営に求めるのは難しいと考えられる」、「すでに大山敷太郎「紙幣の濫発とそれをめぐる諸問題」なども指摘するように、一橋本邸は会所札発行にも積極的ではなかった。少なくとも江戸の領主層たちの主観的なレベルにおいても、備中の殖産政策の始動において一橋本邸が主導的な役割を果たしたとは想定し得ない」と記しているが、「備中の殖産政策の始動において一橋本邸が主導的な役割を果たした」とは、前述した通り筆者も含めて誰も主張していない。

そして、政策の内容を立案し、その実現のために訴願などを通じて働きかけることと、それを最終的に認可するか否かは別次元の問題であり、領主は大なり小なり所領経済と税収にとってプラスになると判断したために政策実施を認めたのであり、これらの段階は明確に区別して論じられるべきである。勿論、政策の内実を設計し、訴願した領民側やこれを受けた代官の提言がなければ殖産政策は実施されていないとみられるが、新たな政策―特に紙幣発行という幕府の規制との関係から細心の注意が必要な施策や、地域経済構造を大きく変化させる殖産政策の実施が訴願されたからといって、領主は即座に全てを認めなければならないわけではない。訴願を受け、領主内で検討したうえで妥当性や効果を認めたために実施を許可したのであり、この領主の判断がなければ殖産政策が実施されていないということもまた事実である。岩城卓二『近世畿内・近国支配の構造』（柏書房、二〇〇六年）四〇八頁では、「領主に政策を提言する能力」と「提言した政策を実現する能力」とが異なる点が指摘されており、領民側の政治的力量そのものにも段階差があることに加えて、領主が政策認可の権限を掌握している以上、領主側の状況や意向を議論に組み込んだうえで、全ての政策は理解されるべきである。

上記の通り、筆者の文章と日本近世における政策認可権限の所在を念のため確認したうえで、補足として古賀氏論文も

註(40)等で依拠している大山敷太郎『幕末財政金融史論』（ミネルヴァ書房、一九六九年）第六章（「紙幣の濫発とそれをめぐる諸問題」）の内容から一橋邸の動向について確認しておく。大山氏論文では、一橋家が安政三年の領民からの訴願を受けて再三幕府への陳情に及び、それを受けて幕府勘定奉行から備中国諸領主に対して備中一橋領で流通している銀札を滞りなく引き替えるようにとの内容の通達が出されたこと（三〇四～三〇五頁）、領民の訴願を受けて備中一橋領の代官役所から一橋本邸へ「御内慮御伺」があり、これを受けて一橋邸は「救済仕法」についての取調を命じていること（三〇六～三〇七頁）が指摘されている。一橋邸は備中領の地域経済、特に銀札の問題については重要なものと認識し、門前払いではなくある程度の対応をとり、幕府へも働きかけていた。そのため、「江戸の一橋本邸は、備中所領から頻繁に上申される殖産政策の要望に対して、自らの歳入が増えるにも拘わらず冷淡であった」という古賀氏論文一三六頁での評価は妥当なものではないと考える。そして、領民からの訴願とともに、江原代官友山勝次による備中領内への「救済仕法」にかんしての詳細な意見書が一橋本邸に対して出されたことも大山氏論文「三」では指摘されており、古賀氏が重視する領民側だけの力量や領民の訴願のみではなく、友山勝次の判断と提言（その背景には領民の動向や考えが存在したであろう）も政策の実現過程において重要であったことがうかがえる。なお、領民側からの情報提供や訴願の動きがあったとしても、友山がそれに必ず同調しなければならないわけではなく、友山の中で地域状況などを検討したうえで政策の実施が妥当であると判断したために意見書を提出したのであり、友山の主体性とその判断が有した固有の意義も評価する必要がある。

なお、本書第三部第二章第五節第二項において、嘉永元年以降に備中一橋領において実施された殖産政策をまとめているが、古賀氏を含めた先行研究が重視する安政期以前にも様々な政策が実施されており、この背景の一つとして江原代官友山勝次の活動があった点はすでに指摘されている（柴田一「備中一橋領江原代官友山勝次について」『井原市史紀要　井原の歴史』四、二〇〇四年）。さらに、第三部第二章第五節第三項で述べる通り、嘉永二年に豪農本山成家が年利八％で西三原村御仕法銭など江原役所の積立金七種類を借用しており、備中一橋領では同年の時点で、多様な資金の積立と貸付が領主側から行われていた。安政期における殖産政策の実施以前から、地域・領主双方において従来の年貢増徴とは異なる方法によって地域経済の向上を目指す必要性が認識されていたため、様々な政策が許可・実施されていたと理解すべきであろう

（詳細は第三部第二章を参照されたい）。さらに、文政末年以降の平木家による備中一橋領畳表の集荷・大坂出荷（本章・第三部第三章）のように、領内産物の集荷・出荷も備中一橋領の成立間もない時期から確認できる。そのため、先行研究が強調する安政期以降の経済状況、特に銀札流通の滞り（これが非常に重要な要因であることは疑いない）のみでは、嘉永期以前の備中一橋領の動向を理解することができず、ひいてはそれ以降の状況を正確に評価することもできない。

③掛屋平木家の機能に関して、古賀氏論文註(14)では、拙稿①について以下の通り述べている。

他領銀札の引替問題は、下掛屋に限定して論じることで、殖産政策の生成過程に主体的な役割を果たした豪農・村役人層の動きにはあまり注意が払われない。そのため、なぜ彼らが殖産政策の実施に先だって訴願運動を行ったのかを整合的に理解する論理的な道筋を閉ざす結果にもなっている。これは銀札引替の問題を下掛屋に限定させて理解したこと、および一橋領の経済構造を年貢銀収納と掛屋に限定して論じたためであろう。

拙稿①（本章）で述べた通り、平木家の家政改革には江原役所、大坂蔵元、備中一橋領の豪農・村役人層が深く関与しているが、古賀氏のように掛屋の独自の位置に留意しない研究視角では、この点を整合的に説明できない。本章で述べた通り、掛屋の果たした地域社会での金融面や貨幣流通面での役割は、掛屋という職務に基づいて豪農や村役人では代替できない独自の位置にあり、なおかつ豪農や村役人層は基本的に掛屋勤務を忌避していた。そのために、江原役所、大坂蔵元、豪農・村役人層は掛屋平木家（および従来からの年貢銀収納構造）の存続のために様々な動きをみせたと理解すべきであり、古賀氏の重視する訴願運動の動機も、豪農・村役人層が自身で負担を負うことを忌避した行動という点では重複する部分のある論理であったとみたほうがよいであろう。また、村役人から年貢として銀札が上納された場合にもこの兌換を掛屋が行うというように、年貢銀収納の経路上で掛屋が明確に村役人の上部に位置し、村役人が行えなかった場合にも銀札兌換を代替して担っていた。そのため、掛屋平木家は銀札兌換や年貢銀立替において、重複する内容もあるが質的・量的に豪農・村役人層と明確に異なる機能を担っていたことは明らかである。掛屋全般および備中一橋領の研究史上においては金融面や年貢銀収納の面で掛屋が果たした役割が具体的に解明されていなかったため、拙稿①旧稿はこの点に注目したものである。

そして、拙稿①は掛屋平木家の動向と年貢銀収納との関わり、同家の家政改革を主な対象としたものであるため、殖産政策の生成過程に対する領民全体の動向について述べていないのは、問題関心の違いからある意味当然である。また、豪農・村役人層が殖産政策の生成過程に主体的・主導的な役割を果たした点は、前述の大山氏論文、本章註(96)池田氏論文、同註(14)『井原市史Ⅰ』、井原市史編纂委員会編『井原市芳井町史通史編』(井原市、二〇〇八年)、古賀康士「安政四年の紙幣目録」(『岡山地方史研究』一一六、二〇〇九年)ですでに詳細に明らかにされており、改めて論じる必要性は低い事柄である。再三述べた通り、筆者はこれらの成果を認めて前提としたうえで、従来は留意されてこなかった側面についても議論に組み込む形で、研究をより包括的に進展させることを企図してきた。

なお、拙稿①において、村役人によっても銀札兌換が行われていた点を論じていないという趣旨の古賀氏の指摘(古賀氏論文一二五、一二七頁、註(28))は、ある程度は妥当である。ただし、年貢立替金額、借財の状況、家政改革の内容、諸史料の文言などからみて、掛屋平木家が相当に巨額の銀札兌換を行っていたと理解すべきである。なお、備中一橋領における年貢銀のうちどの程度が銀札で上納され、掛屋以外の豪農・村役人層が全体としてどの程度正銀に兌換していたのかを示す実証は古賀氏論文になく、史料的にも今後明らかになることはないであろう。なお、古賀氏論文一二五～一二七頁にて備中一橋領の村役人による銀札兌換やそれによって被った負担を述べる際に用いた史料(安政四年二月「向々御銀札ニ而難渋之始末書上帳」一橋Ｅ一―一五〇)は、「地域における紙幣流通のマイナス面を実態以上に描いている可能性がある」と古賀氏自身が述べる訴願時の史料(「安政四年の紙幣目録」一八頁)一点であり、論証の不足は否めない。以上のことから、当時の状況や周辺史料から推測せざるを得ないわけであるが、前述の諸点からみて、年貢銀収納と銀札兌換において掛屋の位置づけの高さと特異性を読み取るべきであろう。関連する研究として、維新期の九州日田においては「両替と収税を行う掛屋が藩札の安定的流通を支えていた」(小林延人『明治維新期の貨幣経済』東京大学出版会、二〇一五年、一六三頁)点が明らかにされており、拙稿①旧稿はじめにでは、藩札に関係して掛屋が負担を被る点について、主題とはしていないが関説した先行研究もみられることを述べている。以上のことから、地域内の経済・金融・紙幣流通において掛屋(およびこれに類似する中間支配機構)が有した特有の機能は一般化できる可能性が高く、今後の研究においても注目されるべき点である。

第二章　一橋徳川家の財政運営と幕府・所領——貸付・利殖政策を中心に——

はじめに

近世後期の領主財政については、戦前以来、財政困窮とその改善のための藩政改革に注目が集まり、これに伴う年貢増徴・殖産政策により所領からの収奪が強化されていく側面が強調されてきた。[1]しかし近年、主に萩藩を題材として、多様な会計部門の内容と推移、[2]諸会計内部での貸借、公に現れない資産等の分析が進展し、戦前以来の藩財政窮乏論の見直しがなされつつある。[3]上記の動向と関連しつつ、藩—地域間の資金循環構造の分析、[4]資金循環構造における「御用達」等の機能の分析[5]が進展しており、総じて《藩財政論の再検討》・《領主財政—地域経済の相互関係》の追究が進みつつある。領主財政と地域社会との関係に注目する議論は、近世社会の領主—領民関係を経済・財政面から見直すものとして、藩研究・地域社会論等の多様な分野に対して新たな論点を提起するものであるといえる。[6]

上記の研究成果・視点をふまえて、本章では以下の三点の課題に留意して分析を進める。

①領主財政の特質—所領分布と財政構造について、近年の藩財政研究で主要な題材とされてきたのは、藩領国・一円所領を支配する領主であり、散在所領・非領国地域の領主の事例は相対的に僅少である。本章で取り上げる御三卿一橋徳川家は、この散在所領を有する領主の事例にあてはまるものの一つである。一方、一橋家は他

領主と異なる側面として、幕府の一部門としての性格も有していた点には十分留意する必要がある。[7] 従来、御三卿財政については専論がみられない研究状況であり、散在所領を有する領主・幕府の一部門という一橋家の持つ双方の側面に留意しつつ、財政構造を把握する必要がある。

②領主と所領・都市商人・幕府との金融関係について、本章では特に一橋家からの貸付・「預け金」の側面に注目していく。従来、大名金融論においては領主側の借用の側面に注目が集まってきた。[8] 近年では、都市商人の産物販売管理、[9] 財政・経営帳簿にみえる領主の貸付額についての分析等がなされているが、[10] 領主の貸付・運用、専売制等の産物売買を離れた利殖のあり方や、これが財政構造の中で占めた役割については、いまだ十分に議論が及んでいないと思われる。また、従来は領主財政と所領・都市との金融関係に注目が集まっていたが、幕府との金融関係の内容と領主財政への規定性についても追究していく必要がある。一橋家は幕府との金融関係をみていくうえで好個の事例であるが、個別領主は全て幕府との序列関係の中で近世社会に存在していたのであり、いわば上方向との金融関係の具体相の分析は、個別領主の財政を検討するうえで重要な意義を有すると考える。

③領主から所領への貸付政策については、萩藩財政と製塩業との関係の分析を通じて、藩財政を活用した産業振興と両者間の「互恵」関係が指摘されている。[11] しかし、地域と領主との金融面での相互関係の分析は、現時点ではいまだ個別の経営や産業への貸付額の分析にとどまっている感がある。領主から所領への貸付政策の開始・推移や貸付内容の全体像をふまえたうえで、経年的な財政運営全体の中での貸付政策の位置づけと、領主の貸付金や金融機能が地域金融構造の中で担った役割を明らかにしていく必要がある。

上記の三点を意識しつつ、本章では一橋家財政の構造と変容過程を解明するとともに、筆者が検討してきた豪農経営、年貢収納、地域金融の分析や、[12] 地域側の研究蓄積との接合を図っていく。このことは、経済・財政面に着目して、近世社会の変容や幕政改革との関連の中で、近世後期の一橋家と幕府・所領との関係の変化を追究することでもある。[13]

第一節　一橋家の所領分布と物成

（1）一橋家の家政機構と所領替

御三卿一橋家は、八代将軍吉宗の四子宗尹を初代とし、延享三年（一七四六）に一〇万石余の所領（播磨、和泉、甲斐、武蔵、下総、下野）が与えられている。[14] 同家の職制については、家老を頂点として、番頭、用人等の八役が上級役職として設定され、その中でも勝手掛用人、勘定奉行、郡奉行等が財政関連の業務を管掌していた。[15] 家臣団は付人・付切という幕臣層と、抱入（邸臣）の三階層に分かれ、上級役職には主に付人が就任していた。次に、一橋家の財政や年貢収納と関わる用達として、大坂に蔵元（掛屋を兼任）が五軒設置され、摂河泉と備中（二軒）を各々担当していた。[16] 江戸においては、両替商二名（一名は中井新右衛門、一名は竹川彦太郎等）が掛屋に任命され、年貢金を取り扱っていた。[17] また、江戸における年貢米の取扱いについては、札差（坂倉治兵衛・笠倉屋喜右衛門等）が蔵行事に任命され、一橋家蔵奉行の下で職務にあたっていた。

一橋家の所領の特徴としては、所領の散在状況と度々の所領替があげられる。[18] 一橋領は寛政期以降五度の所領替が行われ、特に文政期の所領替が重要である。文政六年（一八二三）には、遠江国の一万石が摂津国に引き替えられ、文政一〇年には遠江、武蔵、下野領が摂津、備中、越後と引き替えられるとともに、約一万石が加増さ

表1　天保2年（1831）の各国一橋領と農業条件

国名	郡数	村数	石高（石）	田方	畑方	家数	人口	馬	牛
摂津国	3	54	14, 746. 897	11, 161. 843	3, 576. 412	2, 881	12, 912	4	816
和泉国	2	54	18, 550. 675	15, 594. 443	2, 956. 232	3, 208	16, 333	1	775
播磨国	6	64	21, 754. 687	18, 771. 446	2, 983. 241	4, 445	21, 971	9	1, 249
備中国	3	65	33, 212. 339	22, 936. 994	10, 275. 346	8, 347	36, 407	97	2, 201
越後国	1	17	7, 274. 592	6, 281. 639	992. 953	869	4, 134	267	0
下野国	2	9	6, 161. 212	3, 379. 479	2, 298. 409	636	3, 278	268	0
武蔵国	3	41	13, 041. 558	3, 048. 391	9, 953. 456	2, 541	12, 620	408	0
下総国	2	13	4, 385. 330	1, 305. 175	3, 080. 155	467	2, 138	97	0
合計	22	317	119, 127. 290	82, 479. 409	36, 116. 204	23, 394	109, 793	1, 151	5, 041

典拠：各国の天保２年「村々様子大概書」（一橋Ｅ１-24～31）。
註：小数点４桁以下は四捨五入。関東と摂津は無地高があり、田方・畑方との合計が石高となるが、無地高は省略。数値は史料上の表記を記した。備中国の村数については序章註(90)も参照されたい。史料の作成年代は山下聡一「「村明細帳」と領主支配」（和泉市史編さん委員会編『和泉市史紀要第20集　和泉の村の明細帳Ⅰ』和泉市教育委員会、2014年）より天保２年とした。

れている。この結果、石高の約七四%が上方・備中に所在することとなった。文政一〇年の所領替えについては、同年の一橋家二代治済《はるさだ》の遺言に基づき、好条件の土地への所領替がなされたとされている。[19] 以上の所領替を経て、文政一〇～明治三年（一八七〇）正月までは、一橋家は関東（武蔵、下野、下総）、畿内（摂津、播磨、和泉）、越後、備中に所領を有していた（【表1】）。なお、一橋家は版籍奉還によって所領を手放すこととなるが、同三年正月～同四年八月にかけて十勝国廣尾郡、当縁郡、河西郡の支配を任されるとともに、家禄四一八二石を得ている。[20]

（2）各国一橋領の物成・年貢率・土地開発

一八世紀後期の一橋領の物成について、安永七（一七七八）・八年の二年間の各国一橋領の平均免率は和泉（石高一万八五二〇石余）六一・一%、播磨（二万一七一〇石余）四九・九%、甲斐（三万六六六石余）四二・一%、関東（武蔵・下総・下野、三万三八二七石余）四四・九%であり、[21] いずれも同時期の幕領の平均免率より高率である。[22] また、御用金賦課の状況をみると、安永九年の「御用金年賦高」は和泉一五四貫七六〇匁、播磨一〇〇貫二五六匁余、甲斐五七七両余、関東三〇八九両余、大坂一万七二七〇両である。[23] 所領替を経る以前の関東領・甲斐国領が所領全体の六割強を占めていた時期から、畿内・大坂が一橋家の財政運営に重要な位置を占めていたことがわかる。

次に、幕末期の各国一橋領における物成と年貢率をみていく（【表2】）。安永期と比べて和泉、播磨、関東の年貢率は大幅に低下している。このことは、近世後期にかけての年貢量の減少傾向をうかがわせるものであり、文化七年（一八一〇）には「領知向追〻荒地・川欠等ニ而最初ゟハ収納方相減」との記述も確認できる。[24] 一方、文政期に一橋領となった摂津領村々は、延享～慶応期まで免率は五〇％程度の年が大半であり、[25] 従来からの所領の年貢収納の減少が度々の所領替の前提にあったとみられる。なお、慶応二年（一八六六）の全国的な凶作や、最幕末期における摂泉播の物成の減少に対して、文政一〇年に一橋領となった越後・備中の物成は比較的安定している。このことからは、散在所領の経済的利点として、凶作時のリスク分散―年貢収納の安定化への寄与が指摘できよう。[26]

次に、明治初年まで一橋領であった諸国所領の土地開発状況をみていく。[27] 前述の八ヶ国のうち、播磨、和泉、武蔵、下総、下野は所領の変更がありつつも一橋邸成立時から所領を有した国であり、摂津、越後、備中は文政期以降の所領である。[28]【表3】に年ごとの土地開発状況をまとめた。総合計で六一三・二四四石（史料上の表記は六一三・二四一石だが合計の実数を採用）であり、一橋領全体からみると一％にも満たないが、この内訳からは興味深い事実を見出すことができる。なお、国ごとの開発石高は、摂津：三・六八石、和泉：八〇・五五二石、播磨：六〇・六九九石、武蔵：一五八・二五九石、下総：七・九一一石、下野：一・〇五三石、備中：三〇一・〇八七石、越後：〇石（開発なし）である。【表3】の通り、一橋領全体では、寛政五年（一七九三）、天保七年（一八三六）、慶応三年に相対的に多くの土地が開発されている。このうち、寛政五年には武蔵国で一一六・六九六石、天保七年・慶応三年には備中国でそれぞれ一四八・三六一石と一〇〇・〇四二石が開発されている。

寛政五年の武蔵国での開発の多さもあるが、もともとの石高の多さがあるとはいえ、文政一〇年以降に一橋領がおかれた備中国において最多の石高が開発されたこと、一橋領全体でみても大きな開発がなされた天保七年と慶応三年は備中国の開発のみであること、さらに天保五年以降の開発が行われているのは備中国の所領のみであることの三点は注目される。天保七年の開発については、同四年に一橋家の郡奉行とみられる飯田庫三郎による廻村を契機として開発や高入の動きが始まっており、(29) 小田郡・後月郡のうち二一ヶ村の「村持草山并百姓持地新開」一三六・八一九石（八九町九反七畝六歩）と両郡のうち八ヶ村の「前々見取場」のうちから一一・五四二石（七町四反八畝六歩）の合計九七町四反五畝一二歩（一四八・三六一石）が高入され、この土地に二二・七一六石を新たに年貢として課すとしている。地目の変更により草山年貢や薮年貢が廃止された土地もあったことが記され

下総国	下野国	合計
4, 385. 330	6, 161. 212	119, 428. 630
–	–	–
–	–	–
1, 534. 680	2, 109. 685	–
1, 471. 542	1, 789. 361	–
1, 535. 272	1, 779. 743	–
1, 545. 719	2, 116. 028	–
1, 494. 797	2, 117. 163	–
1, 462. 650	2, 117. 163	–
1, 546. 434	2, 117. 173	–
1, 546. 442	2, 117. 173	–
1, 546. 455	2, 115. 734	–
1, 499. 360	1, 829. 495	–
1, 506. 062	2, 116. 005	–
1, 545. 370	2, 114. 066	–
1, 509. 248	2, 114. 096	–
1, 553. 348	2, 118. 142	–
1, 512. 831	2, 118. 387	–
–	–	–
1, 556. 653	2, 118. 507	45, 419. 810
1, 557. 057	2, 119. 322	48, 770. 147
1, 496. 915	1, 801. 545	42, 755. 305
1, 557. 604	2, 122. 025	49, 967. 536
1, 449. 700	2, 117. 904	44, 026. 712
1, 521. 407	2, 053. 436	46, 187. 902
34. 69%	33. 33%	38. 67%

表2　幕末期の各国一橋領における物成（「本途」〈本年貢〉の割付量、弘化3～慶応4年〈1846～68〉）

国名	摂津国	和泉国	播磨国	備中国	越後国	武蔵国
石高	14,747.149	18,550.675	21,754.687	33,513.426	7,274.592	13,041.558
弘化3	7,628.153	—	—	—	—	—
弘化4	7,631.591	—	—	—	—	—
嘉永元	7,603.539	—	—	—	3,082.822	5,834.192
嘉永2	7,651.297	—	—	—	3,082.902	5,441.009
嘉永3	6,740.046	—	—	—	2,627.135	5,837.255
嘉永4	7,560.298	—	—	—	3,081.711	5,840.748
嘉永5	7,000.413	—	—	—	2,564.610	5,584.143
嘉永6	5,105.533	—	—	—	2,744.645	5,840.336
安政元	7,672.858	—	10,148.528	—	3,081.616	5,840.365
安政2	7,678.316	—	10,126.827	—	3,081.629	5,489.617
安政3	7,866.696	—	10,138.244	—	3,081.673	5,467.929
安政4	7,792.627	—	9,918.730	—	2,737.847	5,457.944
安政5	7,681.630	9,688.874	8,932.232	—	3,081.051	5,817.254
安政6	7,661.846	8,007.026	10,135.570	—	3,081.110	4,640.529
万延元	7,221.860	6,832.670	7,836.830	—	3,081.110	5,835.413
文久元	7,485.392	9,199.356	9,852.662	—	3,081.110	5,835.044
文久2	7,579.380	9,516.098	10,141.807	—	—	5,801.318
文久3	7,453.295	8,492.966	8,029.409	—	—	—
元治元	6,576.413	6,670.987	8,485.482	11,619.588	3,081.173	5,311.007
慶応元	7,321.585	9,304.979	7,905.009	11,658.918	3,081.186	5,822.091
慶応2	5,923.115	6,577.972	7,340.990	11,142.505	3,081.230	5,391.034
慶応3	7,393.085	8,942.492	9,357.979	11,688.622	3,083.024	5,822.706
慶応4	6,899.601	6,365.382	7,701.873	11,237.534	3,083.024	5,171.694
年平均	7,266.460	8,145.346	9,070.145	11,469.433	2,994.769	5,604.081
免率	49.27%	43.91%	41.69%	34.22%	41.17%	42.97%

典拠：一橋Ｅ1－39～49、53、54、59～61、65、66、69～71、98、171、181。
註：数値の合わない箇所があるが、史料上の標記のままを記した。小数点4桁以下は四捨五入。武蔵・下総・下野については「本途」が「物成米」（石）と「物成永」（貫文）に分けて記されている。表中の年の「物成永」については、武蔵は1,738～1,747貫、下総は372～382貫、下野は322～326貫であり、各年での振れ幅は小さい。Ｅ1－49、65などでは永1貫を2.5石として計算し、全体の取米（本途）が示されているため、本表ではこの計算方法に則って「物成永（石）」の数値を求めた。

表3　一橋領全体における土地開発・高入

年	石高（石）	年	石高
寛延元（1748）	1.131	寛政12（1800）	1.790
宝暦２（1752）	4.796	文化７（1810）	7.130
宝暦13（1763）	17.438	文化12（1815）	9.636
明和３（1766）	6.047	文政７（1824）	9.522
安永２（1773）	24.008	文政８（1825）	1.736
安永３（1774）	10.094	文政11（1828）	1.692
安永５（1776）	13.794	天保３（1832）	0.252
安永７（1778）	4.552	天保５（1834）	7.104
天明４（1784）	4.954	天保７（1836）	148.361
天明５（1785）	27.777	弘化２（1845）	6.374
寛政元（1789）	17.902	嘉永３（1850）	1.252
寛政５（1793）	123.690	嘉永６（1853）	6.735
寛政６（1794）	20.424	文久３（1863）	31.219
寛政９（1797）	2.084	慶応３（1867）	100.042
寛政11（1799）	1.708	合計	613.244

典拠：明治３年「摂津・和泉・播磨・備中・関東・越後国御領知御高帳」（一橋 E１-166）。
註：文政10年以降に所領を有した８ヶ国の数値をまとめたもの。

ているが、従来は本田畑と同様の基準で年貢が課されてこなかった土地にも低率とはいえ年貢が賦課されるようになったのであり、明確な年貢増徴といえる。以上のことから、一橋邸や備中領の代官が、新たな所領である備中国での土地開発と高入・年貢収納強化に少なからず関心を有していたことがうかがえる。備中一橋領の成立以降、年貢率の上昇などの収納強化がみられたことを以前指摘したが(30)、上記の高入・年貢賦課と合わせて、所領の設置直後の文政～天保期において、年貢収納における重点的な措置が備中領では行われたのである。

なお、慶応三年については、小田郡で一二ヶ村、後月郡で五ヶ村の新田が高入されている(31)。最幕末期にも備中領のみで新田の高入という形での年貢増徴政策が継続されていたことは、備中一橋領の全所領の中での位置づけを考えるにあたって重要な事項であろう。前述した備中一橋領の成立経緯からも明らかであるが、文政一〇年以降の一橋家にとって、備中領は財政補填を大きな目的とした所領であった。領民から決定的な反発を受けないよう留意しつつ(32)、如何に同所領から収益をあげるかに一橋家当局は意を払っていたのである。

第二節　一橋家財政の分類と一八世紀中後期の財政構造――幕府からの拝領・拝借金――

（1）会計の分類と一八世紀中後期の収支状況

まず、一橋家財政の分類と依拠する史料を確認していく。一橋家には「米金納拂御勘定目録」等という表題が付された、一年間の収支の決算帳簿が八年分残存しており（寛政一〇（一七九八）・一二（二冊）、天保八（一八三七）、嘉永元（一八四八）（二冊）、安政元（一八五四）・三、元治元（一八六四）、慶応元（一八六五）年分、「勘定目録」と略す）[33]、帳簿内では会計項目は大きく「金方」（貨幣収支）と「米方」に分かれている。このうち寛政一二年度の一冊を除く九冊は一橋家本邸の財政帳簿（以下、「一橋勘定目録」と略記）である。残る一冊は「神田橋御屋敷」――一橋家二代当主治済の「隠居所」の財政帳簿（以下、「神田橋勘定目録」と略記）であり、末尾の作成年月日は享和二年（一八〇二）九月で、「神田橋　寛政十二　申年米金納拂御勘定目録下札帳」との表題が表紙に記されている[34]。

これらの帳簿は先行研究でも一定程度分析されており[35]、辻達也氏は本史料から各年の貨幣収支を計算し、一橋家財政が慢性的な「収支不均衡の体質」（註(14)辻氏論文一一九頁）にあったとしている。しかし、辻氏の計算では「金方」収入には年貢・小物成のみしか計上されておらず、前年の繰越金、幕府からの返済義務のない給金（「年金」「手当金」）・扶持金、利子収入等は集計から除かれているのに対して、支出では史料に記載された全体合計の数値を用いており、全体として財政の不足の側面が大きく出ることとなっている。さらに辻氏は「金方」のいわゆる一般会計の後にある、一橋家の債権や積立金等を書き上げた箇所（本章では別記項目とする）に言及しておらず、同家の資産のうちで考慮に入れられていない項目がある。また、辻氏の分析や他の先行研究においても、専論として一橋家財政を検討したものはほぼない。現時点においては①各財政項目の分析の深化―特に別記項目（「右之外御金蔵ニ有之分」）の検討と、②寛政～文政期の財政については、先行研究では分析されてきていない「隠居所」財政の内実と本邸財政との関係の解明が課題となる。

上記の状況を念頭におきつつ、まずは一八世紀中後期の収支状況についてみていく。

【史料1】[36]

寛政十二申年二月御家老江

一橋勝手向之儀

覚了院様（初代宗尹）御在世之節ゟ収納方与遣ひ方与引競候得者不足致し、町人共又者領知百性（姓）共江用金申付間ヲ合候処、連年借用金相嵩返済之手段無之、公辺江御願之上、御拝借金有之返済候得共、素より不足之事故無程如元ニ相成（後略）

本史料は、寛政一二年二月に一橋家当主治済より同家家老へ出された「申達」である。ここでは、一橋家は初代より赤字続きであること、これに対して町人・所領への御用金賦課等で対応することもあるが、結局は幕府からの拝借金に依存した財政運営を行っていることが述べられている。また、同史料の後略箇所では「諸士之分限高多分之儀ニ而致方も無之、諸侯之振合ニ家来共ゟ借り米与申事も、在所又者長屋住居与申も無之、借地・借宅等之事ニ付て者差支、右様之事も成兼」ともあり、家臣への俸禄が多額であるものの、家臣が借地・借宅の者であるため、諸領主のようには借上ができないとされている。この点は藩と異なる一橋家の財政上の特質として重要とみられる[37]。また、天明四年（一七八四）正月時点での一橋家の債務をみると、延享四～安永五年（一七四七～七六）

分の公儀拝借金が六万三一五〇両、天明三年の御用金が四五八〇両程、大坂・所領からの「為替共年賦金」の借用金が二万九八三両余の合計八万八七一三両であり、そのために「御遣方金無之」状況に陥っているとされている(38)。

次に、一八世紀中期における一橋家と幕府公金貸付政策との関連について、以下の史料をみていく。

【史料2(39)】

田安御貸附金之事

一金壱万弐千五百両

是ハ年々溜り金御余慶も有之ニ付御守江申達、宜取斗候様寛保元酉年被仰渡、御勘定奉行江申渡、関東筋村々吟味之上田地質取之、酉戌両年(寛保元・二年)ニ右之金高貸附置、年壱割之利金年々取立、御代官より直ニ田安御屋敷江相納申候

一ツ橋御貸附銀之事

一銀九百貫目

金ニ〆壱万五千両

是ハ年々溜り金御余慶有之ニ付、田安御余慶金之通可取斗旨寛保二戌年被仰渡、御勘定奉行江申渡、中国筋村々吟味之上田地質取之、右銀高貸附置、年壱割之利銀中国御代官年々取立之、大坂御金蔵江相納、為替ニ而江戸江差下シ申候

以上

丑(延享二年)八月

表4　寛政10年（1798）の一般会計収入（金方）

	項目	金額（両）	銀額（匁）	銭額（文）	備考
A	巳年残高（前年の繰越金）	13,242.250	1,354.778	269,209	大判金1枚
1	泉州・播州巳御年貢小物成共		320,671.400		
2	泉州巳水車運上	4.500			
3	泉州・播州巳口米石代口銀共		45,375.990		
4	播州巳御年貢御拂米代		194,020.359		
5	遠州巳御年貢小物成共	164.000	1.880		
6	遠州巳口米石代口永共	367.500	17.460		
7	遠州巳御廻米納不足切石代	42.000	13.910		
8	遠州巳水車運上	0.250	12.000		
9	遠州巳御年貢御廻米之内御拂米代	719.500	11.170		
10	関東巳御年貢	43.750	14.200		
11	泉州・播州午御年貢		485,402.000		
12	播州御年貢御拂米代		250,373.303		
13	遠州午御年貢	1,148.000			
14	遠州午御年貢御廻米之内御拂米代	4,252.000	69.480		
15	関東午御年貢	4,426.750	6.900		
16	関東伝馬銭			38,104	
17	右同断荷口銭			102,358	
18	被進金	10,000.000			
19	民部卿様御賄料	3,675.000			
20	愷千代様尾州御養子ニ付御支度被進金蓮池御金蔵より請取	2,510.500	10,758.400		大判金1枚、南鐐6,202.5匁
21	修若様　御手当金蓮池御金蔵より請取	3,432.000			
22	御屋形向両度之御焼失、其外相続御物入等有之候ニ付、御内々被進金、蓮池御金蔵より請取	5,000.000			
23	御内々被進金	2,000.000			
24	宇津権右衛門・阿久津半之助・篠崎平兵衛・津田休兵衛・吹田屋六兵衛・大坂屋治兵衛差出候御用金	4,500.000			

25	千石以下類焼拝借返納金別有高より入	79.250	1,117.600		
26	子年増御附人元高之分、浅草御蔵より請取	240.000			
27	右同断御給金元高之分、蓮池御金蔵より請取	40.000			
28	諸向上納	1,255.125	1,276.048	700,917	南鐐425.733匁
29	諸向拝借■納出目銀共御遣方江入	385.500	1,479.541		
B	納合（前年の繰越金＋本年の収入）	57,527.875	1,311,976.419	1,110,588	大判金２枚、南鐐6,628.233匁
C	右金銀成替（金銀の購入・両替、省略）				
30	御除金江除置申候（是者播州・遠州・関東納筵菰代、其外拝借返納金并取替相渡置候蒼木代、砂糖代返納、御勘定所、御普請奉行、御納戸頭、御賄頭、御蔵奉行、神田橋御屋敷奉行、小石川御屋敷奉行御益金）	321.375	299.280	86,068	
D	差引　御遣方元高（総合計）	77,131.625	18,885.006	2,250,382	大判金34枚、南鐐6,628.233匁

典拠：寛政12年12月「寛政十午年米金納拂御勘定目録下札帳」（一橋Ｇ１−１）。

寛政10年分の収入集計内訳（１～29）

項目	金額（両）	銀額（匁）	銭額（文）	備考
所領よりの年貢・小物成等（１～17）	11,168.250	1,295,990.052	140,462.000	
幕府からの賄料・拝領金等（18～23、26、27）	26,897.500	10,758.400	0.000	大判金１枚、南鐐6,202.5匁
所領･商人からの御用金(24)	4,500.000	0.000	0.000	
その他（25、28、29）	1,719.875	3,873.189	700,917.000	南鐐425.733匁
合計	44,285.625	1,310,621.641	841,379.000	大判金２枚、南鐐6,628.233匁

典拠：一橋Ｇ１−１。

表5　一橋家の一般会計における「有高」（年末の残額）と単年度収支　　単位）金：両、銀・南鐐：匁、銭：文、大板金：枚、米：石。小数点4桁以下は四捨五入

	年／貨幣・項目	金	銀	南鐐	銭	大板金	米	太餅米	糯米	御膳白米	太餅白米	白米
1	**a 寛政10年元高**（当年収入＋繰越、d）	77, 131. 625	18, 885. 006	6, 628. 233	2, 250, 382	34	28, 565. 887	34. 808	116. 600	85. 670	86. 964	1, 638. 348
	b 同年渡方（支出）	－60, 450. 000	－17, 697. 800	－6, 202. 500	－2, 025, 963	－22	－21, 996. 531	0	－51. 345	－64. 000	－85. 880	－1, 636. 296
	c 同年有高（残額）	16, 681. 625	1, 187. 206	425. 733	224, 419	12	6, 569. 356	34. 808	65. 255	21. 670	1. 084	2. 052
	d 前年有高（前年繰越）	13, 242. 250	1, 354. 780	0	269, 209	1	8, 137. 619	50. 572	36. 600	20. 089	1. 817	62. 875
	e 単年度収支（c－d）	3, 439. 375	－167. 574	425. 733	－44, 790	11	－1, 568. 263	－15. 764	28. 655	1. 581	－0. 733	－60. 824
	f 金・米換算	3, 654. 875					－1, 620. 060					
2	**寛政12年元高**	60, 652. 875	6, 131. 585	308. 900	1, 752, 709	8	28, 821. 574	55. 154	91. 070	114. 924	83. 682	2, 021. 274
	同年渡方	－48, 553. 000	－5, 465. 990	0	－1, 712, 116	－7	－25, 093. 085	0	－52. 000	－84. 000	－83. 220	－1, 922. 657
	同年有高	12, 099. 875	665. 595	308. 900	40, 589	1	3, 728. 489	55. 154	39. 070	30. 924	0. 462	8. 618
	前年有高	12, 469. 750	786. 660	0	184, 215	1	3, 951. 553	47. 173	51. 570	24. 761	3. 375	23. 825
	単年度収支	－369. 875	－121. 065	308. 900	－143, 626	0	－223. 064	7. 981	－12. 500	6. 164	－2. 913	－15. 207
	金・米換算	－389. 230					－239. 776					
3	**天保8年元高**	97, 658. 875	54, 422. 585	12. 500	1, 268, 844	32	21, 659. 489	74. 744	219. 827	55. 677	90. 130	2, 201. 894
	同年渡方	－87, 960. 000	－54, 165. 420	0	－1, 247, 174	32	－17, 888. 651	－7. 631	－57. 582	－44. 565	－87. 605	－2, 128. 669
	同年有高	9, 698. 875	257. 165	12. 500	21, 666	0	3, 770. 839	67. 113	162. 245	11. 112	2. 524	73. 225
	前年有高	785. 813	109. 078	12. 500	22, 461	1	1, 918. 688	55. 704	102. 827	7. 600	0. 687	170. 530
	単年度収支	8, 913. 063	148. 087	0. 000	－795	－1	1, 852. 151	11. 409	59. 418	3. 512	1. 837	－97. 305
	金・米換算	8, 883. 675					1, 824. 178					
4	**嘉永元年元高**	63, 539. 250	40, 819. 762	130. 100	891, 636	10	22, 686. 711	58. 550	143. 832	45. 249	60. 528	1, 485. 940
	同年渡方	－55, 208. 000	－40, 555. 420	－10. 445	－865, 288	－9	－16, 634. 536	－0. 924	－86. 253	－35. 127	－58. 928	－1, 455. 995
	同年有高	8, 331. 250	264. 342	119. 655	26, 344	1	6, 052. 175	57. 626	57. 579	10. 122	1. 600	29. 945
	前年有高	12, 245. 875	232. 268	130. 100	44, 883	3	5, 148. 253	51. 674	30. 000	43. 832	0. 815	28. 211
	単年度収支	－3, 914. 625	32. 074	－10. 445	－18, 539	－2	903. 922	5. 953	27. 579	－33. 710	0. 785	1. 734
	金・米換算	－3, 970. 237					899. 811					

5	**安政元年**元高	75,193.500	23,259.044	216.555	1,310,445	4	28,218.608	85.916	1,287.572	45.728	57.565	1,684.296
	同年渡方	−56,729.750	−21,904.227	−62.000	−1,281,021	−3	−22,023.115	−1.516	−84.318	−37.291	−56.021	−1,678.030
	同年有高	18,463.750	1,354.817	154.555	29,424	1	6,195.493	84.400	1,203.254	8.437	1.544	6.266
	前年有高	14,247.000	336.807	216.555	12,545	1	9,049.913	54.712	121.572	4.061	1.680	13.846
	単年度収支	4,216.750	1,018.010	−62.000	16,879	0	−2,854.420	29.688	1,081.682	4.376	−0.136	−7.579
	金・米換算	4,233.478					−1,746.002					
6	**安政3年**元高	66,634.125	1,357.954	109.555	1,393,249	6	23,352.695	72.229	1,713.392	56.129	58.187	1,722.696
	同年渡方	−51,498.250	−1,180.673	−40.000	−1,339,747	−5	−21,573.001	−1.849	−57.330	−41.054	−56.913	−1,715.164
	同年有高	15,135.875	177.281	69.555	53,502	1	1,779.694	70.380	1,656.062	15.075	1.274	7.533
	前年有高	21,316.563	447.108	109.555	71,066	1	4,139.380	82.525	1,663.392	15.252	1.274	23.394
	単年度収支	−6,180.688	−269.827	−40.000	−17,564	0	−2,359.687	−12.145	−7.330	−0.177	0.000	−15.861
	金・米換算	−6,187.756					−2,396.187					
7	**元治元年**元高	89,132.063	3,418.996	0	747,943	2	21,179.670	47.110	85.977	59.387	42.344	1,624.039
	同年渡方	−75,666.125	−2,703.646	0	−730,738	−1	−18,709.249	−1.040	−43.874	−49.217	−40.814	−1,556.998
	同年有高	13,465.938	715.350	0	17,205	1	2,470.420	46.070	42.103	10.170	1.531	67.041
	前年有高	16,999.688	503.838	0	44,926	1	4,900.772	53.472	25.977	9.387	1.531	2.223
	単年度収支	−3,533.750	211.512	0	−27,721	0	−2,430.351	−7.402	16.126	0.783	0.000	64.817
	金・米換算	−3,535.617					−2,351.919					
8	**慶応元年**元高	142,722.188	16,690.106	0	890,415	5	25,205.952	86.537	72.103	57.723	50.452	1,739.404
	同年渡方	−138,988.563	−15,780.753	0	−817,329	−4	−22,800.484	−17.024	−26.754	−45.106	−48.921	−1,659.955
	同年有高	3,733.625	909.353	0	74,082	1	2,405.468	69.513	45.349	12.617	1.531	79.450
	前年有高	13,573.563	715.350	0	22,003	1	2,470.420	46.070	42.103	10.170	1.531	67.041
	単年度収支	−9,839.938	194.003	0	52,079	0	−64.952	23.443	3.246	2.447	0.000	12.409
	金・米換算	−9,829.988					−22.161					

典拠：一橋 G1−1、2、4、5、7～10。

註：元高は前年有高（繰越、d）＋当該年の収入、渡方は当該年の支出、同年有高は元高と渡方の差額、単年度収支は同年有高と前年有高の差額、金・米換算は各年の単年度収支を、典拠史料に記述されていた換算値段で金と米に集計し直したもの。慶応元年の換算値段は記載がないため、元治元年の数値を使用。元高、渡方、前年・同年有高の数値は、全て史料上に実際に記載されているものである。別記項目からの一般会計への資金移動や、幕府からの返済義務のない拝領金については、収入として各年の元高に含めた。なお、古賀康士「近世的殖産政策の生成と展開」（岡山地方史研究会・広島近世近代史研究会合同研究会報告、2010年6月2日）、同「近世的殖産政策の生成と展開」（『九州文化史研究所紀要』62、2019年、上記報告をもとに成稿した論文）では、典拠史料に基づき、各年の元高、渡方、年末の繰越（同年有高）が示されている。

【史料2】の通り、寛保期（一七四一～四四）には、幕府勘定奉行を通じて、「中国御代官」が一橋家「溜り金」一万五〇〇〇両（銀九〇〇貫）を「中国筋村々」に二年間年利一〇%で貸し付け、利金を同家に渡すという措置がとられていた。この資金運用は、史料上では「一ツ橋御貸附銀」とされており、同様の「田安御貸附金」一万二五〇〇両もみられた（清水家はまだ創設されていない）。上記のような幕府機構を通じた貸付・利殖は、延享三年の所領設置の前段階になされた暫定的な措置であったともみられるが、詳細は今後の課題である。このような貸付・利殖政策が一九世紀には拡大・恒常化していくこととなる（第四節で後述）。

（2）寛政一〇年の財政構造と各年度収支

まず、寛政一〇年（一七九八）の一般会計の「金方」の内容をみていく（【表4】）。「金方」収入の記載方法としては、A前年の繰越金の後に当年の収入項目（1～29）の細目が列記され、B「納合」として両者が合計されている。その後C「金銀成替」として「納合」で集計された貨幣が両替され、30「除金」が引かれた上で当年のD「御遣方元高」が出される。収入の内訳としては1～17年貢・小物成等が最多とみられるが、18～23、26・27幕府からの多様な名目での賄料・拝領金等がみられる点は注目される。一方、外部からの借用金は、24の大坂商人

単位：両（最下段は石）

元治元	慶応元
－3,535.62	－9,829.99
72,132.38	129,148.63
0	註②—
75,666.13	138,988.56
3,166.75	—
－3,535.62	—
－368.87	—
－2,351.92	－22.16

表6　一般会計における単年度収支・新規借入金・返済金（寛政10〜慶応元年〈1798〜1865〉）

項目／年	寛政10	寛政12	天保8	嘉永元註④	安政元	安政3
A：単年度収支（金方）	3,654.88	−389.23	8,883.68	−3,970.24	4,233.48	−6,187.76
当年収入（金のみ、前年繰越を除く）	63,889.38	48,183.13	96,873.06	51,293.38	60,946.50	45,317.56
B：当年収入のうち一橋邸外よりの新規借用金註①	4,500.00	0	12,000.00	0	0	0
当年支出（金のみ）	60,450.00	48,553.00	87,960.00	55,208.00	56,729.75	51,498.25
C：当年支出のうち借用金返済額（元金・利金）註③	2,810.00	2,013.50	2,770.00	8,178.25	0	0
A−B（収支−借入）	−845.13	−389.23	−3,116.33	−3,970.24	4,233.48	−6,187.76
A−B+C（金方）	1,964.88	1,624.27	−346.33	4,208.01	4,233.48	−6,187.76
単年度収支（米方、石）	−1,620.06	−239.78	1,824.18	899.81	−1,746.00	−2,396.19

典拠：一橋G1−1、2、4、5、7〜10
註：①B・Cには米方の項目はない。②傍線部は不明。③Cに銀がある年もあるが、少額（金1両未満）のため省略。支出項目の記載順は「御上納」「御小納戸金渡」、「御廣敷」など一橋家内各所への「渡金」、猿屋町会所や商人への返済金、一部家臣への拝借金渡の順である。「御上納」「御小納戸金渡」は、幕府からの拝借金返済を指すものとも思われるが、特に後者の詳細は不明であり、本表では「御上納」のみCに含めた。④嘉永元年のCには従来の御用金の借入6,038.25両を一括返済した金額が含まれる。⑤単年度収支は各年の「金方」、「米方」全項目の当年残高と前年繰越の差額を求め、史料の換算値段で金と米に集計し直したものの合計値である。慶応元年は換算値段の記載がなく、元治元年の数値を用いた。別記項目から一般会計への資金移動や、幕府からの返済義務のない拝領金は収入に含めた。

表7　一般会計の「金方」収入における項目別割合（寛政10〜慶応元年〈1798〜1865〉）

項目／年	寛政10	寛政12	天保8	嘉永元	安政元	安政3	元治元	慶応元
前年繰越	16.89%	20.26%	0.73%	18.00%	17.67%	29.88%	17.88%	9.51%
所領よりの年貢・小物成等	40.55%	63.89%	47.69%	70.87%	61.81%	60.02%	69.96%	47.70%
幕府からの賄料・拝領金等	34.46%	6.00%	10.90%	3.73%	3.87%	2.24%	4.17%	—
幕府への「預け金」利子収入	0.00%	0.00%	8.92%	4.02%	4.41%	5.36%	5.16%	—
一橋家外部からの新規借用金	5.70%	0.00%	10.59%	0.00%	0.00%	0.00%	0.00%	—
別記項目、邸内より資金移動	0.12%	0.00%	18.42%	0.00%	8.66%	0.00%	0.00%	—
諸向上納、その他	2.28%	9.84%	2.76%	3.38%	3.58%	2.50%	2.84%	—

典拠：一橋G1−1、2、4、5、7〜10
註：銀・銭・大板金は典拠史料の換算値段で金に直し、南鐐は銀に含めた。なお、典拠史料のうちG1−6とG1−8は60丁程度だが、その他はすべて100丁を超えている。これに比べて、慶応元年（G1−10）は非常に少ない分量（15丁）となっており、金方収入は「諸向納」が「前年繰越」と「所領よりの年貢・小物成等」の3項目から構成されているが、「諸向納」の内訳は記されていない。そのため、慶応元年のみ内訳が不明である部分を線で示している。

表8　寛政10年（1798）の別記項目（「右之外御金蔵ニ有之分」）

項目	金（両）
諸向拝借金出高（うち「午年中拝借金渡」62.5両）	3,951.250
外　午年中返納御遣方江入	−369.750
御除金有高	259.375
外　御納戸頭渡（是者時服表并反物類御買上置代）	−267.500
外　右同断渡（是者焚蒼木御買上置代）	−14.500
外　御賄頭渡（是者長崎より御取寄砂糖代）	−120.500
外　御蔵奉行渡（是者　愷千代様江御附切ニ相成候四人御貸附残金取替相渡候分）	−88.250
外　御蔵奉行渡（是者筵弐拾枚御買上代）	〈−銭936文〉
外　小石川御屋敷奉行渡（是者御次浅漬大根漬込ニ付漬桶四ツ出来入用）	−3.250
小普請金有高（このうち「午年中納之分」14.25両、60匁）	83.250
千石以下類焼拝借返納金（是者午年中御遣方江入候分）	79.250
御領知高懸金有高	344.750
外　野州・総州村々小児養育御手当御貸附金渡	−83.250
築地御屋敷御長屋住居之者類焼ニ付、家作料拝借并築地御屋敷引拂に付、拝借金出高	522.000
築地御屋敷御長屋住居之者類焼ニ付、家作料拝借并築地御屋敷引拂に付、拝借返納金有高	190.000
麻布辺より出火に付、千石以下類焼拝借金出高	94.500
外　午年中返納御遣方江入	−15.750
御嫡孫様　御誕生ニ付　被進金并御七夜御祝儀ニ付、所々より被進、其外御到来御金　御宮参ニ付御拝領銀共有高	17.500
外　御勝手懸衆江差出ス	−71.875
御用意金有高	63.875
寛政六寅年御入用見合を以取調候之分、諸向御入用減金有高	50.125
去ル寅年両年御金残之分有高（このうち「勤仕不勤之向御貸附金之内より納」200両）	254.875
御座所　去ル卯年分御入用残之分有高	84.375
神田橋御添地建家御長屋并御門、其外共御拂代金有高	236.125
御子様方　御召物代、去ル辰年残之分有高	8.250
天明六午年関東・甲州御領知村々水難并一統御手当拝借金出高	1,303.500
右同断返納金有高（このうち「関東・甲州村々拝借返納之分」275両、59.118匁）	278.250

天明六午年泉州・播州村々一統拝借返納金を以、御買上御囲有之候麦安御拂代金有高	35.250
勤仕不勤向御貸附利金有高	167.500
関東御貸附金出高（このうち「証拠金之分」400両）	2,400.000
上方御貸附金出高（このうち「証拠金之分」2,500両）	3,500.000
上方・関東御貸附金利金（是者勤仕不勤之向御貸附金并関東御領知小児養育御貸附金江相渡候分、別記項目内の他項目へ「渡し」のため除く）	〈金428両〉
勤仕不勤之向江御貸附金出高（3,200両は「御遣方より入」）	8,554.750
外　御領知高懸金之内江返納	－230.750
外　寅卯両年御金残之内江返納	－200.000
関東御領知小児養育御貸附金出高	227.250
闕所金有高	27.125
外　損馬取捨御入用	〈－銭7,840文〉
合計	21,267.750

典拠：一橋Ｇ1-1。
註：銀・銭はともに金と比べて少額であるため、本表では省略した。銀の合計は４貫687匁余、銭の合計は260貫82文である。

や地方有力者から出された四五〇〇両のみであり、借用金が占める比重は小さい。同年の支出（金六万四五〇両、銀一七貫六九七・八匁、銭二〇二五貫九六三文、南鐐六貫二〇二・五匁、大板金二二枚）は家臣への俸禄、婚姻や養子入りの費用、奥向費用が大半を占めているが、借用金返済は五〇一〇両のみである[40]。

次に、寛政～慶応期の一般会計における単年度収支と財政状況をみていく（【表5】【表6】）。【表6】A単年度収支（金方）は寛政一〇、天保八、安政元年が黒字であり、上記の年は一般会計において資産が増加している。A単年度収支からB新規借入額を除き、C借用返済額を加えることで、借用金と関係しない財政の基礎部分をみていくと、天保八（飢饉時）、安政三（前年地震）、元治元年（幕末期の政情）以外は黒字である。上記三年は特殊な事情のあった年であり、通常の年では財政の基礎部分は一定程度良好な状況にあったことがうかがえる。以上の点からは一般会計が一定程度良好な年も多かったと判断でき、特に嘉永元、安政元年は安定していたといえる。(41) さらに後述する通り、寛政期〜文政一〇年までは一橋家「隠居所」の財政が存在し、本邸との間で資金の双方向的な移動を行っていた。この様相が判明する年は寛政一二年のみだが、この年は「隠居所」財政も組み込んだ一橋家全体の財政は黒字となっている。

一般会計の「金方」収入の内訳（【表7】）については、年貢・小物成等が常に最多であり、年貢収納の良否が財政収支を大きく左右していた。嘉永元年以降は賄料・拝領金、借用金等の外部からの資金導入が非常に少なくなっており、一方で天保八年以降には利子収入が開始される（第四節で後述）。嘉永元年までには一橋家内部の収入で賄える部分が大半となり、弘化〜嘉永期以降、従来と比べて独立的な財政構造を一橋家は構築していた。

次に、寛政一〇年の別記項目（【表8】）をみていく。別記項目には一橋家の債権や臨時支出が列記されており、これは「有高」（貨幣）、「出高」（債権）という財政上プラスに計上されるものと、「外」「渡」（支出）というマイナスに計上されるものに分けられる。【表8】の全項目を集計すると、金二万一二六七両余（＋銀、銭）となる。特に「勤仕不勤之向」（家臣）・所領への貸付など、金二万両以上の債権を保持していたことが注目される。

以上の通り、一般会計への評価の見直しと別記項目における資産の二点から、先行研究における一橋家財政への評価は大きく上方修正される必要があるといえよう。

第三節　寛政一二年度の「隠居所」財政と本邸財政

（1）寛政一二年度「神田橋勘定目録」の内容

本節では「神田橋勘定目録」の「金方」・「米方」の収支項目をみていくことで、一橋治済の「隠居所」財政の概要を確認する。なお、隠居した一橋治済に対しては、寛政一一年（一七九九）に賄料五万俵（二万七五〇〇石）・年金五〇〇〇両が毎年与えられることとなり、翌年に年金は八〇〇〇両に増額された[42]。なお、一橋家において、本邸と並存する形で「隠居所」が設置されたのは、二代当主治済（宝暦元～文政一〇年〈一七五一～一八二七〉、寛政一一年〈一七九九〉隠居）の存世時のみである[43]。まず、「金方」の収支項目を【表9】、【表10】にあげた。なお、表には「米成替」や「金銀成替」という項目が度々みられるが、これは米や貨幣の両替を示すものである（両替レートは省略）。

【表9】「隠居所」の「金方」収入の大部分が、幕府からの給付である。この内訳は年金（「被進金」）八〇〇〇両と合力米の払米代金が大半であり、後者の多さが注目される。なお、収入項目のうち、史料上では「一橋御金ゟ入」の払米代金が金一六二一両と銀一四・六七匁みられ、一橋家本邸から移動された資金であるようにみえる。しかし、一橋家本邸の「一橋勘定目録」の「金方」支出をみると[44]、「御米代　是者神田橋御合力米之内、一橋御入用相成候分、石壱両之積りを以神田橋江相廻り候分」として金一六二一両と銀一四・六七匁が確認できる。詳細は不明だが、もともと「隠居所」（神田橋）への合力米であったものを本邸の入用にあてることとしていたが、何らかの理由で再度「隠居所」財政へ回されたものであるとみられる。なお、「隠居所」の収入項目に一橋家領の年貢収入は含まれていない。後述する通り、年貢収入は一橋家本邸の財政で使用され、「隠居所」財政は所領や都市商人との直接的な関係をほぼ有していなかったとみられる。【表10】「隠居所」の「金方」支出をみると、6納戸頭、7賄頭、9・10庭奉行等への生活に関わる費用、儀礼関係費用（19～29、31～35）の費目が多い。また、2・11「一橋」本邸への資金移動がみられることは注目される[45]（後述）。

表９　寛政12年度の「神田橋御屋敷」収入（「金方」）

項目	金額（両）	銀額（匁）	銭額（文）	大板金
前年残高	2,384.250	36.084	2,831	
「被進金」（幕府よりの給付）	8,000.000			
「合力米」代金（幕府よりの給付）	10,748.000	50.640		
「合力米」代金（一橋本邸より受け取り、本来は隠居所への合力米）	1,621.000	14.670		
商人の「前借金」返納	1.625			
納合（収入合計）	22,754.875	101.394	2,831	
右金銀成替（貨幣の両替、省略）				
差引　御遣方元高	22,592.375	1,149.504	557,328	３枚

典拠：享和２年９月「神田橋　寛政十二　申年米金納拂御勘定目録下札帳」（一橋Ｇ１−３）。

表10　寛政12年度の「神田橋御屋敷」支出（「金方」）

	項目	金額（両）	銀額（匁）	銭額（文）
1	御小納戸金へ渡	3,000.000		
2	一橋御遣方江入	3,000.000		
3	御廣敷御用人へ渡	1,187.250		55,967
4	御内証様江　被進金	100.000		
5	御普請奉行へ渡	418.250		28,357
6	御納戸頭へ渡	1,654.750		43,786
7	御賄頭へ渡	1,424.250	687.060	272,877
8	御馬役へ渡	286.000		16,785
9	神田橋御庭奉行へ渡	622.250		33,641
10	神田橋御庭奉行へ渡	66.500		29,868
11	申年中御給金女中御切米金御合力金御役金類新組並小遣之者共諸渡物一橋より相渡候分、一橋江相戻ス	1,297.875	10.202	
12	御目付へ渡　是者大川筋御川狩之節差出候川船賃	3.250		738
13	諸向へ渡	7.750		5,753
14	一橋外侑（ヵ）地江御成之節　御立寄ニ付　諸色御入用へ渡	11.250		3,058

15	一橋外侑（ヵ）地江　御成之節神田橋　御屋形江御立寄ニ付　諸色御入用へ渡	374.000	41.400	6,154
16	田安　御屋形江御立寄ニ付　御入用へ渡	5.750		2,336
17	大納言様御水痘ニ付　御入用へ渡	3.500		1,464
18	御台様神田橋　御屋形江　御立寄ニ付　諸色御入用へ渡	570.750	74.000	6,458
19	淑姫君様御輿ニ付　諸色御入用残金へ渡	11.500	8.000	3,010
20	五百姫君様御誕生ニ付　諸色御入用へ渡	17.250	47.600	4,070
21	峯姫君様御誕生ニ付　諸色御入用へ渡	39.250	63.900	2,117
22	尾張中将様御家督ニ付　諸色御入用へ渡	4.250		933
23	久之助様御宮ニ付　諸色御入用へ渡	196.750	95.670	3,416
24	久之助様御髪置御祝儀ニ付　諸色御入用へ渡	63.000	31.000	3,385
25	本之丞様御誕生ニ付　諸色御入用へ渡	25.250		2,847
26	本之丞様御箸初御祝儀ニ付　諸色御入用へ渡	48.750		1,654
27	久之助様・本之丞様御旒（ヵ）御用　諸色御入用へ渡	46.500		2,684
28	紀姫様御逗留ニ付　諸色御入用へ渡	88.500		1,330
29	田安　近姫様御誕生ニ付　諸色御入用へ渡	23.750		320
30	濱町御屋敷御普請ニ付　諸色御入用へ渡	279.250		3,132
31	大猷院様百五十回　御忌御法事ニ付　諸色御入用へ渡	8.000	15.300	687
32	有徳院様五十回　御忌御法事ニ付　御入用へ渡	1.250		1,229
33	瑩（ヵ）光院様御新葬　御法事ニ付　御入用へ渡	1.250		1,011
34	恍現院様一回　御忌御法事ニ付　御入用へ渡	0.250		687
35	尾張大納言様御逝去ニ付　諸色御入用へ渡	10.500		2,527
36	拝借金へ渡	100.000		
37	渡合（支出合計）	14,998.625	1,074.132	542,345

典拠：一橋Ｇ１－３。
註：銭の合計額が一致しないが、史料上の表記に従った。大板金が項目６（２枚）・22（１枚）において計上されており、合計では３枚となる。

寛政一二年度の「隠居所」の「金方」単年度収支（当年残高〈【表9】「差引御遣方元高」マイナス【表10】「渡合（支出合計）」〉から前年残高〈【表9】〉を引いたもの）は、金五二〇九両二歩、銀三九・二八八匁、銭一二貫一五二文となる。一橋治済と第一一代将軍家斉（治済長男）との密接な関係を背景とした多額の賄料・年金をもとに、単年度収支では大幅な黒字を計上している。

次に、「隠居所」の「米方」収支項目をみていく（【表11】）。「米方」収入の内訳は前年残高と幕府からの「合力米」であり、支出は扶持米（5〜7）が全体の約六四％を占めている。【表11】12、13は一橋家の本邸の収入項目にも記述されている（後述）。「米方」の残高は二六七・七二九一四石であり、幕府の浅草御蔵に預けられていた。「米方」の単年度収支（当年残高マイナス前年残高）は米一〇四三石余の赤字だが、これは一橋家本邸への米の移動と大きく関係していた（後述）。「金方」と同様、「米方」も所領や都市商人との直接的な関係はほぼみられない。

（2）本邸財政と「隠居所」財政の関係

本項では、寛政一二年度「一橋勘定目録」から一橋家本邸の財政構造と「隠居所」財政との関係をみていく。前節でみた通り、本邸の「金方」は「一般会計」と「別記項目」（一橋家の債権・積立金等）に分かれている。【表12】【表13】より一橋家本邸「一般会計」の「金方」・「米方」収入の内訳をみると、「隠居所」財政とは異なり、所領からの年貢米・年貢金銀の占める割合が最も大きい。一方で、【表12】（「一般会計」の「金方」収支）収入箇所では、「神田橋」（治済「隠居所」）からの資金移動（20、21）が四二九七両余みられる。そして、「一般会計」の「金方」支出のうち「隠居所」財政と関連する項目としては、前項で述べた一橋家本邸から「神田橋」へ回された合力米代金（金一六二一両と銀一四・六七匁、本来神田橋への合力米として幕府より給付されたもの）以外に、「神田

表11　寛政12年度の「神田橋御屋敷」収支（「米方」）

	項目	米（石）
	【収入】	
1	未年残高　浅草御蔵より請取	1,311.03886
2	申年御合力米　浅草御蔵より請取	8,750.00000
3	未年御合力米之内より出目米之分入	5.30000
4	申年御合力米之内より出目米之分入	4.12500
A	納合	10,070.46386
	【支出】	
5	三季御切米之分（是者一橋より相渡候ニ付、相戻シ候分）	4,091.70000
6	定御扶持方之分（是者一橋より相渡候ニ付相戻シ候分）	2,115.97297
7	御役扶持之分（是者右同断）	61.68750
8	諸席飯米之分（是者右同断）	486.78465
9	御膳米之分（是者右同断）	15.06700
10	御膳糀米納候村々江為御手当被下候分（是者右同断）	4.12835
11	申年中御入用ニ相成候太餅米代り之分（是者右同断）	31.87900
12	是者未年御合力米之内、申年中一橋御入用ニ相成候分	151.66000
13	是者申年御合力米之内右同断	1,292.05139
14	未年御合力米之内御拂	1,160.84100
15	申年御合力米之内御拂	382.40000
16	欠米	8.56286
B	渡合	9,802.73472
C	差引残而　浅草御蔵預有之　申十二月廿九日有高（A－B）	267.72914
	単年度収支（C－〈1〉）	－1,043.30972

典拠：一橋 G1－3。
註：なお、「神田橋勘定目録」の「米方」には、「米」以外の「白米」や「玄米」などの項目はみられない。

表12　寛政12年度の「一橋勘定目録」における「一般会計」の「金方」収支

	項目	金（両）	銀（匁）	銭（文）
1	未年残高	12,469.750	786.660	184,215
2	泉州・播州未御年貢小物成共		265,903.105	
3	泉州・播州未口米石代口銀共		35,204.430	
4	泉州未水車運上	5.000		
5	播州未御年貢御拂米代		138,752.428	
6	遠州未御年貢小物成共	124.000	5.490	
7	遠州未口米石代口永共	390.000	12.930	
8	遠州未御年貢不熟米石代	1,725.000	13.130	
9	遠州未御廻米納不足切石代	134.750	21.360	
10	遠州未水車運上	0.250	12.000	
11	遠州未御年貢御廻米之内御拂米代	6,008.250	167.200	
12	泉州・播州申御年貢		484,945.000	
13	播州申御年貢御拂米代		349,880.700	
14	遠州申御年貢	1,450.000		
15	遠州申御年貢御廻米之内御拂米代	6,011.250	99.520	
16	関東申御年貢	3,492.000		
17	乗蓮院様江　御手当金蓮池御金蔵より請取	3,432.000		
18	子■■（年増）御附人元高之分浅草御蔵より請取	241.000		
19	右同断御給金元高之分蓮池御金蔵より請取	40.000		
20	神田橋御金之内より入	3,000.000		
21	申年中神田橋附御給金女中御切米金御合力金、御役金類新組並小遣之者諸渡物共、一橋より相渡有之候ニ付、神田橋より戻り候分	1,297.875	10.202	
22	諸向上納	1,497.000	1,181.355	118,495
23	諸向拝借返納出目銀共御遣方江入	231.250	1,469.283	
24	納合	41,549.375	1,278,464.793	302,714
25	金銀成替（貨幣の両替、省略）			
26	除金	−554.750	−191.140	−114,150
27	差引　御遣方元高	60,652.875	6,440.485	1,752,709
28	渡合（支出合計）	−48,553.000	−5,465.990	−1,712,116
29	差引残而　申十二月廿九日有高	12,099.875	974.495	40,589
	単年度収支（29−1）	−369.875	187.835	−143,626

典拠：享和２年９月「寛政十二申年米金納拂御勘定目録下札帳」（G１−２）。
註：大板金が項目１（１枚）・27（８枚）・28（−７枚）において計上されており、合計（項目29）では１枚となる。銭の合計額（「納合」）が一致しないが、史料上の表記に従った。

表13　寛政12年度「一橋勘定目録」における「一般会計」の「米方」収支

	項目	米（石）	白米（石）
	収入		
1	未年残高	3,951.55317	23.82474
2	遠州未御年貢	2,817.72638	
3	関東未御年貢	724.12780	
4	遠州申御年貢	6,891.62450	
5	関東申御年貢	2,890.10420	
6	御買上米	4,706.65160	
7	諸向返納米	2.23500	
8	未年出目米之分御遣方江入	165.22600	
9	申年出目米之内御遣方江入	446.60950	
10	未年差出米之分御遣方江入	5.50900	
11	申年差出米之内御遣方江入	1.81000	
12	申年差出金米之分御遣方江入	1.32200	
13	増御附人御切米御扶持方共元高之分浅草御蔵より請取	213.41484	
14	未年御合力米之内御金ニ成り替御遣方江相廻り候分	151.66000	
15	申年御合力米之内右同断	1,292.05139	
16	神田橋附御宛行并諸席米之分御合力米之内より入	6,807.21947	
17	納合（前年残高＋収入）	31,068.84485	23.82474
18	右米成替（米の両替、省略）		
A	差引　御遣方元高	28,821.57385	2,021.27427
	支出		
19	三季御切米へ渡（このうち「御買上之分」4,321.3316石）	7,091.59360	
20	不時御切米へ渡	185.26400	
21	取越不時御切米へ渡	1.75000	
22	定御扶持方へ渡	7,375.71400	
23	諸渡方（このうち「御買上之分」385.32石）	1,184.08400	
24	御膳米へ渡（御膳白米84石）		
25	御賄頭へ渡（太餅白米83.22石）		
26	右同断渡		1,819.93659
27	善修院様　右同断渡		52.60800
28	御内証様　右同断渡		50.11200
29	御膳籾米納候村々江御手当被下候ニ付、御合力米之内にて差次浅草御蔵江相納候分	24.66000	
30	遠州米御拂	9,228.51000	
31	御鷹場廻り御餌付籾米渡（籾米14石）		
32	清水徳兵衛渡（籾米37石）		
33	欠米	1.50900	
B	渡合	25,093.08460	1,922.65659
C	差引残而　申十二月廿九日有高（A－B）	3,728.48925	98.61768
D	単年度収支（C－〈１〉）	－223.06392	74.79294

典拠：一橋Ｇ１－２。
註：本表にはいずれの項目も200石未満と数量の少なかった太餅米、籾米、御膳白米、太餅白米の数値は掲載していない。なお、それぞれのＤ単年度収支については、太餅米7.981石、籾米－12.5石、御膳白米6.164石、太餅白米－2.913石である。

橋江被進金」一〇〇〇両がみられた[46]。【表13】（「一般会計」の「米方」収支）収入箇所でも、「神田橋」からの米一四四三石余（14、15、【表11】12・13）がみられる。また、【表13】16は【表11】（「隠居所」「米方」収支）5〜11（「米方」支出の一部）の合計と等しく、「是者一橋ゟ相渡候ニ付相戻シ候分」とあることから、これらの金額は一橋家本邸から「隠居所」に渡されたものが本邸へ戻ってきたものである。少なくとも寛政一二年度には、「隠居所」附の家臣の扶持米や「諸席米」が一旦は一橋家本邸から支払われていたのである。【表11】5〜13（「隠居所」「米方」支出の一部）の合計八二五〇・九三〇九石は全て本邸へ渡っているものであり、支出合計の約八四・二％にものぼる。以上の点から、一橋家本邸と「隠居所」とが米・金をやりとりしており、「隠居所」からみると「米方」において本邸との関係は特に大きな比重を占めていた。また、【表9】〜【表13】からは、本邸と比べて「隠居所」の財政規模が小さい（三分の一程度）こともわかる。

一橋家本邸「一般会計」の「米方」は、「隠居所」からの「合力米」の移動がなければ赤字となるはずであり、「隠居所」財政の「米方」は本邸への「合力米」等の渡しによって赤字となっている。そして、本邸「一般会計」の「金方」は、「隠居所」からの資金移動により赤字が四〇〇両弱となっている。上記の通り、一橋家本邸（「一橋勘定目録」）と「隠居所」（「神田橋勘定目録」）との間では、双方向的な米・金の移動がなされていた。「隠居所」財政は一橋家の財政全体における資産または負債の一部となるものであり、寛政期から文政一〇年までの一橋家財政には、本邸と「隠居所」の二部門が並存していた。

以上の二部門の数値を合計すると、α寛政一二年度会計を終えた一橋家財政全体での「金方」の「残高」の合計（【表9】「差引　御遣方元高」マイナス【表10】「渡合」＋【表12】「差引残而申十二月廿九日有高」）は金一万九六九三・六二五両、銀一貫四九・八六七匁、銭五五貫五七六文、大板金一枚となる。このαから前年度の「残高」（【表9】「前年残高」＋【表12】「未年残高」）を引いた「金方」単年度収支は金四八三九・六二五両、銀二二七・一二三匁、銭マイナス一三一貫四七〇文となる。β寛政一二年度会計を終えた一橋家財政全体での「米方」の残高の合計（【表11】「差引残而（中略）申十二月廿九日有高」＋【表13】「差引残而　申十二月廿九日有高」）は米三九九六・二一八三九石となる。このβから前年度の「残高」（【表11】「未年残高」＋【表13】「未年残高」）を引いた「米方」単年度収支はマイナス一二六六・三七三六四石となる。

寛政一二年度会計を終えた後にも、一定量の米・金が一橋家のもとに残っており、さらに単年度収支は「金方」と「米方」とを合わせて考えると、全体としては黒字を計上しているとみてよいであろう[47]。「米方」単年度収支での「隠居所」の赤字の大きさをふまえても、少なくとも寛政一二年度会計においては、「隠居所」の存在が一橋家財政全体の収支にとってプラスに働いているということができる。

なお、寛政一二年度の本邸財政の「金方」「別記項目」（「右之外御金蔵ニ有之分」）の合計は、金一万九〇七四両二歩二朱、銀五貫七七八・九六二匁と、銭がマイナス四五貫三五〇文である[48]。別記項目の「出高」（一橋家の債権）で二番目の金額である「諸向拝借金出高」（金三三〇七両三分と銀一一・四三二匁）のうち、一〇〇両は申年中の「神田橋御金之内ゟ拝借金渡」とあり、「隠居所」財政から一部移動されたものとみられる。この他、別記項目の「御除金有高」のうちに「神田橋御庭奉行納」金四両二分二朱、銀七・五匁、銭一貫二五六文がみられるが、詳細は不明である。

なお、寛政一二年一二月一三日「新組並之者御増人御書」（治済からの家政への指示を記した「御書」等をまとめた「最樹院様御筆写　下」[49]に収録）をみると、二代隠居治済および三代斉敦が同日や連日での「出殿」を行う場合、

「供」の者の負担が増大していること、「神田橋勤之者」が少ないため、「両屋形」の間で家臣の出勤等を「融通」すべきであること、それらのことから、詳細は不明だが一橋家家臣―「新組並之者」を増すべきとされていることが記されている。家臣の出勤等の「融通」は財政面だけでなく、人員の面でも一橋邸と「隠居所」が双方向的な関係を有していたことを示している。

また、文政五年（一八二二）五月二〇日に、一橋治済が治済附の重臣である河原隼人[50]へ一橋家と「隠居所」の財政改善の方針を伝えた「御勝手向御改正之御書」（「最樹院様御筆写　下」[51]収録）をみると、治済は家臣の多さや家臣の縁者を雇用する場合があることは止むを得ないとしつつも、「尤都而之儀諸向痛ミニ不成、無益之事仕来ニ而も改正有之様ニ致度候」とある通り、家政において「無益之事」がみられると考えており、家臣とのせめぎ合いの中でこの改善を志向していた。また、文政五年六月二六日には、一橋家家老の曲渕甲斐守[52]から、近年の日光社参もあって財政が「御繰廻シ不容易」な状況となっていることが述べられている。[53]これらの点から、文政期に一橋家内―少なくとも治済と重臣層においては、財政改善の必要性が一定程度意識されていたことがわかる。

第四節　文化～天保期の財政構造――年貢収納の強化と貸付政策――

（1）所領からの収納強化と別記項目の拡大

まず、以下の史料から、文政期の一橋家財政の状況についてみていく。

【史料3】[54]

九月十八日（文政九年）佐渡守殿（一橋家家老）鈴木忠次郎ヲ以御渡候
去ル午年（文政五年）六月河原近江守殿（一橋家勝手掛用人）勝手掛被仰付候砌、御書取を以被　仰出候厚　御趣意之趣、両奉行初御入用
取扱候御役場之面ゝ江申達、一同威服仕、向ゝゟ御取締之御主法申出、格別ニ御主法相立、御領知御拝領
以来、七拾ヶ年余ニ相成候処、初而御操（繰）合も宜敷、御安心被遊候、右之段未年暮ニ至、既ニ　公辺江も
被　仰立候間、此度御勝手掛代り候得共、是迄之　御主法相守、聊ニ而も不崩様連綿与相心得、取扱候様
被　仰出候、依之支配向末ゝ迄も、心得違無之様、可申達旨被　仰出候
九月
右之通得其意向ゝ江可被相触候

本史料は、文政九年（一八二六）九月一八日に一橋家家老から一橋邸内に出された「〔申達〕」の一部である。文政五年に一橋家の勝手掛用人が交代し、これに伴って一橋邸内の各所から財政改善のための「主法」が提案・開始された。これによって、文政九年には領知を拝領して以来はじめて、「繰合も宜敷」状態―財政の好転がみられたとされている。

この財政好転の内容について、「勘定目録」から寛政〜安政期の年貢収入を計算すると、寛政一〇年（一七九八）は四万九九六三両、同一二年は五万九四一一両、天保八年（一八三七）は九万四五〇二両、嘉永元年（一八四八）は六万一八六六両、安政元年（一八五四）は六万九三七四両、同三年は五万四四九八両となる[55]（いずれも小数点以下切り捨て）。天保期は飢饉時の米価高騰のため金額が急増しており、また安政三年は前年の地震の影響もあってか年貢収入が減少しているものの、概ね天保期以降の年貢収入の増加傾向がみてとれる。この背景には、第一節で述べた文政六、一〇年の所領替があったとみられ、さらに天保期前半には前述した土地開発・高入や各

表14　天保８〜元治元年（1837〜1864）の別記項目合計（保有する貨幣と債権の合計）

年／項目	「口々〆」（右２項目の合計）			「御金蔵ニ有之分」（貨幣）			「向々江出有之分」（債権）		
	金	銀	銭	金	銀	銭	金	銀	銭
天保８	214,600	4,169	166,874	31,144	3,979	166,874	183,456	191	0
嘉永元	209,187	1,668	193,507	33,288	1,521	193,507	175,900	147	0
安政元	236,301	1,911	167,875	39,362	1,828	167,875	196,939	83	0
安政３	238,309	3,153	227,693	47,226	3,067	227,693	191,083	86	0
元治元	254,422	1,250	177,283	58,757	1,140	177,283	195,666	110	0

典拠：G１−４、５、７〜９。註：小数点以下は四捨五入。単位は金＝両、銀＝匁、銭＝文。

所領での年貢率の引き上げなどの年貢増徴がなされたことが確認できる[56]。以上の通り、天保期における一橋家の地方支配の基調は、年貢増徴に加えて臨時支出に対しては御用金を賦課することで財政を補填するというものであり[57]、この時に増徴された年貢量は以降も継続していくこととなる。

次に、天保八〜元治元年の別記項目金額の推移をみていく（【表14】）。「口々〆」が別記項目の全体額を示すものであるが、毎年の「金方」の「御遣方元高」（一般会計収入）の二〜三倍程度の金額が計上されている。この内訳は、三〜六万両の貨幣と十数〜二〇万両弱の債権であり、後者の金額の大きさは注目される。別記項目の項目数については、寛政期（【表8】）と天保期以降とでは、後者の時期の項目数が圧倒的に増加しており、このことは財政構造の複雑化や一橋家の債権の増加を示すものとみられる。さらに、一般会計と別記項目の間では資金の移動がなされており、その他別記項目内での特徴的な事柄として、外部からの借入金をそのまま他大名や町人等に貸し付けている。天保〜元治期の別記項目の中で最大のものは、幕府への「預け金」（次項で詳述）であり、次いで「積金主法」がある。「積金主法」は文化期に開始され、「要用金」三万両と一万両が積み立てられており、以降の一般会計の不足や所領への救恤に資金が流用されている[58]。例えば、天保八年には一般会計の「御遣方元高」（【表5】、金は九万七六五八両余）のうち二万八七九両余が「要用金」、「積金」であった。

最後に、別記項目の中での貸付金・利殖・預け金の内容について、不明な点も多いものの、全体的な特徴を述べておきたい。各年の「一橋勘定目録」を確認すると、寛政期までの同史料では一橋家の貸付金や利殖、預け金はあまり目立たないが、天保八年の同史料以降、これらの項目が非常に多くみられる。全体としては、①村々への「種籾代」や様々な「修復料」等の拝借金、②有力農民や町人への「預け金」（利殖）、③武家や公家への貸付、④上納金や返納金を利用した救済・備荒、⑤返納金を利用した家臣への救済策、が主な内容である(59)。

このうち①と⑤は寛政期の「一橋勘定目録」からみられるが、②③④は天保八年以降の同史料から確認できる。⑤については、家臣（「勤仕不勤之向」）への「御貸附金出高」七八九三・五両が寛政一二年「勘定目録」の別記項目に記されているが、この金額のうち二〇〇両は「上方・関東御貸附利金之内ゟ相渡」とあり、所領への貸付金から得た利息を家臣への貸付金に流用している。②については、「上方御用達町人」への「貸附金」、下野国の一橋領の有力者である宇津家への「預け金」、一橋家の江戸掛屋（第三部第一章）である播磨屋新右衛門への「預け金」、「御用聞町人」への「預け金」などがみられ、ここから利金を取得している。③については、「常盤橋」（福井藩、一橋家二世治済子の本之丞の養子先〈若年で死去〉）、「佐賀家」（佐賀藩、一橋家との関係不明）、「奥平大膳太夫」（奥平昌暢、一橋家三世齊敦娘の榮姫の婚家）、「松平摂津守」（高須藩ヵ、一橋家十世茂榮の出身家）、「一條家」（一橋家九世慶喜簾中の出身家）、「二條家」（一橋家三世齊敦簾中の出身家）などへの「御貸被遣金」がみられ、利金を取得していることもわかる。これらの家は、一橋家の婚家であるなど、特別な人的関係を有していた家とみられるが、このような家からの資金調達が大名や公家の財政運営の一つの基盤となっていた点がうかがえる。また、「大坂町人共差出候御用金常盤橋江御貸被遣候出高」（天保八年、四五〇〇両）とあるように、町人から差し出された御用金をそのままこれらの家への貸付金に流用していることもわかり、上納された御用金が一橋家財政の補填だけでなく、貸付原資としても利用される場合があったことがわかる。④については、「上方・関東御貸附利金之内ゟ摂州・播州御領知村々御救拝借金出高」（天保八年）、「播州御領知百姓両人上ヶ金之内ゟ御上知、武州埼玉郡向川邊七ヶ村諸拝借返納残金年賦替、繰替拝借金出高」（天保八年）のように、各所領からの上納金や貸し付けていた資金の返納元利金を別の救済・備荒に利用しているものであり、上述した二つの事例では上納金や返納元利金を出した所領とは異なる所領への救済・備荒が行われている点が注目される。

以上のように、天保期以降には、多様な形態による貸付・「預け金」・利殖が行われ、そこで得た資金を適宜必要箇所（各国所領や関係のある武家・公家への貸付金）に振り向けることで、一橋家は財政運営や所領経済の維持・発展、他家との関係維持を志向していたことがわかる。一橋家が典型的な領主といえるかははじめにで述べた通り議論の余地があるが、少なくとも領主が近世社会の中で多様かつ巧妙な手段による運用・利殖・金融を通じて資金調達を行う主体であったことは明らかであろう。

（2）幕府への貸付政策の開始と展開

第一項で述べた一橋家から幕府への「預け金」について、幕府は預かった資金を公金貸付政策の原資に流用し、ここから得た利子が一橋家に渡されていた。以下でみる通り、上記の資金は幕府の勘定奉行と小納戸頭へ預けられていた。この「預け金」の前提としては、一八世紀中期に同様な利殖政策を行っていた経験が重要であったとみられる（第二節第一項）。

「差加金」の開始については、文化期に一橋家中において「預け金」を幕府に提案する願書の下書が残存しており、一橋家から幕府へと実施が提案されたとみられる[60]。辻達也氏は「差加金」の開始から文政三年（一八二〇）

までの状況を明らかにしており、[61] 小納戸への「預け金」の開始は、文化四年（一八〇七）とされている。勘定奉行への「預け金」は、文化八年に一橋家が幕府より二万五〇〇〇両を拝借し、これに所領からの御用金五〇〇〇両を加えた三万両を幕府勘定奉行が預かり、この資金を年利一割で幕領等に貸し付け、毎年の利金三〇〇〇両によって拝借金二万五〇〇〇両を年賦返済していき、この返済が文政三年に終了している。拝借金の返済以降も利金三〇〇〇両が一橋家へ継続的に渡されることとなり、勘定奉行への「預け金」の体制が確立したとされる。

なお、一橋家二代治済は文政五年五月に「一橋之方者永続之事ニ候間、領知収納并当時　御本丸ゟ暮ニ至り相廻り候利金ニ而、少ミツ、も残り有之、翌年之収納以後迠貯ニ相成候様致度者ニ候」と述べている。[62] 一橋家の永続のためには、年貢収納と幕府への「預け金」利子という二つの手段による財政改善が必要との認識が当時から存在していたのである。

次に、元金・利子の推移が一定程度判明する幕府小納戸への「預け金」について、文化〜天保期の状況をみていく。以下であげる史料は、文化六年一二月に幕府小納戸頭取より一橋家家老へ出された達の写しである。[63]

【史料4】

一金壱万九千両

右者一ツ橋御金、平岡美濃守（幕府、御側御用取次）殿江御伺相済、金壱万五千両去ミ辰年（文化五年）ゟ来ル丑年（文化一四年）迠十ヶ年御貸居之積、此度金四千両来午年より来ル卯年迠十ヶ年御貸居之積、都合壱万九千両請取之、年九分之御利金差加、従公儀郡代方江御貸附ニ相成候、尤右御金一ツ橋御入用之節者、前廣可被仰聞候、早速取立相廻候様取斗可申候、且又右御金年九分之割合を以、御利金年ミ相納候ハ、、直ニ御家老衆江御渡可申候、右御利金之内ゟ茂御掛合次第、折返シ御貸出ニ相成候積り相心得申候、勿論御貸出金郡代方江相渡候節ミ、手形取置之申候、

御利金御渡申候御請取書者、其御方ゟ請取、帳面ニ御仕立、御請取之都度ゞ（ママ）御調印有之、拙者共方江御渡置、
御貸附金皆納之節、御引出可被成候
　　文化六巳年十二月
（幕府小納戸頭取）中山志摩守（印）
（幕府小納戸頭取）岡村丹後守（印）
（一橋家家老）岡野淡路守殿
（一橋家家老）仙石丹波守殿

小納戸への「預け金」については幕府御側御用取次へ伺い済みとされており、将軍家斉と側近も「預け金」の内容を了承していた。この小納戸への「預け金」は、当初は一〇ヶ年限りで預かった資金を年利九％（文化九年一二月以降、年利九・五％）で「公儀」より「郡代」へ貸し付け、一橋家へ利金を渡すこととされていた。

小納戸への「預け金」は、文化五年の一万五〇〇〇両の預けから開始されており、毎年一二月に【史料4】のような達が出されている。文化五年以降、幕府への「預け金」額は徐々に増加し、文化一四年には五万両となり、その後は一定である。一橋家は、文化一四～天保三年までは利金満額の四七五〇両を毎年一二月に取得している[64]。天保四年以降の利子取得状況は不明だが、飢饉時の同八年もほぼ利金満額の四七〇七両一歩を取得しており（天保八年分「勘定目録」）、概ね円滑な利子取得がなされていたとみられる。なお、寛政～文政期は、公金貸付による利子収入が幕府の収入内で重要な位置を占めるに至った時期であり、天保一三年には幕府公金貸付の貸付額は約三七〇万両まで増加している[65]。幕府政策の動向に呼応する形で、一橋家の「預け金」が開始・拡大されていったのである。

次に、天保一三年までの「預け金」全体の概要を記した【史料5①】をみていきたい。本史料は、慶応期の一

橋家勘定所「積方《つもりかた》」（「預け金」を担当）の帳簿内の記述である。

【史料5】(66)

卯（慶応三年）五月中調

①文化八未年ゟ連〻御差出金、御小納戸頭取扱候分元金五万両、御勘定奉行・吟味役扱候分六万両、〆拾壱万両馬喰町江御貸附、年壱割之利足内壱分諸入用引、九分之利足、此金壱ヶ年金壱万両余、天保十三寅年まで相廻り候処、②同十四卯年御仕法替ニ成、右拾壱万両之分、無利足弐拾三ヶ年賦御割戻被　仰出、其頃頭取扱候分五万両之内、三千両割戻り、残四万七千両年五分利足、弘化二巳年ゟ新規御貸附ニ成、③御勘定奉行之方元金六万両之内五千四百両割戻り、残金五万四千六百両、同巳年（弘化二年）ゟ子（元治元年）迄弐拾ヶ年、壱ヶ年弐千七百両ツヽ、丑（慶応元年）年者六百両御戻し金丈ヶ之分御貸附元ニ組、④年五分之利足、慶応二寅年より年〻五千八拾両利金御請取、元金弐廉〆拾万千六百両御貸附元ニ御備備（ママ）相成候、右之内寅（慶応二年）十二月金五千両御戻し御願済、当時九万六千六百両元金年五分利足当卯ゟ壱ヶ年金四千八百三拾両御請取可相成事

①文化期以降、一橋家から幕府への「預け金」が増やされ、小納戸頭管轄五万両と勘定奉行管轄六万両の計一一万両を幕府馬喰町貸付役所へ年利一割で貸し付けている。そして利金のうち一割を「諸入用」にあて、九割＝「壱万両余」を利子として一橋家が毎年取得していた。この「壱万両余」は文政～天保の一般会計収入（金方）の中では一割程度を占め、前年の繰越金を除く当年収入の中では、二割程度を占めていた年もあったとみられる（【表6】）。従来の幕府からの単発的な拝領金・拝借金と同等かそれ以上の金額を、毎年安定して取得できる体制が確立されたということは、財政運営にとって重要な意味を持ったとみられる。

以上の「預け金」による利殖は、一橋家以外の御三卿においても行われていた。天保末年の小納戸貸付金の内

表15　天保末年の御小納戸貸付金内訳

項目	金額（両）	利金（天保12年分）
御膳拾	6,000	570.00
奥之番	5,270	500.65
田安御差加金	62,000	5,890.00
一橋御差加金	50,000	4,750.00
清水御差加金	55,500	5,270.50
合計	178,770	16,981.15

典拠：辰（弘化元）12月「御小納戸金内譯取調書」（大蔵省編纂『日本財政経済史料』第6巻、1922年、47〜48頁）。
註：飯島千秋「近世中期における幕府公金貸付の展開」（『横浜商大論集』18（2）、1985年）でも同史料から各々の差加金と全体の利金額が記されている。典拠史料に記されている利金合計は16,983両永150文だが、本表では合計の実数を記した。

訳をみると（【表15】）、大半が御三卿の差加金であり、小納戸への「預け金」は、ほぼ御三卿特有の貸付・利殖政策であった。このような「預け金」は、将軍家斉とその父である一橋家二代治済の関係性にも基づいて開始されたとみられるが、御三卿の中では一橋家の「預け金」額が最も少ない点が注目される。このことは、将軍家斉の親族への救済措置という性格に加えて、近世の権力構造における御三卿の位置づけが重視され、この保全のために「預け金」がなされていたことを示すとみてよいであろう(67)。

なお、天保期の幕府公金貸付政策は返済滞りが重大な問題となっていたこと、および公金貸付の最盛期に幕府が得た利子収入は、年二〇〜二五万両であったことが指摘されている(68)。このうち利子全体の少なくとも一〇％以上が御三卿へ流れており、一橋家の小納戸「預け金」をみる限り、幕府公金貸付政策の停滞傾向にもかかわらず、御三卿へ優先的な利払いが行われていたとみられる。ここからは御三卿への優遇措置としての性格に加え、幕府財政と公金貸付政策にとって、御三卿が大きな負担となっていたことがうかがえる。

（3）天保末年における貸付政策の転換

「勘定目録」における幕府への「預け金」の推移をみると（【表16】）、天保八年（一八三七）の「預け金」元金・利金が嘉永元年（一八四八）にはともに急減しており、その後再度漸増している。このことからは天保八〜嘉永元年の期間において、幕府への「預け金」が大きく転換したことがうかがえるが、この転換の内容を【史料5②③④】からみていく。

②について、小納戸頭への「預け金」五万両は、天保一四年に三〇〇〇両を一橋家へ返済し、残額四万七〇〇〇両は弘化二年（一八四五）より、（勘定奉行・吟味役への〈嘉永元年分「勘定目録」〉）年利五％での新規「預け金」となる。③について、勘定奉行への「預け金」六万両は、天保一四年に五四〇〇両を一橋家へ返済し、残額五万四六〇〇両は弘化二年より二〇年間、一年に二七〇〇両ずつ一橋家へ返済される。④について、この返済金は、勘定奉行への年利五％での再度の「預け金」とされている（一年目は「預け金」二七〇〇両、二年目は五四〇〇両）。この結果、慶応二年（一八六六）の「預け金」二筆の元金は一〇万一六〇〇両、利金は五〇八〇両である。なお、同年に五〇〇〇両を一橋家へ返済したため、同三年の「預け金」は九万六六〇〇両、利金は四八三〇両である。

表16　一橋家から幕府への「預け金」（天保8〜慶応元年）

項目/年	天保8	嘉永元	安政元	安政3	元治元	慶応元
A：小納戸「預け金」（弘化2年以降は勘定奉行・吟味役へ預け）						
元金(両)	50,000	47,000	47,000	47,000	47,000	47,000
利金	4,707	2,350	2,350	2,350	2,350	2,350
B：勘定奉行・吟味役「預け金」						
元金	60,000	8,000	24,300	29,700	51,300	54,600
利金	5,400	405	1,215	1,485	2,565	2,730
元金合計	110,000	55,000	71,300	76,700	98,300	101,600
利金合計	10,107	2,755	3,565	3,835	4,915	5,080

典拠：一橋Ｇ1－4、5、7、8、9、一橋Ｃ8－4。
註：弘化2年以降の「預け金」は年利5％だが、嘉永元年のＢのみやや高い。
両未満は切捨て。

小納戸への「預け金」については元金の若干の減額、勘定奉行への「預け金」については元金の大幅な減額がなされ（後に漸増）、ともに利率を五％に引き下げられている。上記の措置の背景には天保改革と前項で述べた幕府公金貸付政策の停滞があったとみられ、特に天保一二年の将軍家斉死去の直後から天保改革が行われていることから、幕府財政の負担となっていた御三卿への優遇措置が削られたのであろう。幕府財政帳簿の分析からも、天保改革に伴って御三家、御三卿、対馬宗氏等への手当金が削減されたことが指摘されている(69)。さらに従来、幕府は御三卿からの「預け金」を貸し付けることでほとんど利鞘を得ていないか、むしろ運用が赤字に繋がる状況にあったとみられるが、一橋家へ渡す利金の利率を五％に引き下げることで利鞘の獲得を狙った可能性も高いと考える。上記の通り、幕府の財政改革のもと、天保一四年以降「預け金」の持つ一橋家への救恤としての機能が縮減させられている。

　なお、前述した通り、一橋家は幕府だけでなく都市商人や所領の富裕者へも「預け金」を行い、利子収入を得ていた。以下、ある程度詳細がわかる二つの事例について簡単にみていく。

　第一に、以下にあげる通り、一橋家は同家の江戸蔵行事である坂倉治兵衛（札差）に対して「預け金」を行い、資金を利殖させていた(70)。

【史料6】

坂倉治兵衛御預金之儀申上候書付

坂倉治兵衛江天保三辰年ゟ同九戌年迄ニ金千七百両壱口、金弐千弐百壱両弐分壱口、金壱万両壱口、合金壱万三千九百壱両弐分御預ヶニ相成、此分利足年五分上納之積ニ而、永久御預ヶ之積申渡有之候処、天保十四卯年中御改革ニ付、辰年ゟ年〻金弐千両ツ、返上納致し候様申渡候処、於
公辺御改革被　仰出、貸出金年賦利下ヶ相成、且諸株御制禁、所持地面地代引下ヶ相成、其上引続多分之上納金茂仕、手元甚差支、殊ニ永〻ニ御預ヶ之御約定故、融通先等手堅取極、中ニ者家質・諸株書入等ニも取極候之方も有之、貸出金急速取立難相成ニ付、辰ゟ申年（天保一五〜嘉永元年）五ヶ年之間貸出先精〻掛合、酉年（嘉永二年）ニ至り出精上納

可仕旨申立有之、天保十五辰年中取調之上、辰ゟ酉迄中五ヶ年御貸居、冥加金壱ヶ年金三百両ツヽ上納之積、右之内金五拾両者為御手当治兵衛江被下候積伺相済、弘化二巳年ゟ同四未年迄、三ヶ年者冥加金三百両ツヽ相納来候処、嘉永元申年ニ至り種〻歎願申立、同年者願中ニ付不納、同二酉年元金斗壱ヶ年金百両ツヽ上納、尤融通次第致増方上納可為致積ニ伺相済候■(ニ)付、嘉永元申年ゟ壱ヶ年金百両ツヽ上納之積相成候事（後略）

【史料6】は、【史料5】と同じく「積方」が作成した帳簿に記されていた写しである。坂倉治兵衛への「預け金」は天保三年から行われ、天保九年には金額は一万三九〇一両二分、年利五％での預けであった。【史料6】が所収されている帳簿の異なる箇所では、坂倉は当初、自身が「家業違」であるために「預け金」の受入れを拒絶したものの、一橋家からの強制的な「預け」がなされており、将来的には「預け金」を三万両に増資する計画であったことが記されている。しかし、坂倉への「預け金」は、天保一四年の幕府の「御改革」に伴って、年二〇〇〇両ずつ一橋家に返済するよう仰せ渡されており、天保改革による幕府と札差との関係の変化と歩調を合わせる形で、一橋家「預け金」の引き揚げが企図されたことがわかる。(71)

しかし、坂倉は「預け金」の「融通先等手堅取極」めたため、「貸出金急速取立難相成」と主張し、これを受けて幕府への返済として、弘化二～四年には冥加金を年に三〇〇両ずつ、嘉永元年以降は同じく一〇〇両ずつを納めていくこととなった。しかしこれ以降、坂倉からの返済は滞りがちとなり、【史料6】（後略）箇所以降では、坂倉が願い出て新たに拝借金を取得し、加えて年賦返済額の度々の減額・期限の延長などの措置がとられつつも、坂倉の「身上向不如意」のため、慶応期にも「預り金」の大半が返済できていないことが記されている。

【史料6】の記述の中でも、「融通先等手堅取極」とあるように、坂倉は一橋家からの「預け金」をさらに外部に貸し付けることで利殖しようとしていたのであり、一橋家による資金の利殖は、預け先の資金運用能力に依拠してなされていた点は興味深い。

第二に、一橋家は江戸掛屋中井新右衛門へも「預け金」を行っていた[72]。これは、毎年一二月に一橋家から一〇〇〇〜五〇〇〇両程度の「預け金」を行い、翌年一月に元利金を返済させるという短期的なものであった。しかし、天保一二、一三年には「御改革」のため「預け金」がなされなくなっており、翌一四年一二月に再開されている。

上記の通り、一橋家は都市商人に「預け金」を行っていたが、天保末年にはこの「預け金」も引上げないし一時停止されている。このことは幕府への「預け金」と同様の事態であり、一橋家の利殖政策全体が、幕府の天保改革の影響を受けて縮小されている。なお、一橋家は鴻池善右衛門をはじめとする大坂町人から度々借用金を行っていたことが確認できるが、これらの借用金は幕府からの拝借・拝領金、幕府への「預け金」利子と比べて、金額的には低い位置づけにあった[73]。一橋家においては、都市商人から借用金を得るとともに、自身が貸手や利殖元金の出金者に回る場面も少なからずみられたのである。

（4）天保末年以降における一橋家と幕府

天保末年における一橋家内部の動向と幕府との関係について、一橋家の家政の側面からも検討していく。まず、天保八〜同一二年にかけて、一橋家においては五年期限での倹約がなされており、年限後の同一三年から再度五年間倹約が延長されるとともに、幕府から一橋家への拝領・拝借金がこれ以降原則的に禁止されている[74]。経年的・数量的な倹約の内容がわかるものには、奥向―守殿費用の削減がある。一橋家における守殿（五代斉位簾中、一一代将軍家斉娘）費用としては、天保八年には守殿へ一橋家が六八〇〇両、幕府が守殿＋乗蓮院（三代斉敦簾中）への手当として五〇〇〇両を出金している（天保八年分「勘定目録」）。天保一三年正月には、幕府から一橋家に対して、今後の守殿費用は一橋家の領知の収入のみで賄うべきとの達が出されているが[75]、同年五月には以降の守殿の年間費用として、幕府合力金三〇〇〇両、米五〇〇俵＋一橋家からの「定金」三七〇〇両で賄うべきとの達が出されており、幕府の援助は継続されている[76]。一橋家「定金」分については、弘化元年以降毎年赤字を計上しているものの、慶応期を除いて天保八年の費用（六八〇〇両）より減少している（【表17】[77]）。

次に、天保末年以降の一橋家と幕府との関係の変化について、特に重要なものに幕府からの拝借・拝領金の減少がある[78]。天保七年以降、安政三年の一万両拝借[79]（地震のためヵ）、幕末の上京時の下賜金を除き[80]、幕府からの拝借・拝領金はみられなくなっている。

表17　守殿費用のうち一橋家「御定金」過不足

期間	支出(金：両)	差引
天保14年～弘化元年	—	1
弘化元年～同2年	3,729	－29
弘化2年～同3年	3,981	－281
弘化3年～同4年	4,035	－335
弘化4年～嘉永元年	4,083	－383
嘉永元年～同2年	4,175	－475
嘉永2年～同3年	4,074	－374
嘉永3年～同4年	4,299	－599
嘉永4年～同5年	4,214	－514
嘉永5年～同6年	4,246	－546
嘉永6年～安政元年	4,317	－617
安政元年～同2年	4,256	－556
安政2年～同3年	4,077	－377
安政3年～同4年	4,230	－530
安政4年～同5年	4,318	－618
安政5年～同6年	4,254	－554
安政6年～万延元年	4,417	－717
万延元年～文久元年	4,714	－1,014
文久元年～同2年	4,641	－941
文久2年～同3年	4,790	－1,090
文久3年～元治元年	5,212	－1,512
元治元年～慶応元年	6,121	－2,421
慶応元年～同2年	7,515	－3,815
慶応2年～同3年	8,990	－5,290
慶応3年～同4年	7,485	－3,785

典拠：一橋C8－4。
註：「御定金」は3,700両で一定。各期間は6月～5月まで。初年のみ6月～6月の数値であり、慶応2年～同3年、同3年～同4年の数値は見込みのものである。なお、支出には銀もみられるが、常に少額（最大で7匁余）であるため、本表では省略した。両未満の金額は切捨て。

以上の通り、天保末年には「預け金」の「仕法替」に加え、同時期以降に拝借・拝領金の原則禁止がなされ、幕府から一橋家への優遇措置が後退している。天保末年は一橋家財政の一大転換期といえる時期であり、その内容は幕府との関係の希薄化であった。

幕府との関係が後退すると、第二節第二項で述べた通り、年貢収納―所領からの収入の位置づけが相対的に上昇することとなる。なお、第四節第三項や【表6】でみた通り、大坂商人からの資金調達は一橋家にとってそこまで大きなウエイトを占めてはいなかった。そのため天保末年以降、一橋家は幕府との関係（「預け金」「手当金」等）、邸内の倹約に加え、領内有力者や所領経済を活用した財政補填をより志向していくことになると見通すことができる。しかし、文政～天保期に領主側の意図を押し通す形で年貢増徴がなされたこともあり、天保末年以降において増徴の再実施は困難な状況にあったと考えられる。そのこともあり、一橋家は所領支配において殖産・開発・貸付政策へと転換していくとみられるが、この内容について次節で検討していく。

第五節　幕末期の財政構造――西国所領における貸付・殖産政策――

（1）幕末期における財政構造と軍事費用

まず、幕末期の一橋家の財政構造について、一般会計（金方）の単年度収支をみると（【表6】）、安政三（一八五六）、慶応元年（一八六五）に大幅な赤字がみられる[81]。これは年貢減少に加え、買上米支出の増加による部分が大きい。慶応元年の収支をみると（【表18】）、収入・支出ともに元治元年（一八六四）より増加しており、インフレ状況を反映している。

次に、慶応元年の別記項目は35「御要用金之分」（金二万一六〇六両余）、37「御軍用金有高」（金二七三〇両余、銭若干）、40「御除金之口〆三拾壱口」の有高（金七六三三両余、銀・銭若干）と、この内訳や「渡」の記述しかなく、同年「勘定目録」には未記載の項目もあったとみられる。しかし、35は「京地江為御差登ニ相成候分」とある通り在京中の慶喜へと送られる金額であり、37も同人の政治動向との関係で注目される（「勘定目録」では、慶喜在京のための資金は元治元年、「軍用金」は嘉永六年（一八五三）のものから記載）。

年貢収納については、天保期の増徴以降、備中領をみる限り年貢量はほぼ一定である（第一節第二項、註(12)拙稿二〇一六年）。非常時の御用金賦課も継続されており、文久三年（一八六三）には慶喜上京を受けて、近世後期で最大額の御用金（合計七万九三九八両）が課されており、この内訳は摂津一万五〇〇〇両、和泉七〇五〇両、播磨一万八三九八両、備中一万八三五〇両、大坂蔵元二万両、堺蔵元五〇〇〇両、泉州領新田一〇〇両であった[82]。また、元治元年の「一橋勘定目録」の別記項目には、「御用途多之趣及承為冥加越後国御領知村々之者共ゟ永上納金之分」一〇〇〇両、「右同断ニ付関東御領知村々之者共ゟ上納金之内」八九六・六二五両、「亥年右同断野州芳賀郡板戸村百姓斉藤長七上ヶ金之分」二五〇両、「右同断ニ付関東御領知村々之者共ゟ永上納金之分」五〇〇〇両がみられ、詳細は不明かつ西国と比べて少額ではあるが、越後・関東の所領からも上納金が出されていた。なお、慶応三年には御用金のうち四万四七四八両が「非常為御用意」の「御備」とされており、当年に御用金全額の返済についての伺いが一橋邸内で出されている[83]。このことからは、文久三年に集められた御用金が全額は使用されず、一橋家内でプールされており、最幕末期には一橋家が使用できる手元の資金は相当程度潤沢であったことがわかる。

表18　慶応元年における一般会計の「金方」内訳

	項目	金額（両）	銀額（匁）	銭額（文）	備考
1	元治元年残高	13,573.5625	715.350	22,003.000	大判金1枚
	【収入】				
2	摂泉播備中国并関東・越後国丑御年貢金（御代官納）	68,286.6250	284.034	112,766.000	
3	諸向納	60,862.0000	15,690.722	756,642.000	大判金4枚
4	納合・御遣方元高…A	142,722.1875	16,690.106	890,415.000	大判金5枚
	【支出（渡方）】				
5	御小納戸金渡	875.0000			
6	大奥江相廻候分	20.0000			
7	御廣敷御用人渡	2,273.6250		22,025.000	
8	女中渡	1,229.0000		3,464.000	
9	小普請奉行渡	1,951.2500		3,526.000	
10	御納戸頭渡	3,635.2500		19,364.000	大判金2枚
11	御賄頭渡	3,792.3750	1,150.070	242,886.000	
12	御用向頭渡	744.6250		6,913.000	
13	御目付渡	0.5000		48,000.000	
14	御鷹御入用渡	44.5000		1,474.000	
15	御庭之者支配渡	90.7500		10,709.000	
16	御勘定所渡	544.5000	3.633	21,355.000	
17	四ヶ所御屋敷奉行渡	64.6250		1,506.000	
18	御蔵奉行渡	62.7500		1,347.000	
19	御簾中様諸向渡	4,241.8750	1,286.760	99,364.000	大判金1枚
20	誠順院様諸向渡	8,533.0000	2.500	28,366.000	
21	徳信院様諸向渡	4,753.2500	1,502.760	118,755.000	
22	三季御切米金渡	16,287.7500		336.000	
23	御買上米渡	49,492.1250		29,224.000	
24	小拂	404.1250	41.481	13,905.000	
25	諸向御役金渡	1,672.9375		16,412.000	
26	小遣之者御給金諸渡物共	800.3750		93,845.000	
27	筑地御舂屋ニ而御米舂立御入用	150.2500		8,304.000	

28	諸向臨時渡	33,976.0000	11,791.549	26,217.000	大判金1枚
29	諸向拝借金渡	558.0000			
30	御用聞町人共米借金渡	1,140.0000			
31	御除金之内江当分取替渡	950.0000			
32	水難御貸附金之内江前同断	700.0000			
33	渡合…B	138,988.5625	15,780.753	817,329.000	大判金4枚
34	丑十二月廿九日有高 （差引残ル）…A（4）−B(33)	3,733.6250	909.353	74,082.000	大判金1枚
	【右之外御金蔵ニ有之分】				
35	御要用金之分 （高三万両之内）	21,606.7500			是者丑十二月五日、京地江為御差登ニ相成候分
36	外 御遣方之内江当分取替渡	−8,393.2500			
37	御軍用金有高	2,730.6250		2,220.000	
38	内　丑年中納	10.0000			
39	外　御遣方之内江入	−7,894.0000			
40	丑十二月廿九日御金蔵ニ有之分（御除金之口〆三拾壱口）	7,633.8125	1,284.068	188,314.000	
41	内　丑年中ノ納	7,820.6875	155.049	134,930.000	
42	外　同年中渡	−18,210.8750	−15.925	−128,018.000	
43	（合計）	5,303.7500	1,439.117	197,446.000	

典拠：「慶応元丑年米金納拂御勘定目録」（一橋 G1-10）。数値が合わない箇所があるが、史料の表記を記した。

（2）嘉永〜安政期の備中一橋領における貸付・殖産政策

本項と次項では、天保末年に幕府との関係が後退した後、一橋家領で行われた貸付・殖産政策について、先行研究にもよりつつみていく[84]。特に備中領の動向を取り上げるが（同所領の概要は序章・本書第一部第一章を参照されたい）、嘉永〜安政期の同所領の殖産政策については豊富な研究蓄積があり、特に安政期には産物集荷・他国販売を行う交易会所が設立されたこと、独自の銀札発行を求める領民訴願がなされた結果、安政四〜五年（一八五七〜五八）に産物会所が設立され、これ以降銀札の発行・貸付がなされたことなどが明らかにされている[85]。

先行研究では、地域経済状況（銀札の兌換不全、正貨不足等）の規定性や、これを受けての領民訴願が領主政策を動かした側面が強調されており、筆者もこれらの点が殖産政策の始動において最重要の要因であったと考えている[86]。しかし一方で、殖産政策が領主の了承に基づく「政策」として行われたものである以上、一八世紀末からの領主財政の経年的な構造変化との関係をよりふまえたうえで、貸付・殖産政策を位置づける必要があると考える。なお、同所領での貸付・殖産政策が早期・重点的に実施された要因を考える際には、本章第一節でも述べた通り、備中領が最大の規模を有しており、なおかつ増収のための所領として一橋家では位置づけられていた点も重要である。

備中一橋領では、第一節第二項で述べた通り天保期に土地の開発・高入がなされており、さらに備荒貯穀にかんして、天保九年には小田郡・後月郡の領民から江原陣屋元への土蔵建設願出があり、これが許可されている[87]。そして、嘉永元年に代官の主導で「桐苗植付仕法」が開始され、その後安政末年までに、嘉永二年…「救民仕法金」（六〇〇両）の創設、同五年…後月郡大谷山の一〇〇町歩の開発許可、安政元年：白木綿の製造と大坂表販売についての計画立案、同三年…陣屋元への町場取立、同四年…職人・商人誘致、農間余業の奨励、産物会所の設立、同五年…木綿業の奨励、銀札発行、産物集荷と諸国への販売を行う交易会所の設立、等の殖産・経済振興政策が実施されていることが確認できる(88)。

備中一橋領成立以降の様々な政策を念頭におきつつ、以下では一橋家財政との関係の中で、安政期以降に所領での殖産や経済振興に際して領主が行った施策のうち、特に貸付と資金配分に関連するものについてみていく。

まず、備中一橋領の経済振興のための動きとして、安政三年一一月には、同所領の代官役所（江原役所）が行う貸付金について、貸出の際の制度が改編されている(89)。従来は拝借人が書類を作成することとされていたが、不馴れな者の場合は幾度もやり直しとなり、費用や手間がかかることを理由として、今後は備中一橋領の御用達である中井屋が書類を作成し、拝借人は署名・捺印のみを行うとされた。そして、中井屋と掛屋平木家は事務手続きの代行に伴う手数料を新たに取得することとなった（従来は無償で従事）。

さらに、同史料には「是迄御貸付金少分ニも有之、別段掛改賃等も無之、懸屋為取扱来候処、追〻御貸付金高相増、雑費・日数も相懸り候」とあり、従来は貸付が少なかったものの、近年になって貸付額が増加していると されている。第三項で述べる通り、殖産政策との連動の中で領主の貸付金が増加していたのであり、拝借人の負担を軽減し、貸出を促進する制度改編を通じて、領内への資金配分をより円滑に行うことが目指されたのである。特にこの史料は産物会所が設立される以前の時期に出されており、これは領主や掛屋が領内からの要請も受けつつ、この時までには相当程度貸付政策を強化していたことを示すものである。このことは、同会所設立以前から経済振興政策が継続していた側面があり、その継続性の中で従来注目されてきた産物会所等による殖産政策も理解する必要性を示唆していると考える。

さらに、殖産政策に関わる領主の資金配分策として、万延元年（一八六〇）には、摂津・和泉・播磨の「身元之者」一一名から一六七〇両、大坂蔵元から六〇〇両を「備中国仕法筋」へ差し出させている[90]。これは、畿内所領に対しては御用金として賦課されており、五年間は元金の返済を据えおき、年利三％と設定されていたが、大坂蔵元に対しては年利八％で借り上げている[91]。上方から御用金を集め、距離が離れた備中領の殖産政策へと資金を移動・運用させるという施策は、領主であったがゆえに実施できたものであり、殖産政策への後押しとして注目される。第四節第一項で述べた通り、このような所領間での資金移動は、備中領以外の所領においても行われていた。以上のような領主の施策は、領内経済を振興・利用することにより、領主財政にプラスの効果が得られることを期待してなされたものと判断でき、天保期までの年貢収納政策の強化という、単純な増徴政策からの質的転換であるといえよう。

（3）慶応期の備中一橋領における貸付政策の内容

領主による様々な資金配分のうち、特に領主から所領に対して行われる貸付金は、重要な位置づけにあったとみられる。経年的な推移は不明であるが、慶応元～三年（一八六五～六七）については、備中一橋領での貸付金の全体像を記した「備中国御貸附丑寅貸渡元利取調書」（「取調書」と略す）[92]が残されており、貸付金の原資、貸付先、返済内容等が判明する。本史料から、一時期ではあるが所領に対する領主の貸付金の全体像をみていく。

「取調書」をみると、慶応元年暮れの「元有高」（貸付元金）は二万六二〇八両余（【表19】）、同二年暮れの「元有高」は一万九六二一両余であった。慶応元年暮れの「元有高」の内容をみていくと、1～3、10、12～15、23、25、26、35等は、救民仕法や村々の備荒・救恤のための積立金であり、領内の村や豪農から出金されたもの、11

「牛馬売買人より納冥加」は、領内の牛馬市から得る冥加金を積み立てたもの、33、42「木原忠兵衛借入」、34「興譲館仕法」（郷学の運営資金の積立）[93]は、いずれも大坂蔵元の木原忠兵衛等から借用したもの、5「別廉御貸附」は、万延元年の一橋家からの貸下げ金五〇〇〇両を町方に年利一〇%で貸し付け、その利金の一部（五%）を積み立てたもの[94]、6「貯穀御土蔵」、24「木之子村新川備」、27・38「日芳橋」等は、いずれも領内施設の修復備金として積み立てられたものである。

上記の通り、貸付政策の原資には一橋家や大坂蔵元からの借用金がみられた点は注目される。しかし、原資の大半は領内の村や豪農の出金を積み立てさせ、これを貸付金として運用したものであり、領内の資金を領主の手元に集めた後、再配分していた。さらに貸付利率は備中一橋領の平均利率（年利一二%が最多、一〇%がこれに次ぐ）[95]以下のものが多く、領主権力に基づき、低利での貸付金が従来より多く領内に導入されていったとみられる。

次に、慶応二年分の貸付内容をみていく（【表20】）。なお、実際の貸付では【表19】項目ごとの貸付が行われており[96]、【表20】の各項目は【表19】の複数の貸付元金項目を貸付先や貸付内容ごとに便宜的に集計し直したものとみられる。まず、3、5、7、9~13は普請・殖産資金の貸付であり、全体の約三分の一を占める。3、5は産物会所への低利貸付であり、殖産政策への資金援助といえる。9~12では領内の施設・町場等のインフラ整備を行わせるため、領内の豪農・村役人へ資金を貸し付けている。1、2、8は個人への貸付であり全体の約半分を占めるが、「取調帳」のみからはこの貸付先についての詳細は明らかにならない。

そのため、やや断片的なデータとなるが、江原役所から資金を借用した側の史料から、借用金の形態や利率等をみていきたい。まず、備中一橋領で最上層の豪農であった本山成家（本書第二部第一章）は、嘉永~慶応期にか

表19　慶応元年暮「御貸附元有高」（貸付金の元金の内訳）

	項目	金額（両）註①	利金（両）	年利
1	両郡救民仕法	359.528		5％
2	岩村外四ヶ村東三原村外壱ヶ村仕法	740.158		5％
3	非常御救金仕法	279.870		5％
4	交易場仕法御下ヶ	5,000.000		5％
5	別廉御貸附	1,000.000		5％
	合計①	7,379.556	368.978	5％
6	貯穀御土蔵修復備	214.754		8％
7	交易場益金	183.667		8％
8	大谷山開発方仕法	193.791		8％
9	大谷山地代金	81.721		8％
	合計②	673.934	53.915	8％
10	岩村仕法	108.253		6％
11	牛馬売買人より納冥加	19.449		6％
	合計③	127.702	7.662	6％
12	七日市駅仕法	48.621		7％
13	後月郡弐拾六ヶ村仕法	147.927		7％
14	西三原村仕法　註②	104.041		7％
15	東三原村同断　註③	96.345		7％
16	甲怒村氏神	67.048		7％
17	東新丁仕法	10.341		7％
18	安石代間銀并拝借共	669.206		7％
19	東西新丁明地御年貢償方	81.079		7％
20	利間損其外償方	105.876		7％
21	牛骨売事向仕法	57.180		7％
22	上房郡西吉川村	167.000		7％
	合計④　註④	1,554.662	106.726	7％
23	甲怒村外壱ヶ村仕法	276.310		8％
24	木之子村新川備	90.909		8％
25	新川立直り方仕法	51.968		8％
26	甲怒村外三ヶ村立直り仕法	247.238		8％
27	日芳橋修復備	57.892		8％
28	町方仕法金	185.137		8％
29	大谷山牛馬市仕法	17.279		8％
30	稲荷社修復備金	33.121		8％
31	非常御備金渡方残	227.564		8％
32	産物交易場仕法遣拂残	165.296		8％
	合計⑤	1,352.715	108.217	8％

33	木原忠兵衛借入（合計⑥）	1,000.000	70.000	7％
34	興譲館仕法	1,145.487		10%
35	両郡村々非常備	3,440.277		10%
36	郡中身元之もの立替金仕法	3,326.535		10%
37	七日市水車仕法	33.210		10%
38	日芳橋入用片附方仕法	322.102		10%
39	西江原村仕法	149.017		10%
	合計⑦	8,416.628	841.663	10%
40	平木晋太郎外壱人仕法	4,166.667		12%
41	交易会所仕法	146.925		12%
	合計⑧	4,313.591	517.631	12%
42	木原忠兵衛外壱人借入（合計⑨）	1,390.000	111.200	8％
	惣〆元金（合計①〜⑨）　註⑤	26,208.788	2,185.992	

典拠：一橋Ｅ1−163。
註：①基本的に史料上の数値を記したが、小数点４桁以下は四捨五入しているため、小数点以下の数値に誤差の生じている箇所がある。②金５両永757.84文無利足。③金24両永242文１分６厘無利足。④金30両無利足。⑤合計①〜⑨の利金合計。「利金百拾壱両永弐百文」とあるが合計⑨と同じ数値であり、書き間違いとみられる。

けて、領主の貸付金を経年的に借用していた（【表21】）。特に嘉永二年（一八四九）一二月には、年利八％で【表19】・14西三原村御仕法銭、12七日市駅積銭、6御土蔵修復御備金、10岩村御仕法銭、上房郡御仕法銀（不明）、24木之子村新川御年季、15東三原村御仕法銭の各積立金を借用している。以上の貸付金の項目全てと年利の一部は、「取調帳」での記述と一致する。このため、【表19】「御貸附元有高」として記された各積立金の項目のうちから、個別経営へと貸付が行われていたとみられる。

嘉永〜文久期の本山成家の経営拡大の動向（本書第二部第一章）と江原役所からの拝借金を借用している期間は重複しており、加えて拝借金の利率は公定利率上限以下であり、本山成家の借用金全体の利率からみても低利である場合が多いため(97)、地方での借用よりも有利な借入ができる場合があったとみられる。拝借金を願った理由を示す史料がなく、検討の余地は残るものの、低利での拝借金の導入は、巨額の他人資本を導入する中で経営を拡大していた本山成家にとっては、仮に拝借金が直接経

表20　慶応２年の貸付内訳

	項目	元金(両)註①	利金(両)	年利
1	壱番より八番迠年賦貸之内寅年分納	1,285.435	408.892	
2	口々壱ヶ年貸	5,529.996	237.067	4.3%
3	産物会所貸附之分	3,611.893	311.002	8.6%
4	下掛屋壱ヶ年預ヶ	3,426.000	417.738	12.2%
5	交易場仕法ニ付金五千両御下ヶ金之内産物会所貸之分	3,000.000	141.000	4.7%
6	身元之者壱ヶ年預ヶ	780.000	141.867	18.2%
7	高機仕法貸附之内寅年分返納	7.591	5.062	
	合計①　註②、④	17,640.914	1,662.628	
8	壱番より八番迠年賦貸附之内寅年引去り残之分	5,275.169		
9	日芳橋出来入用山成直蔵外弐人拝借分	1,029.494		無利足
10	七日市駅水車場取立ニ付諸入用右同人外壱人同断	249.813		無利足
11	交易場普請入用其外田中応助外弐人右同断	408.288		無利足
12	新町普請入用片山杢郎外弐人右同断	147.092		無利足
13	高機仕法年賦貸之内寅年納残金之分	84.849		無利足
	合計②	7,194.705		
	合計①＋②（合計③）	24,835.619	1,662.628	
	差引(貸附訳(合計③)－貸附元有高〈表19惣〆元金〉)	−1,373.169		
	不足分内訳			
Ⅰ	前々より丑年迠年賦貸之内不納之分	902.060		
Ⅱ	年々暮ニ至り御貸附元帳与諸渡方并貸附方与差引不足之分、利間損与相立有之候	471.109		
	不足分合計（Ⅰ＋Ⅱ、差引）…合計④	1,373.169	514.364	
	合計③＋④　註③	26,208.788	2,176.992	

典拠：一橋Ｅ１-163。
註：①史料上の数値を記したが、小数点４桁以下は四捨五入しているため、合計①・③・③＋④の数値がそれぞれ実数より0.01小さくなっている。②「寅（慶応２）十一月取立高、内金百六両永弐百拾壱文七分四厘年賦貸之内不納」とある。③元金は慶応元年暮「貸附元有高」と同じだが、利金が９両永１分少ない。④史料では「利金千六百七拾壱両永六百弐拾七文八分八厘」とあるが、１～７までの合計値を用いた。

表21　本山成家拝借金（嘉永～慶応期）

	年月日	金額	名目	拝借人	備考
1	嘉永２年(1849)12月	100両	御役所御主法金	（山成）敬太郎	10ヶ年賦、年利８％
2	嘉永２年(1849)12月	10貫375匁	御備銭御仕法金口々	百姓代（山成）敬太郎	借用期間１年年利８％
3	安政３年(1856)12月	200両	仕法金	七日市庄屋正左衛門・下出部村庄屋谷助・山成直蔵	臨時拝借
4	安政３年(1856)12月20日	20両	御仕法金	山成直蔵	臨時拝借
5	安政３年(1856)	100両	役所仕法金	山成直蔵・簗瀬村要太郎	年利７％
6	安政４年(1857)12月	40両	仕法御貸附金	山成直蔵	10ヶ年賦、年利10％
7	安政６年(1859)11月	400両	御仕法金二口	山成直蔵・山成理一郎後見山成源四郎	10ヶ年賦
8	万延元年(1860)12月	100両		山成直蔵・山成理一郎	酉年(文久元年)３月晦日限り
9	文久元年(1861)12月	180両	西新町立家入用	山成直蔵・七日市庄屋正左衛門	借用期間５年年利５％
10	文久２年(1862)７月５日	55両		山成直蔵・七日市庄屋正左衛門	来11月晦日限り
11	文久２年(1862)12月	56両永833文３分		山成直蔵・七日市庄屋正左衛門	亥年(文久３年)11月晦日限り

典拠：天保15年正月「証文控」（山成家文書29-７-28)、嘉永６年10月「諸証文控」（同29-７-27)、万延元年５月「諸証文控」（同29-７-26)。

註：合計金額は金1251両永833文３分、銀10貫375匁。２は、銭482.11匁が「西三原村御仕法銭」、銭１貫578.429匁が「七日市駅積銭」、金９両３分永28文５分が「御土蔵修復御備金」、銭２貫701.62匁が「岩村御仕法銭」、銀２貫255.675匁が「上房郡御仕法銀」、銭２貫3.46匁が「木之子村新川御年季」、銭623.23匁が「東三原村御仕法銭」。７は、300両の利息が年８％で、申年～戌年（万延元年～文久２年）の３年間は利息のみ支払い、亥年（文久３年）から10ヶ年賦で元利金を返済。100両の利息は年７％で、申年～子年（万延元年～元治元年）の５年間は利息のみ支払い、丑年（慶応元年）から10ヶ年賦で元利金を返済。

営拡大に利用されなかったとしても、結果として経営部門に回すことのできる全体の資金額の増加に繋がる（本書第二部第一章第二節）。そのため、拝借金の導入によって経営収支が改善するか否かについてはひとまず措くとしても、全体として本山成家の経営の拡大にとってはプラスに機能したものとみられる。

次に、個別経営の救済のための貸付の事例をみていく。後月郡木之子村栄三郎は西江原村東新町へ出店していたが、借財が嵩んだため万延二年（一八六一）三月に江原役所へ「御救拝借」を願い、聞き届けられた[98]。そして、平木晋太郎（木之子村庄屋・掛屋）と鉄太郎（神代村庄屋）が拝借人となって一〇年賦で「御仕法御貸附金」二〇〇両を拝借している。この金子は「綿代拂入方」や「綿仲買人」への支払いなど、過半が栄三郎の経営危機の補填に使用され、一部は平木晋太郎と鉄太郎が預かって利殖している。この拝借金は年利八％であり、初めの五年は利金のみ支払い、残り五年で元金と利金を年賦返済する計画であった。栄三郎の以降の経営状況は不明だが、当時の公定利率上限（年利一二％）からみると、同人への貸付はある程度好条件のものといえる。江原役所は、栄三郎への貸付金が経営救済に使われることを認識したうえで貸付を行っていたのであり、江原役所の貸付金の目的の一つが、困窮した個別経営の救済にあったことがうかがえる。以上の通り、【表20】の項目や慶応三年分の返済滞り金額の内訳（後述）をみても、領内の上層の者が資金の大半を借用していた可能性が高いと考える。なお、この時点では不足分が一三七三両余あり（【表20】）、貸付に回すことができなくなっている。

貸付金の滞りは、慶応三年にはより悪化している。同年の「取立方難出来分」は六五四二両余であり、貸付元高の約三分の一の金額が焦げ付いている（【表22】）。焦付項目は普請、新開、殖産関係、「仕法筋」による個人・村への貸付等であり、殖産・インフラ整備の不調がうかがえる。特に村役人・豪農に資金を貸し付け、インフラ整備を企図していたものの、貸付を受けていた掛屋の平木家、本山成家は幕末～明治初期に経営を悪化させ、と

表22　取立方難出来分（慶応3年）

	金額 （金：両	永：文.分.厘）	内容
1	金1029	永494.2.0	是者七日市駅江日芳橋新規掛渡普請入用、山成直蔵外弐人、拝借名前人返納道無之分
2	249	813.1.0	是者同所江水車場取建ニ付、右入用之分、山成直蔵外壱人右同断之分
3	408	288.0.0	是者交易会所取立ニ付、右普請入用、田中應助外弐人右同断
4	147	091.6.0	是者新町江入家建増ニ付、普請入用之分貸渡候処、右人家夫々引請人有之候得共、拝借之分不残返納不行届、残金書面之通道立不申ニ付、世話人片山杢郎外弐人右同断之分
5	13	115.8.0	是者七日市政次郎仕法筋ニ付、拝借分相成候得共、道立不申ニ付、返納不行届分
6	50	0.0.0	是者川相村江岡仕法ニ付、出部村久磨太外壱人拝借分、右同断
7	46	636.8.0	是者高機仕法ニ付、東江原村荘之助外壱人拝借、右同断
8	182	359.8.0	是者大谷山新開ニ付、引受人無之地所有之、御役所にて引受開方致し候ニ付、肥代其外人足賃諸入用之分、名越徳三郎拝借分、右同断
9	14	770.4.0	是者仕法ニ付、村々溜池江鯉子飼付候ニ付、網代足軽両人拝借分、右同断
10	77	708.8.0	是者七日市池内江花の山開ニ付、同村蔵之丞拝借分、右同断
11	1321	924.7.0	是者交易会所江元手金貸渡候処、引請人神代村鉄太郎病死致し、勘定難相立ニ付、同人持之田畑家屋敷売拂、其外田中應助返納金之分、都合金千弐百三拾五両永七拾壱文三分返納、残金書面之通返納道無之分
12	841	154.1.0	是者西江原村川普請ニ付、貸附之分年々仕法納物も有之ニ付、無利足ニ致し置候ハヽ、返納之分相立可申積
13	100	0.0.0	是者与井村会所出来ニ付、貸附之分冥加銀之外、益金を以返納可致趣申立候ニ付、右同断之分
14	1008	270.2.6	是者前々ゟ寅年迠年賦貸附之内不納之分
15	471	109.2.4	是者惣御貸附取調候処、書面之通貸附之方不足相成居、前々ゟ之利間損之分
16	514	363.8.9	是者寅年利間損之分
17	66	511.4.0	是者丑年家賃預り之分、寅年下ヶ渡候ニ付、前々ゟ之利間損ニ相立可申分
	6542	612.0.9	

典拠：「備中国御貸附丑寅貸渡元利取調帳」（一橋 E 1 -163）。

もに家政改革に取り組む事態に至っている[99]。中間層への資金配分による領内の経済振興という領主側の狙いは、幕末期の不安定な政治・経済状況のもとでは、円滑には進まなかったとみられる。

以上の通り、備中一橋領の殖産政策の開始に際しては、先行研究の指摘の通り（本節第二項）、所領における経済的要因（銀札の兌換不全、正貨不足等）や、これに伴う訴願が重要な役割を果たしていた。一方で、本節で述べてきた通り、殖産・貸付政策においては領主からの様々な後押しがなされていた点は注目すべきである。天保末年の幕府との関係の後退の後、一橋家財政においては所領との関係がより重要な位置を占めることとなっており、領主側の所領支配政策の変化（天保―年貢収納強化、嘉永〜安政―殖産・貸付政策）には、所領側の動向に加えて、領主財政の経年的な構造変化も一定の規定性を有したとみられる。このような背景のもと、領主と所領との相互関係のもとで、貸付・殖産政策は運営されていたのである[100]。

なお、殖産政策については、新たに産物会所で発行されるようになった銀札の通用は好調であったことが指摘されているが[101]、一方で前述の通り、殖産政策と関係した豪農の経営悪化や、備中「仕法筋」のために他国一橋領から一方的に資金を吸い上げるというように、領主―領民関係における矛盾の深化の側面があったことにも留意すべきである。殖産政策の不調には京坂情勢が大きな影響を及ぼしていたことが確認でき、文久三年の巨額の御用金賦課に際しては「下方も当惑罷在、旁以産物之方ハ少しハ相弛[102]」と記されている。領主―領民の相互関係に基づく貸付・殖産政策が実施されつつも、幕末期の政治・経済状況と一橋慶喜の政治的立場に基づく領内への負担が、その桎梏となっていたことがわかる。

おわりに

本章では、近世後期の一橋家における財政構造とその変容過程を明らかにし、これを通じて領主─領民関係や一橋家と幕府との関係の変化（はじめに課題①）について追究してきた。時期別に一橋家の財政運営の特徴を整理すると、およそ以下の通りとなる。

①一八世紀後期─所領からの年貢収納と幕府からの拝借・拝領金に依存する財政構造であり、財政悪化状況がみられる。なお、寛政一一年から文政一〇年までは、治済「隠居所」が本邸財政と双方向的な資金のやりとりを行っていた場面があり、双方を含めた形で一橋家全体の財政が成り立っていた。

②文化期─幕府への「預け金」と財政内での「積立主法」が開始されることで、会計内での「別記項目」の金額が拡大し、財政内で資金の「運用」を志向する方向性が拡大する。

③文政・天保期─所領替と年貢収納政策の強化によって年貢収納が増加し、貸付においては幕府への「預け金」の拡大に加えて、天保期に札差への「預け金」が開始される。この両方向での施策により、一橋家の財政が好転をみせる。特に本章では、一橋家の「預け金」政策の重要性を指摘した点が大きな意義といえる。なお、文政一〇年（一八二七）の治済の死去により、一橋家から「隠居所」がなくなり、財政は本邸へと一本化されている。さらに、遅くとも天保期以降には、「別記項目」の中で町人・有力農民への「預け金」や利殖、ここから得た資金による備荒・救荒、一橋家と特別な関係にある大名・公家への貸付金がみられるようになり、ここからは一橋家が財政運営の中でより金融への比重を高めていく様相がみてとれる。(103)

④天保末〜弘化期─天保改革を契機として、一橋家と幕府との関係が後退し、幕府・札差への「預け金」が縮小（後者は消滅）する。一方、一橋家内においては奥向きなどの倹約がなされ、一定の効果があがる。

⑤嘉永・安政期以降─幕府との関係の後退により、一橋家の財政構造は独立的な性格を強め、収入基盤である各国所領との関係がより重要な意義を有することとなる。備中領においては、従来のような単純な年貢収納政策の強化ではなく、領内からの訴願の動きに呼応して殖産・貸付政策が実施され、一橋家は領主権力に基づく諸施策により、所領内での資金運用や領内経済振興に注力していく。

なお、幕末維新期における備中一橋領での貸付政策、一橋家の所領支配方針、各国所領の状況などについての詳細な分析は今後の課題であるが、明治初年にも一橋家は少なくとも合計で金二〜三万両に相当する金額を「下ヶ渡」金や無利息での貸付金、また有力者への「預け金」等として各国所領に投下していた様子が確認できる[104]。また、備中一橋領では後月郡・小田郡の「御囲穀」と「別御囲穀」、上房郡の「御囲穀」がみられた[105]。前者については、維新期における農兵の扶持方や飯米に流用された分があり、さらに明治二年七月には残存していた「両郡御囲穀」一三五五・七石の半分を売り払い、この代金を殖産政策（「商法御開」）にあてることが備中一橋領代官田口泉助から一橋邸へ提案されている。資金の積立だけでなく、維新期の段階でも備中一橋領では継続して貸付政策や資金・資産の運用・利用が、所領支配において重要な役割を担った可能性が高いと考える。

一橋家財政の時期別の特質は以上の通りであるが、辻達也氏のような従来の一橋家財政への評価─恒常的な「財政収支の不均衡」（第二節第一項）については、①一般会計への評価の見直し、②別記項目における資産の存在、以上二点から大幅な深化と上方修正が必要であるといえよう。さらに、史料的制約から評価が難しいものの、寛政〜文政期については、③「隠居所」財政の意義や本邸財政との関係を念頭におく必要もあると考える。

なお、嘉永・安政期以降の備中一橋領における領内経済の活用の動向については、前提として天保期に年貢増徴を行っており、以降の単純な増徴は困難であったとみられる点が重要である。また、安政期以降、備中一橋領において年貢減免訴願をより受け入れる動向がみられるようになり、(106)幕末期には矛盾の深化がみられつつも、領主―領民間の緊張をはらんだ相互関係といえる側面がより表面化している。このような領主―領民関係の変化の背景として、一橋家の財政問題―特に天保改革期の幕府と個別領主との関係の再編があった点をふまえると、一橋領のような状況は決して特殊事例ではないと考える。

次に、本章から得られる論点として、大きく以下の二点を述べておく。まず、幕府による金融と個別領主との関係（はじめに課題②）について、一橋家のような幕府への「預け金」―幕府の利殖機能の利用は、他の御三卿や御三家水戸家でも行われており、水戸家の場合にも天保末年に利殖内容が改編され、資金援助としての性格が後退している。(107)また、京都町奉行・京都代官は幕府公金貸付の一端を担っていたが、ここから得る利金の一部は恒常的に朝廷財政へと組み込まれていた。(108)一方で、天保七年には全大名の八六％が幕府から公金を借用していた。(109)上記の事柄からは、幕府の金融・利殖機能が、近世社会の権力構造の維持に果たした役割の大きさが明らかである。また、幕府財政における御三卿の位置づけの大きさや、公金貸付政策における御三卿の元金・利子両面での比重の大きさからは、幕府天保改革において、御三卿との関係の改編が重要な課題であったことがうかがえる。(110)従来、幕府の金融活動は公金貸付政策の盛衰や馬喰町貸付役所の運営に注目が集まってきたが（第四節第二項）、今後は本章のような幕府と個別領主との金融関係の内実と変容過程、(111)特に天保末年の改編について、個別領主側の史料を用いて検討していく必要がある。

次に、領主財政と貸付政策（はじめに課題③）について、本章では、領主財政を考える際、領主の政策動向や幕府との関係と、所領の経済状況の双方の実態分析をふまえる必要があることを述べた。特に領主と地域を繋ぐ仕組みとしての貸付政策に注目してきたが、貸付政策は領主—地域の対立・相互関係を規定する重要な要素であるとともに、貸付政策を財政運営全体の動向の中で位置づける必要があることを述べた。領主権力に基づく貸付政策の一環として、一橋家は地域・国を超える所領間の資金配分を行っており、所領の散在に基づく「領主支配の弱さ」の対極の側面を見出すことができた。また、一橋家から蔵行事坂倉治兵衛への「預け金」にみられる通り、一橋家は「預け金」の焦付リスクを「預り主」（幕府、蔵行事等）へ転嫁し、「預り主」の金融機能へ依存する中で資金の利殖を図っていた。以上の通り、貸付・利殖政策の普及・拡大という観点からも、近世後期の領主財政論、地域金融論を捉え直す必要があると思われる。

註

（1）土屋喬雄『封建社会崩壊過程の研究』（弘文堂、一九二七年）、吉永昭『近世の専売制度』（吉川弘文館、一九七三年）等。

（2）田中誠二『萩藩財政史の研究』（塙書房、二〇一三年）。

（3）伊藤昭弘『藩財政再考』（清文堂出版、二〇一四年）。

（4）吉村豊雄『日本近世の行政と地域社会』（校倉書房、二〇一三年）は熊本藩、荒木仁朗「近世後期小田原藩領の金融構造」（『関東近世史研究』七六、二〇一四年）は小田原藩、前掲註(3)伊藤氏著書は萩・佐賀・松代・松江の各藩を対象としている。

（5）例えば、館入商人については森泰博『大名金融史論』（新生社、一九七〇年）、高槻泰郎「近世中後期大坂金融市場における「館入」商人の機能」（『日本史研究』六一九、二〇一四年）があり、豪農が藩の資金調達に果たした機能については、萬代悠「岸和田藩政と豪農の資金調達」（同『近世畿内の豪農経営と藩政』塙書房、二〇一九年、初出二〇一五年）がある。

(6) 序章でも述べた通り、直近では畿内・近国地域における研究の進展がみられ、松本充弘「近世中後期における陣屋元在郷町と譜代藩政の動向」（『ヒストリア』二八九、二〇二一年）、加藤明恵「近世中後期在郷町運営における金融と領主財政」（『ヒストリア』二九五、二〇二二年）、萬代悠「和泉清水領の利殖と救荒」（『日本史研究』七二七、二〇二三年）、平田良行「近世後期代官役所の金融仲介と貸付」（『ヒストリア』三〇一、二〇二三年）がある。特に、萬代氏論文は同じ御三卿である清水家領の事例であることや、多様な利殖とそれらを活用した救荒の構造、一八二〇年代以降の畿内近国における金融取引の活発化等を明らかにしており、本章の内容とも関わるものである。

(7) 北原章男「御三卿の成立事情」（『日本歴史』一八七、一九六三年）。御三卿財政は幕府財政の一部門でもあるが、本章では個別領主としての側面に特に注目する。なお、御三卿では一橋家のみ一定の家文書が残存している。

(8) 前掲註(5)森氏著書等。

(9) 木原溥幸『近世讃岐の藩財政と国産統制』（溪水社、二〇〇九年）、前掲註(5)高槻氏論文。

(10) 前掲註(3)伊藤氏著書第一～第四章、第八章。

(11) 前掲註(3)伊藤氏著書第八章。

(12) 拙稿「近世後期の寺院頼母子と檀家」（『岡山地方史研究』一三一、二〇一三年、本書第一部第二章）、同「豪農経営と親族ネットワーク」（『ヒストリア』二四九、二〇一五年A、本書第二部第一章）、同「近世後期の頼母子運営と豪農」（『地方史研究』三七四、二〇一五年B、本書第一部第一章）、同「備中一橋領における年貢収納と石代納」（『日本歴史』八一三、二〇一六年）。

(13) 本章で使用する主な史料は、茨城県立歴史館所蔵一橋徳川家文書（一橋と略す）、井原市教育委員会所蔵平木家文書近世・近代（平世・平代と略す）、大阪大学大学院経済学研究科　経済史経営史資料室所蔵鴻池善右衛門家文書（鴻善と略す）、国文学研究資料館所蔵武蔵国江戸金吹町播磨屋中井家文書（中井と略す）、国立国会図書館所蔵和書・古典籍である。

(14) 辻達也「徳川御三卿の生活」(『専修人文論集』五三、一九九四年)、竹村誠「御三卿の領知変遷」(大石学編『近世国家の権力構造』岩田書院、二〇〇三年)。

(15) 一橋家の家臣団と職制についての記述は、前掲註(14)辻氏論文、武子裕美「御三卿の家臣団構造」(『学習院史学』四九、二〇一一年)による。

(16) 町田哲「一橋領知上方支配と川口役所」(塚田孝編『大阪における都市の発展と構造』山川出版社、二〇〇四年)。

(17) 一橋家の江戸掛屋と蔵行事については、慶応三年「御積方御用留」(一橋C八―三)、慶応三年「積方御用留」(一橋C八―四)、嘉永元～同五年「御用留」(平世一―一五)、田中康雄「寛政期における江戸両替商の経営」(『三井文庫論叢』二、一九六八年)、札差については、北原進『江戸の高利貸』(吉川弘文館、二〇〇八年)をそれぞれ参照。

(18) 一橋家の所領替についての記述は、前掲註(14)竹村氏論文による。

(19) 前掲註(14)竹村氏論文。同論文では、川原崎次郎「遠州一橋領百姓一揆とその特質について」(『地方史研究』三五―六、一九八五年)、静岡県編集・出版『静岡県史通史編四　近世二』(一九九七年)に基づき、文政一〇年以前の所領であった遠江一橋領では文化二年、文政四・五年に百姓一揆が発生しており、「難治の地」とみられていたことが述べられている。また森杉夫「泉州一橋領知の貢租」(同『近世徴租法と農民生活』柏書房、一九九三年、初出一九七三年)によると、近世後期の和泉一橋領農村は窮迫していたことが述べられている。以上のような旧来の所領における経済状況の悪化が、文政一〇年の所領替の背景にあったことがうかがえる。

(20) 明治二～四年「(一橋廃藩一件)」(一橋C一―一三一)。

(21) 安永九年「去ル戌亥御収納明戻書抜」(一橋E一―三)。和泉、播磨は取米(貨幣は少額のため省略)、甲斐、関東は取米・取永(一貫＝米二・五石)合計から算出。小数点第二位を四捨五入した。

(22) 村上直『天領』(人物往来社、一九六五年)七五頁。

(23) 安永九年一二月「四ヶ所御領知御用金并大坂為替人御用金書付」(一橋E一―一)。なお、前掲註(16)町田氏論文

註(44)でも、同史料に基づいて御用金額が紹介されている。

(24) 午（文化七）年二月七日「〔書付〕」（一橋L一―五七二―一、辻達也編著『一橋徳川家文書摘録考註百選』続群書類従完成会、二〇〇六年、三二八～三三〇頁）。

(25) 辻達也・重松正史「近世後期、摂津国一橋領諸村に於ける貢租について」（『横浜市立大学論叢　人文科学系列』三〇―一、一九七九年）。

(26) 財団法人徳川記念財団・東京都江戸東京博物館編集『企画展　徳川御三卿』（財団法人徳川記念財団、二〇一〇年）一六頁（眞下祥幸氏執筆）では、年貢物成の数量的・経年的な分析をふまえた指摘ではないものの、一橋領の分散については後の文書などから飢饉時の皆損を避ける意図があったとみられる点を述べており、【表2】の数値からもこの見通しは正しいものであると考える。

(27) 本項にて土地開発状況について註記がない場合には明治三年「摂津・和泉・播磨・備中・関東・越後国御領知御高帳」（一橋E一―一六六）による。諸国所領の土地開発状況については、初出論文から大幅に加筆した。

(28) 前掲註(14)竹村氏論文による。

(29) 「新田開発場始末書　新開発覚方　御領知立直り方仕方ニ付申諭大意」（国立国会図書館所蔵和古書・漢籍一四八―一七）。同史料では、「去巳年《(天保四年)》飯田庫三郎殿御廻村之節」と記されており、天保五年三月「差出申御請証文事」（井原市史編纂委員会編『井原市史Ⅲ』井原市、二〇〇三年、四七八頁）には「去ル巳五月御奉行様被為遊御廻村候節」とあることと、天保八年には飯田が郡奉行であること（『井原市史Ⅲ』九四九頁〈一橋家臣一覧（天保8年）〉）から、天保四年に飯田が郡奉行として廻村を行ったものとみてよいと考える。

(30) 前掲註(12)拙稿二〇一六年。

(31) 明治三年「備中国後月郡之内五ヶ年歳入取調帳」（一橋E一―一七二）、（明治三年）「備中国小田郡之内五ヶ年歳入取調帳」（一橋E一―一七四）。

(32) 前掲註(12)拙稿二〇一六年でも、天保期と安政期では後者において備中一橋領民の訴願を領主が受け入れたうえで、年貢減免がなされる傾向が強くなっていたことを述べた。年貢増徴を行いつつも所領との決定的な対立を起こさないような対応もみられた背景には、遠江一橋領での一揆の頻発（前掲註(19)）の経験があった可能性が高いと考える。

(33) 一橋G一―一〜一〇。

(34)「隠居所」の語意は「隠居した人の住むところ」であり、「隠居屋敷」等と同義であるが（日本大辞典刊行会編『日本国語大辞典　第二巻』小学館、一九七三年、四五三〜四五四頁）、本章では一橋治済が隠居して居住した神田橋邸とその家臣や邸の機構を総称して「隠居所」と表現している。

(35) 前掲註(14)辻氏論文の他、管見の限り以下の研究がある。社会教育課市史編さん係編『蓮田市史通史編Ⅰ』（蓮田市教育委員会、二〇〇二年、第三編第五章第二節、真下祥幸氏執筆）は嘉永元年分の財政の概要、収入合計、主な支出等を述べ、高砂市史編さん専門委員会編『高砂市史第二巻通史編近世』（高砂市、二〇一〇年、八六七〜八六九頁、中川すがね氏執筆）は安政三年の収支について表を作成し、繰越、別記項目の存在、一般会計の「予算」のあり方を述べ、古賀康士「近世的殖産政策の生成と展開」（岡山地方史研究会・広島近世近代史研究会合同研究会報告、二〇一〇年六月二日）、同「近世的殖産政策の生成と展開」（『九州文化史研究所紀要』六二、二〇一九年、上記報告をもとに成稿した論文）は各年の一般会計の収支・繰越と備中領関連の年貢・小物成を表に整理している。社会教育課市史編さん係編『蓮田市史近世資料編Ⅱ』（蓮田市教育委員会、一九九七年）一一三〜一三七頁では、嘉永元年分の「勘定目録」（一橋G一―六）が全文翻刻されている。真下氏は二〇〇三年度駒澤史学会大会（於駒澤大学、二〇〇三年六月二八日）の報告で、一橋家の「賄料地からの収入がどのように運用されていたのかを検討」されたとのことであるが（真下祥幸「発表要旨　三卿一橋家の財政について」『駒澤史学』六二、二〇〇四年、一一一〜一一二頁）、報告は管見の限り成稿されておらず、詳細を知ることは叶わなかった点を付記しておく。

(36) 寛政一二年二月「[申達]」（寛政一〇年九月二六日〜文政五年五月二〇日「最樹院様御筆写下」一橋A一―一八―三）、なお、本史料は前掲註(24)辻氏編著七二〜七四頁で全文翻刻されている。

(37) 領主財政における借上の意義や借上ができないと【史料1】で記される一橋家の特徴については、初出論文（拙稿

「近世後期の一橋徳川家における財政運営」『ヒストリア』二五九、二〇一六年）のもととなった報告の際、高槻泰郎氏のご教示を得た（同誌掲載の〈質疑・討論〉（文責：加藤明恵）参照）。

(38)（天明）三年七月「〔書付〕」（一橋L一―一三八）。

(39)延享二年七〜八月「御勝手向御用定」（酒井家記録（姫路市立城郭研究室所蔵）、大野瑞男編『江戸幕府財政史料集成上巻』吉川弘文館、二〇〇八年、一八二頁）。同史料のうち田安家と一橋家の貸付金について記した箇所のみ引用した。なお、大野瑞男「大坂金蔵の性格と収支」（『三井文庫論叢』四九、二〇一五年）には、享和二年分、天保四年分の幕府大坂金蔵の勘定帳簿に「一ツ橋殿」貸附銀の項目のあることが指摘されている。

(40)一橋G一―一。借用金返済については、支出項目のうちで「御返済」、「御返金」の語句が含まれる三項目と判断した。「米方」は「金方」より項目数が少なく、各年の内容にもあまり顕著な変化はない。前掲註(14)辻氏論文一一八頁では、扶持米や賄頭への渡米が主な支出であり、支出内容がほぼ恒常的であるとされている。また、「金方」支出については、同論文一一九頁では、治済以来の人員過剰、天保期における五世斉位簾中（将軍家斉姫）の守殿費用・六世として将軍家慶五男初之丞（慶昌）を迎えたことなどによる支出の激増、おそらく天保改革における倹約令の影響による嘉永期以降の不足額の減少が指摘されている。

(41)安政二年の地震に伴う御用金など、借入が別記項目に記載される事例もあるが（安政三年分「勘定目録」）、別記項目を集計すると巨額の資産が計上されている（【表14】）。

(42)前掲註(14)辻氏論文一二一頁。

(43)拙稿「近世後期における一橋徳川家の「隠居所」財政」（『文化共生学研究』二〇、二〇二一年）第一章第二節。

(44)一橋G一―一。

(45)【表10】1「御小納戸金へ渡」に関して、前掲註(14)辻氏論文一〇二頁では「小納戸金（当主の日常生活費）渡し方」が一橋家用人の職務とされている。

(46)一橋G一―一。

(47) 筆者は以前、本章のもとになった拙稿「近世後期の一橋徳川家における財政運営」(『ヒストリア』二五九、二〇一六年)一八六~一八七頁にて、寛政一二年度の本邸財政の「金方」単年度収支をマイナス三八九両余と示したが、「隠居所」財政を含めると一橋家財政全体では「金方」の単年度収支は黒字へ転換するため、訂正する。また、【表6】では寛政一二年度財政の「米方」単年度収支をマイナス二三九・七八石としているが、この「米方」の数値は「米」以外の「白米」や「籾米」等も全て集計した数値であるため、【表13】の数値(「米」のみの集計)と若干異なっている。

(48) 一橋G一―二。

(49) 前掲註(36)(寛政一〇年九月二六日~文政五年五月二〇日「最樹院様御筆写下」一橋A一―一八―三)。

(50) 小川恭一編著『寛政譜以降旗本家百科事典　第六巻』(東洋書林、一九九八年)「御三卿重職者表　iii一橋」(三六~五三頁)によると、河原は文政三年時点では治済附の用人、同九年には治済附の側用人兼番頭である。

(51) 前掲註(36)一橋A一―一八―三。

(52) 小川恭一編著『寛政譜以降旗本家百科事典　第五巻』(東洋書林、一九九八年)二四八六~二四八七頁によると、曲淵は文政元年一一月二八日に一橋家老となり、同六年一二月一日には留守居になっている。

(53) 辻達也編『新稿一橋徳川家記』(発行：徳川宗敬、発売：続群書類従完成会、一九八三年)文政五年六月二六日条(二九六頁)、文政五年「御書付留　御目付」(一橋C一―三一)。

(54) 文政九年九月一八日「[申達]」(文政九年「御書付留　御目付」一橋C一―三五)。前掲註(53)辻氏編書三〇七~三〇八頁(文政九年九月一八日条)にもこの時の財政状況についての同史料に基づくとみられる記述がある。

(55) 各年の「勘定目録」の換算値段で金換算した貨幣と、米を金換算した数値の合計(両未満切捨て)。米の価格は寛政期は三井文庫編『近世後期における主要物価の動態［増補改訂］』(東京大学出版会、一九八九年)第6表(京都物価)、他の年は第7表(江戸物価)の各年秋の白米直段を使用(後者は寛政期の数値なし)。米方の数値には前年分までの未納年貢が含まれている年もあり、当該年分の未納年貢は数値に含まれていない可能性が高い。全体として当該年の年貢のみの数値ではないものの、一定の傾向はうかがえると考える。

(56) 天保期の播磨領の増徴（前掲註(35)『高砂市史第二巻通史編近世』八六一～八六二頁）、文政一〇～天保初年の備中領の年貢制度の改定と増徴（前掲註(12)拙稿二〇一六年）等。前掲註(14)竹村氏論文でも所領替以降の財政収支の改善傾向が指摘されているが、同論文は前掲註(14)辻氏論文で示された財政収支の数値から上記のように述べており、各国所領の年貢量の変化（本章第一節第二項）等は分析しておらず、さらに辻氏論文の収入と支出の集計には深化の余地があるため（本章第二節第一項）、所領替と財政収支の関係や年貢量、財政収支の改善の具体相は再検討の必要がある。

(57) 備中一橋領では天保六年に三七〇〇両、同九年に二五〇〇両、同一三年に九三〇〇両（文久元年三月「覚」平世四―五三）、安政二年の地震に際し四〇〇〇両（巳〈安政四〉年三月「〔申達書〕」同一―一〇二）、文久三年に一万八三二〇両の御用金が課されている（文久三年一〇月「備中国村々永上納金御用金名前帳」同四―二三六）。

(58) 前掲註(36)一橋Ａ一―一八―三、天保八年分「勘定目録」。

(59) 「別記項目」中の貸付金・利殖・預け金の全体的な特徴について、初出論文では紙幅の都合から割愛したが、今回史料を確認したうえで大幅に加筆した。以下で述べる各大名と一橋家との関係性、下野国の有力農民である宇津家については、前掲註(53)辻氏編書の「一橋徳川家関係系譜」、同書の各年の内容を参照した。一橋家の預け金や利殖については、可能な限り地方文書とも照合しつつ検討されるべきであり、「一橋勘定目録」の詳細の分析とも合わせて、今後の研究の進展が期待される点である。

(60) 午（文化七）年二月七日「〔書付〕」（一橋Ｌ一―五七二、前掲註(24)辻氏編著三二八～三三〇頁）。

(61) 本段落の文政三年までの預け金については前掲註(24)辻氏編著三二八～三三八頁による。

(62) 文政五年五月「〔申聞〕」（前掲註(36)一橋Ａ一―一八―三）。

(63) 本段落と次段落での小納戸への「預け金」についての記述は、註記がないものは文化六年一二月～同一四年一二月「御元金請取帳」（一橋Ｇ二―一）による。

(64) 文化六～天保三年「御利金請取帳」（一橋Ｇ二―二）。

(65) 竹内誠「幕府経済の変貌と金融政策の展開」（古島敏雄編『日本経済史大系4　近世下』東京大学出版会、一九六五

年A)、同「江戸幕府財政金融政策の展開と畿内・中国筋農村」(『ヒストリア』四二、一九六五年B)。
(66) 慶応三年五月「[貸付金推移につき差出]」(慶応三年「積方御用留」一橋C八—四)。
(67) この点については、田安、清水の両御三卿における「預け金」の内容も重要な問題であるが、両家においては領主側文書がまとまって残存していないという史料的制約から、現時点ではこれ以上追究することができない。
(68) 前掲註(65)竹内氏論文AB、飯島千秋「近世後期の幕府公金貸付政策」(横浜開港資料館・横浜近世史研究会編『19世紀の世界と横浜』山川出版社、一九九三年)。
(69) 大口勇次郎「天保期の幕府財政」(同『徳川幕府財政史の研究』研文出版、二〇二〇年、初出一九六九年、第三章)。前掲註(14)辻氏論文、同「一橋治済の邸制改革」(『専修史学』二〇、一九八八年)では、一橋家の財政は公儀依存の体質にあり、幕府財政の負担になっていたとみられる点が指摘されているが、本章で分析したような財政構造の変化や天保末年の幕府との関係の転換等は分析されていない。
(70) 坂倉治兵衛への「預け金」については、一橋C八—三による。
(71) 幕府は安永~天明期に資金の利殖を目的として、札差に対して年利一〇%ないし五%での貸下金を行っており(前掲註(17)北原氏著書)、一橋家の坂倉への預け金は幕府の旧来の仕法を踏襲したものであった可能性がある。天保一一年に幕府が利殖のために札差へ年利一〇%で「御救御貸附金」を貸し付けているが(大山敷太郎『幕末財政史研究』思文閣出版、一九七四年、第八章)、同一四年に札差から武士への貸金の無利子年賦返済令が出されており(上記北原氏著書)、この時に札差は経営の負担となっていた「御救御貸附金」を二〇年賦無利子返済することを願い出て認められている(上記大山氏著書)。
(72) 各年「日記」(中井)。同史料をみる限り、一九世紀の江戸掛屋中井家は一橋家へ西国年貢銀の「先納金」を天保一三、文久三、元治二年に出金しているが、他領主に対するような調達金を一橋家に行っている形跡はみられない。
(73) 一橋家の大坂両替商からの借用金としては以下を確認している(以下註記がない記述は前掲註(5)森氏著書第四、五章参照)。文化五—鴻善「算用帳」に一一三貫の貸高(鴻善より借用の初出)。文政元—鴻善等一七名が一万五〇〇〇両上納（文政元年七月「覚」鴻善三一一五）、文政末年も同額程度上納ヵ（「天保十四癸卯年一橋様御用金一件四番」鴻善二一三四）。天保一二一鴻善等一六名が一万五〇〇〇両上納。嘉永二一鴻善等二〇名が一万五〇〇〇両、同六一一万両上納、前者は福井藩、後者は水戸藩の借入を一橋家の名目で行ったもの。万延元、文久三一鴻善等一九名が一万両ずつ上納（明治二年「摂泉播備廻村御用留」一橋C六一一）。借用は大半が年利六％、勘定奉行・老中・大坂町奉行等を通じた借入であり、借用の初出以降、鴻善「算用帳」ではほぼ滞りなく年賦返済がなされている。

(74) 天保一三年「御本丸御手前御書付支配向被仰渡御書付共御目付」（一橋C一一三八）、前掲註(53)辻氏編書三七七頁。

(75) 前掲註(14)辻氏論文一二三頁。

(76) 慶応三年八月「御守殿天保十四卯年ゟ当卯五月中迠御改革ゟ御定金納帳」（慶応三年「積方御用留」一橋C八一四）。

(77) 赤字の補填は弘化二年～嘉永三年度は幕府と一橋家が出金し、嘉永五年～安政元年度は大半が一橋家の出金だが、元治・慶応には幕府の出金も再度現れる（前掲註(76)一橋C八一四）。

(78) 前掲註(14)辻氏論文、前掲註(69)大口氏論文。

(79) 前掲註(14)辻氏論文。

(80) 文久三年の慶喜の上京に対しては、金二〇万七五七両一朱、銀二六四・五匁、銭八〇貫四六九文、米七〇五〇石が幕府より下賜されている（「元治元子年金銀納払御勘定帳」、「元治元子年米大豆納払御勘定帳」、前掲註(39)大野氏編書三四一～三五七頁）。なお、上記の巨額の下賜金に加えて、元治・慶応期には前掲註(77)の通り「守殿」費用の一部を幕府が再度出金するようになっていること、第四節第三項で述べた通り、幕府への「預け金」が幕末期に向けて再度漸増していることが確認できる。これらの点からは、最幕末期において、一橋慶喜の政治動向とも関わって、財政面における一橋家と幕府との関係の再度の接近があったことがうかがえ、第三部第一章第二節第一項で述べた文久三～慶応元年の三井家を通じた京都一橋宿所への年貢銀・御用銀送付ルートの整備もこのような関係性の現れとみられる。しかし、幕末期の政局と一橋家との財政面での関連については、膨大な政治史の成果もふまえたうえで論じる必要があるため、現時点では評価を保留しておく。

(81) 幕末期の一橋家の主な動向は、以下の通りである。文久二年七月…慶喜が将軍後見職に就任、同三年正月…慶喜上京（五月帰府）、同年一一月…再度上京、元治元、慶応元年…長州征伐、慶応二年八月…慶喜が将軍就任、同年一二月…茂栄が一橋家を相続（前掲註(53)辻氏編書）。

(82) 竹下喜久男・井出努編『摂北岩田家のあゆみ史料編』（岩田土地株式会社、一九九九年）二二九頁。なお、初出論文では西国のみの御用金と記したが、詳細は不明ながらも本文の通り越後や関東の所領からの上納金も確認できるため、訂正しておく。

(83) 一橋C八―四。この伺いの結果は不明だが、備中一橋領では明治一〇年代まで御用金―公債の返済処理がずれこんでおり（明治一六年一月～同一九年四月五日「旧一橋殿御用途入費賦課帳」山成聰家文書近現代V―五二〈井原市史編纂委員会編『井原市史V』井原市、二〇〇三年、一一六～一二二頁〉）、慶応～明治初年には御用金の円滑な返済はなされていないことが確認できる。

(84) 一橋領では播磨と備中に産物会所が設置され、播磨今市産物会所（慶応元年～）は木綿預手形の発行・貸付を行っていた（前掲註(35)『高砂市史第二巻　通史編近世』八七三～八七六頁）。同会所は明治三年五月頃に活動を停止したようであり（（明治三年五月）「今市御会所請下金残金差引仕訳帳」一橋I―一―一一八、池田宏樹「播磨国における一橋徳川家の地方支配」『千葉経済大学短期大学部商経論集』三六、二〇〇三年、小林延人「西播の他領藩札流入と国産会所」同『明治維新期の貨幣経済』東京大学出版会、二〇一五年）、同月に会所が保有する札（A）と、これ以外に摂津、和泉、兵庫穀物仲間などから返却された札（B）、さらに極印を打ったが遣わなかった札・極印を打っていない札（C）を書き上げている（一橋I―一―一一八）。これらの札の額面は一〇匁、五匁、一匁、五分、二分、一分の六種類であり、AとBの合計は銀三〇〇五貫匁余であった。このうち銀札額面の内訳が判明するのは二九〇七貫余であるが、特に一匁札が一一六〇貫余と最も多く、枚数でみると全ての札枚数の五〇％以上にあたる。銀札は摂州一橋領、泉州一橋領、兵庫津でも流通しており、零細経営を含めた地域側の貨幣需要を満たすものだったとみられる。

(85) 大山敷太郎『幕末財政金融史論』（ミネルヴァ書房、一九六九年）第六章、池田宏樹「一橋徳川家の備中領における殖

産政策」（川名登編『２００１年度共同研究報告書―中国地方における海附・川附村落の経済的・文化的研究―』千葉経済大学、二〇〇三年）、古賀康士「安政四年の紙幣目録」（『岡山地方史研究』一一六、二〇〇九年）、柴田一「備中一橋領江原代官友山勝次について」（『井原市史紀要　井原の歴史』四、二〇〇四年）、前掲註(35)古賀氏報告・同論文。

(86) この点は初出論文の段階から筆者の考えに変化はない（筆者の考えがより正確に伝わるよう、文章は改めている）が、前掲註(35)古賀氏論文は一橋家の財政的要因が殖産政策の始動の主因であったと筆者が評価しているように読解している。この点についての詳細と筆者の考えについては、本書第三部第一章【付記】を参照されたい。

(87) 後月郡役所編『岡山県後月郡誌全』（名著出版、一九七二年、※一九二六年に岡山県後月郡役所から刊行された書籍の復刻）五三二～五四〇頁。

(88)「救民仕法金」については、安政六年一二月「両郡村〻救民仕法金下ヶ戻請証文写」（平世一〇―七〇）。その他の事項については、前掲註(85)柴田氏論文による。なお、安政元年の白木綿生産と大坂表販売仕法の立案については、史料（前掲註(87)『岡山県後月郡誌全』五七三～五七六頁）の内容から、江原代官の友山勝次ないしその下僚の角田米三郎が作成し、江戸一橋邸へ提出したものと柴田氏論文は推測している。

(89) 辰（安政三）年一一月二四日「御貸附之儀ニ付申達書」（安政六年一二月「江原御役所御声懸を以平木晋太郎家名相続仕法一件御書下ヶ写」平世一九―二四一）。

(90)（明治三年）「［会計帳簿］」（一橋G二―二八）。

(91) 万延元年一二月「請取申金子之事」（前掲註(82)竹下氏・井出氏編書二二〇～二二一頁）、前掲註(90)。

(92) 一橋E一―一六三。

(93) 井原市史編纂委員会編『井原市史Ⅰ』（井原市、二〇〇五年）八五一～八五三頁。

(94) 明治二年「御改正御取締御廻村御用留」（一橋C六―四）。

(95) 前掲註(12)拙稿二〇一五年A（本書第二部第一章）。

(96) 万延元年五月「諸証文控」（井原市教育委員会寄託山成家文書二九―七―二六）。

(97) 前掲註(12)拙稿二〇一五年A（本書第二部第一章）。

(98) 以下、本事例については、万延二年三月「木之子村隆助悴栄三郎仕法金勘定帳」（平世一六―九一八―一二）、同年同月「拝借証文扣」（同一六―九一八―四）による。

(99) 前掲註(12)拙稿二〇一五年A・B（本書第二部第一章・第一部第一章）、および本書第三部第一章。

(100) 前掲註(12)拙稿二〇一六年でも、天保期と安政期では、後者において領民の訴願を領主が受け入れたうえで、年貢減免がなされる傾向が強くなっていたことを述べた。

(101) 前掲註(85)池田氏論文。

(102) 文久三年一二月九日「御用状」（大津寄千三家文書、井原市史編纂委員会編『井原市史Ⅳ』井原市、二〇〇一年、七二五頁）、『井原市史Ⅰ』六一三～六一四頁。

(103) この点は、前掲註(6)萬代氏論文の主張（利殖による救荒）と親和性があり、いずれにせよ終章でも述べる通り、近世後期の領主財政および地域社会において、金融が有する比重が高まっていく動向を想定すべきであろう。

(104) （明治四年）「［御救助金改］」（一橋G二―一〇）。

(105) 一橋C六―四。

(106) 前掲註(12)拙稿二〇一六年。

(107) 天保一四年一二月「御勝手御改正一件」（「向山誠斎雑記及雑綴」、大野瑞男編『江戸幕府財政史料集成下巻』吉川弘文館、二〇〇八年、二五二～二八〇頁）。

上記史料の以下の記述から、水戸家における幕府への「預け金」が天保末年に改編されたことがわかる。

（前略）

御三家
御三卿其外御手当類
是ハ水戸殿（徳川斉昭）永続御手当別段被遣金・民部卿殿（一橋慶寿）過人増人宛行・田安一位殿（田安慶頼）・恭真院殿（松平忠暉、明石藩松平直泰子）御手当・一橋御用（一橋慶寿）

途・日光准后（天台座主、舜仁法親王）・知恩院宮（尊超入道親王）被進金

金三万弐千百六拾弐両余　　半減御入用見込

　金壱万六千八拾壱両余

　内

　　（朱書）「金壱万六千八拾壱両余　　半減」

但水戸殿永続御手当壱万両之分、此元立金拾万六千両京都・奈良・江戸町方馬喰町江御貸附ニ相成、右利金を以渡

　方仕候間、朱書減高之内相籠申候（後略）

上記の通り、水戸家における幕府への「預け金」では「京都・奈良・江戸町方馬喰町」への貸付が行われている。田安家の場合は、京都町奉行が資金を預かり、貸付に回していることが佐藤雄介氏によって明らかにされている（佐藤雄介『近世の朝廷財政と江戸幕府』東京大学出版会、二〇一六年、第Ⅲ部第二章表2、初出二〇〇九年）。御三家・御三卿から京都町奉行への「預け金」としては、田安家からのものしか確認できず（上記佐藤氏論文）、御三家・御三卿から幕府への「預け金」とその運用は、おそらくは馬喰町貸付役所が共通して重要な役割を担いつつも、家ごとにある程度異なる幕府役所や奉行・代官が担当し、様々な地域や都市で資金が貸付・利殖されていた可能性が高いと考える。この点は幕府が貸付・利殖政策の展開、ひいては全国の支配において、諸地域をどのように位置づけていたかを知ることができる点で重要な事項であり、今後の検討課題とされるべき点であると思われる。

(108) 前掲註(107)佐藤氏著書第Ⅲ部第二章。

(109) 前掲註(65)竹内氏論文A。

(110) 前掲註(69)大口氏論文。

(111) 西川武臣「文政期以降の幕府公金貸付政策と幕藩制」（『地方史研究』一七一、一九八一年）などの成果もあるが、いまだ研究蓄積は少ないと考える。

第三章　近世後期の地域経済と商人
——備中国南西部と大坂との関係を中心に——

はじめに

本章の課題は、近世後期~幕末期の地域と大坂との間での物資流通とそこでの金融・決済のあり方について、①地方・中央の商人の活動、②所領替や領主財政の動向が地域に及ぼした影響の二点に注目して明らかにすることである。(1)上記の課題に関わって、近年の地域社会論の展開とこの経済的観点からの捉え返しに注目すべきであると考える。

近世後期~幕末の社会状況について、一九六〇~七〇年代に佐々木潤之介氏が「世直し状況論」、「豪農・半プロ論」を提起・理論化し、(2)豪農の経済的側面への着目、および豪農・半プロ間の対立に幕末社会の特質を見出した。一九七〇年代の後半以降、佐々木氏の理論への批判として、村役人層の政治的機能に着目した研究がなされ、幕領組合村や国訴を主な題材として、地域の自治的運営の分析が深められた。(3)その後一九九〇~二〇〇〇年代にかけて、地域社会構造と中間層への着目—具体的には「社会的権力論」(4)、村・地域における豪農の社会的機能の分析、(5)中間支配機構の機能・担い手や領主的契機について追究した研究がなされている。(6)一九八〇年代以降の諸研究の中では、村役人・豪農の社会的機能、特に政治面での機能と地域結合の解明が最も重要な成果であり、以降、現在に至るまで村役人や豪農に着目した研究が蓄積されている。

一方で、二〇一〇年代以降、「市場の論理」や「資金循環」といった領域・階層横断的、経済的な視角を導入する中で、大坂商人論の見直し、藩研究・在郷町研究の深化、地域社会論の批判的継承を行う研究が現れている[7]。これらの研究では、藩政・藩当局と大坂商人のやりとり、領主財政と地域の相互関係等の論点が深められている[8]。近年の地域社会研究は地域の内部構造分析に関心が集中しつつあったが、研究の視野を再び広げる手がかりになるという点で、二〇一〇年代以降の研究動向からは学ぶべき点が多いと筆者は考えている[9]。一方で、上記の研究の課題として、A藩当局や藩政ではなく、具体的な所領や地域と大坂との経済・金融関係と取引形態の内実、B非領国、幕領・御三卿領の分析が手薄である点、が指摘できる。

以前筆者はBの問題認識に基づき、近世後期の一橋家の財政構造を分析し、天保改革期の幕府との関係後退と所領からの増収企図の様相等を明らかにした[10]（本書第三部第二章）。その後Aの問題認識に基づき、A①年貢銀収納を通じた備中一橋領の掛屋と大坂蔵元との立替関係を分析し、所領において大坂商人が果たした金融機能の一端を解明した[11]（本書第三部第一章）。しかし、A①は年貢銀収納の側面に限定した所領と大坂との関係を対象としており、A②地域のより広い場面での物資流通・資金循環における地方・大坂の商人の経済・金融機能を考えていく必要がある。以上の認識のもと、本章では以下の三点の分析視角を意識していく。

一点目に、上記A②で述べた点、特に金融・決済の側面をみていく。この点は、農村金融論や在郷町論等の個別研究においても、いまだ検討が不十分な点である[12]。

二点目に、西国地域と大坂との間の商品流通についての研究動向と課題を意識していく（主に第二節）。この分野および流通史については、地域・地方の市場の成長による幕藩制市場構造・領主的流通機構の解体および地域と中央との対立という理解が通説的なものであり、例えば「農民的商品流通」、「在郷商人[13]」等の主に商品や商人に着目した研究、新興海運勢力等の輸送勢力に着目した研究等[14]が行われている。近年の重要な成果として、西向宏介氏による畿内・瀬戸内の地域的市場と中央市場との流通・金融関係や手形流通についての研究があるが[15]、これらの諸研究の基本的な認識・問題関心は、前述の流通史における通説的理解に基づく部分が大きい。

一方で、近世後期以降の専売制や国産会所の研究では、商品の大坂輸出による正貨獲得等を目的として地方と中央市場とが関係を継続する側面や、殖産政策により中央市場との関係が再構築される事例もみられる[16]。地方と中央市場との流通・金融関係については森本幾子氏の研究が重要であり、森本氏は山西家（阿波国撫養）の廻船業と中央市場との流通・決済関係を解明し、幕末の阿波の地域市場は、「蔵物」・「納屋物」双方を扱う商人に牽引され、近代以降の地域経済の発展へと連続していたと述べている[17]。しかし、西向氏が二〇〇九年の時点で、自身の分析の課題としてではあるが、地方商人の資金的基盤、地方商人と「豪農商および中央市場両替商との関係」を分析する必要性を述べており[18]、例えば森本氏の研究のような地方と中央市場との流通・金融・決済関係の内実やそこで地方の有力者や商人が果たした機能の分析は、いまだ十分に積み重ねられていないと考える。

このような認識のもと、本章では、①政策や年貢銀収納と決済・金融構造との関連を意識し、在来的・領主的の双方の流通・金融構造の対立の図式と異なる側面を見出すこと（註(11)拙稿との接続）に加えて、②地域・中央都市双方との関係―より全体的な金融・決済構造の中での地方商人の金融機能とその位置づけを考えていく。

三点目に、地域経済・地域市場の盛衰における支配政策・支配構造の位置づけを考えていく（主に第三節）。具体的には、地域側の変化（地域自治・経済の進展等）と支配構造（財政構造、所領分布、陣屋の有無等）・政治動向との関連についての考察であり、例えば明和期の尼崎藩上知を取り上げた岩城卓二氏の研究のように[19]、領主側の意図に基づく所領替等が地域に及ぼした影響をみていく。本章で取り上げる事例の一つとして、近世後期の御三卿一橋家領があり、後述する通り大御所時代の人的関係の特質が地域に対して大きな影響を及ぼしている事実があるため、このような点にも注意を払っていく。[20]
以上、三点の分析視角を意識しつつ、冒頭で述べた課題を考えていく。[21]

第一節　備中国南西部における経済状況と流通構造

(1) 対象地域の所領配置と経済状況

本章の対象地域は備中国であり、特に同国南西部の小田郡、後月郡の状況や、小田郡の港町である笠岡村に関わる事象について重点的に分析する。備中国（石高三七万石余）は一一郡に五八六の村があり、[22]領主が錯綜した非領国である。このうち、主に取り上げるのは文政一〇年（一八二七）に設置された備中国の一橋家領である。同所領は三万三〇〇〇石ほどで、同国の後月郡、小田郡、上房郡に分布していた。[23]同所領の設置の背景として、一橋家二代治済（将軍家斉の父親、文政一〇年に死去）が遺命として、自身の死後に条件のよい所領を一橋家に与えることを願っており、これに基づいて大規模な所領替が行われたとされている。[24]文政・天保期には御三卿各家で度々所領替がなされており、これらはいずれも財政補塡を目的としていた。[25]幕末の一橋家の所領は八ヶ国に一一万九千石余あり、各国所領の中でも備中領が最大のものであった。[26]
備中一橋領について、同所領では代官役所（江原役所）が後月郡西江原村（村高一五八八石余）に設置されていた。[27]幕末の同所領における特徴的な事象として、安政期以降に実施された殖産政策がある。この時、銀札を発行する産物会所と産物の集荷を行う交易会所が設置されているが、これは諸領主が発行する他領銀札が兌換不全となる等の弊害があり、このような状況への対応であったとされている[28]。上記のような貨幣問題、具体的には正貨（特に正銀）不足、史料上では「金銀不融通[29]」等と表現される状況や銀札の兌換不全等は、西日本で一定程度みられた事象であった[30]。

次に、備中一橋領と備中国南西部の豪農・商人の特徴としては、町場の有力商人の少なさと、持高三〇〇石程度以上の豪農がほとんどみられない、という二点が指摘できる[31]。第二節で述べる通り、このことは備中国南西部の金融構造や地方と都市との関係における重要な規定要因であった。最後に、備中一橋領の産物の状況については、畳表・繰綿・煙草等の一般的な商品作物の生産が多くみられる[32]。特に畳表は備後・備中等の瀬戸内の特産品としての性格が強く[33]、以下の分析でも多く取り上げていく。

（2）港町における商人の存在形態と輸送商品——備中国小田郡笠岡村を事例に——

小田郡笠岡村（明治初年：村高一〇二四石余[34]）は近世中期以降幕領であり、備中国南西部の村の中では最大規模の人口を有していた[35]。笠岡村には元禄一三年（一七〇〇）に幕領代官陣屋が設置され、一八世紀後期以降は他代官陣屋との兼帯や出張陣屋となっている[36]。文化九～天保一一年（一八一二～四〇）には龍野藩の預所であり、これ以降、備中倉敷代官役所の出張陣屋であった。笠岡村には商業・農業外稼業への従事者が多く、明治六年（一八七三）の村民の職業構成は、農一六四〇人、商一〇四八人、工三四四人、雑業一四一五人である[37]。また、笠岡村は幕領や一橋領の年貢米の積出港であるとともに、九州～上方・北国の物資と船が入港する、地域の有力な港であった[38]。このような地理的な特徴もあり、笠岡村の住民については「商人勝ニ而右家別八九歩通り者旅船交易一

表１　笠岡港輸出入品の内訳（明治５年〈1872〉正月～同年12月２日）

輸出之分

	項目	数量	代金（両）	割合
1	繰綿	770本	5, 455. 2603	31. 58%
2	葉煙草	672丸	3, 338. 9170	19. 33%
3	刻煙草	1, 620箱（77, 760個）	5, 054. 4000	29. 26%
4	畳表	1, 002丸（20, 040枚）	1, 303. 4449	7. 55%
5	素麺・うとん	789箱	921. 6854	5. 34%
6	蒟蒻玉	383俵	466. 3929	2. 70%
7	古手	43丸	605. 6907	3. 51%
8	雑穀	154俵（升入60. 945石）	129. 0738	0. 75%
9	塩	530俵	—	—
	合計		17, 274. 8650	100. 00%

輸入之分

	項目	数量	代金（両）	割合
1	米	760俵（升入257. 275石）	765. 8817	9. 01%
2	雑穀	1, 333俵（升入486. 209石）	2, 130. 3572	25. 06%
3	干鰯類	2, 772俵	1, 175. 0671	13. 82%
4	羽鯡	目方1, 472貫	116. 0750	1. 37%
5	肥前焼物	1, 511俵	1, 236. 7116	14. 55%
6	菜種	419俵（升入154. 3462石）	1, 135. 9321	13. 36%
7	種粕	729玉（目方1, 854貫238匁）	140. 2169	1. 65%
8	魚燈油	169丁	810. 7400	9. 54%
9	唐砂糖	20俵（2, 295斤）	87. 2100	1. 03%
10	出雲葉煙草	60丸（3, 089斤半）	90. 9107	1. 07%
11	白保紙	280貫	144. 8129	1. 70%
12	材木	195本	58. 1402	0. 68%
13	枌板	480間	90. 6750	1. 07%
14	竹	54束	7. 9232	0. 09%
15	柏木	目方1, 483貫800目	51. 9330	0. 61%
16	蝋	目方76貫470目	75. 6941	0. 89%
17	荒苧	14丸（目方86貫800目）	41. 3590	0. 49%
18	国分刻	921玉	35. 5904	0. 42%
19	塩	226俵	12. 2162	0. 14%
20	目さし	105束	6. 1000	0. 07%
21	酒	54丁	106. 9611	1. 26%
22	蜜柑	31. 2石	53. 2800	0. 63%
23	氷豆腐	19箱	74. 1000	0. 87%
24	若布	目方232貫110匁	17. 4083	0. 20%
25	海月	124桶	27. 0816	0. 32%
26	生姜	15俵（目方147貫504匁）	7. 3755	0. 09%
	合計		8, 499. 7528	100. 00%
	輸出入合計		25, 774. 6178	

典拠：酉（明治６年）３月６日「明治五申正月ゟ同十二月二日迠当港輸出入書上」（浅野近代15〈土木・建設・港湾〉－１－41（６））、註：代金の小数点以下の数値は永。史料上では「輸出之分」合計は17, 274両永87文１分８り、「輸入之分」合計は8, 499両永74文９分６り、「輸出入〆」は25, 774両永62文１分２りとなっているが、本表では実数を記した。

方ヲ以渡世仕来」[39]と記されるように、廻船やこれとの交易に関係する中で生計を立てていた者が大半であったとされている。ただし、笠岡村および笠岡港には大規模な河川が流れ込んでいたわけではなく、河川舟運に関わる地形的な優位性はそれほど大きくはなかった。第三節で後述する通り、同村の経済的影響力は、笠岡代官役所の存在やその管轄高と密接に関わっていた。

次に、笠岡村の流通・海運に関わる事象として、【表1】に明治五年（一八七二）正月～同年一二月二日の笠岡港の輸出・輸入品目と金額を示した。輸出品としては煙草、繰綿、畳表等がみられ、輸入品としては穀物、干鰯、肥前焼物、菜種、魚燈油等が多い。一年に満たないデータだが、【表1】に限ると笠岡港は大幅な輸出超過の状況にあった。【表2】から明治七年の笠岡港の船持・積石数をみると、六五名が七八艘の船を保有していた。合

表2　笠岡港の船持と船石高
（明治7年〈1874〉、50石以上）

	人名	船石高（石）	船石高内訳
1	橋野紋三郎	922	（527・395）
2	浅野富平	190	（170・20）
3	藤原石蔵	146	（106・40）
4	那須太郎	145	（130・15）
5	三原善吉	140	
6	丸山作次郎	130	
7	円藤豊太郎	120	（70・50）
8	浅野儀三郎	110	
9	住山益次郎	110	
10	辻川弥平	100	
11	萬城文六	95	
12	佐賀埜佐吉	94	（70・24）
13	中亀吉	88	
14	高橋倉吉	70	
15	吉見喜八郎	70	
16	今上幸吉	60	
17	廣田太介	55	（30・10・15）
18	萬城文吉	54	（30・24）
19	天野岩吉	51	（34・17）
20	浅埜嘉平	50	（30・20）
21	小川岩吉	50	
22	高橋與吉	50	
23	土谷音吉	50	
24	中常吉	50	
25	藤原役次郎	50	
26	松井安吉	50	（30・20）

典拠：明治7年「当港堀浚入費割賦取立印形請」（浅野近代15〈土木・建設・港湾〉－1－9）。
註：①同史料は港の堀浚え費用を船石高10石につき0.5円の割合で分担した際のもの。②船石高49石以下の者は省略。40～49石が10名、30～39石が2名、20～29石が9名、10～19石が18名であり、船石高40石の高橋左吉のみ2艘の船（30石・10石）を所持。③全体の船持は65名、船は78艘。合計船石高は4,013石、出金額は200.65円。④史料上では10石の天野徳治郎、天野岩吉、黒崎喜平の記載箇所が抹消されており、本表からも除いた。

計の積石数は四〇一三石であるが、二〇〇石以上の船は二艘しかない。先行研究での数値もふまえると、一九世前中期には笠岡港で海運に従事する者は比較的小規模な船で行っていたといえる。(40) 廻船業者が運ぶ産物として、文政〜天保期には畳表と繰綿が多くみられたが、(41) 明治初期には煙草と繰綿（【表1】）へと主要輸出品が変化している。この変化の背景には、笠岡村をめぐる流通構造の変化や所領間対立があった（第二・第三節で後述）。

最後に、笠岡村については先行研究が複数みられ、村内の階層構成、流通・町政機構、備中国南西部の有力な港である玉島との対立の様相等が明らかにされている。(42) 本章でも笠岡村をめぐる流通問題を多く取り上げるため、先行研究と事例が重複する箇所もあるが、本章では特に笠岡村や幕領と一橋領との関係、および所領の配置・変更の規定性の二点に注目して、流通や金融の問題を考えていく。

第二節　地方・大坂間の金融・決済関係における支配構造の規定性

（1）地方商人の資金調達と大坂・領主との関係

まず、地域内での資金調達ルートと物資流通との関連について、備中一橋領掛屋平木家（本書第三部第一章）と笠岡商人との金融関係をみていく。平木家は、地域における豪農間の双方向的な金融ネットワークに基づいて経営を展開しており、(43) 文久二年（一八六二）には金八〇四二両余と銀九貫二七八匁余、同三年には一万五二三二両余と銀四〇貫八八八匁余を貸し付けていた。この貸付金のうち笠岡商人への貸付は、文久二年に浅野家（【表2】第二位）へ一六〇〇両、村木屋政助（有力商人）へ一一〇〇両、同三年に浅野家に八八〇八両余、村木屋へ四五〇両であった。[44] 貸付内容をみると、二ヶ月以内の短期貸付を行う中で利子を取得しており、一年間のうちでも一〇～一二月に貸付が集中している。また、文久期には両者から平木家が資金を借用している事例も確認できる。

このうち、浅野家は近世後期に笠岡村川辺屋町と田頭の年行司役であり、[45] 天保一一年（一八四〇）には住吉丸（一五〇石積）に産物や乗客を乗せ、笠岡―大坂間を一一往復（一往復に十数日～二ヶ月）していた。[46] 浅野家は大坂・兵庫の各種問屋と取引・為替上の関係を有しており（【表3】）、大坂・兵庫と備中国を海路で繋いでいた。さらに、借用金の理由としてではないものの、浅野家文書中には度々「大坂買物代」という語句が確認できる。[47] 以上の点からは、周辺部や内陸部の有力者の貸付金が笠岡商人の短期的な運転資金として利用され、地域・大坂間の商品流通を下支えしていたことがうかがえよう。

一方で、備中国南西部では地域外からの資金調達を志向する場面もみられた。

表3　浅野家における兵庫・大坂の主要な為替相手（慶応4年〈1868〉）

	居所	名前	備考
1	兵庫　磯之町	縄屋庄兵衛	「問屋」（諸荷物）
2	大坂　本町壱町目	菱屋嘉七	「為先」
3	備後町太鼓堂下（大坂）	伊丹屋藤兵衛	「指引通」
4	同安治川上弐丁目（大坂）	備中屋定吉	
5	同九條村（摂津国西成郡）	阿波屋與兵衛	「刻」（刻煙草）
6	同堀江桒名町（大坂）	淡路屋権四郎	「刻」（刻煙草）
7	大坂堀江鉄橋北詰北へ入	播磨屋太兵衛	「酒」
8	大坂七堀板屋橋南詰	増屋利兵衛	「木綿」
9	（大坂）	淀屋利兵衛	「木綿」
10	（大坂）	丹波屋作兵衛	「木綿」
11	（大坂）	和泉屋久兵衛	「表」（畳表）
12	大坂丸町	近江屋與兵衛	「表」（畳表）
13	（大坂）	近江屋八左衛門	「表」（畳表）
14	淡路町壱町目（大坂）	近江屋平兵衛	「表」（畳表）
15	大坂御池橋南詰	笠屋半兵衛	「差引通」
16	塩町四丁目（大坂）	菱屋吉兵衛	「木綿仕切通」
17	南本町弐丁目（大坂）	廣屋佐兵衛	「木綿仕切通」
18	長堀中橋北詰（大坂）	備後屋嘉兵衛	「木綿仕切通」
19	南本町東堀（大坂）	菱屋利助	「下り荷」
20	（大坂）	天満屋七兵衛	

典拠：慶応4年正月「地方為替帳」（浅野近世16商業・売買5-11）、安政4年9月「目録通」（同近世16商業・売買3-2）。
註：5-11で「大坂兵庫為替附込」として記名され、帳簿にあらかじめスペースが割り振られている者を表にまとめた。

万延元年（一八六〇）八月の「乍恐始末書を以御答奉申上候[48]」は、笠岡周辺の新田開発計画に関わる貸付金滞り出入りにかんする史料である。長文ではあるが非常に興味深い内容が記されているため、以下に全文を示す。

【史料1】

乍恐始末書を以御答奉申上候

小田郡生江濱村庄屋東一郎奉申上候、同郡冨岡村庄屋孝三ゟ私江相掛り小作米滞御訴訟奉申上候ニ付、先般御呼出願面之趣被仰聞承知奉畏候、右者弘化四未年十二月銀八貫目之証文壱通、嘉永五子年七月銀拾貫目証文壱通、①是者素ゝ孝三養父吉兵衛と数年別懇ニ致合罷在候処、弘化年中　御代官藤方彦一郎様御支配中当御役所御詰合松井孝三郎様笠岡・冨岡両村沖合海面御新開御目論見、私江被仰付、吉兵衛と相談致候処、迚も田舎之銀主ニ而者難出来、上方江登り銀主相附不申候而者、多分之入用才覚六ヶ敷、私ニ上坂仕候様被申、入用銀者吉兵衛ゟ取替候様申之（カ）ニ付上京仕、②西本願寺惣会所筆頭光伝寺江相談致候処難出来、③其後再応上坂仕、摂州大坂若竹屋要助と申もの世話ニ而京都泉涌寺大坂御貸附所江相談致呉、既ニ支配人武助と申もの并ニ若竹屋要助両人罷下り、右場所江松井孝三郎様御出張被遊、吉兵衛私共一同立会被仰付、御見分之上築立可致積りニ而両人帰坂仕候、然ル処其後如何相考候哉、下向及延引相談流ニ相成余り残念ニ奉存、再三上坂仕、④右若竹屋要助ヲ以大坂長濱屋源左衛門与申ものニ及相談ニ、同人下代并ニ要助共罷下り、其節も冨岡村庄屋吉兵衛、笠岡村先庄屋小十郎、高屋村庄屋三郎右衛門、其外両三人種ゝ心配仕候へとも難出来、今ニ残念至極奉存候、其外所ゝ江及相談、数度之入用ニ取遣申候へとも、右新開成就仕候得者、御上様江御奉公之端ニも相成り候様奉存、色ゝと心配仕候得とも出来不申、致方も無御座、夫故銀主吉兵衛へも返済延引ニ相成申候、⑤元来弘化二巳年七月中右新開一条ニ付上方江度ゝ罷登り候節、手形弐通書入銀三

貫五百目借用仕、利足壱割半ニ而ハ余り高歩ニ付、難渋申入候所、地所質物ニ書入候得者壱ヶ年六朱之利銀
致遣候様申之ニ付、銀八貫目本銀返シ証文ニ書入候義ニ御座候、尤其節操(繰)綿五拾俵借受、貸銀七貫八百三匁
三分右操(繰)綿借受候趣意、前奉申上候新開入用諸拂方出来不申、吉兵衛へ銀子貸呉候様笠岡村冨岡屋庄蔵ヲ以
相頼候処、其節銀子通り合無之候間、綿ニ而取替候様申ニ付、則操(繰)綿借受候処、其砌湊相場ゟ高直ニ致呉候
ニ付、談示之上格別損亡ニ相成候得者相弁可呉旨急度申入置、村内弥平船ニ而長州下之関へ積下り候所、追々
下落いたし、多分之損亡相立、右約定之通掛合候処、勘弁中ニ而其侭ニ相成居候、然ル所右証文書入候節、
入用割合之上出銀致呉候様掛合候処、其義者何連証文面返済之砌、兎も角も可仕旨相含罷在候様相答候得共、
左候而ハ諸渡方差支、無拠右様証文書入候儀ニ御座候、夫故吉兵衛ニおゐ而も厳敷催促も不仕、不斗延引ニ
相成候居申候、且又前々も申上候嘉永五子年七月中拾貫目証文三通ニ書入置候儀者、弘化弐巳年七月手形入、
三貫五百目借用之分年々壱割半利銀巻上ヶ、嘉永五子年七月ニ至り少々借添拾貫目ニ相成、利銀前同様年六
朱ニ致し候間、本銀返し書入候様申候ニ付、任其意右様証文書入置候儀ニ御座候、尤くり(繰)綿損銀之儀相頼置
候儀も有之、殊ニ右新開入用割合之見込ヲ以三ヶ年相拂候様申之、則証文三通ニ致し呉申候、是全く三ヶ年
賦致し呉候得共、両度利銀巻上拾八貫目ニ相成、余り大造之銀立ニ相成申候ゆへ、訳立方等閑ニ致し候而者、
殊ニ借財も有之、連々困窮いたし、凌方六ツヶ敷奉存、素ゟ右訳合も有之、吉兵衛存生中年賦払之義証人庄
蔵ヲ以頼入候所、厚く勘弁いたし呉候存念ニ相聞、勿論其節吉兵衛ゟ直々年賦之義ニ付返書差越候儀も御座
候、然ル処談示中吉兵衛儀病死仕相談難出来、其侭ニ相成、私義も四ヶ年以来ゟ村方一件も出来仕、
御上様江御苦労奉備候程之儀、旁以是迠訳立方延引ニ相成、尤冨岡村庄屋八左衛門、吉濱村先庄屋喜右衛門
両人村方一件片付次第訳立致し候間、夫迠延引致し呉候様相頼置候得共、孝三ニおゐて養父吉兵衛死後弟民

三郎江相掛り相続方及出入取扱立入内済ニ相成、私ゟ書入置候質地、孝三江分地致し候趣、一体地所本途ニ譲り渡候ニ御座候得者、御年貢孝三ゟ相納居り候筈、無其儀御年貢諸掛り物等毎年私ゟ上納仕罷在候、此段御堅(賢)察可被為成下候、全く前書之始末ニ而、畢竟借用銀引当ニ書入置候質地、殊ニ年限中分地抔ハ孝三江譲り渡し候儀、甚タ以不当之儀与奉存候、尤兄弟訳目之儀ニ付、孝三江譲り渡候次第ニも押移り候得者、其已前一応之掛合も可在之儀与奉存候、右掛合無之上者、私義口ゝ借用銀養父吉兵衛ゟ借請候故、当時吉兵衛ゟ御訴訟可仕筋与奉存候処、孝三ゟ私江相掛り御訴訟奉申上候段、甚タ以難渋之儀ニ奉存候、右始末可奉申上と奉存候所、⑥先般ゟ西濱村立入庄屋作左衛門、冨岡村庄屋八左衛門、大宜村庄屋治兵衛、右三人取扱呉候得共、兎角孝三義先前意味柄聞入不申、証文面之通申立、剰流地ニ相成候様申之、内済行届キ兼、私義近来不如意之処、村方一件長引、借財相嵩困窮仕、難儀罷在候所、前書之訳ニ而書入置候証文之表ヲ以田畑引渡候様成行候而者、一家潰ニ相成歎敷次第、乍併借用致候義不訳立候而者不相済と奉存候間、此上　御上様江御苦労奉備候者、恐入奉存候得共、何卒前書之次第御憐察被為成下、孝三江厚く勘弁方情(精)ゝ取計呉、済方被為致呉候様、格別之御慈悲ヲ以御利(理)解被　仰付被為下候ハヽ、廣大之御仁恵難有仕合奉存候、依而乍恐始末書ヲ以御歎奉申上候、以上

生江濱村
庄屋
東一郎

万延元八月

笠岡
御役所

本史料にみられる一件の概要は以下の通りである。

①弘化期、幕領倉敷代官の藤方彦一郎が小田郡笠岡村・富岡村の海面の新開を計画し、生江浜村庄屋東一郎が資金繰りに奔走する。その際、富岡村庄屋孝三養父吉兵衛が資金を用立てている。なお、この吉兵衛・孝三父子は姓を坂本といい、同家は少なくとも幕末期には同村の庄屋を務め、明治二年には大庄屋格を有している。[49]さらに、慶応元年八月には「御進発御用途」として四〇〇両を上納し、悴代までの苗字と一代帯刀を許されていることからも、笠岡周辺でも最上層に位置する豪農であったとみられる。

②東一郎が上京し、資金調達について西本願寺惣会所筆頭光伝寺へ相談するが不調に終わる。なお、以下で述べる上方での資金調達のための活動は、⑤の箇所で記されている通り弘化二年七月頃のことである。

③東一郎が大坂若竹屋要助の世話で京都泉涌寺大坂御貸附所へ資金調達について相談を行う。その結果、支配人武助・若竹屋要助が備中へ訪れる等、好感触だったが「相談流」となる。

④若竹屋を通じて、東一郎が資金調達について大坂長濱屋源左衛門[50]へ相談し、同人下代と若竹屋が備中を訪問した。この際、富岡村庄屋吉兵衛、笠岡村先庄屋小十郎、高屋村庄屋三郎右衛門が心配りを行ったが、借用金は再度「難出来」との結論になった。それに伴い、東一郎が吉兵衛から借用した金子の返済も延引している。

⑤弘化二年七月に東一郎が新開一条のために度々上方へ登っていた際に借用した資金の内訳について説明されている。詳細は省略するが、吉兵衛は「銀子通り合無之」ことから、東一郎へ借用金八貫匁の大部分を操綿《繰》五〇束として渡した。この繰綿を村内の弥平の船にて長州下之関へ積下り売却しようとしたところ、価格の下落により多分の「損亡」を被った。繰綿の売約によって「格別損亡」があった際には吉兵衛から補填があるはずであったが、実際には補填はなかった。そのこともあって吉兵衛から厳しく返済を催促されることはなかった。

その後の箇所には訴訟に至るまでの経緯が記されており、この詳細（⑤と⑥の間の箇所）は省略するが、東一郎が関わる村方一件もあって返済ができなかったところ、本史料冒頭にもある通り、吉兵衛の後を継いだ孝三が、貸付金の引当地の小作米不納をめぐって東一郎を訴えている。

⑥西濱村立入庄屋作左衛門、富岡村庄屋八左衛門、大宜村庄屋治兵衛の三名が孝三と東一郎の間に立って取り扱いをしていたが、孝三が聞き入れず、内済に至らなかった。そのため、笠岡代官役所より解決に向けて取り計らってほしいと東一郎が願い出ている。

借用金の方法として、⑤では地所を質物として書き入れることで、そうではない場合の利率が年利一五％だったのに対して、年利を六％まで引き下げての借用が認められたことが記されている。地所が確たる担保であり、無担保の場合と比べて、明確な担保がある場合には借用条件が借手にとって相対的に有利なものになる点がわかる。また、⑤換金する前提で商品（繰綿）の形で資金を借用し、廻船を通じて長州下之関まで運んで売却していること、売却に伴い「格別損亡」が生じた際には貸手側からの補填がなされる場合もあったことがうかがえる。遠隔地との物資流通や地域間での相場差を前提とした形での資金貸借がなされていたことがわかり、地域内や当事者同士の関係だけにとどまらない、遠隔地や市場を媒介した資金調達・借用金の方法として興味深い。

地域外との関係にかんして、代官からの要請による新田開発計画に対して、庄屋東一郎が西本願寺惣会所筆頭光伝寺・泉涌寺大坂御貸附所・大坂商人と交渉し、上方からの資金調達を計画している（失敗）。東一郎と吉兵衛が資金調達に対して相談した際、「迚も田舎之銀主ニ而者難出来、上方江登り銀主相附不申候而者、多分之入用才覚六ヶ敷」との認識が示されており、ここからは笠岡周辺の村役人層が上方銀主の経済力に期待し、彼らからの資金調達を志向していたことがうかがえる。それと同時に、村役人層は「田舎之銀主」（備中国南西部の有力者たちとみられる）の資金調達能力に限界があることを認識していたといえる。

このような状況の背景には、港湾地域・島嶼部という海を通じた上方との日常的な関係[51]や、備中国南西部における突出した豪農・商人の少なさ（前述）があり、大規模事業（土木工事・漁業等）に際して多額の資金を調達する必要が生じた際には、大坂・上方との金融・流通関係が重視される場合があったことがわかる。

このような資金調達は、多額の資金が必要となる際により大きな資本を頼るという、経済・市場の論理に基づくものといえる。一方で、これとは全く異なる論理―支配機構・支配構造の論理に基づく大坂からの資金調達という点は、研究史上でも十分な深化がなされていないものの、近世身分制社会において避けては通れない課題である。支配機構に基づく大坂からの資金調達として、具体的には、村々の困窮や様々な代金滞りの際、または殖産政策の資金として、一橋領大坂蔵元から西国所領へ出金がなされている事例をみていく。

文政一二年（一八二九）には摂津領村々の「難渋」に伴い、備中領大坂蔵元木原忠兵衛・友金儀兵衛（ともに本両替）が銀一六貫を月利〇・七％で貸し付けており、天保元年（一八三〇）に備中領宿駅の「困窮」に対しても木原が銀三〇貫を年利七％（一〇年賦）で貸し付けている[52]。また、同年には播磨領の「違作」をうけて、村々が一橋家大坂川口役所の「御声懸」によって播磨領大坂蔵元今堀長兵衛から「銀高借請」ている（金額不明）[53]。弘化二年（一八四五）には、備中領七日市宿の者から頼まれた「江戸公事宿飯代滞」二〇両の立替が掛屋平木家から大坂蔵元木原へ依頼されている[54]。また、安政期以降の備中領の殖産政策の資金や、備中領代官役所の貸付金の原資には、大坂蔵元からの資金が活用されていた[55]。

このような出金に加えて、備中領の事例にみられる通り、大坂蔵元による年貢銀立替が所領の年貢銀収納や「成り立ち」に対して重要な役割を担っていた[56]。例えば、嘉永二年（一八四九）には、「去申年《嘉永元年》麦違作ニ而夫食差支御領知村ゝ不融通」への対処のため、代官の命を受けて大坂蔵元木原が年貢銀六〇貫を年利七％で立て替えている[57]。このような年貢銀立替は、備中領が成立した当初から、明治初期に至るまで行われていた[58]。

　以上のように、所領への救済、経費支出、年貢立替の際に大坂蔵元からの出金が一定程度みられ、所領の「成り立ち」において役割を担っていたのである。

　大坂蔵元からの出金・立替の重要性にかんして、大坂蔵元による年貢銀立替についての掛屋・地域の認識をみていく[59]。備中一橋領の大坂蔵元は、従来木原忠兵衛と友金儀兵衛の二名による年番制で務められていたが、弘化元年に後者が「休店」して以降、年番制から木原単独での勤務となっている。同年一〇月に出された平木家から木原宛の書状写しには、抹消されているものの、「友金氏御休店之儀者備中御領知村ゝへ通■（達カ）いたし、当時立替方及断候」、「御年番之節ゟ金高劣り候儀村々江通達仕候も不快ニ存候間、篤与御勘弁之上、私方江融通被成下候金高員数御申聞被下度、村ゝへ通達方延引難相成候儀御座候」等の記述がみられる。前者については、平木家が友金の「休店」を村々に通達し、領内からの年貢銀立替依頼を断っていること、後者は大坂蔵元を単独で務めることとなり、従来の年番制よりも全体の金高（資金力）が小さくなった点を村々へ通達することは木原には不快に感じられるであろうが、勘弁のうえで木原から平木家へ年貢銀立替にかんして融通できる金額を知らせてほしいこと、上記の点の村々への通達は延引が難しいこと、が述べられている。掛屋が領内に年貢銀立替を断る理由として、大坂蔵元の「休店」は説得力を有すると掛屋は認識していた。ここからは、大坂蔵元―掛屋間の立替関係の重要性がうかがえるとともに、間接的な事例ではあるが、上記の立替関係が所領にとっても有益であることを、一定程度村々も認識していた可能性が高いとみられる。

（2）流通・決済における掛屋・大坂蔵元間の関係

本項では、前項でみた地域（備中国南西部）と大坂との関係について、商品の大坂輸出と年貢銀収納における手形利用という点から、さらに深めていく。まず、文政一一年（一八二八）二月一四日に備中一橋領大坂蔵元の友金義兵衛と木原忠兵衛から備中一橋領木之子村代官役所（文政一〇～一二年までの役所）へ出された以下の史料をみていく。

【史料2】(60)

乍恐口上

一①（備中国）御国笠岡湊ゟ畳表、其外荷物大坂江積登り、売代銀請取候分、其向ゝ船頭共ゟ私共両人（木原・友金）之内へ持参候ハヽ、預り手形差出し、其手形木之子村下御掛屋京助（平木）方へ持参い致《たし、》同人方ニおゐて銀子引替相渡し呉候様、兼而荷主船頭ゟ相頼ニ罷在候趣、右ニ付京助奉願上候通り、②御年貢銀御差立之砌、右私共預り手形ヲ以、為差登候ハヽ、道中人馬賃銭も不掛付而ハ、私共改方手入無数、大ニ勝手ニ相成り、双方弁利之儀と奉存候ニ付、倶ゝ奉願上候、何卒御聞済被成下候ハヽ、笠岡荷主・船頭へも掛ヶ合為致度、尤右預り置候於銀子者、御年貢銀奉預候同様相心得、決而麁末不仕候間、已来御年貢銀御差立之砌、私共預り書ヲ以京助ゟ為相登候様被仰付被下置候ハヽ、重畳難有仕合奉存候、以上（年月日・差出・宛名後略）

本史料では、①船頭が大坂での売却代金を大坂蔵元へ持ち込み、蔵元が「預り手形」(61)を渡し、船頭が備中で掛屋平木家に手形を渡して銀子を受け取ること、②平木家に集まった手形を年貢銀収納の時に正銀の代わりに大坂へ送り年貢銀上納とすること、以上二点が願い出られている。本史料で示されている手形・商品・年貢銀の流通

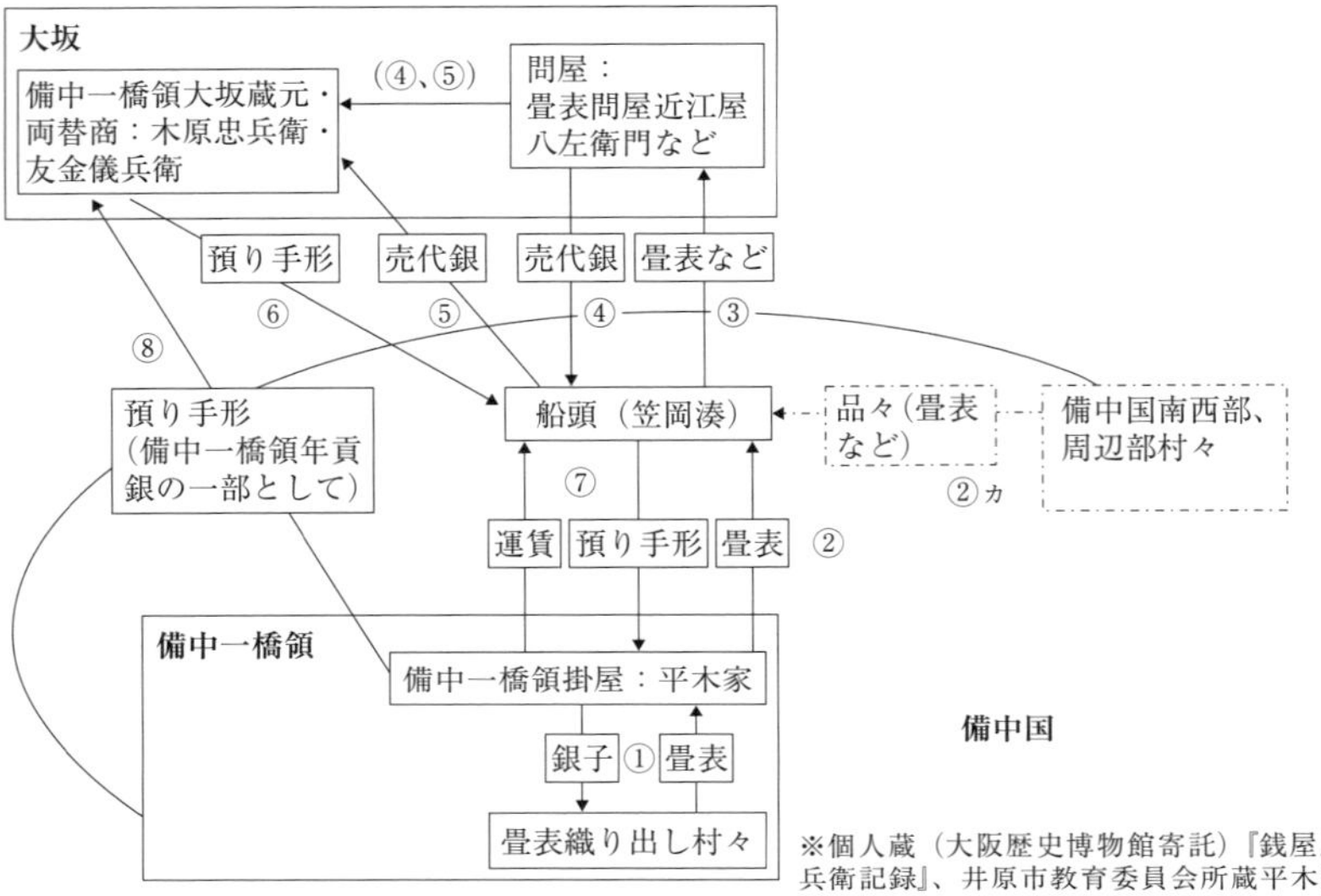

※個人蔵（大阪歴史博物館寄託）『銭屋忠兵衛記録』、井原市教育委員会所蔵平木家文書近世19-250をもとに作成。
※安政末年以降の産物会所や各寄場の設置以降、商品の集荷・出荷はこれらを経由した形になったが（第3節第2項）、本文で述べる通り幕末期にも平木家・廻船業者（浅野家）・大坂蔵元との間での手形流通を通じた関係は確認できる。

図1　文政11年～弘化期頃の商品流通・代金決済の構造（備中一橋領・笠岡・大坂ルート）

ルートは、【図1】の通りである。大坂蔵元・掛屋（備中）間での手形のやりとりとその際の年貢銀収納ルートの利用を通じて、年貢銀（正銀）送付に伴う所領の負担軽減と、地方商人から大坂への輸出商品（畳表等）の代金決済の簡潔化が図られている。[62]

文政一一年二月一一日には、年貢銀のうち一二〇貫四三五匁を大坂蔵元の木原が平木家から受け取っているが、このうち二三貫二七五匁が「手形」（木原の手形とみられる）であった。[63] 従来、備中一橋領の年貢正銀の陸送が知られていたが、[64] 以下でみる通り一部は前出の「預り手形」が使用されており、商品代金の決済関係が利用されていた。[65]

地域—大坂間での手形の送付や決済の内実について、備中一橋領から大坂へ輸出される畳表に注目してみていく。その際、文

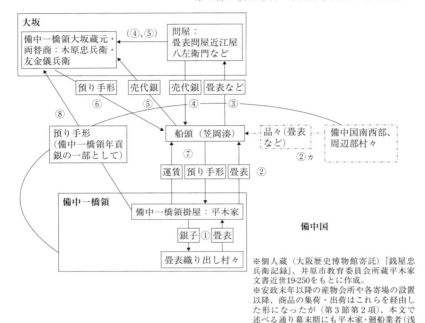

政一三～天保七年（一八三六）の掛屋平木家・大坂畳表問屋近江屋八左衛門（西川利右衛門家の大坂店、畳表問屋仲間〈表店組〉所属）・大坂蔵元銭屋木原忠兵衛・銭屋友金儀兵衛との間での書状類の写しをまとめた帳面（「文通留」）を主に用いる。[66] 平木家による畳表の集荷と大坂への輸出は、平木家文書をみる限り備中一橋領の成立（文政一〇年）以降開始されている。

　まず、畳表代金と為替の振込ルートの成立について、天保元年四月二日に平木家から銭屋（坂井）用助（文政期には木原の「下代」[67]）へ出された書状では、為替を近江屋より受け取り、本家の銭屋木原忠兵衛へ振り込むよう、近江屋へ相談することが要請されている（「一当新口ゟ為相登候、其時々表壱丸ニ付五拾四■《（五）》匁宛無利足為替、近八様《（近江屋八左衛門）》ゟ受取、此度御本家《（銭屋木原忠兵衛）》振込候様、笠岡振合を以、近八様江御相談可被下」）。その後の経過はやや不明確であるが、遅くとも天保三年には、畳表代金が近江屋から大坂蔵元へ振り込まれる体制が確立している（同三年六月三日書状の「畳表仕切銀御地安土町銭忠殿《（銭屋木原忠兵衛）》へ御渡被下候由、同店ゟ入銀ニ相成申候、御安意可被下候」の記述等）。

　上記の畳表代金の振込ルートは、他領や平木家以外が畳表を大坂へ輸出する際にも利用されていた。天保元年九月二一日に平木家と一橋領上房郡矢野村三津右衛門から大坂御堂筋近江屋甚兵衛・久兵衛へ出された書状では、平木家と三津右衛門が「備中松山《（備中松山藩）》御産物支配人」として「松山様御産物畳表百丸」を近江屋に送り、「為替銀」は一橋領大坂蔵元銭屋友金儀兵衛に渡すよう伝えている。平木家・大坂畳表問屋・大坂蔵元の間での決済関係を利用して、他領の産物の大坂輸出が行われていた。また、天保元年三月一〇日の書状では「戎嶋《（大坂川口）》行壱丸（中略）私宅《（平木家）》荷物ニ無之」とあり、他者荷物の畳表が上記経路で出荷されている。

　次に、手形を用いた年貢銀収納や、畳表代金の決済ルートと年貢銀・御用金との関係についてみていく。天保四年一二月二日に平木家から大坂蔵元の木原と同人家中の坂井に宛てて出された書状には、一橋領の年貢銀の一部として、笠岡伏見屋紋三郎から銭屋に振り込まれる銀四〇貫をあてるよう平木家から要請があったことが記されている（「笠岡湊伏見屋紋三郎殿ゟ銀四拾貫目振込被申候ハヽ、当巳一橋様御年貢銀十七日御差立之内へ御立用可被下候」）。詳細は不明だが、平木と伏見屋との商品代金決済や金融上の関係が背景にあったものとみられる。天保三年九月二四日に平木家から大坂蔵元友金へ出された書状では、当年の一橋領の年貢銀の一部が倉敷の板屋から大坂蔵元へ振り込まれ、平木家あての「手形」が同家へ送られ（「当御年貢銀之内当国倉敷板屋仁左衛門殿ゟふり込候へハ、員数何程ニても御受取、拙者(平木)当御手形御差越可被下」）、同史料の後の箇所から年貢銀収納の際に正銀の代わりとして大坂へ差し立てられることがわかる。この事例については、他領である倉敷の商人を経由し、さらに手形を利用して備中一橋領の年貢銀が大坂へ送られることが興味深い。

続いて、大坂商人間での畳表代金の流用によって、備中一橋領に関係する債務が解消されている事例をみていく。天保七年五月二七日に平木家から大坂蔵元木原忠兵衛と坂井用助へ出された書状では、天保六年の御用金上納に差し支えた複数名について、平木家の名目で証文を作り、木原から資金を借用している。そして、近江屋八左衛門からの畳表の仕切銀を、木原への借用金の返済にあてるとされている。さらに、平木が笠岡商人胡屋に渡し、胡屋から振り込まれた（畳表）銀子を近江屋が受け取るよう要請しており、関連はやや不明確だがこれも商品代金等による借用金の返済とみられる（「去未年(天保六)御用金上納方へ差支候衆中ゟ被相頼、私(平木)証文ニ御裏印御座候金高之内へ近江屋八殿(近江屋八左衛門)仕切銀御受取可被下（中略）且又当五月笠岡胡屋治兵衛方ゟ振込置候銀六貫弐百目共、合銀御請取書御差越し可被下候」）。

時期が下った文久期の平木家における手形の使用について、史料上では「木原手形代」「木原江振納」「大坂銭忠手形廻り村政(笠岡商人村木屋)ふり」「老富(浅野家)ゟ大坂銭忠為替振」や、平木家が浅野家より「木原手形代」三〇〇〇両を受け取った記述がみられる[68]。また、平木家から浅野家への貸付金の返済が「木原へ振込」とされ、同時に平木家へ「手形廻り」（木原が発行した手形ヵ）と記されている事例もあり[69]、【史料2】・【図1】のような平木家・笠岡・大坂蔵元間での手形流通ルート（産物の集荷・出荷ルートは安政期以降に改編）が文久期にも維持されている点がうかがえる。浅野家の者同士でやりとりされた書状[70]（差出人は兵庫に滞在）には、「一此正金手形弐百両也者産物会所納金、過十五日出ヲ以孝七殿ゟ申登シ候哉ニ奉存候、乍御面倒木原氏へ御振込被下、納手形御受取置可被下候」と記されている。この書状の作成年代は不明だが、「産物会所」がみられることから、安政末年～明治初年のものである。産物会所納金の手形（二〇〇両）を木原氏へ渡し、「納手形」を受け取っておいて欲しいことが記されている。産物会所から大坂蔵元へ送られる資金についても手形でのやりとりがなされている部分があり、この輸送や仲介を浅野家などの廻船業者が担っていたことがわかる。

上記の通り、平木家の活動により形成された関係や、木原忠兵衛の発行する「手形」が利用される中で、年貢銀・御用金収納や金融関係の処理が行われていた。そして、少なくとも畳表については、平木家は「東在抔之代呂物壱枚も交り居不申、〇御領知表計ニ御座候」（天保元年八月四日）、「当店之儀ハ一橋様御領知村〻計り買入候計りニ御座候間」（天保六年四月一〇日）等の表現に端的に表れているように、備中一橋領から産出される製品のみ（あるいはこれを中心として）、集荷・出荷していたことがわかる。従来、備中一橋領については、安政期以降の殖産政策や産物の集荷・出荷が注目されてきたが[71]、同所領の成立当初に形成された商品輸出と代銀決済の構造、および平木家による備中一橋領を主な範囲とする産物集荷・出荷の構造が、幕末期の政策の前提にあったと考えられよう。

最後に、本節で述べた事項について、二点まとめておきたい。一点目に、笠岡商人の金融関係と大坂について、周辺の有力者（備中一橋領掛屋平木家等）と笠岡商人との金融関係に基づいて備中国南西部―大坂間の商品流通ルートが営まれており、決済にあたっては一橋領大坂蔵元の発行する「預り手形」が一定程度利用されていた。そして、笠岡商人は商品や手形の運送を行っており、備中国南西部と大坂とを繋ぐ仲介者としての機能を担っていた。同時に、笠岡周辺の住民は、海を通じた日常的な関係に基づき、「上方銀主」との間での金融関係の窓口になっていたとみられるが、大坂・上方から資金を調達しようとする動きの背景には、「田舎之銀主」の限界性への認識があった。また、一橋領の事例をみると、多額の出金により大坂蔵元が所領の地域経済や領民の生活維持に深く関与していた様相が確認でき、この背景には領主の「声懸」や「裏印」があった。

二点目に、年貢銀収納構造を活用した商品代金決済ルートについて、「預り手形」を通じた平木家・備中国南西部地域と大坂蔵元との関係や、大坂蔵元が平木家の大坂での預金先となっていたことが興味深い。このような大坂との預金・手形関係は幕末まで継続したとみられ、利点としては年貢銀収納と商品流通の円滑化・簡素化に加えて、地域での幕府正貨（特に正銀）の確保（「はじめに」で述べた西国での貨幣問題と関連）があったとみられる。これらの点からは、年貢銀収納という領主的な資金循環と、商品流通という在来的な資金循環が相互関係を持ちつつ、地域と中央市場や支配構造（蔵元・掛屋）とが関係を継続する中で近世後期の地域経済や地域―都市関係が存続していたといえよう。

支配構造に基づく地域内・地域間での流通・資金循環の効率化、および地域内での金融・決済面での連携を、備中一橋領をめぐる事象からは見出すことができる。一方で、戦後以来の研究史が重視してきたように(72)、近世後期～幕末期の地域では矛盾の深化の側面も生じていた。次節では流通をめぐるこのような一面をみていく。

第三節　備中国南西部における商品流通をめぐる対立構造と所領配置

（1）文政～天保期における所領替と流通構造の変化

一八世紀末の「寛政年中之頃」まで、笠岡村は「繁昌（盛）」していたが[73]、天明四年（一七八四）の武嶋代官の転任以降[74]、元禄期に五万八〇〇〇石あった笠岡代官の管轄高が二万八〇〇〇石に減少し[75]、倉敷陣屋等の出張陣屋へと移行している[76]。また、「御代官様御在陣之節迠者市中繁昌」していたが、天明八～享和元年（一八〇一）の早川代官の治政時に笠岡が「出張所」となって代官が在陣しなくなり、これ以降「御高追ゝ相減」、「連ゝ市中及衰微」とあるように[77]、徐々に笠岡の景況が悪化していた。管轄高の多寡と代官・役人の在陣の有無によって、笠岡村の景況が左右されていたことがわかる。

特に、文政一〇年（一八二七）の備中一橋領の成立により、笠岡陣屋（龍野藩預所）の管轄高が大きく減少しており（二万六〇〇〇石→七〇〇〇～八〇〇〇石）[78]、このことは管轄高の多寡に大きな影響を受ける笠岡の景況に対して、打撃になったものとみられる。史料上からは天保一四年（一八四三）の笠岡村における認識を確認することができ、ここでは笠岡陣屋の管轄高減少の影響による「困窮」が述べられるとともに、代官在陣と支配高の増加（「増地」）が笠岡の「立直し」「繁栄」に必要との認識が示されている[79]。

以上のように、一八世紀後期以降、管下所領の人と商品が陣屋元笠岡に集中するという備中国南西部における流通構造が徐々に転換していき、特に文政一〇年の備中一橋領の成立によって、陣屋元としての笠岡村の地位が大きく揺らいでいったことがわかる。

一方で注目すべき動向として、笠岡陣屋管下の村々では代官や役人の「在陣」について意見が割れていたことがわかる。以下でみる通り、天保一一年に備中国南西部の龍野藩預所（約七七〇〇石）が倉敷代官所管下となるが、同年五月に作成された願書（差出：小田郡富岡村百姓惣代彦四郎・武平、連印惣代周兵衛、宛先：記述なし）をみていく。

【史料3】[80]

乍恐書付を以御歎願奉申上候

小田郡富岡村外拾ヶ村百姓惣代之もの奉申上候、播州龍野元(龍野藩)御預り所ニ相成候節者、笠岡村御陣屋村ゝ都合御高貳万六千石余ニ御坐候所、龍野直附相成候村方も有之、猶又其後過半一橋様(備中一橋領)御領地ニ相成、当時貳拾三ヶ村都合御高漸ゝ七千七百石余ニ而、郡中入用・其外組合入用・海陸往還入用年増大造(層)相掛り、惣百姓一同愁歎仕、何卒御増地或者御最寄替等ニ被仰付被為下候ハヽ、難有事ニ奉存居候処、今般当代官様(倉敷代官所)御預り所ニ相成候旨被　仰渡候趣、百姓共一同難有仕合奉存候、御直(案)御支配奉請候心得ニ御坐候所、此節承り候得ハ、村ゝ庄屋共ゟ笠岡御役所ニ御出張御願奉申上候由承り、安外至極仕候、猶庄屋共ゟ申聞承り候所相違無之[redacted](義)、全庄屋共楚(粗)忽之御願仕候段申之候、私共村ゝ之義者御出張ニ相成候而者甚難渋仕候（中略）何卒格別之御仁恵百姓共御救ひ与被思召、御直附御支配被仰付被為下候ハヽ、廣太(大)之御慈悲重ゝ難有仕合奉存候、依之村ゝ百姓惣代連印書付を以奉歎願候、以上（後略）

本史料は、笠岡陣屋管下の小田郡富岡村等の笠岡村を含まない一一ヶ村の「百姓惣代」が、同陣屋への代官・役人の「出張」を忌避し、笠岡陣屋を管轄する倉敷代官所への「直附」を願い出ているものである。ここから

表4　平木家の畳表出荷の内訳（天保4～14年〈1833～43〉、笠岡経由）

	年月日	荷物積請主	数量（枚）	中間惣代	引請人
1	天保4年2月30日	魚屋儀助	2,400	角屋吉五郎	綿や次郎三郎
2	天保4年3月27日	胡屋彦兵衛	2,490	角屋吉五郎	綿や治郎三郎
3	天保5年2月	平野屋吉兵衛	2,250	長梅屋定七	胡屋治兵衛
4	天保6年正月	橋本屋茂助	1,200	生へ濱屋冨平	胡屋治兵衛
5	天保6年4月13日	胡屋彦兵衛	1,980	角屋吉五郎	胡屋治兵衛
6	天保6年4月29日	魚屋儀介	1,620	平のや吉兵衛	胡屋治兵衛
7	天保6年8月12日	魚屋儀助	1,920	彦兵衛	胡屋治兵衛
8	天保6年8月12日	胡屋茂兵衛	2,160	胡屋彦兵衛	胡屋治兵衛
9	天保6年12月6日	魚屋吉五郎	1,920	長梅屋定七	胡屋治兵衛
10	天保7年2月7日	長梅屋定七	2,820	角屋吉五郎	胡屋治兵衛
11	天保14年9月5日	胡屋彦兵衛	1,980	平野屋惣助	胡屋治兵衛
12	天保14年9月17日	大しま屋兵吉	1,500	大嶋屋清助	胡屋治兵衛
13	天保14年閏9月3日	生江濱屋冨平	480	橋本屋茂助	胡屋治兵衛

典拠：天保4年2月30日～天保14年9月17日「畳表船積証文之事」（平木近世17-32）。
註：荷物積請主、中間惣代、引請人は全て笠岡村の者である。11～13の記述には朱筆で「但し大坂近江屋八左衛門殿へ御差送り御荷物也」と記されている。本史料の数値には天保3年以前の出荷や玉島経由での出荷が含まれておらず、平木家が出荷した畳表の全体を示すものではない。井原市史編纂委員会編『井原市史Ⅰ』（井原市、2005年）829頁には、平木家が天保～嘉永期に船株を預かり、備中国後月郡を流れる小田川で舟運を行っていたことが述べられており、玉島湊へ年貢米や畳表を輸送していたと推測されている。そのため、天保14年以降にも畳表出荷は行われていた可能性が高いが、詳細は不明である。

は、代官・役人の出張について、笠岡村等（賛成）と周辺村々の一部（反対）、加えて村々庄屋層（賛成）と百姓惣代（反対）との間で、意見の相違があったことがわかる。「出張」を反対する論拠には、「出張」のために村方が負担する費用が増加することへの危惧があった。結果的には、笠岡陣屋へは手代二名がおかれることとなったが[81]、本史料にみられるような対立構造は、後々まで継続している[82]。

次に、笠岡陣屋管下と他所領との対立について、畳表をめぐる備中一橋領と笠岡との関係をみていく[83]。備中一橋領から大坂への畳表の輸出経路としては、備中国玉島港へ輸送→大坂へ海送というルートと、笠岡港へ輸送→大坂へ海送というルートがみられた。前者は小田川を利用する輸送ルートであり、後者は陸路ではあるが距離が近接しているという違いがあった。後者ルートでの畳表の大坂輸出の一端は【表4】に示す通りである。一年間に年一〇〇〇～一万枚程度が輸出されている。なお、後述する争論をきっかけとして、天保八～一三年にかけては、笠岡経由での輸出はなかったとみられる。

一橋領と笠岡との対立について、一橋領からの畳表出荷が開始された直後の文政一二年一一月には、笠岡商人が江原役所へ中止を訴願しており[84]、笠岡商人は当初から一橋領の畳表出荷の動きに敏感に反応していた。天保三年八月には一橋領の畳表を積んだ船（吉濱村幸松船）が笠岡で滞船させられる等、笠岡と一橋領との対立は継続・悪化している。笠岡商人の反発の背景には、笠岡を経由せずに商品が輸出された場合、笠岡村に納められる冥加金が減少するという点があり、笠岡商人は近隣村々から無運上で産物が輸出されることを問題視していた[85]。

このような状況のもと、天保七年三月二五日に備中一橋領掛屋平木家から坂井（文政期には大坂蔵元木原の「下代」、第二節第二項参照）へ出された書状では「船積之儀笠岡ニてハ不宜哉、御内書之趣御尤ニ奉存候、同所も畳表問屋与船方とハ違候得共、私方篤意を以内聞いたし、其品ニ而備中玉嶋ゟ為差登候様ニ取計可申候」と述べられている。大坂蔵元側は笠岡経由での船積は「不宜哉」と考えており、平木家は場合により玉島経由での船積を行うとしている。天保七年には笠岡商人が一橋領畳表の玉島経由での廻送の多さを嘆いているが[86]、笠岡村が自村の権益（冥加金等）の保持を志向したことが、笠岡経由ルートでの畳表廻送量の一層の減少を招いた主因とみられる（【表4】）。また、この事例からは、近世後期における笠岡の衰退と玉島の相対的な優位性という論点も見出すことができよう。

（2）安政期以降における流通構造と所領間の対立

前項でみた笠岡村と備中一橋領との対立構造は、安政期以降の一橋領における殖産政策を受けて、さらに激化していくこととなる。備中一橋領の殖産政策は、第一節でも述べた通り、銀札の兌換不全等への対応策であり[87]、それとともに一橋家財政の構造変化—天保改革における幕府との関係の後退に伴い、幕府から得ていた分の収益を代わりに所領から得ようとする試行錯誤の中でなされた政策でもあった。[88] この殖産政策の中で、前述した畳表の流通についても、寄場が設置されることで流通統制が強化されている。

【史料4[89]】

小田郡
小平井村

畳表寄場

右者(西江原村)新町江諸産物交易会所出来候得共、畳表之義者小田郡村ゟ笠岡湊(最)寄斗りニ而織立候之品ニ付、新町江持出、猶笠岡湊江相送り候ハヽ、人足賃も二重ニ相掛り、不弁(便)之義ニ付、大江村庄屋庄屋(ママ)池田丹次郎へ引請、右江寄場取建、畳表買集方之上、諸国江相送り居候得共、前同断ニ而少分之切手札ニ而者買集方不行届、多分抜荷ニ相成、末ゟ仕法道立不申候得共、此上商法御開相成候ハヽ、大坂其外之相場時ゟ承り合、同人ニ買集方申付、東京・大阪等江相廻し、右御益之内を以相当之御手当同人江被下候ハヽ、御弁(便)利之義ニ奉存候（後略）

本史料は畳表寄場の設置とその運営内容について述べたものであり、大江村池田丹次郎（序章【表4】9）が畳表を買い集めて諸国へ出荷している。文政・天保期には掛屋平木家が畳表を買い集め、大坂に出荷するという方式であったが（第二節第二項）、幕末期に至り「寄場」という組織によって集荷・統制の強化がなされている。この畳表の出荷先は大坂畳表問屋惣代近江屋平兵衛であり[90]、文政期の近江屋八左衛門との関係の詳細は不明だが、同族ないし後継者であるとみられ、一橋領の成立当初からの大坂との人的関係が継続していたことがわかる。さらに、安政末年以降の殖産政策において、産物集荷、代金送付、蔵元への代金渡しとそこから備中一橋領掛屋平木家への代金送付、などが行われたことが指摘されており[91]、本章第二節第二項でも補足した通り文政期と同様に幕末期においても掛屋平木家を仲介とする決済構造があったことがわかる。以上の諸点からも、備中一橋領の殖産政策が安政期以降に突如生じたものではなく、それ以前からの関係や蓄積のもとになされたものであったことがわかる。

この殖産政策が笠岡村に及ぼした影響について、明治三年（一八七〇）七月に同村の村役人・各種惣代が倉敷県役所へ出した願書（「乍恐以書付御歎願奉申上候」）をみていく。

【史料5】[92]

（前略）文化九申年播州龍野脇坂中務大輔様御預り中、文政十亥年合高之内纔六千三百石余笠岡御陣屋附与相成、三万四千石余一橋様御領知ニ相成候ニ付而ハ、江原（後月郡西江原村）新町ニおゐて安政年中産物会所相企、生産之品者勿論、奥筋ゟ買入候品たりとも一先其場所江為持運、尚笠岡村境小平井村ニおゐて畳表御場所（畳表寄場）与相唱、無運上ニ而者直出し為致不申、百姓共往〻難渋之次第、各様両所ニおゐて運上相掛荷物買〆、又者預り置、専ら此節新畳表織出し最中、追〻新綿操（繰）出之時節ニ押移り候而者、笠岡湊尚更及差支、既ニ昨今右場所ゟ畳表多分牛馬江附出し、笠岡通り秡（抜）、端浦無運上場所ニ而船積仕、眼前御運上ニ差響、不得其意致し方右様之儀も有之、近年御運上不進ニ相成、定納金立替罷在候次第、湊内堀（掘）浚等も行届兼候儀ニ御座候間、安政年中笠岡御役所御添翰頂戴、江原御役場江出願ニ罷越候得共、右両場所江携候者共ゟ申込居候哉、願書御取用ニ不相成、乍心外空敷相留居候折柄、今般御上知、同御支配地与相成候上者、元方ニ復候様可相成儀与小前之者ニ至迠相歎罷在候、然ル所風聞承候処、矢張一橋領之節同様古来仕来与申偽、産物会所・畳表御場所とも其侭被御立置候様御願申上候趣、兎角是迠之悪弊仕癖を以、何事も躰能願立候ハヽ、百姓共難渋も無厭御聞済ニ相成候心得を以御願奉申上候儀与奉存候、自然願之通被為　仰附候様相成候而者、実以笠岡湊難渋弥増連〻湊及衰微、高免之村方相続ニ相拘り歎わ敷次第ニ奉存候間、何卒文政度同御支配地之節同様ニ立戻り、笠岡湊差障ニ不相成、已後産物会所・畳表御場所共差止メ呉候ハヽ、出荷物多分ニ相成可申、右荷物引当通商方掛江申出御拝借御願申上候様相成候ハ、急度繁栄、小前一同安穏ニ渡世可仕候（後略）

一橋領の殖産政策による集荷強化のため、笠岡に集められる商品が減少するとともに、笠岡に隣接する無運上（笠岡村に運上を納めない、本節第一項）の「端浦」からの船積が増加することで、笠岡の集荷・船積に悪影響が出ていることが述べられている。そのため、（後略）箇所では産物会所・畳表寄場の差し止めを願っている。このような状況は、本節第一項で述べた文政・天保期の状況の継続・拡大であり、一橋領の成立によって発生した対立構造が、幕末期の殖産政策によってさらに激化している。また、本史料は明治三年七月のものであり、明治二年末から翌年六月までに一橋藩が廃藩となった後にも上記の対立構造が継続している点は注目される。史料中に「何卒文政度同御支配地之節同様ニ立戻り」とあるように、笠岡村の者は一橋領成立以前の一円が同じ幕領であった時代と同様の流通構造への回帰を希求していた。上記のことから、一橋領の成立―大御所時代の将軍家斉の人間関係に基づいてなされた恣意的措置（第一節第一項）―が及ぼした影響の大きさと、これによって規定される幕末期の地域状況という点が論点となろう。[93]

備中一橋領と笠岡との対立構造と同様の事柄は、一橋領と隣接する旗本池田家領との間にも確認できる。[94]安政元年（一八五四）、旗本池田家領では領内通用のための銀札（手形札）の発行・貸付が実施されており、[95]同時に諸品の上方・他所輸出と正貨獲得を目指していること、引き続き部分的に流通統制を強化することもあり得る点が述べられている。[96]しかし、安政期の一橋領の殖産政策に伴って池田家領内の経済状況が悪化し、[97]さらに物価の急騰もあって、慶応二年（一八六六）には陣屋元井原村で騒動（「井原騒動」）が勃発している。[98]安政期以降の所領単位での流通統制の実施とこれによる所領間対立の激化に加えて、上記の状況は幕末期の民衆運動を引き起こす基盤を形成していた。

次に、明治初期における役人の「出張」・「空陣」への笠岡村の認識について、明治三年二月に同村村役人・各種惣代から倉敷県役所へ出された願書の記述をみていく。

【史料6】[99]

（前略）去巳《(明治二)》四月中甲奴郡元上下《(備後国上下代官所)》附村〻并後月郡高屋村其外共新附被仰付被為在御出張、依而当湊《(笠岡湊)》市中一統立直り可申与難有仕合ニ奉存居候、勿論悪党もの薄ラギ安穏渡世罷在候、然ル処纔半年斗御出張、又候去九月以来御空陣弥増衰微仕、一同十方《(途方)》ニ暮心痛不少、甚歎ヶ敷次第、古来ゟ御運上金定納仕、海陸共専売事渡世仕来り、旅人入込候場所ニ而、殊ニ村高不相応家数人別多く、時〻差縺事件出来、精〻村役人ニおゐて差押江罷在候得共、此上御出張無御座候而ハ、忽差支迷惑至極（後略）

倉敷県の管轄地の拡大（旧上下代官所管下幕領、後月郡高屋村等の追加）に伴う笠岡陣屋への役人の「出張」によって笠岡村が「立直」っていたが、半年ほどで役人が去って「空陣」となり、再度村内が「衰微」している。これを受けて、（後略）箇所では改めて役人の「在陣」・「出張」を願い出ている。近世後期には笠岡村の陣屋元としての特権性（管轄地から物資・人が集まる）は縮小しつつあったものの（本節第一項・第二項）、笠岡村の者は役人の在陣による経済・治安上の利点を認識しており、明治初期にも県当局による管理の継続を希求していた。[100] なお、先行研究では「港町に陣屋が寄生した形」であるというように、[101] 笠岡陣屋の存続による経済効果を評価していないとみられる見解もあるが、少なくとも近世後期〜明治初期の笠岡村においては、これまでみてきた通り笠岡陣屋の存在に起因する流通構造が、実態的にも笠岡村住民の認識の面でも重要な位置を占めていたことが明らかである。

幕末期においても、備中国南西部では広域における連携の様相として、資金調達や手形流通上の関係（第二節）、所領を超える広範な情報ネットワークがみられた[102]。しかし、領主層内部での恣意的措置による所領替え（備中一橋領の成立）がもたらした大きな影響のもと、安政期以降の所領単位での流通統制による所領間対立の激化、これに基づく民衆運動の勃発が幕末期にはみられたのであり、例えば同じ非領国である出羽国村山郡における広域的な「郡中公共圏」のような様相[103]は、備中国南西部では一義的なものではなかったと考える。笠岡陣屋管下にみられた領主権力への態度の相違や、領主制の枠組み（所領単位）に基づく矛盾の深化は、近世社会の行き詰まりの側面を明瞭に示すものであろう。

おわりに

最後に、本章の重要な論点のまとめと研究史との関係について、二点述べる。

第一に、近世後期〜幕末の社会状況と所領間関係について、備中国南西部においては文政・天保期（大御所時代後半）と安政期という二つの画期が確認でき、この両時期とも支配構造・領主制の特質や一橋家の政策が地域に大きな影響を及ぼしていた。

文政・天保期には、幕領陣屋元村である笠岡の特権的流通構造（陣屋元への人・商品の集中）が縮減していく様相を確認でき、「市場の論理」（「はじめに」）の浸透といえる状況が発生していた。この背景には、近世後期の笠岡陣屋の管轄高の減少や、大御所時代の特質―家斉との関係に基づく要因、具体的には文政一〇年の備中一橋領の成立等があった。そして、備中一橋領と笠岡との流通をめぐる対立や、笠岡管下でも役人の陣屋への「出張」をめぐる対立のように、所領内や所領間での対立構造が新たに出現していた。近世後期の地域状況と権力内部の事象（備中一橋領の成立・笠岡陣屋の管轄変更等）とが合わさっていく中で、幕末期の社会の前提となる状況が形成されていた。

安政期には、天保期までの情勢に加えて、外圧・開港に伴う国内経済の混乱、特に貨幣問題―備中国では安政元年の備前岡山藩の藩札潰れ[104]が大きな意味を持った。同時期には物価高騰等もみられ[105]、地域・領主双方が対応を模索する中で、新たな社会状況が出現していく。安政期には所領単位での集荷・輸出政策がとられ、そのことが所領間対立の激化と民衆運動の発生―最幕末期の情勢へと接続していく。そして、殖産政策が成功する所領[106]と物資・商人を失い衰退する周辺所領という図式がみられ、安定・発展と衰退という幕末の社会状況の両面が出現していった。

第二に、近世後期～幕末における領主・地域・都市間の経済的関係について、従来の議論では大坂への物資廻着の減少[107]や、「はじめに」で述べた通り領主的流通機構の解体と地域市場の成長等が重視されてきた。一方で、大坂と瀬戸内の商人との間での手形取引[108]等、両地域間の経済・金融関係は、近世後期段階にも一定の重要性を有していた。特に、備中国南西部では一橋領の成立により、支配構造（蔵元―掛屋）に基づく地域と大坂両替商との関係が形成され、年貢銀収納ルートと商品の大坂輸出・決済ルートとの相互関係ができ、周辺所領も同ルートを利用して商品を大坂に輸出する事例が確認できる。大坂や所領外への商品輸出の志向性（殖産・流通政策）は、旗本池田家領や幕領笠岡村[109]にも共通していた。

領主・地域・都市間の経済的関係という点に関わって、一橋家の所領に対する動きをみていくと、一橋家財政からの出金に加えて、大坂商人からの出金を促すことで領民の救済や殖産政策を実施している事例が確認できる。一九七〇年代以降、日本近世史では領主・領民間の「仁政」イデオロギー[110]と実際の「百姓成立」の構造が一つの焦点となっており、近年では御三卿清水家領における中間層の役割についての研究[111]や、「はじめに」でみたような中間支配機構・豪農研究が著されている。しかし、本章の分析からは、地域と領主とが如何に中央市場の資金を活用し、地域経済を維持・発展させるかに腐心していたことがうかがえる。そして、中央市場の資金を活用する際には領主制の枠組み—年貢銀収納構造、掛屋・蔵元関係の利用や、領主の「声懸」「裏印」等がみられ、ここに地域側の力量が合わさることで、近世後期における地域の存立が保たれていたと考える。

以上の通り、本章では、地域の金融・資金循環や、中央商人の金融・決済機能と地域経済との関係に注目してきた。この点は、近世後期～幕末期の社会状況や近代社会への移行の日本的特質を考えるうえでも、今後より深めていくべき重要な検討課題であると考える。

註

（1）本章では、物流・金融・商品売買の一つないし複数を経営の主体とし、中央・地方の都市に主要な経営拠点をおく者を「商人」と定義している。

（2）佐々木潤之介『幕末社会論』（塙書房、一九六九年）、同『世直し』（岩波書店、一九七九年）。

（3）藪田貫『国訴と百姓一揆の研究』（校倉書房、一九九二年）、谷山正道『近世民衆運動の展開』（高科書店、一九九四年）、同『民衆運動からみる幕末維新』（清文堂出版、二〇一七年）、平川新『紛争と世論』（東京大学出版会、一九九六年）、久留島浩『近世幕領の行政と組合村』（東京大学出版会、二〇〇二年）。なお、佐々木氏の議論の内容とこれへの批判については、久留島浩「『世直し』をめぐって」（久留島氏前掲書所収、初出一九八一年）も参照した。

（4）吉田伸之「社会的権力論ノート」（久留島浩・吉田伸之編『近世の社会的権力』山川出版社、一九九六年）。

（5）渡辺尚志『近世村落の特質と展開』（校倉書房、一九九八年）等。

（6）志村洋「近世後期の地域社会と大庄屋制支配」（『歴史学研究』七二九、一九九九年）、山﨑善弘『近世後期の領主支配と地域社会』（清文堂出版、二〇〇七年）、同『日本近世の国家・領主支配と地域社会』（塙書房、二〇二三年）等。なお、地域社会論の研究史や課題を整理した近年の成果として、大島真理夫「近世地域社会論の成果と課題」（『日本史研究』五六四、二〇〇九年）、渡辺尚志「近世村落史研究の課題を考える」・野尻泰弘「近世地域史研究の潮流」（ともに『歴史評論』七三一、二〇一一年）等がある。

（7）近世史部会運営委員会（文責：三ツ松誠）「問題提起」（『歴史学研究』八九八、二〇一二年）。

（8）伊藤昭弘「近世後期の藩領国における資本循環構造と藩財政」・今村直樹「近世後期藩領国の行財政システムと地域社会の「成立」」（ともに『歴史学研究』八八五、二〇一一年）、伊藤昭弘『藩財政再考』（清文堂出版、二〇一四年）、今村直樹『近世の地域行財政と明治維新』（吉川弘文館、二〇二〇年）、高槻泰郎「幕藩領主と大坂金融市場」・小林延人「幕末維新期の貨幣経済」（ともに『歴史学研究』八九八、二〇一二年）、高槻泰郎『近世米市場の形成と展開』（名古屋大学出版会、二〇一二年）、小林延人『明治維新期の貨幣経済』（東京大学出版会、二〇一五年）、酒井一輔「幕末期旗本財政の変容と地域経営」（『社会経済史学』八〇―二、二〇一四年）、萬代悠『近世畿内の豪農経営と藩政』（塙書房、二〇一九年）、松本充弘「近世中後期における陣屋元在郷町と譜代藩政の動向」（『ヒストリア』二八九、二〇二一年）、加藤明恵「近世中後期在郷町運営における金融と領主財政」（『ヒストリア』二九五、二〇二二年）、萬代悠「和泉清水領の利殖と救荒」（『日本史研究』七二七、二〇二三年）、平田良行「近世後期代官役所の金融仲介と貸付」（『ヒストリア』三〇一、二〇二三年）等。

（9）小林延人「幕末維新期の経済史研究」（『歴史学研究』九七五、二〇一八年）は近年の幕末維新期経済史研究を整理しており、地域社会論や近世近代移行期論もこれらの成果をある程度ふまえていく必要があろう。

（10）拙稿「近世後期の一橋徳川家における財政運営」（『ヒストリア』二五九、二〇一六年）。

(11) 拙稿「幕末期の掛屋と年貢銀収納」(『歴史学研究』九六六、二〇一八年)。

(12) 農村金融論については、福山昭『近世農村金融の構造』(雄山閣出版、一九七五年)、大塚英二『日本近世農村金融史の研究』(校倉書房、一九九六年)、福澤徹三『一九世紀の豪農・名望家と地域社会』(思文閣出版、二〇一二年)、在郷町論については、流通や特産物生産の拠点(松本四郎『日本近世都市論』東京大学出版会、一九八三年、脇田修『日本近世都市史の研究』東京大学出版会、一九九四年)、住民結合・民衆(渡辺浩一『近世日本の都市と民衆』吉川弘文館、一九九九年)、運営機構(酒井一輔「近世後期関東在方町における町組織の運営と機能」『千葉史学』六四、二〇一四年、同「近世後期関東在方町における町規約と構成員」『史学雑誌』一二三—三、二〇一四年)等の研究が念頭にある。

(13) 八木哲浩『近世の商品流通』(塙書房、一九六二年)、特にⅡ・四。

(14) 斎藤善之『内海船と幕藩制市場の解体』(柏書房、一九九四年)、特に序章・終章。

(15) 西向宏介「幕末期姫路木綿の流通と大坂問屋資本」(『ヒストリア』一三三、一九九一年)、同「幕末期藩専売制の変容過程と市場的条件」(『日本史研究』三九七、一九九五年)、同「近世後期西播地方における商品流通の連関構造」(『地方史研究』五〇—二、二〇〇〇年)、同「近世後期の手形流通と両替商」(石井寛治・中西聡編『産業化と商家経営』名古屋大学出版会、二〇〇六年)、同「近世後期における地域的市場の展開」(『日本史研究』五五九、二〇〇九年)。

(16) 吉永昭『近世の専売制度　新装版』(吉川弘文館、一九九六年、初版一九七三年)、前掲註(8)小林氏著書、特に第四章。

(17) 森本幾子『幕末・明治期の廻船経営と地域市場』(清文堂出版、二〇二一年)、特に五八六頁。

(18) 前掲註(15)西向氏二〇〇九年論文四五頁。

(19) 岩城卓二『近世畿内・近国支配の構造』(柏書房、二〇〇六年)第一部第四章。

(20) 一橋家と将軍家斉との関係やこれが所領配置に及ぼした影響については、竹村誠「御三卿の領知変遷」(大石学編『近世国家の権力構造』岩田書院、二〇〇三年)が一定程度述べており、本章第一節でも参照した。なお、領主側の状況・政策・財政運営の様相が地域に及ぼした具体的な影響という点は、前掲註(10)拙稿で検討が弱かった点でもある。本章はこの点を深めることも企図したものである。

(21) 本章で使用する史料の略称は以下の通り。茨城県立歴史館所蔵一橋徳川家文書（「一橋」）、井原市教育委員会所蔵平木家文書（「平木」）、岡山県立記録資料館所蔵小田郡笠岡村鳥越家文書（紙焼き）（「鳥越」）、同館所蔵富岡村資料（紙焼き）（「富岡」）、岡山商科大学附属図書館所蔵浅野家文書（「浅野」）、岡山大学日本史研究室（文学部日本史学領域）所蔵浅野家文書（「岡大浅野」）、笠岡市教育委員会所蔵文書（「笠岡」）、個人蔵（大阪歴史博物館寄託）「銭屋忠兵衛記録」（近世後期の帳面一冊、「銭忠」）、たつの市立龍野歴史文化資料館寄託堀謙二家文書（「堀」）。

(22) 木村礎校訂『旧高旧領取調帳　中国・四国編』（近藤出版社、一九七八年）一三五～一六三頁。

(23) 前掲註(20)竹村氏論文二〇六～二〇七頁。

(24) 前掲註(20)竹村氏論文二〇六～二〇七頁。

(25) 前掲註(20)竹村氏論文二一〇～二一五頁、二一八～二一九頁、辻達也・重松正史「近世後期、摂津国一橋領諸村に於ける貢租について」（『横浜市立大学論叢人文科学系列』三〇―一、一九七九年）、前掲註(10)拙稿一八二～一八四、二〇二頁。

(26) 前掲註(10)拙稿表1、前掲註(20)竹村氏論文第5表。

(27) 井原市史編纂委員会編『井原市史Ⅰ』（井原市、二〇〇五年）五九二、六二〇頁。

(28) 大山敷太郎『幕末財政金融史論』（ミネルヴァ書房、一九六九年）第六章、前掲註(27)『井原市史Ⅰ』六〇〇～六一四頁、池田宏樹「一橋徳川家の備中領における殖産政策」（川名登編『2001年度共同研究報告書―中国地方における海附・川附村落の経済的・文化的研究―』千葉経済大学、二〇〇三年）、古賀康士「安政四年の紙幣目録」（『岡山地方史研究』一一六、二〇〇九年）、同「近世的殖産政策の生成と展開」（二〇一〇年六月二〇日の岡山地方史研究会・広島近世近代史研究会合同研究会報告）、同「近世的殖産政策の生成と展開」（『九州文化史研究所紀要』六二、二〇一九年）。

(29) 戌（嘉永三）年一二月一五日「〔書付〕」（嘉永元～同五年「御用留」平木近世一―一五）。

(30) 前掲註(28)古賀氏二〇〇九年論文、岩城卓二「掛屋になること」（『倉敷の歴史』一九、二〇〇九年）、前掲註(8)小林氏著書第四章。

(31) 拙稿「豪農経営と親族ネットワーク」(『ヒストリア』二四九、二〇一五年、本書第二部第一章)。森元辰昭『近代日本における地主・農民経営』(御茶の水書房、二〇〇七年)表4―3(二二一頁)によると、明治二四年の小田郡・後月郡には五〇町歩以上の地主(直接国税額六〇〇円以上)が存在しない。大地主の不在の背景には、畿内での「富農」の簇生と同様の事象(高い農業生産力、商品作物栽培の展開、自作経営の有利さ等〈山崎隆三『地主制成立期の農業構造』青木書店、一九六一年〉)が想定される。

(32) 本書序章【表3】。

(33) 国史大辞典編集委員会編『国史大辞典　第九巻』(吉川弘文館、一九八八年)「畳表」(一八二～一八三頁)、地方史研究協議会編『日本産業史大系7　中国四国地方篇』(東京大学出版会、一九六〇年)「備後表」(一一四～一一九頁)。

(34) 前掲註(22)木村氏校訂書一四一頁。

(35) 天保一四年の笠岡村の人口は五五八〇人(天保一四年五月「村方様子書上帳」鳥越三四)、明治三年は六三八二人(明治三年七月「乍恐以書付御歎願奉申上候」同九三)。

(36) 本項の笠岡村の領主や陣屋についての記述は、笠岡市史編さん室編『笠岡市史第二巻』(笠岡市、一九八九年)近世編第四章2・3(特に二三九～二四九頁)を参照した。

(37) 明治六年八月「小田縣第一大区小一区戸籍総計・職分総計・寄留総計・他管轄へ寄留総計」(鳥越二一)。天保一四年には、笠岡村内に持高一〇〇石以上は庄屋一名、一〇〇石以下の「重立候者」は二〇人余(鳥越三四)であった。

(38) 前掲註(35)鳥越三四。

(39) 天保四年「御用留」(笠岡四一)。

(40) 文化一〇年、笠岡村には一〇端帆(一〇〇石積程度〈石井謙治『和船Ⅰ』法政大学出版局、一九九五年、一六八頁〉)以上の船が八艘(八名)、八端帆の船が四艘あり(岡山県史編纂委員会編『岡山県史第七巻近世Ⅱ』岡山県、一九八六年、六二〇頁)、文化期と明治初期では同村の船の規模に大差はない。明治八年、小田県域(備中国、備後国東部、五一万石余）の船舶は六六二一艘であり、積石数三〇〇石以上が二九艘、五〇～三〇〇石未満が四〇九艘、「艀・漁船并海川小廻シ船」が六一八三艘である（明治七年「必要書類写」浅野近代一三第三次産業（商業）：一―一（三））。岡山商科大学附属図書館所蔵浅野家文書の概要と文書目録については、土井作治「笠岡・浅野家文書目録について」（『岡山商大経営研究所報』一一、一九九〇年）がある。

(41) 前掲註(40)『岡山県史第七巻近世Ⅱ』六二〇～六二四頁。

(42) 藤澤晋「近世後期、湊商人の仲間稼と農村による対抗」（『史学研究』五一、一九五三年）、谷口澄夫・藤井正信「近世地方小都市の一考察」（『岡山史学』一一、一九六二年）、前掲註(40)『岡山県史第七巻近世Ⅱ』第四章第二節・四、前掲註(36)『笠岡市史第二巻』第四～第六章等。

(43) 本書第三部第一章第一節。後月郡の豪農本山成家は親族等から多額の資金を低利で借用し、平木家等の豪農層と貸借両面の関係を結んでいた（本書第二部第一章第二節）。

(44) 本書第三部第一章第一節第二項、文久元年「一番金貸附」（平木近世一六―五）、文久二年一〇月「二番金貸附」（同一六―一五）。

(45) 前掲註(36)『笠岡市史第二巻』五七一頁。

(46) 天保一一年正月「萬覚帳」（浅野近世一六商業・売買二―一）。

(47) 安政二年正月「歳々勘定帳」（浅野近世一六商業・売買一―一）。

(48) 富岡F〇〇五一三―〇〇〇五〇一二三。本章で引用する史料の傍線・丸数字・括弧書き等は、全て筆者（東野）による。なお、以下で述べる通り、本史料の④⑤にかんする内容として、初出論文では東一郎が吉兵衛から訴えられたとしていたが、正しくは吉兵衛の子の孝三が訴えており、さらに大坂長濱屋源左衛門下代と若竹屋の備中訪問について「計画」と述べていたが、実際の訪問も行われている。ここで修正しておきたい。

(49) 明治二年三月「由緒書上書扣」（富岡F〇〇五一三―〇〇〇六〇一〇四）による。同家についての記述は、註記がない限り本史料による。同家の経営帳簿は残存していないが、第二部第一章註(82)で述べた通り、一件史料の中で同家の金融活動について知ることのできる記述が散見される。
(50) 長濱屋は、天保八年「浪花持丸長者鑑」で「頭取」とされている人物である（青木美智男編『決定版番付集成』柏書房、二〇〇九年、一三二〜一三三頁）。
(51) 一八世紀後期の備中国真鍋島の漁師が堺の魚問屋から仕入銀を借用して漁獲物を出荷する事例（宇野脩平編著『備中真鍋島の史料』第三巻、日本常民文化研究所、一九五六年、一六三〜一六四頁）、尼崎商人が仕入銀の銀主である事例（同一六七〜一六九頁）等から、上方商人の資金力と出荷経路が金融関係を規定していたと考える。
(52) 銭忠。
(53)（天保期）「〔御触書写帳〕」（堀四七四—五）。
(54) 天保一三〜嘉永三年「文通留」（平木近世一—一二一）。
(55) 本書第三部第二章第五節。
(56) 大坂蔵元の年貢銀立替については、本書第三部第一章第二節で詳述している。
(57) 嘉永元年一〇月〜同五年一二月「御用留」（平木近世一—一五）。
(58) 本書第三部第一章第二節、明治二年「御改正御取締御廻村御用留」（一橋C六—四）。
(59) 本書第三部第一章第二節、前掲註(54)。以下、本段落の記述は前掲註(54)史料による。なお、本章のもととなった旧稿（「近世後期の地域経済と商人」『日本史研究』六七九、二〇一九年）では、従来の年番制よりも大坂蔵元全体の金高（資金力）が小さくなった点は村々へ通達されなかった旨を記していたが、本文で述べた通り確言はできないが通達された可能性が高い。ここで修正しておきたい。
(60) 銭忠。なお、木之子村役所については前掲註(27)『井原市史Ⅰ』五八六〜五九一頁を参照。
(61) 口座開設を認めていない比較的信用度の低い相手からの預かり銀に対して「預り手形」が出され、口座を開設した信用度の高い得意先には両替商宛の「振手形」の振出しが認められていた（石井寛治『経済発展と両替商金融』有斐閣、二〇〇七年、五六頁）。

(62) 前掲註(28)古賀氏報告、古賀氏二〇一九年論文では、産物会所の商品輸出での荷為替金融や年貢銀の陸送の際の為替送金がみられた可能性に言及しているが、商品の決済と年貢銀収納との関係や、手形取引の内実（資金輸送経路、取引主体等）の具体的分析はなされていない。

(63) 銭忠。木原と友金は文政七年の摂津領成立時に初めて一橋家の館入となった（銭忠）。

(64) 後月郡役所編『岡山県後月郡誌全』（名著出版、一九七二年、一九二六年版の復刻）六九〇〜六九一頁。

(65) 幕領と一橋領の支配方法の共通性（前掲註(20)竹村氏論文、本書第三部第一章、拙稿「備中一橋領における年貢収納と石代納」『日本歴史』八一三、二〇一六年）にもかかわらず、【史料2】が備中一橋領成立直後に願い出されていることから、備中一橋領期より前の龍野藩預所の際には「預り手形」を用いた決済や商品代金と関連させた年貢銀処理が行われていなかった可能性が高いと思われるが、この点の検証は今後の課題である。

(66) 「文通留」（平木近世一九―二五〇）。本項の以下の記述で註記がないものは本史料の記述による。近江八幡市史編集委員会編『近江八幡の歴史第五巻　商人と商い』（近江八幡市、二〇一二年）第二章三（三六〜五一頁、森本幾子氏執筆）では、近江商人西川利右衛門の大坂店が近江屋八左衛門であること、笠岡村やその近辺からの「備中表」の積み送りや笠岡における価格統制などについて述べられており、特に近江屋の概要については本項でも上記書籍を参照している。

(67) 銭忠。

(68) 文久二〜同三年一二月一〇日「二番金貸付」（平木近世一六―一五）、元治元年「金銀取引帳」（平木近世一六―一七）。幕末維新期の手形使用や後述する畳表の集荷範囲については、初出論文から大幅に加筆を行った。

(69) 文久元年「金借入」（平木近世一六―一四）、文久二〜同三年一二月一〇日「二番金貸付」（平木近世一六―一五）、元治元年「金銀取引帳」（平木近世一六―一七）。

(70) （近世ヵ）一二月二三日「〔書状〕」（岡大浅野二〇―七）。同文書群については、拙稿「備中国小田郡笠岡村浅野家文書目録・史料紹介（一）」（『岡山大学大学院社会文化科学研究科紀要』五三、二〇二二年）、東野将伸・渡世理彩「同（二）」（『同』五四、二〇二二年）にて目録と史料紹介を掲載している。

(71) 前掲註(28)の諸研究。古賀氏二〇一九年論文註(67)では、文久四年の史料によって「領内産物の代金が公金（筆者註：年貢銀・御用金）として納入される仕組みが整いつつあったと考えられる」と述べられているが、本項で述べた通り、このような仕組みは遅くとも天保期からみられる。
(72) 前掲註(2)佐々木氏両著書等。
(73) 天保七年一一月〜同一三年四月「御用留」（笠岡四三）。
(74) 前掲註(36)『笠岡市史第二巻』第四章・3。
(75) 前掲註(42)谷口氏・藤井氏論文一九頁、天保三年「御用留」（笠岡四一）。
(76) 前掲註(36)『笠岡市史第二巻』第四章・3。
(77) （近世後期ヵ）「乍恐以書付御答奉申上候」（鳥越一二七）。
(78) 前掲註(42)谷口氏・藤井氏論文一九頁、鳥越一二七。
(79) 天保一四年五月「村方様子書上帳」（鳥越三四）。
(80) 天保一一年五月「乍恐書付を以御歎願奉申上候」（宇野脩平編著『備中真鍋島の史料』第四巻、日本常民文化研究所、一九五六年、一六二一〜一六三頁）。
(81) 前掲註(36)『笠岡市史第二巻』二五三頁。
(82) 安政五年の史料には、「去春」以来、笠岡陣屋管下二一ヶ村のうち一四ヶ村から、笠岡管下の村々を倉敷代官役所の「直附」とするよう願い出られていたことが記されている（安政四年一一月〜文久元年三月「御用留」笠岡四四）。
(83) 以下の本項の記述で註記がない場合、典拠は前掲註(66)平木近世一九—二五〇による。
(84) 文政七年正月〜天保一〇年「家例帳」（平木近世一九—二）。
(85) 前掲註(42)谷口氏・藤井氏論文第五章。笠岡村での流通統制の志向性を示す事例として、文化元年の綿会所設置訴願（翌年認可）が注目される（文化元年七月「乍恐書附を以御願奉申上候」、享和三年〜文化二年「御用留」笠岡四〇所収）。この訴願は前掲註(36)『笠岡市史第二巻』三六八頁でも関説されているが、史料によると、諸地方で会所が設置されることで商品への信頼が増しているとされており、文化期という周辺所領と比べて早い段階で、特産地の成立と大坂輸出をめぐる地域間対立を笠岡商人は認識していた。

(86) 前掲註(40)『岡山県史第七巻近世Ⅱ』六二〇～六二一頁。

(87) 前掲註(28)の諸研究。

(88) 本書第三部第二章。

(89) 前掲註(58)一橋C六―四。前掲註(28)古賀氏報告、古賀氏二〇一九年論文では畳表会所をめぐる一橋領の有力者と小前の対立が指摘され、また同氏報告では【史料4】が翻刻されているが、同史料の具体的内容や文政・天保期の流通構造との関係等は分析されていない。

(90) 前掲註(28)大山氏著書三四二頁。

(91) 前掲註(28)大山氏著書三四一頁。

(92) 鳥越九三。前掲註(42)谷口氏・藤井氏論文一八頁でも安政期以降の一橋領と笠岡の対立が検討されているが、本章は天保期からの連続性や明治初期の様相を解明している点で違いがある。

(93) 一橋藩の廃藩については、前掲註(27)『井原市史Ⅰ』一〇四〇～一〇四三頁を参照した。

(94) 最幕末期の旗本池田家は、備中国後月郡井原村・片塚村に六〇〇石の所領（全所領）を有しており、井原村には陣屋が設置されていた（前掲註(27)『井原市史Ⅰ』五五九～五六三頁）。

(95) 前掲註(27)『井原市史Ⅰ』七九二～七九五頁。

(96) 安政元年一二月二一日「御趣意申渡書」（井原市史編集委員会編『井原市史Ⅳ』井原市、二〇〇一年、九七二～九八〇頁）。

(97) 万延元年一〇月「〔御用状〕」（前掲註(96)『井原市史Ⅳ』六一八頁）、前掲註(27)『井原市史Ⅰ』七九五頁。

(98) 前掲註(27)『井原市史Ⅰ』一〇四三～一〇五一頁。

(99) 明治三年二月「乍恐以書附奉再歎願候」（鳥越八八）。

(100) 支配権力や県庁との関わりの中で笠岡村の治安や景況が維持されていたとの認識は、明治一一年における「民蓄金積立」等を目的とした結社設立の願出においても確認できる（明治一一年六月「民約之儀ニ付御願」浅野近代一五土木・建築・港湾・一―一七）。幕末期以降、笠岡村の一定程度の住民（第三節第一項でみた通り、旧庄屋層を中心とするとみられる）の中では、ある程度一貫してこのような認識が継続していたとみられる。

(101) 岡山県史編纂委員会編『岡山県史第六巻近世Ⅰ』（岡山県、一九八四年）二八一～二八二頁。

(102) 前掲註(65)拙稿第三章。

(103) 平川新「「郡中」公共圏の形成」（『日本史研究』五一一、二〇〇五年）。

(104) 岡山藩の「札潰れ」の背景には嘉永五年の大洪水、同六年の大干魃、安政元年のペリー再来による房総警備のための膨大な出費があった（永谷美樹恵「岡山藩安政の札潰れに関する一考察」『倉敷の歴史』一〇、二〇〇〇年、六五～六六頁）。この岡山藩の「札潰れ」前後には、少なくとも一八ヶ所の銀札が流通停止になっている（古賀康士「幕末維新期の備中における紙幣発行について」『倉敷の歴史』二一、二〇一一年、四三頁）。

(105) 前掲註(65)拙稿図2（四六～四七頁、備中一橋領の石代納値段）。

(106) 木村礎「近世の三代改革」（日本歴史学会編『日本史の問題点』吉川弘文館、一九六五年）第三節等が述べる天保期以降の諸藩（雄藩以外の藩を含む）の改革による「領国化」が、本章でみたような小規模・散在所領や個別の幕府代官所でも進展していたともいえる。

(107) 安岡重明『日本封建経済政策史論　増補版』（晃洋書房、一九八五年）第五章第三節。

(108) 本章での備中国南西部の事例、前掲註(15)西向氏二〇〇九年論文の播磨国の事例、前掲註(17)森本氏著書の阿波国の事例がみられる。

(109) 前掲註(85)、笠岡四〇。

(110) 深谷克己『百姓一揆の歴史的構造』（校倉書房、一九七九年）第一部第二章。

(111) 前掲註(6)山﨑氏二〇〇七年著書・二〇二三年著書。

終章　近世中後期の金融と地域社会

第一節　本書の総括

本書では、三部にわたって近世中後期の地域社会における金融とその背景にある論理・関係を分析した。地域社会において様々な種類・金額の金融が濃密に展開され、社会各層もこれらと関係を有しつつ日々の生活を営んでいたこと、そして地域金融を検討することの意義の大きさは明らかであろう。本書での分析にあたり課題とした点は、①豪農金融論の見直し、②小前間の金融関係の実態分析、③領主の金融活動や支配構造に基づく金融・立替、④中央都市・地方都市の商人が担う金融機能、という四つの主体の分析と、地域金融におけるA共同体的・人格的論理、B経済・市場の論理、C支配構造の論理の三つの論理の規定性の分析であった。そして、この個別の課題の実態分析をふまえたうえで、Bの論理の強調になりがちであると筆者が考える「農村金融市場」[1]論以外の方法によって、上記の四つの主体と三つの論理の相関関係、およびそれらの変容過程を明らかにすることが本書の目的であった。上記の課題設定をふまえつつ、各部・各章の分析内容を要約し、論点を提示する。

第一部「少額金融・グループ金融の存立構造」では、地域における小規模な金融活動の分析を通じて、小前層における金融活動の実態と、小規模金融に有力者である豪農がどのように関わっていたのかを明らかにした。

第一部第一章では、近世中後期の備中国南西部を対象地域として、個人の経営救済を目的として極めて頻繁に実施されていた取立頼母子の運営構造を分析した。その際、備中国後月郡木之子村の豪農・村役人であった平木家の関与に注目した。頼母子の資金調達機能について、取立頼母子は取立主の経営救済（救済）、加入者の一定条件での資金取得（金融）、富裕な加入者の利益取得（功利）という三機能を有しており、比較的零細な資金の集約と配分において効果的な金融手段として機能していた。そして、取立頼母子には資金調達手段としての信用を維持するための役職―引請人が設定されていた。引請人は頼母子の運営実務の大半を担うとともに、掛金・返済金の立替や加入口の引継により、頼母子の安定的な運営を維持する機能を担っていた。豪農が引請人に就任する理由は、①庄屋職に基づく居村民への融通義務や、寺院の檀家であるという公的・制度的側面、②自身と深い関係にある者の経営救済という私的・経済的側面の双方がみられた。頼母子運営への豪農の関与からは、豪農の貸付の側面に加えて、豪農を地域経済・金融面での信用の結節点としても捉えていく必要性が指摘できる。

同地域における頼母子は取立頼母子を基本にしつつも、その運営形態は極めて多様であった。その中でも金融と宗教的契機との関係を示す事例として、第一部第二章では寺院が行う頼母子―寺院頼母子の運営構造を分析した。備中国後月郡木之子村の三光寺・浄見寺は所持高において村内上中層に位置していたが、両寺とも住職の隠居・交代に際しての普請による借財を契機として、頼母子を計画している。寺院頼母子には寺院への恩恵的側面や檀家の加入が多く確認でき、檀家を中心としてなされた救済的性格の強いものであったが、寺院頼母子においても有力な豪農である平木家（木之子村庄屋）による運営への関与がみられた。農村部においては、寺院頼母子の運営にみられる通り、寺院の「世俗的側面」（第一部第二章はじめに）である金融や商業における関係と、「宗教的・制度的側面」である寺檀関係とはかなりの程度重複しており、檀家は寺院の経営維持・救済義務を有していたとみられる。

頼母子と同様、あるいはそれ以上に地域における金融手段として多くみられたものとして、第一部第三章では質地売買（特に年季売り・質入）について分析した。備中国後月郡簗瀬村においては本山成家・西山成家が圧倒的な経済力を保持していたが、同村の質地売買をみると、小前同士の売買が全体件数の六三％以上を占め、分厚く存在していた。小前層では同族団内部での資金調達が基本にあり、その後に村役人・豪農である本山成家・西山成家が、村内において資金調達機能を期待されていたとみられる。簗瀬村では近世後期には他村からの入作が減少しており、土地所持からみると幕末期にも村落共同体の規制力は一定程度機能していた(2)。ただし、村単位での土地所持の様相については、その村に経済的に有力な豪農や村役人が存在したか否かに大きく左右されていた（経済的な有力者が村内にいる場合はその家に土地が集中する）とみられる。また、簗瀬村における質地慣行をみると、庄屋による融通的な質地売買・請返しの許可と、小前による請返しの制限がなされており、質地の転売事例もみられた。これらのことからは、瀬戸内という農業生産力の高い地域に所在する村において、小前層においても土地を計算可能な「商品」へと捉えなおす動きが進んでいたことを示すとみられる。第一章、第二章で分析した頼母子についても、平木家のような信用できる引請人を選定していく、小前層を含む加入者の金融・信用についての一定の見識・力量を読み取るべきであり、近世後期における小前層の金融面での活動や力量は改めて注目・検討されるべきものと考える。

第一部第一章、第二章、第三章では、少額金融・グループ金融の分析を通じて、小前間の金融関係の広範な展開と、これを支える豪農の金融・信用機能を明らかにした。特に、小前間の経済・金融関係、同族関係に基づく金融関係、村共同体における村役人の融通的行動、頼母子運営における豪農の信用の機能といった、地域金融におけるA共同体的・人格的論理の側面を主に明らかにした。ただし、このうちの村役人による融通的行動については、C支配構造の論理―村役人として村内の住民の生活を維持する役割が期待されていたことも背景にあったとみるべきである。一方で、B経済・市場の論理と関連する事象として、頻繁な質地売買・転売や質地の請返し期間の制限のような、土地を計算可能な「商品」へと捉えなおす動きが小前層においてみられる点は、少額金融におけるA共同体的・人格的論理以外の側面として注目される。従来、先行研究では村共同体内における土地を媒介とした融通に注目が集まっていたが[3]、第一部では土地を直接の媒介物とはしない金融手法である頼母子における資金配分と信用の構造を明らかにした点、個別の頼母子におけるA・B二つの論理の併存の構造を明らかにした点、親類・同族関係の結合契機としての重要性を指摘した点が、先行研究をふまえた際の重要な成果である。加えて、豪農が村や地域において果たした金融機能は、小前同士の零細な経済・金融関係という分厚い基礎部分との関係を十分意識したうえで追究される必要がある点が明らかになったと考える。

第一部では、豪農については居村やごく近隣における金融活動への関与についての分析にとどまっている。そのため、第二部「豪農・地方都市商人の経営・金融と社会的ネットワーク」では、豪農と地方都市商人における金融活動と広域的なネットワークを検討した。

第二部第一章では、近世中期～明治前期の豪農経営とネットワーク、特に親族との関係について、本山成家（備中国後月郡簗瀬村）の事例を通じて明らかにした。大規模豪農（持高一〇〇～二〇〇石程度）であった本山成家は、寛政期以降の土地取得や酒造業の開始・拡大というように、幕末期まではその経営は拡大傾向にあった。経営拡大の端緒期の一八世紀後期～一九世紀前期にかけて、郡最上層の豪農との通婚を開始しており、有力な豪農との親族ネットワークを形成することで、家格の上昇と家同士の関係―特に経済面での関係の構築を志向していた。近世後期の本山成家は親族や近隣の豪農・村役人から公定利率上限以下で多額の資金を借用し、経営の維持・拡大資金等にあてていたとみられ、豪農間の金融ネットワークが個別経営の拡大と地域産業の振興の原動力の一つとして機能していたことが示唆される。本山成家に対しては、明治期の家政改革の際にも親族による仕法の管理や救済措置がとられており、幕末維新期から明治期における本山成家の日常的な経営の維持と非常時の経営救済、ならびに居村百姓や領主からの出金要請への対応に際しては、一貫して親族ネットワークが重要な役割を果たしていたとみられる。幕末期に庄屋も務めた本山成家が、居村百姓との土地売買において融通的な質地売買・請返しの対応を行うことができた（第一部第三章）背景の一つにも、本章でみたような親族ネットワークがあったとみるべきであろう。

第二部第二章では、地方都市商人である山成家（屋号：簗瀬屋、備中国後月郡西江原村）を題材として、同家の金融活動を分析した。山成家は前述した本山成家の孫分家であり、本山成家の主要な資金調達相手―地域における豪農や商人間の金融ネットワーク内の一家でもあった。同家は有担保での少額貸付（質屋業）を行いつつも、時期が下るごとに高額貸付を行う金融業者としての性格を強め、明治後期には地主・金融業者（高額貸付）・投資家へと転換していった。ただし、明治二〇年代までは維新期や松方デフレ期に有担保貸付が大幅に増加するなど、経済状況に基づく貸付形態の変化がみられた。このような金融形態が本格的に変容する時期は、山成家では明治二〇年代末から同三〇年代である。この時期は全国的な企業や銀行の設立ブームがみられており[4]、山成家においては直接的な金融活動ではなく、自身が株主・発起人となった西江原銀行（明治二九年〈一八九六〉設立）を通じた利益取得へと移行していったことがうかがえる。山成家の質屋業では、判明する一部の事例や貸付金額から、小前層に対する零細貸付がかなりの程度含まれていたとみられ、さらに極めて短期間での少額・有担保貸付も確認できた。山成家は高額貸付を行う一方で、質屋業での貸付を中心として、少なくとも明治前期までは少額貸付にも相当の比重をもって取り組んでいた。その中でも特に質流れまでの期限の長さからは、利子を取得する代わりに相当程度長期の契約を結んでいたことがうかがえ、山成家が小前に対して長期的に資金を提供する機能を担っていたことがわかる。

第二部第一章、第二章では、豪農・地方都市商人の金融とそれを取り巻く社会的ネットワークの分析を通じて、広域における金融活動の性格とその存立基盤を明らかにした。近世中後期において経営規模を拡大させつつ、居村や近隣において融通的側面（A共同体的・人格的論理）を強くみせる豪農・村役人のあり方[5]は、本山成家の事例にみられる通り、広域における金融ネットワーク（Aに基づく）に基づいて実現されていた。そして、豪農の経営・金融における融通的側面（A）と利益追究の側面（B）の併存は、岩田浩太郎氏や拙稿が述べるように経営における地域区分などの形で実現されており[6]、個別の豪農や地方都市商人の経営内部において整合的に把握できるものであった。そして、小前同士（主に第一部第三章）、豪農同士（第二部）、小前と豪農・地方都市商人（第一部第三章、第二部）、豪農・地方都市商人等の形で、それぞれが連関しつつ地域における経済・金融構造が形成されていた。これを備中国後月郡と山成一族を事例に実証的に示し、さらにこのネットワークの形成契機やその機能にまで分析を深めた点が、第一部・第二部を通じた成果の一つであると考える。

他方で、豪農や地方都市商人は、領主と領民との間にあって中間支配機構としての機能を担う場合も多く、領主支配や貸付・殖産政策に動員されていく存在でもあった。第三部「領主財政・中央都市商人と地域金融―年貢収納・利殖政策・為替決済―」では、領主の貸付・利殖政策や年貢銀収納の際に生じる金融・立替関係の分析を通じて、C支配構造の論理に規定された地域金融の内実を解明するとともに、幕末期における領主―領民関係とその変容過程について考察した。

第三部第一章では、備中一橋領において支配構造の規定性のもとに領内への年貢立替機能を担うこととなった掛屋平木家の動向と、同家と領主・大坂蔵元との関係を明らかにした。従来の掛屋研究では、掛屋が領主に接近し、年貢銀・公金を預かって貸し付けることで利益を得る側面が強調されてきたが[7]、備中一橋領掛屋平木家においては、銀札の一括兌換・兌換不全や所領への年貢銀立替、公金貸付に関わる利益の少なさといった掛屋の負担となる側面が強くみられた。その中でも掛屋による年貢銀立替と銀札兌換は、年貢銀を一括して大坂に差し立てるという職掌に加えて、多様な銀札が流通する備中国南西部では構造的に不可避なものであり、掛屋平木家は大坂―備中一橋領間の年貢立替の結節点として機能していた。領主財政の維持にとってこの立替関係は重要な意義を有しており、代官役所と大坂蔵元は平木家を不可欠な存在と認識し、家政改革へ積極的に介入していった。しかし、安政～文久期の家政改革はあくまで同家内部の改革であり、周囲において銀札兌換・年貢立替をめぐる構造は基本的に改善されなかった。これに加えて幕末期の政局による御用金賦課等のため、掛屋を単独で務める体制は限界を迎え、元治元年以降の備中一橋領は掛屋六人体制へと移行していくこととなった。掛屋（地域）―大坂蔵元（中央都市）間の立替関係の重要性の指摘とその実態の解明は特に重要な成果であり、地域社会を考える際の視野を広げるものである。

第三部第二章では、近世後期における一橋家の財政運営と幕府・所領との金融関係を分析した。一橋家の財政は、一般会計部門と一橋家の積立金や債権をまとめた「別記項目」の二部門に分かれており、特に後者をふまえると従来の一橋家財政への評価は大きく上方修正されるべきである。一橋家の財政においては、年貢収入に加えて文化期以降開始された貸付・利殖政策が重要な意義を有していた。この貸付金は天保末年までは幕府公金貸付政策のルートによって利殖されていたが、幕府の天保改革と同時に貸付・利殖政策の縮小を余儀なくされ、一橋家と幕府との財政・金融面での関係は希薄化することとなった。そのため、嘉永・安政期以降、一橋家の財政構造は独立的な性格を強め、収入基盤である各国所領との関係がより重要な意義を有することとなった。このような状況を受けて、備中一橋領では従来のような単純な年貢増徴ではなく、領内からの訴願の動きを引き金として、それに呼応する形で殖産・貸付政策が実施され、一橋家は領主権力に基づく諸施策により、所領内での資金運用や領内経済振興に注力していくこととなる。安政期以降、備中一橋領において年貢減免訴願をより受け入れる動向がみられるようになり、幕末期には矛盾の深化がみられつつも、領主―領民間の緊張をはらんだ相互関係といえる側面がより表面化している。[8]近世後期～幕末期の領主―領民関係の変化の背景として、一橋家の財政構造上の変化―特に天保改革期の幕府と個別領主（本書の事例では一橋家）との関係の再編や、近世後期～幕末期において全国的にも広くみられた領民による盛んな訴願・献策の動きがあった点をふまえると、一橋領のような状況は決して特殊事例ではないと考えるべきであろう。[10]また、少なくとも天保期以降の一橋家は、様々な形での利殖や資金の貸付を行っており、この中では国を超える所領全体規模での資金移動も確認できる。領主（特に散在所領を有する領主）が有した金融と資金配分面での固有の機能を、これらの事例からは見出すことができよう。

第三部第三章では、近世後期～幕末期の地域（備中国）と大坂との間での物資流通とそこでの金融・決済の分析を通じて、都市商人による決済と物資流通との関係、幕末期の殖産政策を通じた地域状況の変化の様相を明らかにした。備中国小田郡笠岡村（笠岡港）の廻船業者である浅野家の資金調達状況から、周辺部や内陸部の有力者の貸付金が笠岡商人の短期的な運転資金として利用され、地域・大坂間の商品流通を下支えしていたことが明らかとなった。一方で、同地域では「田舎之銀主」の資金調達能力の限界を認識し、大規模事業（土木工事・漁業等）に際して、大坂・上方のより大きな資本からの資金調達が重視される場面もみられた。このような経済・

市場の論理（B）に基づく資金調達先の選定という側面以外に、同地域では支配構造の論理（C）に基づき、大坂商人―具体的には一橋家の大坂蔵元から資金を調達し、これが村々の困窮への対処や殖産政策の資金として活用される場面もみられた。そして、備中一橋領・笠岡廻船業者・大坂蔵元の間では、商品の大坂輸出と年貢銀収納における手形決済がなされており、この決済ルートが他所領の商品移出の時にも利用されていた。年貢銀収納という領主的な資金循環と、商品流通などの在来的な資金循環が相互関係を持ちつつ、地域と中央市場や支配構造（蔵元・掛屋）とが関係を継続する中で近世後期の地域経済や地域―中央都市関係が存続していた。一方で近世後期〜幕末期の地域においては、矛盾の深化の側面があわせてみられた。備中一橋領における産物集荷政策と笠岡商人との対立、最幕末期における近隣所領での騒動の勃発など、所領間対立の激化に基づく幕末期の地域秩序の揺らぎ・近世社会の行き詰まりの様相と、前述した決済構造のような所領を超える連帯と利益共有の双方が、近世後期〜幕末期の備中国南西部においては併存していたのである。

第三部第一章、第二章、第三章では、地域の経済・金融活動における領主権力・支配構造の規定性（C支配構造の論理）を主に追究した。近世後期の幕領笠岡陣屋の管轄高の減少や大御所時代の特質―家斉との関係に基づく要因、具体的には文政一〇年の備中一橋領の成立等を原因として、幕領陣屋元村である笠岡の特権的流通構造（陣屋元への人・商品の集中）が縮減していく様相は、まさにC支配構造の論理による地域状況の改変と、それに伴うB経済・市場の論理の浸透と表現できるものである。そして、備中一橋領において明瞭に確認できる通り、地域内において領主は自身で貸付を行う金融の担い手であり、所領内の資金の集約・再配分の機能を担う側面（第三部第二章）や、法的規制がある程度地域に影響を及ぼす側面[11]もみられた。地域における年貢銀収納に関わる中間支配機構（掛屋等）は、領主から担わされた金融・立替義務に基づき、円滑な年貢銀収納を支え、また地域における金融や貨幣・紙幣流通の中心の一つとしての機能を担っていた。掛屋や大坂蔵元といった領主との関係のもとに職責を担う者は、その職責に基づく金融・立替金額が銀数百貫にのぼる場合があり、地域全体における金融・立替の中において、担った機能や職制上の構造（各村庄屋の上部に位置づく）の面もふまえて決して無視できない立ち位置にあった。このような金融・立替機能は第一部、第二部でみてきたA共同体的・人格的論理と利益追求の論理（B経済・市場の論理）のいずれとも異なるものであり、個別の中間支配機構―経済的にはA・Bの両要素を併せ持つ豪農・地方都市商人である場合が多い―に対して、C支配構造の論理に基づく役割・負担を強いるものであった。上記の通り、一地域における経済・金融構造は、中央都市商人や個別領主―支配構造といった地域外の要素との関係のもとに維持・改編させられていくものでもあった（第三部）。そして、個別領主財政は上位権力である幕府との関係といった領主層固有の論理に規定されつつ、所領との経済・金融面での関係を、財政収入の確保という前提を堅持しつつも様々な手段によって保っていく中で存続していた。地域社会内部の事象や個別領主の財政状況に加えて、さらに外部にある諸要因の影響力も意識しつつ、近世後期～幕末期の地域社会における領主―領民関係の変容過程を、資金の循環構造やその結節点に生じる金融・立替といった点に着目しつつ捉えていく必要がある（次節で詳述）。

また、第三部第三章で述べた通り、地域側は大規模事業において大坂・上方のより大きな資本からの資金調達を志向する場合があった。一方で、一橋家の所領に対する動きをみていくと、一橋家財政からの出金に加えて、大坂商人からの出金を促すことで領民の救済や殖産政策を実施している事例が確認できる。すなわち、地域側と領主側とは、中央市場の資金を如何に活用して地域経済を維持・発展させるか、都市経済と地域経済とをどのように連関させるかという課題をともに認識していたのである。そして、中央市場の資金を活用する際には領主制の枠組み―年貢銀収納構造、掛屋・蔵元関係の利用や、領主の「声懸」「裏印」等がみられたのであり、ここに地域側の力量があわさることで、近世後期における地域の存立が保たれていたと考えられよう。

なお、第三部では村・中間支配機構・領主・中央都市という近世社会に典型的な支配構造における金融・立替やそこにみられる論理を整理することを主な目的としてきた。特に第三部第一章・第二章は年貢収納に関わる事象を主に取り上げたが、これに加えて、本書が主な対象とした幕末期の備中一橋領では、産物会所の設置などの殖産政策の実施により、主に所領内を範囲とした地域金融の組織化とも表現できる状況が進展していた。この事例については、多くの研究[12]があるため本書では正面から検討しなかったものの、近代移行期の地域金融の特徴を考えるうえで重要なものであり、地域側における金融面での力量の高さを見出すこともできる。ただし、第三部第一章【付記】でも述べた通り、備中一橋領の殖産政策は領民からの訴願や献策を主な契機としつつも、あくまでも個別領主の「政策」として行われた。そのため地域側の自生的な動向としてのみ理解することは適切ではなく、近世社会の支配構造の論理や領主財政の動向、所領の枠組みにも規定されていた側面に留意する必要がある。また、産物会所を引き継いだ小田県殖産商社江原分局は明治七～九年までの短期間で機能を停止していること[13]、明治中後期以降の銀行を中心とする地域金融構造に直接は繋がらないこと、さらに本書が対象とした本山成家・山成家（簗瀬屋）・平木家の事例もふまえると、産物会所や殖産商社による金融機能の組織化に集約されきらない動向（掛屋平木家の独自の機能、山成家（簗瀬屋）の会所への態度や金融活動、本書第一部でみた金融形態等）や、殖産政策に関与したことによる個別の家の経営悪化（本山成家）といった負の側面がみられた点にも留意するべきと考える。

第二節　近世社会の変容と地域金融

（1）近世中後期における地域金融の構成論理とその転換

本書で分析対象とした小前・豪農・地方都市商人・中央都市商人・領主は、金融における資金面・信用面での相関関係を有しており、これらの複合が地域における金融構造を形成していた。まず、先行研究における農村金融・豪農金融の捉え方とも対比させつつ、「地域金融構造」の内容を整理して提示する。

近世中後期の農村部における金融について、大塚英二氏は高利貸論理と融通論理の対抗として捉え[14]、福澤徹三氏は高利貸と融通の間にある「近世的貸付」を新たな区分として措定している[15]。しかし、福澤氏の「近世的貸付」については、「人格的関係」に基づくとする点は読み取れるものの、全体として定義が不明確であり[16]、「近世的貸付」の背景にある論理が整理されていないため、大塚氏の述べる金融の性格と形態に着目した二類型に対する有効な提起にはなっていないと考える。

また、近年の日本近世史や日本経済史において述べられる「農村金融市場[17]」という分析視角については、第一部第三章、第二部第一章等で述べたA共同体的・人格的な金融関係の形成契機や、第三部第一章・第二章等で述べたC支配構造の論理に基づく金融・立替を鑑みると、近世中後期の地域金融を捉えるうえで限界のあるものと考える。筆者は第三部でも述べた通り、近世の地域における金融・立替や資金の動きについては、年貢収納方法（地方→中央都市への年貢の集約、年貢納入の村請制やこれに基づく村役人・中間支配機構の立替義務）や全国的な物資流通構造によって規定されていた側面を、現在の研究状況においてはより大きく議論に組み込む必要があると考えている。後者については、西日本の場合は大坂を中心とした構造であり、幕末期まで大坂の全国的な物資集約・流通機能はやや衰退の様相をみせつつも存続し、金融機能については近世後期以降にも存続・強化され、全国的な中心であり続けたことが先行研究によって示されている⑱。そして、大坂の金融・流通機能は、同地の商人や両替商の経済力によって成り立っていたが、同時に各領主が蔵屋敷などの立入として商人を指定し、所領の産物の集荷を担わせるといったような、C支配構造の論理に基づいて成り立っていた側面もあった⑲。

以上のことから、「地域金融構造」の性格や村・地域における金融・立替の性格を理解するためには、先行研究の成果（主にA・Bに基づく事象）に加えて、従来は顧みられることの少なかった金融・立替におけるC支配構造の論理を意識的に議論に組み込むことが、少なくとも現在の研究状況をみるならば必要であると考える。なお、念のために述べておくと、C支配構造の論理に基づく金融・立替の具体的なものとしては、領主による地域への公金貸付、領主から与えられた職責に基づく立替―掛屋・大坂蔵元による立替、産物集荷政策に基づく産物の大坂輸出とそれに関わる金融などを想定している。また、庄屋による年貢等の立替は、庄屋が①共同体の有力者、②村請制村の長という二側面を有する場合が多いために判断しづらい部分もあるが、②に基づいて立替がなされる場面も多々あり、Cに基づく立替としての性格も多分に含んでいると捉えられる。

そして筆者は、これまでも述べてきた通り、地域における金融・立替の特質を考える際、高利貸・融通といった金融形態による区分に加えて、金融活動の背景にある結合契機と「論理」によって捉えていく必要があると考えている。本書では、近世中後期の地域金融構造について、小前・豪農・領主（支配構造）・都市商人の四者に着目して金融活動の実態分析を行ってきたが、これをふまえたうえで筆者は「農村金融市場」という分析概念に最も適合的であるB経済・市場の論理（特に第三部第一章・第二章）以外に、C支配構造の論理（特に第二部第二章）[20]、A共同体的・人格的論理（家・同族〈特に第一部第三章、第二部第一章〉と村落共同体〈第一部第三章〉）をふまえた三者の論理の相関関係によって成り立つものとして捉えることで、よりその性格を把握しやすくなると考えている。主にAの論理に基づいて行われる金融においては融通的性格が強く現れ、主にBの論理に基づくものは高利貸的性格の強いものとなる。そして、Cの論理に基づく金融においては、融通（救済）・高利貸のいずれの性格も示す場合があるが基本的には領主の制度や法に則った内容になる傾向が強く、さらにCの論理はA、Bによる金融活動の性格を制度的（前述の中間支配機構や庄屋における金融・立替義務等）・法的（利息制限令、訴訟時の処置等）[21]に一部規定することとなる。これらの三つの論理―それぞれが複合する場合も多々ある―に基づく金融活動の相関関係を、本書で述べてきた「地域金融構造」と捉える、あるいは日本近世の「金融市場」の中にはこのような論理を異にする資金や金融が組み込まれている点を十分に意識することで、日本近世社会に特徴的な論理（C）・より広くみられる論理（A）と、近代社会・資本主義においてより広くみられる論理（B）の混在する金融活動の性格を、より的確に捉えることができるようになると考える。

前述の福澤徹三氏の用語をふまえるならば、A、Cの側面が「近世的」なものの内容であり、歴史学においては、金融における「近世的」なものの内容を、B経済・市場の論理や近現代的なあり方を自明の前提とせずに明らかにし、そのうえでA、B、Cの論理の相関関係とその変容過程を問う必要があると考えている（変容過程についいては次項で後述）。そして、以上の三つの論理に基づく地域金融構造は、廃藩置県による個別領主の消滅―ひいては領主の政策に基づく流通や金融の消滅や、明治ゼロ年代後半～一〇年代初頭の地租改正によって村請制による租税納入体制が終了するに至って、C近世的な支配構造の論理に伴う金融・立替関係がその存立基盤を消失し、転換を迎えることになると考える（Cのうち領主の貸付や法的影響力は府県・政府に一部継承される）。

なお、地租改正以後も村惣代による地租等の立替が行われていたこと、一方で惣代が立替を行う義務はなくなったために、村請による貢租徴収システムが原理的に転換したといえることが、渡辺尚志氏によって述べられている。[22]このような村惣代が立替を行う論理は、渡辺氏が「地租改正によって近世的なありようが一度に払拭されたのではないことにも留意したい[23]」と述べるように、従来の方法の踏襲という側面も一部あると思われるが、基本的にはC支配構造の論理ではなく、A共同体的・人格的論理に基づくものと整理できよう。同様に、森本幾子氏が指摘するような、江戸時代までの産物集荷などを通じた地域と中央都市商人との流通・金融面での関係が近代にも継続していた点[24]については、A人格的な関係性とB従来から存在したルートを用いることが経済・市場の論理からみて有効であるために継続するのであり、構造は類似していてもそこにはCの論理は存在していない。

そして、近代にも継続して存在するAの論理についても、松沢裕作氏が述べる通り、明治政府が諸個人の再生産を徐々に市場に委ね、政府自体を市場の円滑な機能を保障する主体として位置づけ直していく過程において、個人の生活維持においてB市場および経済・市場の論理の果たす機能が拡大していき[25]、それに伴ってAの論理が縮小することで、相対的に地域内においてはBの論理に基づく金融が増加していくと考える。本書第二部第二章でみた山成家（簗瀬屋）の事例では、近世後期〜明治期において、時代が下るに従って金融活動が小前への少額貸付から徐々に距離をおいたものとなり、明治後期には地主・金融業者（高額貸付）・投資家へと転換しており、明治後期段階では地域における資金調達機能が新たに創設された銀行へと代替されていった側面がうかがえる。同家の事例は、まさに前述したような地域金融を形成する論理A・Bの転換を念頭において理解すべきものと考える。個別経営以外の金融の転換や金融組織（近世段階の各種会所、近代の銀行類似会社や銀行）の内実についての筆者自身による分析は今後の課題であるが、近世における地域金融の構成論理とその近代における転換については、先行研究の成果にもよりつつ上記のように見通しておく。

（2）近世後期～幕末期の領主―領民関係と地域金融

本書では、近世中後期を主な対象時期として、金融・立替の観点から領主・地域（豪農・小前）の動向とその相関関係を通時的に分析してきた。ここではそこで得た知見と先行研究の成果をふまえて、地域金融の観点からみた近世後期～幕末期における領主―領民関係と、地域金融構造の変容について簡単に述べる。

一八世紀中後期の地域において、経済力と多様な経営部門を有する「豪農」が形成される点については、佐々木潤之介氏をはじめとする先行研究で多く指摘されてきた[26]。本書の対象とした事例においても、一八世紀中後期の備中国南西部において、本山成家・平木家という地域でも最上層の豪農がその経営拡大を開始し、彼らは豪農間におけるネットワークと経済・金融関係を構築していく（第二部第一章、第三部第一章）。豪農の形成・成長と時を同じくして、豪農の行うB経済・市場の論理に基づく金融が地域において増加し、豪農の資本蓄積に大きな役割を果たしたとみられる。そして、前項で述べた通り、有力な村役人や豪農が所在する村においては、A共同体的・人格的論理に基づく金融は幕末期にまで維持されるが（第一部第三章、第二部第一章）、豪農が居村・近隣以外の地域においては主にBの論理に基づく金融を行う場合が多いこと[27]、小前の内部においてもBの論理に基づく金融を行う傾向が幕末期には強くなる（第一部第三章）ことから、近世中後期以降、地域金融においては概ねBの論理に基づく金融が増加していくと考える。それとともに、豪農の形成以降、地域内・地域間での金融ネットワークの緊密化が進行し、本山成家にみられるように、個別の豪農や地方都市商人の経営の維持・拡大においても、このような関係性に基づく資金調達が重要な位置を占めることとなった（第二部第一章・第二章）。

領主の視点からみた場合、地域における豪農間の金融ネットワークの形成・緊密化は、地域からの資金を引き出すにあたって、有効に機能するものであったと考えられよう。「加入金」の集約等によるより広範な領主貸の実現[28]、多額の御用金・上納金の調達、地域における殖産政策への参画などのように、豪農間の金融ネットワークにより、より多額の資金をリスクを分散する中で調達できる環境が整うことになった（第二部第一章、第三部第一章・第二章）。このことは、領主にとっては地域から調達できる資金量が結果的に増加することとなり、領主―領民間における金融関係の進展に繋がるものであったとみてよいであろう[29]。さらに、個別領主の上層にある幕府の動向をみると、一八世紀後期〜一九世紀初期には幕府公金貸付政策の拡大がみられ[30]、幕府財政において金融から得る収益が重要な位置を占めるに至った。そして、幕府公金貸付政策の原資には都市や地方からの出金が多く含まれており[31]、これは上述した豪農や商人間の金融ネットワークの緊密化にも基づくものであったとみられる。以上の通り、一八世紀中後期〜一九世紀初期は、天明の飢饉という危機的状況を含んではいたものの、大局的にみると社会全体における金融・資金循環の活発化が進展していった時期であったと考えられよう。

一方で一八世紀は耕地拡大、人口増加の両面において、前後の一七世紀・一九世紀と比べて明らかに停滞期であり、本書が対象とした備中国においても同様の状況にあったことが倉地克直氏によって述べられている[32]。倉地氏によると、備中国では一八世紀後期までは人口は若干の減少基調にあるが、天明末年以降、増加基調に転じている。一八世紀中期以降、地域金融の結節点となる豪農が形成・成長していくとともに地域の金融・資金循環が徐々に活発化していき、天明飢饉時等の落ち込みを経つつも、一八世紀末には豪農の成長と地域における資金循環の活発化が一定水準に達し、一九世紀以降の人口・耕地の増加（倉地氏著書）、経済発展を準備する条件となったと考えておく。倉地氏著書（「はじめに」）の言葉を借りると、一八世紀中後期の社会における金融・資金循環の活発化という「質的充実」が、後の時期の「量的拡大」を用意したといえよう。

しかし、一九世紀前期には、先行研究で述べられる通り幕府の公金貸付政策が停滞し、天保期に貸付方針の改変がなされることになる。[34]このことにより、幕府と個別領主との金融面での関係の変化―幕府からの救済的な措置の後退（第三部第二章）―がみられることとなる。一八世紀中期以降、幕府財政に端的にみられる通り、年貢収入・年貢率が停滞・漸減傾向となっていくが、[35]同様の状況は一橋家においてもうかがえ（第三部第一章）、近世後期には領主による本年貢という形での年貢収入の増加が困難となり、年貢に頼った領主財政の補填が限界状況を迎えていたとみられる。これに加えて幕府からの救済的な措置が後退したことにより、個別領主は所領との関係の再考も含め、新たな財政収入確保の道を模索せざるを得なくなったとみられる。ただし、念のために付言すると、上記でみた領主層における年貢収入の停滞・漸減傾向という状況は、一九世紀における地域経済や耕地拡大の停滞を意味するわけではないとみられる。むしろ日本全国の耕地面積については、一六世紀末に約二〇〇万町歩であったものが、一八世紀前半には約三〇〇万町歩、一九世紀後半の明治六年には約四〇〇万町歩となったことが木村礎氏によって述べられており、[36]近世後期―一九世紀以降においても、耕地面積や農業生産力は拡大・向上していたとみられる。

以上のような状況を受けて、個別領主は本年貢からの収入増加よりも、金融や領内経済の振興による財政補填[37]を視野に入れるようになると見通すことができ、第三部第二章で述べた一橋家と備中一橋領の事例はそのような性格を備えたものであると考える。領民の側からの訴願や献策の動きが近世後期社会の一つの特徴であるとされているように、[38]領民側から経済振興のための様々な方策が提起されるようになる。金融や領内経済の振興は、領主の強権的支配のみでは実現困難な事象であり、領民側のこのような動きは領主側にとってもある程度望ましいものであったため、領主は領民の協力や訴願の動きを取り入れつつ政策を実施していく[39]。無論、領主は基本的に自身の財政補填を第一に考える存在ではあるが、備中一橋領の場合は前提として文政～天保期に年貢増徴をすでに行っており[40]、このような状況においては再度の強権的な増徴は困難であったとみられる。また、備中国南西部は農業生産力・商品流通の発展と貨幣問題（多種類の銀札の発行とその兌換不全）という複雑な地域経済問題が発生している地域でもあり[41]、領主―領民間の連携がより重要な意味を持つ構造にあった（第三部）。

以上の経過に伴い、近世後期―特に幕府の天保改革以降の時期においては、幕府と個別領主の関係の後退、個別領主と所領との関係の接近、従来（本年貢の増徴）よりも金融・経済振興による利益を重視する政策基調への転換という方向性が広くみられたと考えるが、本書第三部は、幕府・領主・地域間の経済・金融関係と領主―領民関係の変容過程の一例の提示を試みたものであった。

備中一橋領においては、殖産・貸付政策という、領主―領民間の緊張関係をはらんだ相互関係の表面化というべき事象が確認でき、先行研究が述べる通り、このことが地域経済において一定程度成果をあげていた（第三部第二章）[42]。しかし、同時に幕末期の備中一橋領においては、大坂蔵元（二名、このうち友金儀兵衛）・掛屋（平木家）、領主政策と深く関わった有力豪農（本山成家、幕末期に掛屋）の経営悪化―所領における経済・金融の中核に位置する主体の衰退がみられた（第二部第一章、第三部第一章）。C支配構造の論理に基づく金融・立替は、近世社会が存続する限り常に地域金融構造において一定の比重・役割を有していたと考えるが、前述した大坂蔵元・掛屋は近世社会の支配構造―年貢収納構造の結節点にも位置しており、近世後期～幕末期には、Cに基づく金融・立替構造の内部において、徐々に制度疲労が顕在化していったとみることができる（第三部第一章）。さらに、如上の領主―領民関係の変化は、より広域的な地域全体をみると、正負両面の側面を有していたと考えるべきである。幕末期の備中一橋領における諸施策により、同所領の周辺所領においては、市場の恐慌と地域内における資金・物資の流通構造の変化を引き起こしたのであり、備中一橋領と隣接する後月郡井原村（旗本池田家領）では、慶応二年（一八六六）一二月に世直し騒動（「井原騒動」）が発生する事態となっている[43]。また、本章第一節で述べた備中一橋領における産物集荷政策と笠岡商人（小田郡笠岡村）との対立（第三部第三章）も、一橋領における諸施策がもたらした事象であった。天保期以降の幕府政策・領主財政・地域経済状況を背景として現出した一所領（備中一橋領）における領主―領民間の相互関係の進展の反面で、周辺所領における流通構造の変化や恐慌[44]、世直し騒動の勃発という状況があったのである（第三部第三章）。

備中一橋領とその周辺所領における如上の状況を、研究史上の論点と繋げて考える。一九八〇～一九九〇年代のいわゆる「地域運営論」では、中間層の政治的力量や地域における公共性の高まりに力点がおかれてきた[45]。一方で、一九七〇年代までの民衆運動論や「世直し状況論」では、幕末期における階級闘争と騒動の発生が重視され、その延長線上に維新変革を展望してきた[46]。しかし、備中国南西部においてみてきた通り、双方の論点は互いに連関する中で現出していたのであり、幕末期の地域社会状況の表裏両面を形成するものとして、両者の併存を整合的に理解できるものであったといえる[47]。地域間での利益の奪い合いという論点は、平川新氏が述べる「地域主義[48]」に近いものであるが、個別領主の支配領域の枠組みに則ったうえで殖産政策や経済振興がなされる点を鑑みると、岩城卓二氏が述べる通り[49]、支配領域の枠組みの重要性―支配領域や政治権力との関係性に地域側がとらわれてしまう側面と表現できる―には十分留意すべきと考える。備中一橋領のように領主―領民の相互関係の進展がみられた所領においても内部矛盾の一定程度の深化がみられたこと、旗本池田家領のように経済的な悪影響を被った地域においてより一層の矛盾の深化と騒動の発生がみられたこと、という二つの経路における事象が、近世社会の崩壊過程における重要な基盤状況であった。本書の分析を通じて、近世後期～幕末期の地域と領主―領民関係について、このような大まかな見通しを提示しておく。

最後に、本書に残された課題としては、①個別領主支配の特質と地域金融構造との関連、②地域の産業振興や経済発展と金融との連結構造、③小前層における金融活動の変容過程、④地域金融構造全体の近代社会への移行過程の実態分析など数多くある。また、終章で述べた事象が他地域でもあてはまるものかも検証する必要があるが、これらの点については全て今後の課題としたい。

註

（1）加藤慶一郎「農村金融市場の構造」（同『近世後期経済発展の構造』清文堂出版、二〇〇一年、初出一九九九年）、福澤徹三「近世後期の金融市場の中の村」（福澤徹三・渡辺尚志編『藩地域の農政と学問・金融』岩田書院、二〇一四年）等。

（2）幕末期においても村落共同体機能が一定程度維持されていた点については、渡辺尚志「幕末地域社会の変貌」（明治維新史学会編『講座明治維新第七巻　明治維新と地域社会〈改訂版〉』有志舎、二〇一四年）も参照されたい。

（3）大塚英二『日本近世農村金融史の研究』（校倉書房、一九九六年）特に第一章～第三章、神谷智『近世における百姓の土地所有』（校倉書房、二〇〇〇年）等。

（4）杉山伸也『日本経済史　近世―現代』（岩波書店、二〇一二年）第Ⅲ部第18章。

（5）前掲註（3）大塚氏著書、渡辺尚志『近世村落の特質と展開』（校倉書房、一九九八年）、福澤徹三『一九世紀の豪農・名望家と地域社会』（思文閣出版、二〇一二年）等。

(6) 岩田浩太郎「豪農経営と地域編成」(『歴史学研究』七五五、二〇〇一年)、同「豪農経営と地域編成」(一)~(四)(『山形大学紀要　社会科学』三二―二、三三―一・二、三四―一、二〇〇二~二〇〇三年)、拙稿「宝暦~文政期の豪農金融と地域社会」(『歴史科学』二二〇・二二一合併号、二〇一五年)。

(7) 楠本美智子『近世の地方金融と社会構造』(九州大学出版会、一九九九年)第一章~第三章、兵頭徹『明治維新期日田掛屋商人資本の研究』(大東文化大学東洋研究所、一九九九年)等。

(8) 拙稿「備中一橋領における年貢収納と石代納」(『日本歴史』八一三、二〇一六年)。

(9) 平川新『紛争と世論』(東京大学出版会、一九九六年)、同『世論政治としての江戸時代』(同、二〇二二年)、谷山正道『民衆運動からみる幕末維新』(清文堂出版、二〇一七年)等。

(10) ただし、天保改革以降に幕府公金貸付がどのように展開したのか、特にその総額や大名への貸付がそれまでと比べて厳しく審査されるようになったのか否かについては、いまだ定かではない。天保一四年の棄捐以降も新規貸付を行うとの布達があったことは、すでに飯島千秋氏が指摘しているが(飯島千秋「近世後期の幕府公金貸付政策」横浜開港資料館・横浜近世史研究会編『19世紀の世界と横浜』山川出版社、一九九三年、一六七頁)、実際にどの程度新規貸付が行われたのか、また貸付の内実は不明である。なお、文久期以降には貸付対象を絞る政策がとられていることが飯島氏の同論文一七二~一七三頁では指摘されており、また巨額の貸付の焦付を天保末年に棄捐した後、幕府がすぐに従来と同基準での貸付を行うとは考えにくい。そのため、天保改革以降、従来と同様あるいはそれ以上に緩い基準での貸付は行われなかったのではないかと筆者は考えているが、この点は後考を俟つ必要がある。

(11) この点は萬代悠「三井大坂両替店の延為替貸付」(『三井文庫論叢』五五、二〇二一年)、同「和泉清水領の利殖と救荒」(『日本史研究』七二七、二〇二三年)が強調する論点である。

(12) 大山敷太郎『幕末財政金融史論』(ミネルヴァ書房、一九六九年)第六章、池田宏樹「一橋徳川家の備中領における殖産政策」(川名登編『2001年度共同研究報告書―中国地方における海附・川附村落の経済的・文化的研究―』千葉経済大学、二〇〇三年)、井原市史編纂委員会編『井原市史』Ⅰ・Ⅱ(ともに井原市、二〇〇五年)、井原市史編纂委員

会編『井原市芳井町史通史編』（井原市、二〇〇八年）、古賀康士「安政四年の紙幣目録」（『岡山地方史研究』一一六、二〇〇九年）、同「近世的殖産政策の生成と展開」（岡山地方史研究会・広島近世近代史研究会合同研究会報告、二〇一〇年六月二日）、同「近世的殖産政策の生成と展開」（『九州文化史研究所紀要』六二、二〇一九年）。

（13）前掲註（12）『井原市史』Ⅱ第一章第三節・六、前掲註（12）古賀氏二〇一九年論文。

（14）前掲註（3）大塚氏著書終章。

（15）前掲註（5）福澤氏著書終章。

（16）前掲註（5）福澤氏著書終章では、岡田家（河内国丹南郡）の豪農金融について、「利子取得を主目的とする点では高利貸しに分類されるが、その利子取得が相手豪農の経営の維持と村内小前層への貸付に使用されていることからは、むしろ融通に近いもの」（三〇〇頁）、「岡田家の「信用」による貸付や、岩田（引用者註：岩田浩太郎氏）が明らかにしたように焦げ付きを訴訟によっても取り戻せない貸付の事例などこそ、高利貸しと融通の間にある「近世的貸付」として区分する必要」（三〇〇頁）、「「近世的貸付」は、人格的関係に裏打ちされながらも、なお近世社会独自のものとして、見田（引用者註：見田宗介氏）のいうところでは共同体と集列体の中間にあるもの」（三〇二頁）と定義している。なお、「集列体」とは客観的な市場法則の貫徹など、「個々人の自由な選択意思がたがいにせめぎ合い干渉し合うことの帰結として、どの当事者にとっても疎遠な、（「物象化」された）「社会法則」を、客観的＝対照的 objective に、存立せしめてしまう、という仕方で存立する社会」（三〇一頁）のことである。福澤氏の定義では「近世社会独自」とされる点が具体的に何なのかわかりにくく、例えば経済活動の多くが「人格的関係に裏打ち」されている状況は、少なくとも前近代の地域社会においては多くの場合共通しているのではないだろうか。また、筆者がC支配構造の論理として捉える諸事象は、近世の地域やそこでの経済・金融を規定する重要な事柄ではないのだろうか、等の疑問を持つ。

（17）前掲註（1）各論文。

（18）本城正徳『幕藩制社会の展開と米穀市場』（大阪大学出版会、一九九四年）、中川すがね『大坂両替商の金融と社会』（清文堂出版、二〇〇三年）、森本幾子『幕末・明治期の廻船経営と地域市場』（清文堂出版、二〇二一年）等。

(19) 前掲註(18)森本氏著書終章。

(20) 大塚英二氏は前掲註(3)著書三四四頁において、「幕藩制下の公金貸付は融通ではないが、決して単なる高利貸付でもないと理解している」と述べており、領主の金融活動や支配構造の論理の有する両義的な性格を一定程度認識しているが、支配構造の論理を農村金融における論理的な構成要素として明確に措定してはいない。

(21) 前掲註(11)萬代氏二〇二一・二〇二三年論文。

(22) 渡辺尚志「明治維新と村請制」(同『豪農・村落共同体と地域社会』柏書房、二〇〇七年、初出一九九五年)。なお、渡辺氏以前にも奥田晴樹『地租改正と地方制度』(山川出版社、一九九三年)、丑木幸男「戸長役場史料論(二)」(『史料館研究紀要』二五、一九九四年)は村請制解体の画期は地租改正事業の終了に求められることを指摘しており、渡辺氏の議論も両氏の見解をふまえたものである。

(23) 前掲註(22)渡辺氏著書六六頁。

(24) 前掲註(18)森本氏著書第三部・終章。

(25) 松沢裕作『明治地方自治体制の起源』(東京大学出版会、二〇〇九年)終章(特に四一七頁)による。近代における政治社会と市民社会の分化、これに伴う市場機能の拡大については、同書を参照されたい。

(26) 佐々木潤之介『幕末社会論』(塙書房、一九六九年)等。なお、筆者における豪農の定義は本書序章で述べた。

(27) 前掲註(6)岩田氏二〇〇一～二〇〇三年論文、拙稿。

(28) 佐々木潤之介『幕末社会の展開』(岩波書店、一九九三年)第二章・二(特に二三三～二四〇頁)、前掲註(6)拙稿。

(29) このような動向は、森泰博『大名金融史論』(大原新生社、一九七〇年)特に第三章、伊藤昭弘『藩財政再考』(清文堂出版、二〇一四年)、小林延人『明治維新期の貨幣経済』(東京大学出版会、二〇一五年)第一章、萬代悠「岸和田藩政と豪農の資金調達」(同『近世畿内の豪農経営と藩政』塙書房、二〇一九年、初出二〇一五年)が述べるように、大坂の有力な両替商が一八世紀中期以降に貸付先の領主を選別する動きや、あるいは領主側が主体的に他の貸手を模索していく動きとも関連すると想定できよう。

(30)竹内誠「幕府経済の変貌と金融政策の展開」(古島敏雄編『日本経済史大系4　近世下』東京大学出版会、一九六五年)、同「江戸幕府財政金融政策の展開と畿内・中国筋農村」(『ヒストリア』四二、一九六五年)、同「馬喰町貸付役所の成立」(『徳川林政史研究所　研究紀要』昭和四八年度、一九七四年)、飯島千秋「近世中期における幕府公金貸付の展開」(『横浜商大論集』一八―二、一九八五年)、前掲註(10)飯島氏論文、同「馬喰町貸付役所における公金貸付の実態」(『横浜商大論集』二八―二、一九九五年)。

(31)前掲註(30)諸論文。

(32)倉地克直『日本の歴史十一　徳川社会のゆらぎ』(小学館、二〇〇八年)「はじめに」による。

(33)前掲註(1)加藤氏著書、宮本又郎「物価とマクロ経済の変動」(新保博・斎藤修編『日本経済史2　近代成長の胎動』岩波書店、一九八九年)。なお、萬代悠「和泉清水領の利殖と救荒」(『日本史研究』七二七、二〇二三年)六二～六三頁では、一八二〇年代以降の畿内近国における金融取引の活発化が指摘されている。

(34)前掲註(30)諸論文。

(35)村上直『天領』(人物往来社、一九六五年)七四～七五頁、武井弘一『江戸日本の転換点　水田の激増は何をもたらしたか』(NHK出版、二〇一五年)一八六～一八八頁。

(36)木村礎『村の語る日本の歴史近世編①』(そしえて、一九八三年)二〇～二六頁、同『近世の新田村』(吉川弘文館、一九九五年、旧版一九六四年)「新装版のための付記」。

(37)近世後期における藩専売制や会所設立の増加等があろう(吉永昭『近世の専売制度』吉川弘文館、一九七三年)。

(38)この点は、いわゆる「地域運営論」としてまとめられる藪田貫『国訴と百姓一揆の研究』(校倉書房、一九九二年)、谷山正道『近世民衆運動の展開』(高科書店、一九九四年)、前掲註(9)同氏著書、前掲註(9)平川氏著書二編、久留島浩『近世幕領の行政と組合村』(東京大学出版会、二〇〇二年)等が明らかにしてきた点であり、視点を地域側に据えるならば、地域側の自律的な運営能力の進展は、近世中後期の民衆・地域における極めて重要な達成であると考える。

(39)前掲註(8)拙稿で述べた年貢減免をめぐる領主―領民関係の変化といった状況や、谷山正道「近世後期における広域訴願の展開と地域社会」（前掲註(8)谷山氏二〇一七年著書、初出二〇〇九年）で述べられる、村々からの要求に基づく領主の触れ流しの事例などが、領主による領民側の力量の捉えなおし・活用の具体例といえよう。

(40) 前掲註(8)拙稿。

(41) 有元正雄編『近世瀬戸内農村の研究』（溪水社、一九八八年）、前掲註(12)『井原市史Ⅰ』、古賀康士「備中地域における銭流通」（『岡山地方史研究』九九、二〇〇二年）、前掲註(12)同氏二〇〇九年論文、同氏二〇一九年論文等。

(42) 前掲註(12)池田氏論文、古賀氏二〇一九年論文。

(43) 前掲註(12)『井原市史Ⅰ』六一一～六一四頁、一〇四三～一〇五一頁。

(44) 前掲註(12)『井原市史Ⅰ』六一一～六一四頁。

(45) 前掲註(38)の各研究による。

(46) 前掲註(26)佐々木氏著書。

(47) 小松賢司『近世後期社会の構造と村請制』（校倉書房、二〇一四年）終章は、所領内や村内において「事務処理能力を高め」て「独自の行政の機能を果たし」た者たちによる「地域社会の成熟」と、他方でこのような者たちと「村や地域のためを標榜する様々な存在」との間での対立による「矛盾の深化」という二面性が近世後期社会に存在した点を指摘している（同書三六三頁）。小松氏著書序章でも述べられる研究史（「地域社会の成熟」と「矛盾の深化」のいずれかを重視して近世後期社会を描く二つの論調）の統一的把握の必要性とその方法論の提示（小松氏の場合は「村請システム」への着目）や、特に個人の能力や動向に注目したうえで、地域における政治的実務や献策の能力の高まりが従来とは異なる次元での対立を生じ得る点を指摘したことは、ともに重要な提起であったと考える。小松氏の研究方法や研究史の克服の方向性について共感を持ちつつ、筆者が本文中で述べた近世後期～幕末期の地域と領主―領民関係の特質は、より広域的な地域秩序・社会的ネットワークや村請制の枠を超えた支配構造の規定性（例えば全国的な年貢収納や金銭立替の構造）を念頭におき、領主財政や中央都市との関係性もふまえつつ、個別の村や一所領を超える「地域社会」や所領間の次元での様相を捉えたものであると考えている。

（48）前掲註（9）平川氏著書二編、特に一九九六年著書第四章。
（49）岩城卓二『近世畿内・近国支配の構造』（柏書房、二〇〇六年）序章。

【初出一覧】

序　章　新稿

第一部

第一章　近世後期の頼母子運営と豪農—備中国南西部を題材に—（『地方史研究』三七四号、二〇一五年四月）

第二章　近世後期の寺院頼母子と檀家—備中国後月郡の寺院を題材に—（『岡山地方史研究』一三一号、二〇一三年一二月）

第三章　新稿（史学会第一一三回大会（二〇一五年一一月）での報告「弘化～元治期の質地売買と村・同族—備中国南西部の事例から—」に加筆して成稿）

第二部

第一章　豪農経営と親族ネットワーク—備中国後月郡簗瀬村本山成家を題材に—（『ヒストリア』二四九号、二〇一五年四月）

第二章　近世後期から明治期における質屋業と高額貸付—備中国後月郡を事例に—（『日本歴史』八八五号、二〇二二年二月）

第三部

第一章　幕末期の掛屋と年貢銀収納—備中一橋領を事例として—（『歴史学研究』九六六号、二〇一八年一月）

第二章　近世後期の一橋徳川家における財政運営（『ヒストリア』二五九号、二〇一六年一二月）、近世後期における一橋徳川家の「隠居所」財政—寛政一二年度財政帳簿の分析を中心に—（『文化共生学研究』二〇、二〇二一年三月）第二章

第三章　近世後期の地域経済と商人—備中国南西部と大坂との関係を中心に—（『日本史研究』六七九号、二〇一九年三月）

終　章　新稿

※いずれの論考も大小の加筆・修正を行っている。

あとがき

本書は、二〇一六年一二月に大阪大学大学院文学研究科（現在の人文学研究科）へ提出した博士学位論文（『近世地域金融構造の研究』）をもとに、以降の研究や新稿を加えて構成したものである。博論に所収していた論考の中にも手を加えた箇所は多々あるが、序章・終章にまとめた本書全体を通じての論旨や主張点については基本的に博論の内容を踏襲している。博論の提出からは少し間が空いての刊行となったが、これは日々の仕事や史料調査に取り組んできたことに加えて、学術と社会にとって今本当に必要な研究とは何かを考え、自身の研究には一書にまとめる価値があるのかと立ち止まった時期があったことが大きい。ただ、現在の研究動向をみる中で、筆者の研究でも多少は提起できることがあり、また一書にまとめることが自身の中での区切りやお世話になった皆様へのご恩返しにもなると思うようになった。本書には実証面での甘さや筆者の見識のなさが随所にみられ、校正の際には少し落ち込んだが、現時点における筆者の能力の産物としてありのままをお示ししたい。

次に、本書に収録した研究の来歴や、これまで研究等でお世話になった方々への感謝を述べたい。

筆者は香川県高松市の出身であり、高校まではずっと同県内で過ごした。筆者の家庭は母子家庭であり、「普通」との環境の違いに思うところがなかったわけではないが、懸命に働いてくれた母や亡き祖父母、また温かく見守ってくださった方々や行政・学校のご理解・ご助力のおかげで、大きな不自由を感じることなく過ごした。ただ、この過程で感じたモヤモヤした思いや感覚―今言葉にするならば様々な社会規範や経済格差、社会保障、家族のあり方などについて考える機会が多かったことが、研究テーマや分析視角に影響を与えていると思う。研究を通じて人々の思いや辛苦について考えられたことは、筆者にとって様々な意味で意義深いものだった。

大学進学の際には色々と悩んだが、担任の真鍋篤行先生のすすめもあり、岡山大学文学部へと進学した。真鍋先生ご自身も漁業史・漁具の研究者であり、自身の経験もふまえてのご助言をいただいた。改めて感謝申し上げたい。岡山大学に入学した当初は、アジア・太平洋戦争期の研究を行いたいと思っていた。これは、祖父が戦時期の話や大阪府で小学校の校長を務めていた曾祖父のことをよく話してくれたことが背景にある。戦時期という困難な時代における人々の生き方・思い、また戦争がなぜ起きてしまったのかを考えたいと思った。

大学二回生となって日本史研究室（日本史学領域）の所属となり、倉地克直先生、久野修義先生、姜克實先生、今津勝紀先生よりご教示を賜った。各時代の講義や演習を受講する中で、近世古文書とくずし字読解の面白さや、近代社会の性質を規定した前近代社会を知る必要性を強く感じるようになり、近世史を専攻とした。この選択には、倉地先生の広い視野に基づく学問の魅力や、長期的な視野のもとに現代社会の特質を考え、また研究の今日的意義を常に問いかけるべきとする日本史研究室の学風が背景にあったと思う。倉地先生が備中国南西部の史料について教えてくださったこと、研究に集中する環境を整えてくださったことが筆者の研究のもとになっており、その学恩は計り知れない。また、日本史研究室には倉地先生と共同研究をされていた沢山美果子氏も出入りされており、この両名から学べたことは大変な幸運であった。卒業論文では本書の対象でもある備中一橋領の年貢収納を取り上げた。年貢割付状・皆済目録の収集・分析に務めたが、内容は不十分なものであった。

岡山大学大学院社会文化科学研究科博士前期課程では、先行研究を読む中で大塚英二氏の農村金融論に魅力を感じ、備中国南西部における地域金融を研究テーマとした。本書第一部第三章、第二部第一章、第三部第一章はこの時期の研究がもとになっており、第一部第一章・第二章、第三部第二章の内容についても一部分析を進めることができた。博士前期課程在学時には、今津勝紀先生のご紹介により史料ネット活動に関わる機会を得ることができた。社会との関わりの中で学問が存在することの必要性を、この時に強く実感した。また、博士前期課程の同学年であった早苗寿生氏には、ゼミの機会やその後の同氏の研究成果などから刺激を受けた。

進学した大阪大学大学院文学研究科博士後期課程では、村田路人先生、平雅行先生、飯塚一幸先生、市大樹先生、川合康先生、野村玄先生よりご指導を賜った。指導教員であった村田先生は、本当に穏やかで偉ぶったところがなく、日々の指導を行ってくださった。村落と地域社会に関心が集中していた筆者に対し、その問題関心を尊重しつつも、領主や支配の問題を考えることの重要性をご教示いただいた。筆者が投稿論文の執筆や書き直しで苦戦している時や、日々の古文書整理の折などに、多くの時間を割いてお話をしてくださった内容は、現在の筆者の研究や教育活動など随所で生きていると思う。塙書房での著書の刊行をすすめてくださり、同社にご紹介くださったのも村田先生である。オーバードクターとなるまで査読付き学術雑誌に論文が掲載されず、精神的に苦しい時間も多かったが、この時の切迫感が筆者の研究をよりよいものにしてくれたと思う。

倉地先生・村田先生は、ともに押しつけ型の教育ではなく、学生の問題関心を尊重するタイプの教育者である。筆者は終始自身のペースで研究を進めたい性質であり、両先生のもとでの時間は非常に過ごしやすかった。

この他にも、多くの方々に大変お世話になってきた。飯塚一幸先生にはゼミへの参加や調査へ同行させていただき、現在も共同研究でご一緒させていただいている。志村洋先生にはゼミへの出入りをご許可いただき、特に史料の読解や実証面で多くのことを学ばせていただいた。藪田貫先生には研究会やご講演の依頼をはじめとして様々なご配慮をいただいた。岩城卓二氏には日本学術振興会特別研究員（ＰＤ）の受入れ教員となっていただき、研究へのご助言を賜った。歴史資料ネットワークでは、奥村弘先生に加えて、大国正美氏、松下正和氏、河野未央氏、吉川圭太氏、川内淳史氏、吉原大志氏、天野真志氏、佐藤大介氏、小野塚航一氏、加藤明恵氏、永野弘明氏、仲田侑加氏、跡部史浩氏とご一緒させていただき、研究の基盤にある史料保全の重要性を改めて認識した。

関西では同学年が多い世代であり、久野洋氏、高木純一氏、内田敦士氏、時広雅紀氏、萬代悠氏、島﨑未央氏、三角菜緒氏、石津裕之氏、木土博成氏、谷徹也氏、山田淳平氏、川元奈々氏、橘悠太氏と切磋琢磨できたことは非常に幸運であった。特に、久野氏、高木氏、内田氏、時広氏とは、阪大の研究室で愚痴を言い合い、時には教え合い、各氏の成果発表の報に大きな刺激を受ける中で、緊張感を持って研究を継続できた。また、筆者より上の世代である東谷智氏、山﨑善弘氏、藤本仁文氏、小倉宗氏、高橋伸拓氏、高槻泰郎氏、上田長生氏、木場貴俊氏、澤井廣次氏、故前田結城氏にも、学会・研究会などでお世話になった。大阪大学日本史研究室近世史ゼミでは、橋本孝成氏、片山早紀氏、正岡義朗氏、小野公三氏、尾﨑真理氏、古林小百合氏、清水香穂氏、平田良行氏、佐藤一希氏、綱澤廣貴氏をはじめとする皆様とともに過ごし、研究に必要な能力を鍛えることができた。

岡山地方史研究会・大阪歴史学会・大阪歴史科学協議会・日本史研究会・近世史サマーセミナーなどで日常的に活動する中で、多くの方々の考え方や日々の努力を知ることができたのも大切な経験であった。特に定兼学氏、山本太郎氏、上村和史氏をはじめとする岡山地方史研究会の方々からは、研究報告や議論を通じて多くのことを学ばせていただき、アカデミズムに限定されない研究の重要性を強く感じた。また、多くの学会や研究会での報告や論文の投稿を通じて、研究を深めることができた。関係者の皆様には心より感謝申し上げたい。

現在の職場でもある岡山大学での講義・演習や古文書調査において、学生の皆さんには日頃から協力してもらっており、報告や論文執筆に取り組む真摯な姿には勇気づけられている。大学職員の皆様には、日々の研究・

教育活動を支えていただいている。日本史研究室（日本史学領域）の同僚である今津勝紀先生、徳永誓子先生、松岡弘之先生をはじめとして、多くの先生方から日々ご配慮をいただいている。皆様に改めて御礼申し上げたい。

他にも多くの方々にお世話になったが、逐一お名前をあげられない非礼をお詫び申し上げたい。また、井原市教育委員会、井原市芳井歴史民俗資料館、岡山県立記録資料館、茨城県立歴史館、笠岡市教育委員会、大阪歴史博物館、岡山商科大学附属図書館、大阪大学大学院経済学研究科、高梁市歴史美術館、国文学研究資料館をはじめとする史料所蔵施設・機関の方々には、史料調査への便宜を図っていただいた。本書の研究はこれらの施設・機関の皆様や史料所蔵者の方々のご理解・ご協力の賜物でもあり、心より御礼申し上げたい。

今後は、畿内・近国の地域社会と都市、近代移行期の地域における思想や情報、「民衆」の経済や暮らしについての研究などを予定している。また、主に岡山県内で興味を持った史料や地域も多く、研究したい事柄が山積している。史料保全や地域貢献にも取り組みつつ、地域と史料の中から新しい研究を模索し続けていきたい。

塙書房の寺島正行氏には、本書の刊行や校正にあたり大変御世話になった。校正の際の赤入れが多く、またゲラの提出も遅れがちとなり、御迷惑をおかけするばかりで申し訳ない限りである。ご尽力に感謝申し上げたい。

最後に、時々の筆者の選択を理解し、応援してくれている母孝子、妹優里、亡き祖父弘之・祖母弘子、また温かく見守ってくださっている方々に、心よりの感謝とともに本書を捧げたい。

二〇二五年一月

東野　将伸

※本書の刊行にあたり、二〇二四年度岡山大学文学部学術出版助成の交付を受けた。

事項索引

く

け

こ

せ

そ

た

め

も

や

ゆ

よ

り

人名索引

東　野　将　伸（ひがしの・まさのぶ）

略歴

1987年　香川県に生まれる
2010年　岡山大学文学部卒業
2012年　岡山大学大学院社会文化科学研究科博士前期課程修了
2017年　大阪大学大学院文学研究科博士後期課程修了　博士（文学）
現在　岡山大学学術研究院社会文化科学学域准教授

主要論文

「宝暦～文政期の豪農金融と地域社会ー摂津国島下郡沢良宜浜村高島家を事例にー」（『歴史科学』220・221合併号、2015年）
「備中一橋領における年貢収納と石代納ー安石代と間銀の問題を中心にー」（『日本歴史』813、2016年）
「近世後期から明治前期における家・同族意識ー備中国後月郡山成一族の分家を題材にー」（『日本歴史』831、2017年）
「近世後期から明治初期の小西家と頼母子講」（飯塚一幸編『近代移行期の酒造業と地域社会　伊丹の酒造家小西家』吉川弘文館、2021年）
「高利貸しか融通か」（多和田雅保・牧原成征編『日本近世史を見通す５　身分社会の生き方』吉川弘文館、2023年）

岡山大学文学部叢書３

日《に》本《ほん》近《きん》世《せい》の金《きん》融《ゆう》と地《ち》域《いき》社《しゃ》会《かい》

2025年３月15日　第１版第１刷

著　者　東　野　将　伸
発行者　白　石　タ　イ
発行所　株式会社　塙　書　房

〒113-0033　東京都文京区本郷６丁目26-12
電話　03(3812)5821
FAX　03(3811)0617
振替　00100-6-8782

亜細亜印刷・弘伸製本

定価はケースに表示してあります。落丁本・乱丁本はお取替えいたします。
 ISBN978-4-8273-1359-8　C3021